全国政协文史和学习委员会 编

亲历者说

中国抗战编年纪事

1944

人民出版社

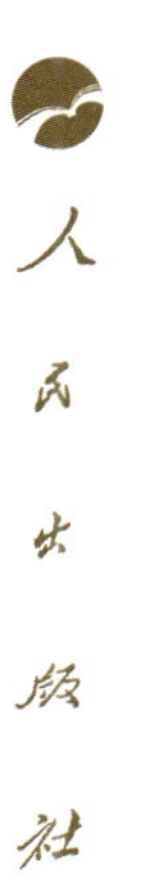

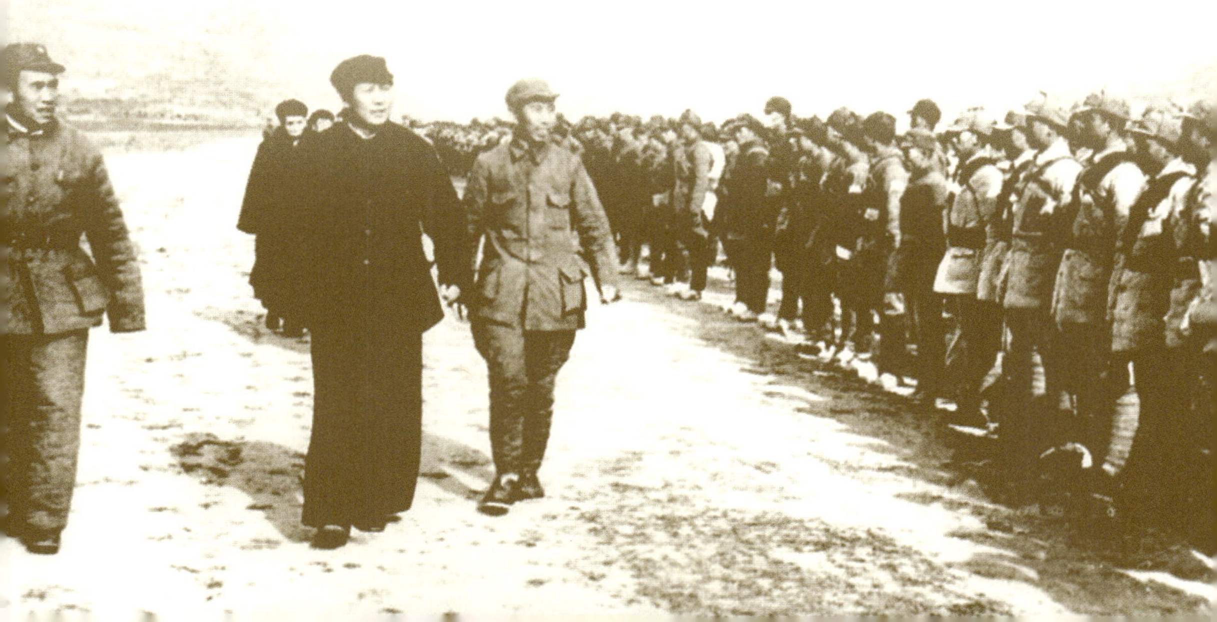

衡阳保卫战，中国军队与进犯日军进行一屋一室的争夺。

激战中壮烈殉国的七十九军军长王甲本中将。

日军攻进衡阳。从城中建筑的毁坏程度，可以想见战斗之激烈。

随着美国B-29型战略轰炸机来华，众多中国劳工和妇女儿童在加班加点修建成都的新津机场。

为修建后方机场，成千上万的民工用肩挑的方式搬运土方和石料。

1944 年 5 月 2 日，八路军进驻察哈尔赤城县后城。

1944 年，晋察冀边区八路军渡过滹沱河，向敌占区进军。

1944 年 8 月，冀中八路军从文安洼登船向渤海进军。

中国远征军第二次入缅作战。

中国驻印军新一军新三十八师第一一三团与中国远征军第五十三军第一一六师在缅甸木司会师。

中国军队反攻滇西，用火焰喷射器摧毁日军碉堡。

中国远征军与中国驻印军都是美式装备，战斗力大大增强。

中印公路上著名的“二十四道拐”，位于贵州省晴隆县。

昆明军民欢庆史迪威公路（中印公路）首次通车。

1944年夏，毛泽东乘坐美军观察组的吉普车。

毛泽东、朱德在120师359旅王震旅长陪同下，在延安检阅八路军南下支队。

1944年7月，毛泽东、朱德、周恩来、叶剑英、林彪等与美军观察组成员谢伟思等在延安合影。

1944年10月6日，中国士兵在腾冲街道废墟中搜索残余日军。

中国军队攻打腾冲，民众欢呼跟随。

“十万青年十万兵”，蒋介石对参军抗日的青年学生发表讲话。

冀中平原的地道战。

毛泽东欢迎中外记者参观团访问西北，合影留念。

马本斋烈士（1901—1944）。

延安追悼马本斋烈士的场景。

被八路军活捉的日军飞行员山田井马。

目　录

桂柳会战

万众后援助空战

新四军局部反攻

八路军攻势作战

打通浙东向东南

挺进豫西辟新区

中国驻印军缅北夺胜

滇西之战与中印公路开通

十万青年十万军运动

中外记者访问西北

概　述

1944 年，世界反法西斯战争出现重大战略转折，欧洲战场已经转入战略进攻阶段；太平洋战场上，面对美军的攻击，日本惊恐地发现自己已逐渐失去海上与空中的优势，也转攻为守。经过 1943 年频繁战斗而遭受惨重失败的华北日军，其锐气进一步衰竭，防守的地区亦日趋缩小。在世界反法西斯战争胜利在望，日本法西斯日暮途穷的形势下，日军士气低落，悲观绝望厌战情绪上升；伪军更加动摇，一些伪军考虑后路，军心趋于涣散。1944 年初以来，敌后战场的客观形势空前有利。

八路军、新四军、华南抗日游击队，到 1943 年底，都已度过最困难的时期，尤其八路军在 1943 年秋即得到了一定的恢复和发展。

1944 年 1 月 1 日中共中央发出《关于 1944 年的方针》，明确“坚持抗战，积聚力量，准备反攻”的方针。随后，中共中央根据国际形势的发展和中日战争形势的变化，发动了新四军、八路军春夏季的局部反攻作战。由于敌强我弱的局面未根本改变，我军的反攻仍然以局部地区集中优势兵力的运动战结合攻坚战和适当的分散游击战为特点。

战略反攻由新四军率先打响。在苏中，1944 年 1、2 月间，新四军连克大官庄、王家营、左溪等 17 个日伪据点，迫使日伪放弃了曹甸、泾口、鲁家庄等 12 处重要据点，歼敌 2000 余人；在苏北，新四军先后攻克塘沟、史集、王集等 10 余个日伪据点，控制沭阳、淮阴公路一段，收复了 1942 年冬季日伪大“扫荡”时期占领的大部地区。4—6 月，又攻占高沟、杨口、合德、大兴镇、通洋港、青龙港等地区，开辟了灌河、射阳河地区。在苏南，8—12月，新四军攻克浙江长兴城外的13个日伪据点和南京城郊的六郎和薛埠镇，攻占南渡、周城、社渚等据点，收复了宣城至长兴公路上的重要市镇泗安。

八路军也展开了反攻作战。在晋察冀根据地，2—7月，八路军袭击了保定、石家庄、忻口等车站和定襄、灵丘、赵县等县城，攻克日伪据点、碉堡400余处，解放村镇1600余个。8月中旬，八路军又解放了肃宁县全境，攻入武强、深泽、献县等县城，开辟了津南、无极、青县、藁城等地区。到年底，晋察冀军区攻克碉堡1677个，收复村庄9917个，人口758万；在晋冀鲁豫根据地，1944年春，太行军区攻克了榆社、林县县城及蟠龙、水冶镇，5月上旬收复了昆山、张秋地区，攻克清丰县城。6月下旬恢复了湖西根据地中心区。到年底，晋冀鲁豫军区收复县城11座，国土6万多平方公里，拥有人口500多万；在晋绥根据地，八路军开始了秋季攻势。整个秋季，晋绥军区作战297次，攻克日伪48处，解放村庄440个，收复土地770平方公里；在山东根据地，八路军统一指挥鲁中、鲁南、滨海、渤海、胶东根据地发动了扩大根据地、缩小沦陷区的攻势。5月解放了崮口地区，8月解放了沂水城。秋季解放了包括文登、荣城二县城在内的5000平方公里土地和沾化、青城二县大部分地区。到年底，山东军区攻克县城9座，收复国土4万平方公里，拥有人口930万。

新四军、八路军的反攻，完成了“绾毂中原”的战略任务，使华北、华中与陕甘宁边区的联系更加密切，也与湘鄂赣边区、苏浙皖边区组成有机整体。这些根据地的巩固与扩大，使得中共控制的区域直接威胁日军占领的上海、南京、杭州、武汉、郑州、徐州等大中城市与战略要地，具有重要的战略意义。

1944年7月下旬，中共中央为了打通华北、华中和华南的联系，创建以五岭为中心的抗日根据地，正式确定了“向南方发展”的新战略。为此，八路军120师359旅组成南下支队，于当年11月从延安出发，东渡黄河，越过同蒲路进入太岳区，再南跨黄河穿过陇海路，转战于鄂南、湖北和赣西北，开始了被称为铁血之路的“中共第二次长征”。

除了中共的武装外，在敌后，国民政府也积极开展敌后游击战。国民政府领导的游击武装在河南、山西、绥远等敌后战场坚持抗战，一定程度上牵制了日军的行动。

在正面战场，中日对抗围绕着两条生死线展开：一条在东线，日本为打通大陆交通线，挽救东南亚50多万孤立无援的日军，摧毁美军在华的空军基地，发动了中日战争以来最大一次进攻战，即“一号作战”；另一条在西线，国民政府为了打破国际交通线断绝的状况，经盟军魁北克会议商定，展开了滇缅反攻。

1944年1月13日，日本大本营经过御前会议，核定了“一号作战计划”，企图用一条从日本——朝鲜——中国华北——华中——华南——越南——泰国——新加坡的漫长的大陆交通线来替代海上运输线。由于大陆交通线中的平汉路南段、粤汉路中段和湘桂铁路都控制在中国军队手里，因此，日军大本营再次把目光注视到中国战场。

1944年4月到12月，日本集中50多万兵力对豫湘桂地区发动大规模进攻，“豫湘桂会战”爆发。中日两军在河南，围绕打通平汉铁路展开了豫中会战；在湖南，围绕打通粤汉铁路中段打响了长衡会战；在广西，围绕打通湘桂铁路和粤汉铁路南进行了桂柳会战。

“豫湘桂会战”就其参战兵力之多、作战地域之广、破坏规模之大都是日军侵华以来空前的。日军在洛阳、衡阳、桂林等地都遭遇到中国军队的顽强抵抗。尤其是衡阳保卫战，中国军队17000人浴血奋战，日军重重围兵，孤军守城47天，打死打伤日军19380人，其中高中级军官阵亡390人、负伤520人，不仅改变了抗战以来中日伤亡的比率，而且守城时间之长也是抗战史上前所未有的。此战被参与攻城的日军称为“近代战争中罕见的、悲壮的决斗”。

虽然中国大部分军队英勇抵抗，但中国战场上中日军队的优劣之势仍未发生根本改变。战事绵延8个月，最终，日军如愿打通了印度支那与华南的交通线。中国损失兵力50余万，河南、湖南、广东、广西、福建等省的大部和贵州的一部分相继沦陷，丢掉了洛阳、郑州、长沙、桂林等中心城市在内的大中小城市146座，失去空军基地7个、飞机场36个，大后方工业三分之一的工厂落入敌手，人民生命财产损失更是不计其数。

当日军为打通大陆交通线做最后一拼时，在西线，1944年5月，中国军队与盟军配合，发起了滇西、缅北的反攻，试图以此缓解中国战场被日军东西夹击之苦，同时打通中印交通，便利援华物资输入，为总反攻作准备。相比豫湘桂东线战地，中国装备最好的军队被用在了滇西、缅北战场，加上补给充足和美军的空中保护，驻滇远征军强渡怒江，攻占腾冲，收复了滇西边境；中国驻印远征军也先后攻克了孟拱河谷和密支那、八莫等重镇，有力打击了缅甸日军，实现了打通从加迈到密支那的铁路、公路，连接中印公路、中印输油线与缅北交通线的战略目标。

尽管中国军队在西线节节胜利，但东线的惨痛失败、大片国土的丢失，仍使国民政府陷入了战时政治危机。国内外人士对中央政府提出严厉批评。反法西斯同盟中国战区统帅部参谋长史迪威将军也将目光投向中国共产党的军队，提出中国共产党的军队也可以享受美国运来的战争物资。9月，国民参政会在重庆召开，参政员纷纷就河南湖南战败、通货膨胀、贪污等问题向国民政府提出质询。参政员在会上知道，共产党的军队在七年抗战中已经拥有了47万人的军队，120万的民兵，并在敌后建立了15个根据地政权，还选举了自己的政府。9月15日，林伯渠代表共产党正式提出建立“联合政府”。许多民主党派和知名人士也聚会，要求改组国民政府。9月18日，美国总统罗斯福向蒋介石发出了措辞极为严厉的电报，指责“因阁下延搁委任史迪威将军指挥中国所有之军队，致损失中国东部之重要土地”，催促蒋介石交出指挥权。蒋介石与史迪威之间的矛盾最终以蒋要求美国总统罗斯福召回史迪威而最终解决。

1944 年中国军队在东西线战场的作战，以及在敌后战场进行的局部反攻，为日后中国军队的全面反攻积累了作战经验，为抗日战争的全面胜利作了铺垫。

豫中会战

中原战役概况

刘子奇*

1944年，正是日军侵略南洋诸国战争濒临失败，垂死挣扎之时，为想挽救它的灭亡，急求将南洋战场与中国大陆战场连接起来，使南北战场打成一片。因此日军要打通从华北到南洋的铁路大动脉，发动了豫中、长衡、桂柳三大会战，中原战役（豫中会战）是这一次大战中的第一阶段。当时我任第一战区副司令长官部参谋长。兹将战役经过，记述如下：

1944年3月，汤恩伯在河南叶县设立第一战区副司令长官部，组织尚未就绪，人员亦未到齐，4月中旬，日军就发动了中原战役，搞得措手不及。此时汤恩伯的部队在平汉铁路以西地区的有：第三十一集团军（总司令王仲廉）、第二十八集团军（总司令李仙洲），另有第七十八军赖汝雄部。在平汉铁路以东地区的有：第十五集团军（总司令何柱国）、第十九集团军（总司令陈大庆）。汤恩伯自己仍兼任苏鲁豫皖边区总司令，中原战役发生后由何柱国代理。尚有黄泛区总指挥陈又新的20余个地方纵队。驻平汉线以东的部队，在中原战役中因战况发展关系，均未使用，原地待命。

1944年3月下旬，据报日军修复了平汉铁路上的黄河铁桥，同时日本

* 作者时任第一战区副司令长官部参谋长。

华北方面军（司令官冈村宁次）一面秘密调集军队，集结于黄河北岸的新乡以南和黄河南岸的开封以西地区，一面进行虚构宣传，制造假象，以迷惑驻河南的中国军队，欲使我方判断错误，认为日军此次是西进西安，攻打重庆，从而放松对中原方面的戒备，以便一举攻占全河南，打通平汉线，完成其第一阶段的作战计划。

1944 年 4 月中旬，第一战区汤恩伯的副司令长官部，陆续接到守备黄河南岸第一线部队的报告，日军有一小部队，在铁桥附近强渡黄河，被我河防守军击退，尚有后续大部队，数目不详。当时判断，日军有强渡黄河南下，打通平汉铁路和西进夺取洛阳、西安，威逼重庆的企图。因此汤恩伯即将第三十一集团军部队驻荥阳、汜水、登封、临汝地区，总司令部设在临汝，以第二十八集团军部队驻禹县、长葛地区，总部设在禹县，暂编第十五军部队驻中牟及其西南地区；以第十二军部队驻郏县及其附近地区。另一种判断，认为是敌人小规模的扫荡，我们有近 30 万大军，敌军还不至于如此轻举妄动。

4 月 17 日夜间，日军第十二军的部队，分别在黄河铁桥附近东西两翼大举强渡黄河，与我荥阳、汜水境内的第八十五军吴绍周部发生战斗。第八十五军战斗力较强，经过一夜的激烈战斗，始终坚守原来阵地，予敌人以重创。但中牟方面的暂编第十五军暂编第二十七师萧劲部所担任的河防阵地，虽经过激战，仍以兵力单薄，支持不住，败退下来，黄河河防被突破，致使中原重镇郑州失守。此时我军主力，第十三军、第八十五军、第二十九军、第七十八军等 4 个军，在登封、密县、禹县、许昌之线布置防御阵地，以阻其西侵。同时提出，以驻在安徽阜阳的陈大庆集团军和驻河南沈丘的何柱国集团军两部的主力，分两路从周家口和界首，渡黄泛区向开封、商丘进攻，迫使渡过河的敌人遭到背后攻击退却。但因时间仓促，又要渡过黄泛区，准备来不及，又恐招致自己吃亏，此命令虽然发给何、陈两位总司令，终未执行。敌军攻占郑州后，一路沿陇海路西进，攻下密县，一路沿平汉路南下，攻取了新郑。因发现日军有一个装甲师团，包括坦克、装甲车、汽车共约 3000 多辆，还有 1 个骑兵旅团，部队机动性很强，在河南平原地区难以抵抗，为此向重庆统帅部提出一项建议，拟电令平汉线以东地区的何柱国、陈大庆两个集团军，配合平汉线以西的主力军，进行东西夹击，以阻日军南下和西侵。此案未得到批复，即接到重庆统帅部的电令，固守许昌、遂平，以阻日军继续南下，打通平汉路。日军侵占密县、新郑后，即以一部兵力控制新郑东西两侧，大部兵力南下。沿平汉路南下之敌，以闪击战的行动直扑许昌。

4月29日，日军逼近许昌，在大量飞机掩护下，日军的坦克、骑兵与步兵协同作战，与我守许昌的新编第二十九师吕公良部，展开激烈战斗，在城区进行了巷战，几进几出，城防工事及市民房屋，大部被敌人飞机、大炮和坦克摧毁。经两日两夜的激烈争夺战，终于在5月1日，这座中原古城，陷落敌手。守许昌师长吕公良，在率兵突围的途中阵亡，官兵伤亡很大。在敌人围攻许昌战斗进行中，副司令长官部曾派第二十九军向许昌增援，遭到日军阻击而未获成功。许昌失守后，指派第八十五军和第二十九军进行反攻，欲夺回许昌，亦遭失败。自许昌沦陷后，在平汉路上没有经过较大的战斗了，平汉线自郑州到武胜关的一段，完全被敌占领。由于敌我分割，中断了6年的平汉铁路，在敌人控制下恢复了通车。

日军原以为汤恩伯部队的主力布置在郾城以西地区，后来发现汤恩伯部队主力是在北面登封、临汝、宜阳、汝阳一带，因此攻占许昌后，敌军以一小部兵力南下，与由汉口之敌第十一军北上部队在平汉线确山会师，以主力即转向西进，攻打襄城、郏县、禹县、登封，依其机械化部队神速行动的配合，实行闪电式的袭击。汤恩伯部队防守这一线的主力，遭到各个击破，部队损失很大，被迫往伏牛山区撤退。敌第十二军主力乘胜前进，向洛阳、新安猛扑，加之侵占山西的敌第一军两个旅团，乘机从垣曲南下，强行渡过黄河，迅速攻下渑池、新安，向洛阳急进。在孟津之敌亦从北面进逼洛阳，此时的洛阳处于四面被包围的境地。我守洛阳的部队第十五军武庭麟部，经过8天的激烈战斗，因外无援兵，武庭麟以老军人的冷静，毅然率部向东突围，城池被敌攻占。我中原古城洛阳陷于敌手，日军就占领了河南大部地区。

汤恩伯部队的主力被日军分割击溃，各向伏牛山区撤退时，秩序相当混乱。在退却路上，不时遭到豫西地方山地民众武力袭击，小队官兵多被围劫，人马武器、通信器材以及行李辎重损失不少。在撤退过程中，副司令长官部与部队，以及部队相互之间，失去联系。副司令长官部电台日夜呼叫，找不着部队，经过五六天后才与各部队取得了联系，重新调整防地。

副司令长官部原设在河南叶县，许昌失守，撤至鲁山赵村。因部队撤入伏牛山区，为便于与部队的联系，临时决定移驻山区中心的车村，5 月底迁至西峡口。此时部队大部移集豫陕边界地区整训。随即由新任的第一战区司令长官陈诚，来到西峡口附近某地，召集汤部师以上的部队长和参谋长，以及河南地方行政专员以上的行政官员开检讨会，检讨这次失败的原因。汤恩伯检讨失败的责任完全由他负，大家也指出河南地方当局不与军队协调，亦有部分责任。最后由陈诚司令长官总结，这次战役失败为“四不和”造成的，一是将帅不和，二是军政不和，三是军民不和，四是官兵不和。这四不和，确实击中了要害。

所谓将帅不和，是指第一战区司令长官蒋鼎文和副司令长官汤恩伯争夺指挥权，同一个战区的指挥权不统一，当日军进攻汤恩伯集团时，蒋鼎文所辖的刘茂恩、李家钰、高树勋、孙蔚如等几个集团军坐视观望，不予支援，招致各个击破，同归败北。所谓军政不和，是指 1942 年及 1943 年，河南遭水灾、旱灾、蝗灾，赤地千里，哀鸿遍野，河南军政当局不和衷共济，拯救灾民，反而互相攻讦。河南省参议会说河南灾荒，除水灾、旱灾、蝗灾外，还有汤灾（指汤恩伯为一灾）。当日军进攻时，河南地方当局，不协助军队作战，反而处处掣肘。所谓军民不和，是指汤恩伯军队约 20 万之众，驻在河南整训，达 3 年之久，长时期向地方征粮征草，加之有一些不肖部队不守纪律，在地方滋生事端，触怒了人民，军民矛盾日深，引起人民在战役中截击军队，哄抢枪支弹药，加速了军队的败北。所谓官兵不和，是指国民党军队中无法克服的矛盾，因为征来的或是抓来的兵，根本就不知为什么打仗，逃亡率很高，部队官长管理士兵又严厉，造成官压兵、兵恨官的局面，这样的部队，当然不会有战斗力的。

这次战役，第一战区司令长官蒋鼎文被撤职，副司令长官汤恩伯受到撤职留任处分。1944 年冬，当日军发动桂柳会战，进至黔南威胁重庆的时候，汤恩伯被调去贵阳任黔桂湘边区总司令，指挥黔南作战。汤恩伯留在河南的部队，均归新任第一战区司令长官胡宗南指挥。

参加中原会战的第十三军

方　耀*

1944年4月间，日军为了打通从朝鲜、我国东北经华北至越南、泰国、马来半岛的大陆交通线，调动了三四个步兵师团和一个装甲师团约10余万军队，向我第一战区所属部队发动了攻击，双方参加会战的兵力达四五十万。因战场主要在河南腹地，所以称此次战役为豫中会战（又称中原会战）。当时我任汤恩伯部第三十一集团军（总司令王仲廉）第十三军第八十九师第二六六团团长，曾参加这次会战。有关这方面的材料有的知情人已写了一些，现就我所知道的一些情况作一点补充。下面的记述是我亲眼目睹的。

战前敌我兵力部署概况

日军布置在洛阳、郑州以北黄河的左岸沿线及郑州、中牟以东新黄河左岸，并占领邙山头及中牟县城两处桥头堡阵地。第一战区方面洛阳至汜水（今裁入荥阳市）的黄河沿线是蒋鼎文指挥的部队，广武（今裁入荥阳市）至郑州及黄泛区以东是汤恩伯的部队。第十三军在临汝县整训，中原会

* 作者时任第三十一集团军第十三军第八十九师第二六六团团长。

战发生后，汤恩伯令第八十九师以一个团开禹县，主力开花石街、白沙集结待命；令第四师开往登封、告城、卢店一带集结待命；令第一一七师的一个团开往登封，主力仍驻临汝待命（后来该师归总部直接指挥）。

日军的作战方针是企图歼灭我第一战区部队，攻占并确保平汉铁路黄河南岸至信阳间的郑州、许昌、漯河等要点。我军的指导方案是：第一线部队依托新、旧黄河及郑州、荥阳、许昌等据点阻击、疲惫日军，主力控制于嵩山附近与敌决战。

第十三军（军长石觉）是汤恩伯部的主力，辖第四师（师长蔡剑鸣，副师长骆振韶，下辖巫剑峰第十团、欧孝全第十一团和郑邦捷第十二团）、第八十九师（师长金式，副师长胡冠天，下辖陈玉玲第二六五团、方耀第二六六团和林羲第二六七团）和第一一七师（师长刘漫天），属甲种军编制，兵员充足，装备较好；军部直属的山炮营有 12 门七点五公分山炮，每师均有一个战车防御炮连（战防炮 4 门）。战前，汤恩伯号称“中原王”，拥有三四十万军队，分驻豫中、豫东及皖西地区。但由于内部贪污腐败，军纪废弛，军民关系恶劣，加之情报不灵，缺乏战斗准备，所以一经交战即溃败西撤，损失惨重。

登密之战

4 月 18 日和 19 日，日军先后由中牟县城和邙山头桥头堡阵地发起攻击。在此担任河防和监围的第二十八集团军（总司令李仙洲）暂编第十五军（军长刘昌义）和第八十五军（军长吴绍周）部队，虽进行了英勇抵抗，但由于上峰决策失误，部署不当，阵地很快被突破。至 4 月 22 日，郑州、广武、汜水、荥阳、新郑等地均告失守，密县也岌岌可危。这时，汤恩伯急令第八十九师将防务交给马励武第二十九军，主力开往登封归还建制。23 日，第八十九师赶到登封以东的告城附近，稍事休息，即奉命在登（封）密（县）公路南侧构筑工事。公路及其以北地区由第四师防守。当天，密县失守。

24 日，日军步兵在飞机、大炮掩护下，开始攻击第四师阵地，战斗十分激烈。25日，上峰决定反攻密县，令我团对密县日军进行奇袭。我接到命令后，立即要求各部做好轻装夜行军的准备工作，对各连进行了检查，并向全团官兵讲了话，随后即率队出发了。我们沿公路走到离登封城30里路的景店时，已是晚上10时左右，老百姓大部分逃走了。我们在村子附近发现有丢弃的猪下水，经判断日军已到过该地。因为日军在杀猪时，下水都是抛弃的。问了几个留下的老百姓，都说在密县以西十几里外有日军驻扎。我们沿着公路以南的小路搜索前进，山路崎岖，增加了部队运动的困难。大约走到离密县县城十五六里路的地方，已是26日凌晨1时，此时天色虽暗，但近距离还能看清。突然前卫第二营第四连响起了枪声，引起了一阵骚乱。当时我在后头不明情况，估计枪声不是日军打的。我考虑到枪声会暴露目标，给我部的行动带来不利，所以立即命令部队停止前进。不久第二营营长报告，说第四连有两个士兵在部队行进中打了两枪，带了一支步枪和一挺轻机枪逃跑了。很明显这是破坏部队执行任务，与日军相呼应的汉奸行为。我立即与三个营长接触，搞清了情况，稳定了军心，但其间已用了两个小时，部队继续前进，不到30分钟即和日军遭遇了。日军的主力是沿公路前进的，与我们在山上相遇的是他们的搜索部队。当时离密县县城还有十来里路，我认为我们已经暴露，奇袭已不可能，对当面日军采取攻击是孤军深入，会吃大亏的；而且我团的任务是机动的，不能完成任务可以自动撤回。因此我集合营长以上军官开了一个小会，将情况与任务讲了，经大家研究，决定回营，派部队交替掩护撤退，并将情况向师长电告。天微明时，我们到了卢店西南四五里路的山上，山上有一座老君庙，山脚下就是公路。我令一个营担任警戒，其余部队休息，一面检查人员、武器是否到齐，一面准备造饭。

不久接到师长命令，叫我团在原地阻止日军前进。此地是山区，土少石头多，树木稀少，挖战壕挖不下去，只有利用自然地形来阻击日军。上午，日军在公路上对我团展开攻击，先用大炮轰击我团阵地，继之以步兵部队在炮火掩护下慢慢前进。我团的大小迫击炮、重机枪集中火力向日军射击，打退了日军几次进攻。

当天，汤恩伯令第十三军将登封防务交给第八十五军（军长吴绍周），然后向密县、荥阳崔庙之线攻击前进。27 日，汤又以马励武军之暂编第十六师（师长吴求剑）配属第十三军。此后，第十三军攻克了密县以西的一些据点，逐步向东推进。29 日，第八十九师曾一度攻进牛庙，但不久日军援兵到达，我军又撤出。5 月 1 日，日军攻占了许昌，另一个师团猛攻禹县。同时日军主力开始由许昌向西攻击，3 日后先后攻占郏县和禹县。当时，第八十九师仍在景店一带，驻密县的日军随即向我师发起猛攻。天黑后，部队奉命与日军脱离接触，逐步向南撤退。

突围经过

5 月 4 日，日军坦克师团攻克临汝（今汝州市），进逼龙门。同日凌晨，襄城也失守了，在登封一带的我军部队已陷入日军的包围之中。6 日凌晨 1 时左右，第十三军全部到达临汝县纸坊以北约 10 余里路的山口处，出了山口是一片盆地，向南 10 余里处是郏县至临汝县的公路，公路南是汝河，河的南岸又是叶县临汝县至洛阳的公路。7 日，师长金式召集团长以上军官开会，传达上级的指示，大意是：占领临汝县的是日军坦克师团，他们在郏县至临汝的公路上布置了几十辆坦克。全军从现地突围，向伏牛山撤退，到内乡县集结。第八十九师分为三路突围：师长率领师直属部队、第二六七团在右，第二六六团在中央，第二六五团在左，各团自行选择前进道路。我回团后，当即召集排长以上人员，传达了上级的指示，并规定了注意的事项，大家都感到十分紧张。我派团部谍报队队长带几个便衣人员前往找我的朋友，因我任第八十九师参谋长时曾在这位朋友家里住过，彼此关系很好，他对地方情况很熟悉，是当地有影响的人物。谍报队队长返回时，此人送来两名熟悉道路的向导。

部队于 8 日天亮前 3 小时开始突围。由于汤恩伯的军队几年来驻扎在河南，军纪不好，所以当汤军突围时，几乎每个村庄都向军队打枪。汤军每个团有一百几十匹骡马，骡马听到枪声就乱蹦乱跑。有些部队事前对此没有准备，一经骡马冲击就乱了，再加上士兵大多是被抓来的，平素缺乏夜行军的训练，有不少人乘机逃跑了。突围中师部直属部队与第二六七团同走一条路，由于该团部队混乱，波及师直属部队，使师直属部队损失约三分之一，第二六七团损失约近一个营，骡马损失也很多。第二六五团情况也不太好，损失近一个连。我团由于事先做好了准备，每匹骡马派两个强壮的士兵管理，听到枪声骡马不会乱冲，又有两名熟悉敌情和地形的向导带路，安全地通过了日军的封锁线。军部及直属部队、第四师损失较轻。汤恩伯所属其余各军损失比第十三军还要重，有的军炮兵营、输送团和通信营几乎全部损失；有的师部直属部队只留了一个特务连，师长带着特务连突围后，又被武装的民众缴了械。有的团损失半数以上。第三十一集团军总司令王仲廉率领总部直属部队突围，被武装民众包围缴械，通讯工具尽丢，失去了与上下级的联系。汤恩伯亲自带领的直属部队损失得更惨，跟他走的只有一个特务连，所有的重武器、通讯器材、辎重损失很大。在郏县与临汝县之间约二三十里长的突围线上，所有村庄到处打枪，有的民众还叫“缴械”。封锁线上的日军坦克摆成一条长龙，既没有开照明灯，也没有打炮，令人迷惑不解。据说在突围部队经过的地段，到处都是汤军抛弃的步枪、轻重机枪、弹药、骡马、装具、车辆、通讯器材、迫击炮，还有大炮，次日各村老百姓清扫现场。

第十三军突围后通过叶洛公路时，大家如释千斤之负，因为脱离了险境，心情爽快。上午大休息后，部队经过整理，又经伊阳（今汝阳）、嵩县，于 22 日到卢氏县庙子（今属栾川）。我们共行军 10 多天，开始时沿途百姓还表示欢迎，在路旁端着茶水给过路的官兵喝。在登封与日军作战时，有二十几名负伤的士兵，加上几天来逃兵甚多，连队的东西带不了，抓了十几个民夫，附近村庄的老百姓见此状纷纷逃跑。下雨天部队没有雨具，士兵就进入民房翻箱倒柜，把老百姓的衣服披在头上挡雨，湿了就丢掉换干的，沿途见有不少被抛弃的衣服。到宿营地时，由于没有兵站补给系统，就强取民间粮食、燃料、蔬菜，杀猪、杀鸡分文不给，粮食由部队主管人员如连、营、团长出具借据，在某村某家食用多少斤粮食，老百姓凭此借据可少付征购粮。有些老百姓牵着牲口带着东西上山避难，军队路过时上山搜索，牲口拉走以作军用，贵重物品抢走，武器缴掉。行军途中见有友邻部队掉队的士兵，就没收武器，强迫编入连队当兵。因此沿途百姓闻风而逃，弄得十室九空，民众恨之入骨。

在庙子收容部队时，汤恩伯、王仲廉都在此住过，第八十九师第二六六团驻在最北边的村子里，担任警戒。从前方溃退下来的散兵陆续来到庙子。某连连长因在至密县途中损失一支步枪与一挺轻机枪，不敢向上级报告，在警戒时看到友军排长、班长两人携带步枪、轻机枪各一，遂起歹念。该连长与营长合谋将此两人骗至连内谈话，很客气地接待了他们，并留他们住一夜再走，晚上便将两人杀害，埋在附近的山脚下。营长于事后告诉我，我不但不训斥他们，还说："有办法。"因为不杀掉他们两人是无法把枪拿到手的。

拔除日军据点

部队在突围时，汤恩伯的直属部队都被冲散了，只剩下特务团一个连随他行动，所带的电台也丢失掉。不仅汤恩伯如此，有的集团军总司令与军、师、团长的电台也丢失了，从突围后到庙子这些天，上下联系中断。据特务团的人说："汤恩伯在此期间，每当涉水过河时就号啕大哭。"

在我们撤退途中及在庙子整补期间，日军已第一次打通了平汉铁路，并相继攻占了伊川、鲁山、嵩县、伊阳、渑池、新安、宜阳、洛宁、陕县、洛阳等地，5 月 20 日还一度占领了卢氏县城。

离庙子北边 10 余里靠路的一座大山上，驻有日军的一个据点，袭击来往的行人，有时下山抓人，抢粮和家禽等。汤恩伯认为日军深入我方防地捣乱，有碍收容散兵，估计这个据点的日军是嵩县日军派出的，兵力不大，乃令第十三军派一个团消灭它。我奉令执行这项任务，因为第二六六团驻于离庙子北边 5 里的村庄里，比较近便。

一天上午，我率领全团抵达日军据点附近，遭到日军轻机枪和步枪的射击。我带着几个营长和少校团附在一个隐蔽的地方侦察敌情，了解地形。日军的位置在山的制高点上，听枪声判断，只有一挺轻机枪、十几支步枪，其兵力最多为一个小队。经过和大家研究，决定派第一营攻击日军据点，其余作为预备队。该营在山脚下展开，考虑到日军阵地工事可能坚固，不会轻易攻下，我们即采取纵深配备的攻击队形，即第一连三个步兵排前后重叠，分成三个攻击波，第二连接着第一连，一个步兵连作预备队。一个排编成一个攻击点，第一个攻击波攻不上去，第二个接上去，余类推，务必攻下据点。第一营准备就绪，先由迫击炮轰击日军据点，摧毁其阵地工事，步兵在迫击炮火的掩护下搜索前进，日军的步、机枪密集地向我前进部队射击。因为山很高，有相当多的树，双方激战约一小时，最后日军的枪声也稀少了，阵地工事多被打毁，该营占领了日军的据点。日军工事里遗尸两具，还有很多的罐头，其余一无所获。根据阵地工事分析，日军可能只有一个班的兵力，当我攻击部队上去时，其余日军可能逃掉了。

我将战斗经过向师长报告。当时汤恩伯和石觉都关心此事，经常询问前方的战况，怕我团吃亏，并作了增援的准备。尔后我团奉令返归原防地。这次我团的行动受到了汤恩伯的表扬。

反攻嵩县

中原会战爆发，汤恩伯部挫师失地，遭到社会舆论的一致谴责。蒋介石迫于形势，一再电令汤恩伯反攻洛阳。此时汤恩伯部各军多已残缺不全，第十三军虽士气有些不振，但人员、装备尚属完整，所以汤恩伯就将反攻的任务交给了第十三军。

5 月 27 日，第十三军由驻地出发，沿着崎岖的山路，一路纵队行军。开始时以第四师为前卫，后以第八十九师为前卫。因为天气炎热，山路难行，部队相当疲乏，行军速度不快。30 日晨，第八十九师到嵩县大章附近，遭到日军少数警戒部队的抵抗。担任前卫的我团第一营当即发起攻击，同时以一部向敌左翼迂回，于黄昏时攻占了蛮峪。31 日零时后，我团又攻占了桥头，于天亮后到达距嵩县城数华里的地方停止前进，准备攻城。

这时，我到前卫营营长处观察敌情，并分别向师长和军长报告。然后，我登上制高点瞭望，看到嵩县城墙相当坚固，日军在城墙上筑有永久性工事；西门外的丘陵与城墙等高，上面有少数日军警戒部队，并筑有野战工事；城南门外是伊河，由西北流向东南的高都河经北门外、东北角和东门在东南角汇入伊河，河水不深，可以涉水而过。我命令部队立即展开，第一营在右，第二营在左，为第一线；第三营为预备队。第一线的两个营进入准备攻击位置后，立即向当面之敌发起猛烈攻击，节节前进。我军以步兵轻重武器的炽盛火力压制日军，日军亦以步兵武器还击，但始终未使用大炮，根据我观察到的情况和对方火力判断，嵩县城内的日军并不多。

经过两个多小时的激战，我军攻占了西门外的丘陵山地，日军退回城内。战斗中，第二营营长吴怀岳英勇牺牲，全团官兵伤亡 50 余人。吴怀岳是辽宁人，九一八事变后立志抗日，考入南京中央军校第十期，牺牲时还不到 30 岁，尚未结婚。我命令卫生队将吴的遗体埋葬在城外大道旁，并立木牌以志纪念。由于部队前进中受到城墙上日军重机枪的阻拦射击，致使攻击顿挫。我要求军部炮兵营以火力支援，但得到的答复是该营没有随军参战。入夜后，敌我双方在对峙中，我团用八二迫击炮不时向城内射击，机枪、步枪也不停地打着，一直持续到天亮。

6 月 1 日，我令全团在占领的阵地上构筑野战工事，并向师长汇报了情况。从谈话中得知，我们这次行动不是真的反攻洛阳，而是攻击嵩县以缓和舆论；同时也获悉，军部和直属部队以及第四师在我师后面的大山上。

6 月 2 日和 3 日，敌我双方依然相互对峙着。2 日晚上，我团用八二迫击炮向城内打了 10 多发炮弹，击中日军油库，熊熊大火照亮了大半个城区，烧了一个多小时。3 日夜 12 时左右，师部派第二六五团沿着南门外的河滩向据守北门和东门的日军袭击，顿时枪声大作，打了一阵子就停止了。

6 月 4 日至 5 日，日军从洛阳派的援军陆续到达嵩县，该援军配有大炮和坦克，由于道路崎岖，日军的坦克亦无法行驶。后来日军用山炮向我团阵地射击，阵地多被摧毁，城内的日军也乘机反攻。5 日夜我团奉令撤退，途中又与日军追击部队打了几仗，于 8 日夜在旧县以西渡过伊河，向庙子前进。

浴血许昌城

孙　浩　李树森　张访朋*

1944 年 4 月底至 5 月初，我暂编第十五军新编第二十九师在许昌城下，与数倍于己之日军展开了一场悲壮惨烈的浴血激战。我们三人当时都在新二十九师供职，亲身参加了这场战斗，现忆述于下。

一

1942 年冬，奉上级之命，周口警卫团与其他部队合并组建为新编第二十九师，吕公良中将被任命为师长。1943 年该师奉命担任中牟一带新黄河河防，同年十一月归属第一战区第二十八集团军暂编第十五军序列，参加了军部组织的新郑整训。经过整训，连以上军官进行了调整和更换，我师的素质和面貌有了较大的改观。1944 年 3 月，第一战区副司令长官汤恩伯令我师守卫许昌城，原任之新黄河河防由暂编第二十七师接替。

许昌位于中原腹地，是座历史名城，又是平汉铁路上的一个重要据点。

---

* 作者孙浩时任新编第二十九师师部参谋；李树森时任新编第二十九师第八十五团第二营营长；张访朋时任新编第新二十九师第八十五团第一营第一连连长。

日军要打通平汉铁路线，必须夺取许昌。中国最高军事当局对许昌的固守十分关注。吕公良曾对师部参谋孙浩等幕僚说，蒋介石于 1944 年 3 月曾两次电示，要以两个师的兵力固守许昌，并在许昌以西、以南的禹县、漯河、舞阳各以一个师固守，并特别强调“勿失”。第一战区副司令长官汤恩伯也三令五申，要新编第二十九师死守许昌。吕还说：“守卫许昌我所担心的不是疯狂的日军，而是我军的相互配合。无坦诚相见，互相倾轧是要害死人的。”

部队进驻许昌后，全体官兵立即投入了紧张的备战工作。由于城墙已被拆除，我们就在残存的根基上修建明碉暗堡，筑起轻重机枪掩体，形成交叉火力网。利用城外原有的护城河，略加疏浚作为屏障。在阵地前挖深、宽各一丈二尺的战壕，并同机枪掩体和营、连指挥所互相沟通，既便于通讯联络，又便于运送给养弹药。战壕外边依次设置了铁丝网、鹿砦和拉线地雷群。由于师部当时估计日军会从北门进攻，因而将防御的重点放在了城北。具体部署是：以姚俊明第八十六团（欠一营）守卫许昌以北长葛和尚桥村附近的阵地，阻敌南进；杨尚武第八十五团守卫城东半部，团部驻城东三里桥，韩信策第一营守北门及外围据点，李树森第二营守东门及外围据点，并以第五连守卫城北俎庄前哨据点，黄希增第三营守城东三里处的一个外围支撑点；李培芹第八十七团守卫南门、西门及南关思故台、西关五郎庙据点；专员公署自卫团队等地方武装，守卫城内南门以东文昌阁防区。4 月 24 日，第八十六团从长葛和尚桥附近撤回，仅剩下一个营的兵力，被控制于南关作预备队。整个许昌防卫，统由城防司令吕公良指挥。城内设城防司令部联络处，负责协调联络军政、军民各方面的事项。师部开始设在城西南的碾上，4 月下旬迁南关远大卷烟厂，随后撤至城内东大街县商会和灞陵中学。

备战期间，吕公良还着重抓了三件大事。一是以“三好”（头脑好，人人一心为国；身体好，上战场能打能拼；武器保养好，打起仗来不出故障）为标准进一步强化军事训练，提高部队的战斗力，严格整饬军风军纪，增强军民之间的团结。二是以城防司令部的名义，多次召集地方军政要员、商绅人士共商抗日大计，组织地方政府、大商号往城外疏散，并责成他们组织四乡的团队、乡丁和民众策应国军守卫许昌城。三是动员民众，清查汉奸敌探。4 月 23 日下午，在城内牖民社召开了有党、政、军、民各界代表参加的誓师大会。吕公良在会上说：“养兵千日，用在一时。现在已到了最后关头，我们要有必胜的信心。公良愿同各位父老乡亲一起与许昌共存亡，与众将士一道保卫许昌城。”与会者纷纷上台慷慨陈词，一致表示守土抗日不但是军人的天职，也是中华儿女的本分。许昌民众决心做到抗日需要什么，就支援什么，不通敌，不资敌，不叛国，齐心御外侮，抗击侵略军。并通电全国，决心抗战到底，誓与许昌共存亡。会后，处决了 3 名汉奸。

4 月 24 日，日军先后攻占了长葛和尚桥村和县城，暂编第十五军军长刘昌义率领军部特务连，暂编第二十七师刘耀军团和新编第二十九师第八十六团胡光耀营撤退至许昌城。刘军长与吕师长及师部军官们反复研究守城方略，并亲临各阵地视察，召集官兵训话，激励士气。29 日，第二十八集团军总司令部转奉汤恩伯电令：命刘昌义军长指挥赵桂森第二十师和彭赍良新编第四十二师，第二十九军军长马励武指挥全瑛第九十一师和郭文灿第一九三师，分别于 30 日黄昏前展开于襄城化行、颍桥至禹县前陈和禹县谭陈、褚河、大油刘之线，向禹县马沟、许昌七里店和许昌河街、长葛和尚桥之线攻击前进；泛东挺进军陈又新部以主力攻击许昌半截河、丈地街之线；各部协力夹击许昌外围的日军。刘军长奉命后，即率领特务连和刘耀军团前往颍桥镇。

战前，吕公良的妻子带着儿女从南召来到许昌。但吕公良正忙于军务，只得命令副官李耀廷将她们安顿在城外师部里住下。第二天上午，吕公良才从城防司令部返回师部与妻儿相见，并为她们送行。吕公良对妻子说：“我这次受命固守许昌，同日军必有一场恶战。我已抱定与许昌共存亡的决心。假如我为国牺牲了，乃是全家的光荣，你们定会受到国家的抚恤，民众的尊敬。你要多多保重，万望把儿女们抚养好，一切都拜托你了。”吕师长送走妻子后，师部参谋孙浩激动地说：“当年曹操曾在许昌称雄于世。师座治军之严，严于律己，令人敬仰，真像曹操割发代首那样。”吕说：“我可没有曹孟德那样的雄才大略，但决不像曹操那样叛汉不忠。作为一个军人，为国家为民族，抵御外侮，誓死抗日是我的天职。”

二

28 日晚，各路日军开始向许昌东、西两翼推进。29 日夜，主攻许昌城的日军第三十七师团兵分三路，向预备攻击位置急进，准备在 30 日晨同时从北、西、南三面攻击许昌城。30 日晨 5 时，北路日军开始攻击我俎庄前哨阵地。守卫该阵地的第五连官兵，在连长欧阳步的指挥下，利用残破的寨垣、新修的工事和寨外埋设的地雷群，居高临下沉着应战。一时间枪炮声地雷声如山崩地裂，打得日军晕头转向，数十具尸体横卧荒野。激战至中午，接连打退敌人 4 次进攻，全连无一牺牲，遂奉令撤回城内。欧阳连长在第三次击退日军进攻时，腿部负伤仍不下火线，继续指挥战斗。6 时，西路日军在炮火掩护下，从城西曹庄发起攻击，突破了我军的前哨阵地。五郎庙守军且战且退，至 9 时 30 分左右，在英美烟草公司旧址与日军展开了激烈的手榴弹战。10 时许，另一股日军猛攻美国教会医院，在拼杀中，第八十七团第九连连长孙同治左臂中弹，仍继续坚持战斗，后壮烈牺牲。日军攻占教会医院后即猛攻西关，第三营营长宋发魁率部同日军展开反复冲杀，稳住了我军的阵地。中午，南路日军对许昌南关发起了攻击。高 16 米多、面积 3000 多平方米的思故台，是我军在南关的一个重要据点。台上构筑了坚固的堡垒，周围挖有深 5 米、宽 4 米的壕沟，沟外埋有梯次地雷群，轻重武器形成交叉火力网。在此守卫的第八十七团第三营官兵沉着应战，一连打退了日军的 4 次进攻。后来，日军将山炮推进到距思故台 600 米处进行直接瞄准射击，一时间炮声震天，烟尘弥漫，南关阵地成为一片火海。我守军伤亡殆尽，思故台陷入敌手。

位于许昌东南角的塔湾是我军在城外的另一个重要据点，由第八十五团第六连守卫。日军进攻南关时，连长李安堂指挥该连对该敌进行侧击，严重威胁日军的侧翼。日军不惜代价，攻占了塔湾，立即在文峰塔上架起机枪和小迫击炮，掩护步兵向我阵地进攻，并向城内猛轰，致使城内吃紧。团长杨尚武命令第三营营长黄希增率第二连由三里桥反攻塔湾，刚到罗庄即与日军遭遇，双方遂展开激烈的射击和掷手榴弹。第四班长王合义腹部中弹，肠子流出。他用手捂住伤口仍坚持战斗，并把机枪零部件交给副班长，叫他带领全班完成任务。第三班长左庚辰身上多处负伤，血流满地，仍往前冲。第二连连长吴超赤着脊梁，一手掂枪，一手提刀，同敌人厮杀得难解难分。终因敌众我寡，反攻未成，第二连官兵大都战死在阵地上。思故台、塔湾失守后，吕公良师长深感局势严重，亲自坐镇南门指挥。这时，日军已攻至南关外大街，与我军的预备队第八十六团展开激烈巷战。我军伤亡严重，该团营长何景明、胡光耀相继阵亡，部队被迫经南门退入城内。

17 时，12 架日军轰炸机飞临许昌上空，向城内投掷了大批炸弹。同时，日军炮兵也集中火力猛轰西门外我军坚守的房屋和西南角城墙，掩护步兵发起冲锋。20 多名日军乘机游过 60 多米宽的护城河，抢占了城墙边的 3 间房屋。傍晚，日军冲进了西门。第八十七团第二营营长手提大刀，率领官兵与日军展开了激烈的白刃战。李培芹团长闻讯后，忙打电话命令守卫城北的第一营营长派一个连增援西门，但该营长却以“日军若攻打城北怎么办”为由，拒绝派兵增援。第二营孤军奋战，毙敌甚众，但日军后续部队不断到达，营长以下官兵伤亡殆尽，西门遂被攻破。

日军在攻击西门的同时，又调来坦克部队猛攻南门。傍晚，日军的坦克轰开了南城门，随即冲入城内对周围目标猛烈炮击。南门守军在乔冠英营长率领下，与跟随坦克进城的一个中队日军展开激烈的白刃战。乔营长手提大刀，连续砍死日军多名。此时，日军后续部队蜂拥进城，我军渐感不支，节节后撤。正在师部向吕师长汇报战况的李培芹团长听说南门失守，顿时火冒三丈，急忙离开师部。在东小十字街口，他看到自己的部队正从奎楼街向北退却。他甩掉帽子，掏出左轮枪，对空连发数枪，大声喊道:“不准退，都给我顶住。”随后急速向南门跑去，同士兵一起打了个反冲锋，然后和敌人展开了逐屋逐垒逐街争夺。副师长黄永淮的侄子黄正道是第八十七团的一个连长，这时他正从南门撤退到天平街，碰上了赶往南门督战的黄永淮。黄副师长当即拔出手枪命令道:“坚决顶住，后退者枪毙！”黄正道闻后立即率领残部返回南门附近与敌拼杀，直至牺牲。

进攻北门的日军虽被地雷炸死不少，但因西门、南门已先后被攻破，这里也十分危险。天黑后，北门与师部电话不通。师部派传令兵杨学甫到第八十五团送信，但杨中途受伤，无法冲过日军的封锁线，因而未能取得联系。

当天吕公良师长曾急电汤恩伯，请求火速派兵增援。但汤恩伯非但未派来一兵一卒，反而命令刘昌义、马励武及陈又新等部停止夹击许昌外围之敌的行动。

三

30 日夜，许昌城内已陷于混战状态，师部大院内躺满了伤员，城西和城南的部队不断退到师部周围，战局已无法挽回。5 月 1 日零时许，吕公良师长在师部召开部分营、团长以上军官紧急会议，决定立即突围，并研究了突围计划。经分析，驻守城东门外一带的第八十五团第二营建制比较完备，战斗力较强；距师部最近的东门及东南部三里桥阵地仍在我守卫之中。因此，为牵制和分散敌人的注意力，保证突围成功，采取了东、西两路分别突围的办法，突围后集合地点为郾城县黑龙潭。

师旗是新编第二十九师的灵魂，万一落入日军之手，是莫大的耻辱。为保持全师官兵的名节，吕公良在突围前眼含热泪，虔诚地把师旗焚烧了。吕将军泣不成声地对在场的官兵说：“若我们突围成功了，要同日军继续战斗。若失败了，要抱定不成功，便成仁，生为中华人，死为中华魂的决心，不投降，不受辱。”

临别前，吕公良把外甥孙浩叫到身边说：“你和参谋长出城西，我领大部队出城东，突围成功后在郾城黑龙潭会合。如果突围失败，我万一阵亡，你到后方留守处，把我的家属老小送到西安大后方去。他们今后的生活会得到政府和部队的照顾。”

5 月 1 日凌晨 2 时，左右两路同时突围。在师参谋长王元良的指挥下，由通讯连开路，师部人员开始由西门突围。由于该路人员较少，易于隐蔽，所以三天后大多数人员都到了南召。从东门突围的一路，由第八十五团第二营营长李树森领队。李树森奉命后，即令第四连连长张文远率该连协同师部警卫排保护师长、副师长，自己和团长杨尚武率突击队先行。行进中，前面不断向后传话：“紧挨房檐走。”“小心地雷！”部队行至城东大坑李、十里庙以南，许（昌）鄢（陵）大道以北时，陷入了日军封锁线，双方当即展开激烈的战斗，喊杀声枪炮声，如山崩地裂，震撼着周围十几里的乡村。杨尚武团长沉着指挥部队屡挫敌锋。激战持续了 3 个小时，终因敌众我寡，部队被击溃了，伤亡十分严重。团长杨尚武身负重伤，血流不止，倒在大坑李东南方的麦田里。李树森上前搀扶他，他只说了句“不要管我，赶快突围”，就昏了过去。后因伤势过重，未得到治疗而牺牲。李树森的右腿也被机枪打了个贯通，在战友们的搀扶下，屡经周折，方得以突出重围。

激战中，李培芹团长阵亡。吕公良、黄永淮负了伤，吕公良的战马也在十里庙附近被打死，但他俩仍跑前跑后，指挥部队越过小洪河，向小王庄、彩女、邓庄方向突围。这时天已大亮，日军出动大批步兵、骑兵和洋车队包围我突围部队。黄永淮和 30 多名官兵在烟敦郭以东遭日军前后夹击被俘。日军在烟敦郭用刺刀杀死了 11 名被俘官兵，又将剩余的人押到小王庄，把一名被俘士兵绑在树上，用刺刀往他的嘴里捅，并来回搅动。黄永淮目睹日军的残暴行径，实在是忍无可忍。他乘机从日军手中夺过枪，将一名日军击毙，自己也为国捐躯。

在小王庄西南的麦地里，连长张文远牺牲，吕公良腹部多处中弹倒地，血流如注。吕公良对警卫员鲁丙正、卜金斗说：“我不行了，你俩快走！我们 3 人不能眼看着都死在这里，活着出去也有个报仇送信的人。快走……”在吕公良的再三催促下，两名警卫员含着眼泪离开了师长。午后，许昌城东逐渐恢复了平静，外出躲避战火的老百姓三三两两返回村庄。小王庄村民王柱在回家途中看见一位军人躺在血泊中，身边一支左轮枪已被击坏，身后还压有一支手枪。王柱拾起地上的名片一看，才知道这就是吕师长。王柱大着胆子凑上前去，听到吕公良微弱的喊声：“老乡，我是个军人，是被日本兵打伤的，请你救救我，日后定重谢。”又指了指身后的枪，说：“这是我打日本用的，你拿去吧，也许还有用。”王柱急忙向岗王村保长王庚寅报告，王庚寅派人用长方形荆筐把吕师长抬到岗王村，隐蔽在王庆家中。这时吕公良已是奄奄一息，王庚寅等用土法为他治伤，毫无效果。5 月 2 日下午，这位抗日名将停止了呼吸，时年 41 岁。村民们把吕公良的遗体埋葬在岗王村北地，用一块青砖刻上“吕公良之墓”五个字作为墓碑。

（宋德明整理）

记洛阳会战与李家钰殉国经过

张仲雷*

1944年4月，日本侵略军发起了“中原会战”（我方称为洛阳会战）。当时我任第三十六集团军总部参谋长。在这次战役中，李家钰阵亡，我被俘。我设计逃脱转回成都后，曾写过《豫西十日记》《李家钰抗战史迹》《被俘脱归记》等文章作为纪念。现在这篇就是根据上述几篇材料整理而成的。

1944年春，第一战区已侦知敌人有发动攻势、袭击我河南战区的企图。3月中旬，蒋鼎文在洛阳召开所属军长以上将领参加的紧急军事会议。李家钰参加会议回到新安古村即召集总部和四十七军上校以上军官，传达洛阳会议情况，并研究本集团军应准备的事项。李家钰说：“战事在不久的将来即将发生，要做好对付敌人进攻的准备。在洛阳会议期间，四十军军长马法五得到有关方面的密电：‘敌人已计划于4月发动攻势’，当时还把这个密电拿给大家看过。但是在这个会议上，没有决定如何准备对付敌人，只谈了将各军军官眷属及笨重行李、重要文件迅速向后方转移的话。”李家钰接着说：“这次战事发动后，洛阳岌岌可危，泛区方面更危险。我们的兵力虽然不少，但在配备上没有重点，而且一切都要上级决定后才敢行动。这样遥控部署，

* 作者时任第三十六集团军参谋长。

部队就失去了灵活性。我曾建议：与其待敌来攻，不如先发制人，但建议未蒙采纳。”从李家钰的谈话中可以很清楚地看出，洛阳的紧急军事会议并未对敌人即将发动的攻势做出相应的有效对策，尽管洛阳地形险要，兵力也还充足，但当局玩忽职守，未精心筹划对策，以致敌人发动攻势后，不到一月，洛阳就沦陷了。

1944 年 4 月 18 日夜 12 点过，我在古村总部突然接到洛阳长官部参谋长董英斌电话：“今晚，敌人已在中牟渡河，现在只有百余人，正同我军战斗中，望你部注意上游河防，严密警戒：若中牟渡河之敌还未完全驱逐，上游又发生敌情，两头都要对付，就不好办了。”接着我就在电话上将这个情况报告李家钰，并通知了李宗昉。

5 月 15 日从夺获敌人的文件上得悉，敌人称这次作战为“中原会战”，使用兵力共三个师团和一个“虎师团”（新由东京调来坦克第三师团的改称）。敌在豫中方面，使用的兵力为两个师团和另一个“虎师团”，在豫西方面，是由黄河北岸运城来的一个师团。其会战主力在黄泛区方面，而作战目标是指向潼关和卢氏。

敌人在中牟渡河后，大批兵力集结于泛区两岸地区。同时敌人原在北邙山的桥头堡阵地，亦随之扩大。两股力量会合，一举攻占了郑州。

敌人占领郑州后，展开大部兵力，向我登封及虎牢关两处既设阵地进攻。守备在登封一带的为汤恩伯部，守备在虎牢关的为孙蔚如部。经过 10 天战斗，敌人攻势顿挫，遂将北翼改攻为守，主力南伸，一部迂回到龙门南之水砦，水砦与洛阳相距仅百余里。在此紧急情况下，蒋鼎文乃将谢辅三率领的暂四军，张际鹏率领的十四军及新八军的新六师合编为一个兵团，命十四集团军副总司令刘戡统一指挥，名“刘戡兵团”，以阻止由水砦北进之敌。刘戡奉命后，即率所部向水砦出发（大约在 5 月 1、2 号）。到达龙门后，即利用伊水、龙门之险阻止敌人。

龙门方面之敌，虽被阻止，但据空军侦察所获情报，敌两个装甲纵队，分向洛阳、巩县前进。蒋鼎文怕被敌人包围，于 5 月 7 日将长官部撤到新安。洛阳守城任务，交十五军武庭麟部及九十四师张世光部共同担负，由武庭麟指挥。与此同时，对如何固守洛阳，也作了新的计划和部署：以汤恩伯部及其所辖王仲廉集团军组成汤恩伯兵团，集结于伊川、宜阳间地区，担任南翼攻势；以孙蔚如部及第九军（军长韩锡侯）组成孙蔚如兵团，集结马屯附近地区，担任北翼攻势；刘戡兵团由龙门正面转移为中间，担任延秋至磁涧之间的防御。三十六集团军之四十七军，则联系刘戡兵团左翼，而延至黄河正面。同时驻在西安的第八战区副长官胡宗南，应蒋鼎文要求，派两个军来豫，以增强第一战区兵力。从这些计划和部署看，是准备在这里同敌人打一仗的，也是有力量的。

5 月 9 日傍晚，与黄河北岸民军接联的四十七军左翼河防部队，遥闻垣曲方面有浓密的机炮声向我南岸洋湖村青风洼间发射。继后，又获悉：晚 9 时许，敌人已有一部从白浪渡口渡河，并占领了洋湖村。10 日，原在该村的河北民军退到了黛眉山，敌正向中关锐进。

驻在新安的蒋鼎文，闻此消息即命新六师归还新八军，并派空军轰炸白浪渡口，打了一个整天，并未将渡河之敌打退。这时，在新安的机关部队，有遭敌东西夹击之虞，人心异常动摇。蒋鼎文及长官部人员，乃于 10 日午夜由新安经石陵而达宜阳，再转洛宁。此时，准备在洛阳会战的诸兵团（计汤恩伯、王仲廉、孙蔚如、刘茂恩、李家钰、刘戡、高树勋等集团军及韩锡侯、谢辅三、马法五等军）均随之溃退西撤。这一会战，就这样结束了。

洛阳失守后，5 月 11 日晨，李家钰接到蒋介石由重庆打来的电话：大意说，新安以东，部队还多，铭三（蒋鼎文字）去后，可将总部移到新安铁路以南地区，就近照料，并利用电话线，随时通话……与此同时，又接到蒋鼎文由新安县府派专人转来的密码命令，命令我总部以一部兵力暂留河防，抽调主力打击从渑池袭来之敌。李家钰一面研究应敌对策，一面指挥总部移动。此时的三十六集团军，实际只有四十七军的四个步兵团（有两个团回四川接收新兵）。除分布在河防上的一时不能抽调外，当即令四十七军一〇四师之吴长林团，尽先集结，开赴石寺镇至云梦山（亦名云雾山）一线占领阵地，阻止敌人东进。总部于是日薄暮到新安，赓即越过陇海铁路南移至东华沟。

12日，情况更为紧张，延秋、磁涧方面的炮声，越来越近，越强烈了；渑池方面之敌，已东进到云梦山、金斗岩；陇海线上的英豪镇，亦发现敌踪。东西对进之敌，已相距不过70里。虽然我集团军总部已越过新安，而友军孙蔚如集团主力，则正由马屯向新安行进中。我四十七军大部，还留在陇海路以北地区。李家钰当时考虑，以英豪镇新发现的情况较为严重，遂抽调一七八师之彭仕复团，开赴铁门西南王马廉沟及牛心砦附近地区，占领阵地，掩护孙蔚如集团军安全通过新安，然后继续转进。

我们原定由东华沟出发，经赵峪、江屯向河上沟前进，因河上沟有我先遣的辎重、行李，非战斗人员也驻在那里。当我们到达江屯时，获彭仕复报告说，他已率部队由铁门转到河上沟。跟着又听到河上沟方面有浓密的枪声。李家钰考虑，已不能再向河上沟前进，必须改道，遂立派随行的四十七军辎重团团长史跃龙，指挥总部和军部的直属部队，占领阵地，掩护我总部向石陵前进。在行进途中，遇到敌炮自河上沟发来炮弹数发，幸炮弹飞行途径与我行进路线正成直交，虽然炮弹从我们头顶上空飞过，但无一伤亡。是夜我们宿于石陵，后悉彭仕复团长当日在河上沟战斗中阵亡。

5月14日，李家钰守候吴长林、彭仕复、史跃龙等三团消息，到正午时，等着第十四军某团到达，才知在延秋、磁涧间防御的刘戡兵团，已于昨夜南撤。李家钰遂令总部及随行部队（一个连）避开公路，向西移动。是夜宿于南郭庄（属宜阳）。

15日晨，继续西行。过尹村时，适逢刘戡、张际鹏亦在尹村。刘、张、李商议三军在此暂住，联系作战计划。占领五村、耿沟、竹园沟、冯沟，西经会卦、塞沟、张村至杨村之对东、对北等阵地，以阻止由洛阳（东面）渑池（北面）方向而来之敌。当日我们刚出尹村，即遇四十七军残部到达于村，遂与该部会合，总部是夜宿在于村。李家钰令四十七军部队移驻于村以北，警戒渑池方向之敌。

16日，刘戡因奉蒋鼎文之命，负责阻止由宜阳沿洛（阳）卢（氏）公路西进之敌，因此，昨天商议的三军联合作战之策，只得作罢。李家钰命一七八师掩护刘戡兵团转进。三十六集团军总部及四十七军于午后移驻四土堆。

17日，我总部及四十七军继续西行，预定路线经史村集、河底村以达岳庄。孰料军队行至距河底村约三里许，忽闻西北方有浓密的枪声，继闻一谍兵报告，敌人正与我新八军之新六师激战于河底村附近地区。因此，我们又改道由程村向岳村前进。过程村时与新八军军长胡伯翰相遇，他要求我军以一部联系其左翼占领阵地，以保障他侧翼安全。李家钰遂命一〇四师担任之。这时，四十九军及孙蔚如兵团（原定转移宜阳）、刘戡兵团（原定转移韩城），由于不能前进，相继折返集结于此。于是，部队、驮马、车辆均拥挤在一凹道中，这个人、马、车混成的密集纵队，正是敌人炮击的良好目标。敌人发现后，曾连续发来十余发炮弹，幸效力不大，仅伤一病兵。李家钰又决定，总部南移。在途中，因闻河底村之敌已迂回到我左后方，阻我到岳庄的道路，我们又改宿翟涯，而不到岳庄了。

5月17日夜，我们宿营翟涯。翟涯为山中一小集镇，属渑池县管辖，在程村之南，而不及程村之大，居民约300户。是夜到此地的有谢辅三、李家钰、刘戡、张际鹏、胡伯翰、李宗昉等将领暨我和石彦懋、谭本良、王有度、张持华等参谋长，加上随军幕僚，大家聚集在暂四军军部，开了一个临时会议，主要是商讨今后的行动。首先发言的为胡伯翰，他说："这么大的队伍，都挤在一路，争先恐后地行走，以致发生混乱，若一旦遇敌，就无法指挥，进退无方，大家都受影响。我提议请李总司令（即李家钰）统一指挥，如明日继续行动，也请先行规划。"接着刘戡说："我们部队确实不少，如果不加整理，彼此观望，长此西行，又跑哪里去呢？光跑不是办法，大家商量一下，看究竟如何行动才相宜。"跟着李家钰说："我们应该商讨一下今后的行动，倘若部队混乱，当然要产生很多障阻，行动必然迟缓，指挥必然困难，如果明天继续西进，我愿殿后。"接着又商议各部西行的路线。刘戡说："我决心率领部队到卢氏去找蒋长官，我愿选在旁南一点的道路行进，并准备明夜宿头峪。"接着胡伯翰说："我要到宫前去找我们的总司令（即高树勋），因为他已经有电话要我回去，如果不回去的话，他会怀疑我拖他的队伍。"这样，他就选了一条傍北点的到宫前的路。留下来的是介于两路之间的一条路，李家钰选了这条路，并拟于明夜在前河宿营。

5 月 18 日晨，诸军从翟涯出发，分道扬镳，齐向西行。当我们出发时，翟涯街面，已看不到其他军队了。西行约 8 里到达阳县。闻孙蔚如昨夜由岳庄抵此还未出发。李家钰遂偕李宗昉和我一同到孙住处拜访，会晤时，除孙蔚如外，还有他的副司令裴昌会、参谋长陈式玉在场。李家钰将昨夜在翟涯开会的情况转告孙之后，我们继续西行。向前河前进，但未到达前河，改宿营于西马蹄沟。

19 日晨，李家钰在西马蹄沟忽接刘戡一函，其中大意说在头峪与高树勋通电话，据说："敌人一部已在陕县渡河，灵宝也有敌踪。"

20 日黎明，我们从燕翎关出发，继续西行走至距菜园 10 里处，即折入南山，经张洼到达沟南午餐。午餐后，继续向赵家坡头前进，但因道路崎岖，行军困难，翻越两座山后，即近黄昏。是日即宿营于东姚院。

5 月 21 日，李家钰新获情报，敌人因追击高树勋，只距东姚院约 10 余里了。李家钰遂令部队在早餐后，急忙收拾行李，准备于午前 10 时出发。后因杨显名、李家英两位师长在电话上要求改变已决定的路线，以至将出发时间拖延至午前 11 时半。当总部刚由东姚院出发，行未半里，即遇敌人由张村射来的炮弹数发。于是，李又把原由南而西的路线改为由西而南，还要李宗昉派人通知李家英（前卫）不要等他；之后，总部就由改定的由赵家坡头、西坡（即秦家坡）经双庙到南寺院这条路线行进。

当我总部越过赵家坡头时，有一谍兵向我报告："刚才陕县县府职员是由张家河上坡向南的。"我遂向李家钰说："总司令，怎么不走陕县县府职员走的那条路？"他回答："没得路嘛。"我又向南望，发现山头上有一密集的着草黄色军装的队伍，于是又向李说："怎么这山上有密集队伍呢？"他又回答："是蕴长（李家英字）的队伍。"我接着又说："蕴长在行军，为什么密集？恐怕不妥呀！"当时我瞥见一卫士唐某，背有望远镜，遂叫唐将望远镜取来，递与李说："总司令！请看看再走。"李气冲冲地说："不要看！不要看！凭命！"这时忽听得后面从东姚院方向不断有步枪声，估计是由东面蹑我而来之敌。行不数武，又闻对面山头有浓密机枪声。此时，李家钰向我说："仲雷！刚才后面有枪声。怎么现在对面又打起来了？"我说："是啊！你身边还没有队伍呢！"他说："喊一班步枪兵来！叫他们不要打枪，免敌人发觉是高级司令部，会打得更厉害。"

不久到了张家河。休息时，请来一老者做向导，大家一齐上西坡。正在上坡时，北面山上有当地人叫我们："你们是哪军的？来不得呀！上面有敌人啦！"同时又望见从南山下来的不少逃难的老百姓，目睹此情景，遂派高级参谋萧孝泽下坡去询问。还没得到萧的回话，李家钰就继续上坡了。登上山坡后，就地整顿部队（仅有特务营的一个连），又询问往南寺院的道路。据当向导的老者说，山上山下都有路，山下不能走牲口，他要求把我们送到汽道（即公路）后，让他回去。看来李家钰对这一带地形很熟悉，他向老者问："这条路是不是从张汴到后山联保的？"老者答："是。"李就说："既是通后山联保的路，就是本地人运柴的路，不是什么汽道。"李派了一排步兵任尖兵，总部在尖兵后行进，继续南行。当时总部上校参谋陈兆鹏，手持地图，自告奋勇愿担任行军的尖兵长。他向着一排士兵说："跟我来！"我们继续在山坪上向南行。不久，望见前面山头上有人在移动，又听着有步枪声，"尖兵"已越过去。我派谍报兵崔英去探听。不久，崔英回报说："山上尽是一些戴钢盔的人，伪装很好，个个头上插有麦子，不会说中国话，口中哇哇乱叫。请总司令、参谋长快走！"李家钰和我急忙回头走，李走得快，我走得慢，在我身边的卫士李俊明，催我快走。我边走边说："戴钢盔的都看见了，还跑得脱吗？你们快走，不要等我！"我们没有走多久，山头上的敌人就一冲而下，总部特务连和一些官兵都散开在麦地，向敌人还击。我当时急不择路，往侧面崖壁一跳；跳下崖后，右手跌伤，鼻子跌破，流了不少血。正俯瞰血渍时，就见两个日本兵，跑到我面前，一个端着枪、把刺刀对我比起，另一个用绳子将我捆着，拉我坐在一个土坎上，他俩叽里咕噜地指我的自来水笔和手表，我都一一"奉送"——这时我才惊觉过来，我被敌人俘虏了！

我和李家钰被冲开后，对他阵亡的消息，是完全不知道的。我在被俘后，听一个日本兵说："那天，第二十七军的李军长同我们作战，我们把他打死了！你们明白不明白？”我听完后，虽然知道敌人没有把当天情况弄清楚，误认第四十七军为第二十七军，误总司令为军长，因为彼时的第二十七军是胡宗南所属，还没有完全开出潼关，军长是周世冕，而不是姓李的。但是，那天的情况，我是亲眼看见的。李家钰跑得再快，也难躲过敌人的子弹，而他又身着黄呢军服。

我被俘后，在 7 月 2 日夜从会兴镇山西会馆中逃出。7 月 9 日夜在杜关面晤了高树勋，证实了李家钰的确是那天牺牲的。高树勋说：“你们遇着的敌人，就是从石原一直追我上山的。不过，我带的有一团人，又在山顶上占领了阵地，就是你们看见在山上的密集部队。我占领阵地后，还想等敌人来时，好揍他一顿再走。你们若下坡跟着陕县县府的人走，我也遇着他们，也就掩护了你们。你们从对面西坡走，就掩护了我。当时，我听到下面有浓密的机步枪声，也不知道是怎么一回事。下午我在行军，就遇着李军长（李宗昉）率领的部队，抬着其相（李家钰别字）的遗体，才知道其相阵亡了。可惜！可惜！”

我到卢氏沙河街第四十七军军部后，对李家钰阵亡的情况，就更加明白了。据李家英说，那里是秦家坡，而不是西坡，属陕县管。又据李宗昉说：“你们在山上南进后，我也上了山，跟着在走。忽然听见前面有浓密的机枪、步枪声，又看见一些人回头跑，不知道前方究竟发生了什么事。过后，问跑回来的人，才知道你们遇着敌人。当时打得凶，我们在山嘴上立不住，就退过张家河谷，占住那条山梁，抵抗敌人。跑下来的人逐渐增多，但不见李老总和你。继后，随着军部一道的第一七八师的苟营长的妻子，带伤跑下来，她说，总司令已经带伤，倒在一个山坡下。我们根据她指的方向，又悬了重赏，募来五名敢死的士兵，才在日本枪弹下的一个死角中，把老总找着。但是，总司令已经死了。血泊中还躺着电话兵，也同尸体一道抬回到部队。”我到卢氏东关子，见着这电话兵。据他说，那天遇着敌人后，他跟李家钰跑，看见李在阵地上挨了敌人从后面打来的两枪和一个弹片。过后，李还跑了几步，才倒在那个山坡下。

长衡会战

长衡战役

赵子立　王光伦[*]

战役发生前敌我的情况

一、长衡战役前第九战区的人事情况和战斗序列

第一次长沙战役后，薛岳突将长官部副官处长赵复汉、军务处长贺执圭降为第九战区干部训练团总务处长和教育处长，第九战区参谋处处长赵子立与赵复汉感情甚好，不满此事，表示和他们同进退，向薛岳辞职，未准。第二次长沙战役，因在作战中与薛岳意见不合，战后二次辞职，又未准。第三次长沙战役后，杜建时任国民政府国防研究院副主任，杜提名赵为国防研究委员兼研究员去重庆学习，薛岳不准去，赵只好抱病住在湘雅医院而坚决辞职，薛又未准，并给赵晋升中将。至吴逸志去职后，薛岳保赵子立任参谋长。赵现在的"留"和以后的"去"，全在薛岳的掌握之中。

长衡战役时的战斗序列如下：

第九战区司令长官薛岳，副司令长官杨森、王陵基、王缵绪，参谋长赵

---

* 作者赵子立时任第九战区参谋长；王光伦时任新编第三军第一八三师第五四八团团长。

子立，指挥下列部队：

（一）第一集团军副总司令孙渡（参谋长悬缺未补），辖新编第三军杨宏光，第五十八军鲁道源，第一挺进纵队康景濂。新编第三军辖第一八三师余建勋，新编第十二师唐宇纵。

（二）第三十集团军总司令王陵基，参谋长宋相成，辖第七十二军傅翼，第二挺进纵队盛瑜。第七十二军辖三个师（编者注：后会战开始，第一集团军第五十八军由第三十集团军指挥，防守普迹、金刚头地区）。

（三）第二十七集团军总司令杨森，参谋长邵陵，在名义上指挥第二十军杨汉域、第三十七军罗奇、第四十四军王泽濬、第四挺进纵队王翦波。第二十军辖第一三三师周翰熙、第一三四师刘席涵。第三十七军罗奇辖第九十五师何旭初、第一四〇师毛定松。第四十四军似辖三个师。在实际上除第二十军外，均等于归薛岳直接指挥。

（四）第二十四集团军总司令王耀武，辖第七十四军施中诚、第一〇〇军李天霞。第七十四军辖第五十一、第五十七、第五十八师；第一〇〇军似辖两个师。

（五）战区直辖部队：

战区直辖军三：第四军张德能，辖第五十九、第九十、第一〇二师；第十军方先觉，辖第三师、预备第十师、第一九〇师；第二十六军丁治磐，辖第三十二、第四十一、第四十四师。

战区直辖师一：暂编第五十四师饶少伟。

战区直辖特种兵团队：炮兵指挥部（王若卿），指挥约一个炮兵团；工兵指挥部（朱焕庭），指挥约一个工兵团；通信指挥部指挥官（孙某），副指挥官（唐明辉），指挥两个通信兵营。湘北破坏队（常章濡）；南浔线破坏总队（詹藜青）。宪兵第十八团（姚应龙）。

二、战役开始前第九战区的部署

第一集团军：新编第三军担任高安、奉新方面第一线阵地的守备，第五十八军控置于上高、万载方面（战役开始集结于浏阳河南岸普迹市、金刚头地区，归第三十集团军指挥）。新编第三军以新编第十二师在锦江口—淞湖—高邮市（含）之线占领阵地，与生米街方面的日军对峙，师部驻珠湖（高安南）；以第一八三师在高邮市（不含）—大城—赤田—奉新—草坪岗之线占领阵地，与牛行、安义方面的日军对峙，师部驻肖坊（在高安奉新间）；军部驻卢家圩（高安西）。康景濂纵队仍以九仙汤为根据地在靖安以西九岭山山区活动。总司令部驻上高附近。

第三十集团军：仍以第七十二军在修水（城）武宁间、醴溪方面对东北占领阵地，与武宁方面的日军对峙；一部控置于醴溪、修水（城）间。盛瑜纵队以九宫山为根据在幕阜山山脉活动。总司令部驻修水（城）附近。

第二十七集团军：第二十军以主力在通城、平江间南江桥方面，对北占领阵地，与通城方面的日军对峙；一部控置于平江以北地区。第四十四军以主力在新墙河南岸占领阵地，与北岸日军对峙；以一部在汨罗江口至新墙河口间担任洞庭湖东岸警戒。第三十七军，仍以一部在汨罗江口—营田—湘阴—临资口之线，沿洞庭湖东岸、南岸占领阵地，担任湖防，以主力控置于湘阴以东地区。王翦波纵队，在通城、临湘间地区活动。总司令部驻平江附近。第四军控置于长沙、湘潭地区。第十军控置于衡山、衡阳地区。

王耀武集团军于战役开始前，似在湘西北，归第六战区指挥，战役开始后，才归第九战区指挥。第二十六军于战役开始前，似在赣东，战役开始后，才归第九战区指挥。战区直辖的特种部队任务同前。

三、日军不敢向第九战区进攻吗？

自 1942 年春，第三次长沙战役后，一直到 1944 年夏长衡战役，在第九战区当面的兵力只有第六、第三十三等三个多师团。在这两年内，日军曾先后抽兵去参加第三战区浙赣路战役，第六战区的宜都、常德等战役；第九战区除了于 1942 年以第四军在清江抚州间参加浙赣路战役，于 1943 年以第十军在汉寿西北沅江南岸，参加常德战役（预备第十师师长孙明瑾阵亡）外，第九战区本身并无大的战役发生。到 1944 年 5 月间，综合本战区的情报及军令部与各战区通报情况大体如下：平汉路南段、粤汉路北段，长江航路运输频繁，不仅第九战区赣北方面，连长江中下游，南北两岸沦陷区，日军都在大量抓伕。湘北日军到处不准中国人通行，日军显有增加。最初参谋处处长林方策向薛岳报告，薛岳不信，继又综合各方情况作了一个敌情判断："日军要攻长沙。"签给薛岳，薛岳仍是不信。

很快日军进攻了，薛岳如此执拗，怎么办呢？由于薛岳对内部控制甚严，每当作战中，重庆军令部的参谋，常来电话问情况，在战区的参谋回答电话时，薛岳如听见不合他心意的话，他都发脾气。后来他规定无论谁和军令部通电话，都得按他判行的情报和战报说，并且当时赵与薛同住一个楼，前后左右都有薛的耳目，因此，赵子立既不能打电报，也不能打电话向重庆报告。正在苦闷，事情恰恰凑巧，新到长沙的副司令长官王缵绪要到重庆去。王到长沙虽然没有几天，因为王是前清的秀才，赵子立把自己写的诗、词、曲名为《峰集》的书送给王，请他指教，因此，赵与王还谈得来，敢于向他说心里话。当王向赵辞行，赵子立说："日军正向湘北集中兵力，我判断这次日军集中的兵力，较之第一、二、三次长沙会战要大得多，可能要打通湘桂与越南的交通。但薛长官硬不相信日军会进攻长沙，他说：'自第三次长沙战役以后，敌人不敢再攻长沙了。'这样，要误大事！您到重庆恳切地向委员长报告，并对军令部说，要赶快计划这次的作战，要充分预备兵力，在衡阳决战。"

王缵绪走了以后，赵子立既怕耽搁事情，又怕王讲得不确实，又将对王缵绪说的话，示意给金远询——军统局派在湖南的负责人，让他电军统局转报蒋介石。到1944年12月或翌年初，赵子立在重庆时，到王缵绪的家中去看他。王一见赵就说："我离长沙时，你对我说的话，我一到重庆，就向委员长报告了。"

应当在哪里决战

关于长衡战役，具体的作战计划是根本谈不上了，关于这一战役的作战指导方针，大体可分为三案：

第一案：战役开始的前几天，蒋介石派副参谋总长白崇禧到桂林，指导目前就要发生的战役。薛岳一听白崇禧到桂林，指导第四、六、七、九等战区的作战，就开始叫骂，闹腾着要辞职。有一次薛岳和白崇禧通电话后，赵子立看薛岳怒容满面，口里骂着说："丢他妈！我就不去给广西看大门，不在湖南打，把部队都拉到广西他家里去，可恶！"赵子立在旁估计白是要在湘桂边区或广西境内决战。这一案虽有缺点（下文可见），但有一定的理由，对攻者来说，像橡皮带子一样，拉得愈长，就愈薄弱，超过了极限，它就要绷折。显然到广西境内与日军作战就有这样的利益。

第二案：薛岳过去夸大第一、二、三次长沙战役的战果，别人倒不一定都相信，而他自己却深信不疑。先是认为"日军于三战之余，不敢再问津长沙"。及日军陈兵湘北，大战迫在眉睫，他的预言破灭了，他又起了"守株待兔"的念头，认为在第三次长沙战役，祭起了他的所谓"天炉"战法，把敌军打败了，第四次日军进犯，仍应如法炮制，坚决要照第三次长沙战役的老样，一成不变地在长沙外围与日军决战。赵子立这时想起了第三次长沙会议时的会外意见——"不能用一个'死架子'打人"，现在薛岳正是要用一个"死架子"打人。赵子立只好婉言说："看敌人在江南江北到处抓伕，水陆运输繁忙，其形势与第一、二、三次会战显然不同，兵力很大，仍在长沙照老样决战，到时敌人有打内线的，有打外线的，还有预备的，我们难以取胜。并且敌人自第三次战役吃了亏，必然妥筹对策，我们不宜老用一个'死架子'打人。长官考虑，我们再让敌人深入一段，时间宽裕些，请军事委员会多给我们一些兵力，改在衡阳与敌决战怎样？"不管怎样说，薛岳总是认为日军东拼西凑，不会有什么大的兵力。

第三案：赵子立当时认为必须使用第九战区的全力，第三、第六、第四、第七战区的大部或有力一部在衡阳与敌决战，才有获得胜利的希望。原因是：日本真是要打通湘桂与越南的交通，集中的兵力准不会少，中国只有集中江南的兵力，才能战胜日军。决战的地点，最好是在衡阳，它是当时江南交通的中心，第三、九、七、四、六战区及军事委员会直辖的兵力，均易于向那里集中，且地形好，北临蒸水，东临湘水、耒水，四周没有可以瞰制它的高地。市区适宜于三四个师兵力的守备。其余全州、桂林、柳州、长沙、衡山等处，均没有这个条件。由新墙河至衡阳500余里，实施有计划的逐次抵抗，至少可赢得一个多月的时间。在此期间内，江南任何战区的部队，均可赶到衡阳。当衡阳的核心部队和外围部队与敌决战时，另以有力部队，由衡山（城）方面，湘江东西山区向衡山（城）夹击，易于切断日军后方的交通。

当第三次长沙会议时，赵子立受到会外议论——“不要用一个死架子打人”的启发，曾经想：“后退决战”“争取外线”这两个方针是不能变的，要变只得依敌人兵力大小，改在衡山或衡阳决战，或依敌我态势不再进行球心攻击，而决战地区的重心，改在敌军的一侧（或湘江西岸或东岸），让敌人摸不到我军的行动。但遗憾得很，由于两年的平静生活，除了看例行公文外，总想看自己想看的书，对作战方案一度想过后，就没有再去想。及至1944年5月，有了具体情况，最初只争论日军敢打不敢打的问题，没有着重去研究作战计划。直至王缵绪由长沙去重庆时，赵子立尚未考虑成熟，仓促之间，没有能写一个书面的具体方案，带给蒋介石，只如上文所述，请王缵绪口头向蒋介石转达那几句简单的话。及考虑成熟，再想写成一个成文的东西，让金远询的电台报给蒋介石，初则没有机会和金见面（不便公开找他），继则听说金疏散到后方去了。在这种情况下，只好对薛岳说，但是那时薛岳是听不进去不同的意见，赵子立也不能尽其词。

至8月赵子立到桂林见白崇禧，赵向白报告长沙作战经过，赵刚说：“薛长官囿于第一、二、三次长沙会战的经验，不管敌人的目的、兵力和行动如何，硬要用老一套，在长沙决战……”白不等赵说完，就用手一敲桌子插言说：“当时我就很反对在长沙决战！荒谬！荒谬！——你知道，薛伯陵是不听我的话，委员长当时也没个一定的主意！”从白崇禧的这句话看，蒋介石也是同意第二案的——至少未制止薛岳进行第二案。在薛岳离开长沙以前，蒋介石把第三战区的丁治磐军、第六战区的王耀武集团军交薛岳指挥，仍如第一、二、三次长沙战役一样，全听薛岳摆布。赵子立请王缵绪向蒋介石所作的“薛岳要误事”和“要充分预备兵力在衡阳决战”的报告，一点也没有效力。

第四次长沙会战和内部矛盾

长衡战役于 1944 年 5 月下旬开始，至 8 月初结束，共约 3 个月，分为第四次长沙会战及衡阳保卫战两个阶段。先说第一个阶段——第四次长沙会战。

一、新墙河战斗期间

日军由新墙河北岸及通城方面，向第四十四军、第二十军的全正面进攻，速度不快，步兵在炮空的支援下，步步向南压迫。同时以许多小型舰艇由新墙河口开始扫雷，破坏我军封锁线。薛岳此时仍认为敌人兵力不大，进展不快，没啥！新墙河的战斗开始了，是决定长沙会战整个部署的时候了。首要的问题，就是谁来守长沙。

这时第四军正驻在长沙、湘潭，第十军正驻在衡山、衡阳。薛岳几次向赵子立说："让哪个部队来守长沙呢？第四军这个部队长于攻，而不善于守……"薛岳是启发赵子立说话。赵总是把头低下，装糊涂。此时赵思想上萦绕起 1938 年夏吴逸志关照自己的话："……要知道第四军与伯公（薛岳）的关系，什么事情，不要等伯公自己说话……"但赵子立终于咬紧牙关，不开口。最后，薛岳很不高兴地说："好吧！那就让第四军守长沙吧！"赵子立不开口主要的原因是：以第四军守长沙，将来赵子立好建议薛岳仍在衡阳决战，把长沙只作为逐次抵抗中的一个抵抗线。到那时，薛岳为保全第四军，容易接受赵的这个意见。

第四军守长沙的问题决定了，就开始下达作战命令。这个命令的内容在洞庭湖和湘江以东，完全是照第三次长沙战役的老样描，其要旨如下：

第四军（附战区直辖的炮工兵）守备长沙。

第二十七集团军：(一) 先以第二十、第四十四军利用现阵地拒止敌人；继应确保外线，一面采取逐次抵抗，一面以第二十军转移至平江及其东北地区；同时以第四十四军转移汨罗江南岸。(二) 次以第三十七、第四十四、第二十军守备临资口—湘阴—汨罗江南岸—平江东北线阵地，拒止敌人；继应确保外线，一面以右翼为轴采取逐次抵抗，一面以第三十七、第四十四军主力向平江东南地区转移；同时以一部潜伏于汨罗江、捞刀河间地区。(三) 而后待命以第二十军向汨罗江以北攻击，断敌归路；以第四十四军、第三十七军向捞刀河以北长沙外围攻击。

第三十集团军以一部守备修水方面现阵地，以主力向社港市、相公市以东地区前进，待命沿捞刀河左岸向长沙东北攻击。

第二十六军向浏阳前进，待命沿浏阳河右岸向长沙以东攻击。

第一集团军以第五十八军 (附新编第三军一个师) 向上栗市前进，待命沿浏阳河左岸向长沙东南攻击。

第十军向渌水南岸前进，待命向长沙以南攻击。

王耀武集团军向宁乡以西前进待命，向岳麓山外围攻击。

这个命令下达以后，薛岳让司令长官部大部人员到耒阳，以一部分人员组成指挥所，搬到岳麓山去住，他要重温第三次长沙战役的旧梦。

这时候，前第四军军长、现任第二十七集团军副总司令欧震，此时怕薛留他在长沙指挥第四军。他对赵子立说：“我不愿意留在长沙指挥第四军，你和长官商议，给我一个任务，离开长沙吧。”赵和薛商议，让他帮助杨森去指挥第二十六军、第三十七军、暂编第二军了。

薛岳同赵子立搬到岳麓山，没有两天，就看出大势不好了！湘北前线部队在战斗中发现敌人兵力十分强大，综合部队及情报人员的报告，已查明的师团及独立旅团的番号有八九个之多（当然还有未发现的）。第二十军在第一、二、三次长沙战役中，都是一度战斗后转到梅仙、平江以东准备侧击敌人。此次在汨罗江以北站不住脚，第四十四军、第二十军都被敌人压迫到汨罗江南岸，薛岳始则说“报告不实”，继见日军湖面部队连破我封锁线，侵入营田以北、汨罗江以北，大为惶恐，坐卧不宁，想要逃跑。尤其是薛岳的太太不断由耒阳打来电话，让薛岳离开长沙。接着薛岳提出了指挥所的转移问题。薛岳说："将来本部要移湘东指挥。"赵说："将来的战事，是要向西南发展，本部移驻湘西指挥怎样？"薛岳带着气说："我不去给重庆守大门！"赵子立这才明白，他是要躲在粤汉路以西，让开日军的箭头，必要时就去拉游击队。

薛岳临由岳麓山向耒阳走以前，很客气地对赵子立说："我先去后方，你在这里照料一下。"赵子立当时认为薛岳是先去后方，将来仍会让自己到后方去；如果不让回去，对长沙守军，岳麓山指挥理所当然可以指挥。到那时就让第四军向远方多派些前进部队，以空间换取时间，磨上几天。薛岳决不会牺牲第四军，白崇禧又是反对在长沙决战的，到那时建议薛、白由长沙向衡阳进行逐次抵抗，自然就造成衡阳决战的形势了。所以当时赵子立就接受薛岳的话，留在岳麓山。赵子立送薛岳走时，对薛岳说："我们赶快把已发现的敌人番号报军事委员会，并说明战斗刚开始，敌人就用了这样大的兵力，一定还有后续部队，还是要多调部队，在衡阳决战好。"薛岳不置可否，"唉"、"唉"了两声就走了。

薛岳走后，赵子立看第四军守长沙的部署是：长沙两个师，岳麓山一个师。赵不同意，打个电话给第四军军长张德能，让他把第四军的主力调过岳麓山来。张未说话。赵又说："你放心！岳麓山要是守不住，长沙绝守不住。换言之，只要守住岳麓山，就是守住了长沙。"赵表示很坚决，张德能不得不说实话了。他说："长官走时有交代，部队仍归他指挥。你要想变更部署，先打电话给长官吧！"赵子立一听，身上气得哆嗦，立时向薛岳要电话，赵问："我在这里是否指挥第四军？"薛答："你不要指挥它。"赵说："那我在此地干啥？要不我就回去吧？"薛说："不！你在那里联络。"赵再也忍不住了，说："联络，为啥不派参谋？要是看房子，为啥不派副官？"薛岳无言以对，摔了电话机，赵也摔了电话机。从此，赵、薛再没有直接通过电话。并听说，薛岳已让中将高级参谋沈久诚办理参谋长的业务。接着薛岳就把他的亲信、半亲信，甚至稍亲信都从岳麓山调走了。赵子立一看这种情形，更明白薛岳是要安心整自己了，就让岳麓山指挥所除了一个通信班、一排武装兵

（长官部特务团的）和赵子立随从士兵外，全由高级参谋马良骥带着回耒阳去。马良骥不愿走（马与赵是陆大十四期同学），当时赵硬让他走，还有上校参谋陈驭远和一个李副官说啥都不走，也留在岳麓山了。

正当岳麓山指挥所的人纷纷去耒阳时，有由军令部和美国的首席顾问联合派在长沙担任陆空联络的一个美国军官来找赵子立说："你们都走了，怎么不让我走？"赵对他说："他们在此地没有任务了，所以要走，你担任对空联络，现在长沙要作战了，正是你要履行任务的时候，你怎能走呢？"那时，日机天天去炸长沙，也不见美国的飞机去助战。那位美国军官又停了一天，吓得又哭又嚷，再来找赵子立。他说："你让我走，我也走，你不让我走，我也要走！"赵子立无奈他何，他就走了。

在这个时候，赵子立的妻子由耒阳来电话说："前几天我问薛夫人：'长官回来了，一峰（赵别名）怎么没有回来？'她说：'迟几天就回来。'昨天我又问她：'留岳麓山的人，大部都回来了，一峰怎么还不回来？'她吞吞吐吐，不肯明说。我又说：'您对长官说让一峰回来吧！他又不是带兵的，老把他留在前方干吗？'这到底是怎么一回事？你啥时候回来？"赵说："他们就是把我留此地了，你们带着孩子离开耒阳到桂林去住吧！"这样，赵与薛决裂的痕迹更加明朗化了。

二、汨罗江战斗期间

日军开始进攻汨罗江南岸，它的主力是在平江方面。在汨罗江战斗开始，赵子立不愿再直接向薛岳说什么，便在电话上对张德能说："现在我不是指挥你，我是向你建议。这一次敌人进攻是从湖面和地面两路来的，这与第一、二、三次长沙会战不同。你想想，敌人要是占领了岳麓山，长沙与岳麓山只一水之隔，长沙全在岳麓山瞰制之下，你能守住长沙吗？如以主力守岳麓山，就是敌人占领了长沙，我们仍可居高临下，隔河对战。主力转到岳麓山之后，向北向东，远远地派前进部队进行逐次抵抗，只有这样才能争得守长沙的时间，你可以将这个理由报告长官。"张德能的回答是："长官教我以主力守长沙，我只好以主力守长沙。"

赵子立气极了，想先向桂林白崇禧、重庆军令部和蒋介石侍从室将自己的处境备个案，将来活着呢，好打官司；死了呢，也要让别人明白。但是糟得很，后方的长途电话，又忙又乱，不是要不通，就是要通了说不成。赵子立正在着急，机会来了：一个是王耀武率部到了常德、益阳，途中来电话与赵子立联络，赵除了将洞庭湖、汨罗江的情况告知王外，并对王说："我现在处境很恶劣，薛长官先到耒阳去了，把我留此地，你赶快向军令部和委员长给我备个案，我在岳麓山既不能实行参谋长职权，薛岳又不让我指挥长沙守军，他安的什么心？千万替我说明。"一个是第三战区副长官兼吉安指挥所主任上官云相（他是赵子立在第九军工作时的老长官）由吉安来电话问湘北的情况，赵除了将湘北情况告诉他以外，又将对王耀武说的话，对上官说了一遍。除此以外还接第二十六军军长丁治磐、第一八三师第五四八团团长王光伦等部队长在湘赣途中打来电话联络。赵子立除了告诉他们湘北的情况外，怕他们重蹈第二次长沙战役时第七十四军的覆辙，总告诉他们搜索前进，特别注意右前方的情况和友军的联络。此后，岳麓山与湘东湘西的部队电话就不通了。

渡过汨罗江的日军把它的左翼（东面）一直延伸到献钟方面，向南猛攻第二十七集团军，使它在平江东南——预定的反攻准备位置——立不住足，纷纷向捞刀河以南败退。此后，岳麓山与湘北的部队电话就不通了。

在这个时候，有一次电话兵对赵子立说："委员长要找你说话。"赵子立拿着耳机子听着，一会儿电话兵又说："电话局试不好电话，已报告委员长不能说。"此时湘北部队已退到株洲方面，电话乱成一团，蒋介石也打不成电话。此后岳麓山和后方的电话，也就断了，长沙、岳麓山成了孤岛。

自日军占领靖港后，日军由湘江东岸铜官方面向湘江西岸靖港方面过河，一连过了几天。赵子立曾让第四军电报薛岳，要求空军前来轰炸，亦未见到。

三、长沙战斗期间

长沙的战斗是在这样的情况下开始的：东面的部队被敌人击攘于东门

市——上栗市概略线上，南面的部队被敌击攘于渌水两岸，这两方面不仅无力反攻，连防御都感不支，北面根本没有部队了，西面的部队，被敌拒止于宁乡以西，不能进展。距长沙最近的部队也有百里之遥。在这种情况下，薛岳所说的什么“天炉”，早被敌人打得粉碎。仍要在长沙决战，仍要固守长沙，已毫无可能，毫无意义。白崇禧主张要在广西与日军决战也早已失败，不再争执了。赵子立本想于战况发展到一定阶段，提出在长沙决战不利时，再向薛岳、白崇禧建议在衡阳决战，可是想不到自己被薛岳“置诸瓮中”，业经窒息了。薛岳是坚决主张仍在长沙决战的，他后来虽想保存第四军的实力，但他没脸请求放弃长沙。他一意孤行，早已乱了步骤了。至于蒋介石呢，他从来是不分青红皂白，只知道要求部队与阵地共存亡。

长沙的地堡工事仍基本完整，岳麓山是野战工事，也有少数地堡。第四军受命守长沙后，加紧修补工事。第三次长沙战役时，湘江两岸无情况，以一个军守长沙，兵力尚嫌少，此次，敌人于湘江的东西两岸同时进犯，仍以一个军守长沙和岳麓山，守备的兵力与阵地根本不相称。

战斗开始，日军以较第四军绝对优势的兵力，进攻长沙和岳麓山。日军攻击进展很快，在第三次长沙战役中曾经大显神通，遏制了日军前进的庞然大物——街市地堡，在此次战役中一蹶不振，变成守兵的坟墓！岳麓山的炮兵，在第三次长沙战役中曾经大显神威，叱咤风云，此次则力竭声嘶，终于噤若寒蝉。什么原因？形势变了。第三次长沙战役道路破坏了，日军没有后方交通。此次日军开辟了水上的航线，又修复了陆上交通，开来大量的各种炮兵。对于暴露的地堡，一炮或几炮就破坏一个，尤其大量的平射炮，于近距离直接瞄准射击，命中十分容易。岳麓山的炮兵，在第三次长沙战役时，都是在山头占领阵地，直接射击，容易发挥威力。此次敌人炮火优势，制压了我军的炮兵。更加上日军的飞机，此去彼来，不断猛烈轰击。因此，长沙只经一日的战斗就失去三分之一。

入夜后，张德能沮丧地给赵子立打电话说：“敌兵强大，长沙难守，我想按你的意思以主力守岳麓山。”赵说：“能过来吗？晚了吧！”张说：“能过来。”赵想第四军主力在长沙完了，岳麓山绝对守不久，第四军主力过来死守几天，薛岳绝不会让第四军全部牺牲。此时如仍想进行逐次抵抗，已经迟了，但如薛岳同意，将来仍可向西突围。湘江以东部队虽多，距长沙远，且战斗力不强，湘江以西的王耀武部，距岳麓山近，且战斗力较强，或不会被敌人驱逐得过远，只要突出包围线，容易与王部会合。纵使不突围，与阵地共存亡，将兵力集中在一起，予敌人损害也要大些。赵考虑之后，对张说："你知道，你不归我指挥，但如你一定要转移时，我仍同意，并仍负建议的责任。"

于是张德能以一部（约一个团）守长沙，以主力（两个师欠一团）由湘江东岸向西岸漕渡。由于船只不多，渡河迟慢，敌人发觉后，进行夜袭，渡河部队，有的渡过，有的溃散。当时张德能并没有亲自指挥渡河。他先过西岸，因连日疲乏，就略打了个盹。这时岳麓山北部的敌人，利用暗夜，向我阵地前进，我军照明材料不多，射击效力减少。这种情况，守岳麓山的第九十师找到张德能报告。张让渡过河的部队去增援岳麓山北部。但糟得很，就是渡过河的部队，也发生了混乱，军长、师长都不能掌握部队，错乱之间，逼近拂晓，尚未能进入阵地。

赵子立在这一夜间，因找不到张德能，曾亲至第九十师师部见了师长陈侃和参谋长罗旷，才知道第四军主力于长沙撤退和渡河中出了纰漏。至拂晓前，第四军军部与赵子立处的电话通了，和张德能通了电话，又晓得已渡河的部队，也大部发生混乱。长沙市区也没有枪声了。赵子立知道完了，走吗？怕给薛岳以"口实"——说赵子立先逃跑影响了第四军；不走吗！自己又不指挥第四军。考虑的结果是："张德能走，就走；张德能不走，就不走！"赵子立一面派人在爱晚亭附近的山顶瞭望情况的变化，一面不时在电话上和第四军联络。拂晓前后，岳麓山北部、西部枪炮声最为激烈，不久枪炮声渐渐稀了，瞭望人报告说岳麓山北部第四军部队纷纷后退。赵子立再在电话上找张德能说话，先是找不到，再是连电话也不通了！这时陈参谋、李副官匆忙走进屋来，他们说："敌人已到我们北面的山头，距此不远，第四军全部溃了，张军长已经走了，我们再不能不走了！"赵子立就同他们和留下的那一排士兵一同向南走。这次敌人是急于要占领长沙，采取了"围攻必缺”的战术，岳麓山的南路并无日军拦阻，日军仅在路的西面高地向路上射击，有的被打死打伤了，有的跑过去了。赵子立脱离了敌人射界以后，赶上了张德能。赵子立说：“长沙是丢了，我建议你要赶快收容部队，掩向岳麓山以西反击岳麓山。”张德能说：“你看部队这个样子，怎能收容起来！哪能反击岳麓山呢？”赵说：“不管收容多少，都应这样做，都能这样做，只要你放着枪，你的责任就要轻些。”看样子，张无心接受赵的建议，赵就走了。从此，一直到8月间赵和张才又在桂林见面。长沙的战斗，步兵是溃了，伤亡并不大。可惜的是炮兵连一门炮也没有拖出来。

由新墙河战斗开始至长沙失陷，将近一月，而长沙的战斗仅占一天一夜多。

从耒阳、桂林到重庆

赵子立自留岳麓山以后，就没有行使参谋长职权，于衡阳战役的中期，就赴桂林、重庆去了。所以衡阳会战，只知梗概，不能详细叙述。

赵子立等由岳麓山经湘潭以西走了四五天到了衡阳，见到第十军军长方先觉，知道薛岳已令第十军并指挥暂编第五十四师饶少伟部守衡阳。薛以暂编第五十四师参加守衡阳，非出自意愿亦系为当时形势所迫。方先觉对赵说：“薛岳这样对待你，他已经把事做绝了，你没有再去耒阳和薛岳见面的必要了，就去桂林、重庆和薛岳打官司去好了。”这几句话，正合赵的意思，赵就上了湘桂路的火车（此时衡阳以南湘桂路、粤汉路尚未被破坏）。此时，陈驭远已决定不回耒阳，但他却力劝赵子立回耒阳。此时，又遇见一个人，似工兵指挥官朱焕庭或政治主任徐中岳，他们说：“你径向桂林，要是薛岳报你潜逃，怎么办呢？”赵子立这才由湘桂路的车厢里转到粤汉路的车厢里，忍着气回了耒阳。

赵子立到耒阳见薛岳，用在路上已经想好的一句话对他说：“此次作战，我未有能尽到我职责上应尽的责任！”薛岳呆着脸说：“你回来了，你休息吧！”赵子立回到耒阳以后，有许多人劝赵忍耐免生意外，等战役结束后再想法脱离。赵并从许多和自己接近的人员中知道了下列的情况：薛岳到耒阳，曾接到蒋介石的电报，让他到湘西去指挥，他不去，并且说："不去给重庆守大门。"

自赵子立留岳麓山，由沈久诚在薛岳左右办理参谋长业务后，沈竭力破坏赵，并从中挑拨赵与薛的关系，说什么："既不接受蒋的命令到湘西去，赵是中央军校的学生，就不宜再用赵做参谋长。"

长沙战斗开始前，蒋介石侍从室主任林蔚曾在电话里向薛岳说："你很忙，还是让赵参谋长回来帮助你吧。"薛岳说："现在交通有困难了（实际上当时并无困难）。"自长沙失陷后，薛岳又不接受蒋介石的命令到湘西去指挥，要闪开敌人的箭头，躲在粤汉路以东，因之威信大失，各部队对于他的命令皆不如以前重视。

赵子立在耒阳的时候，只有开饭的时间才和薛岳见面。在开饭的前后，薛岳总是骂张德能给赵子立听。赵总忍耐，但他没完没了，赵子立只好说："事情过去了，再痛恨也是枉然。第四军在变更部署和渡河中发生了混乱，以致长沙迅速失守，固然是值得痛心的事情，但纵使不发生这个错误，第四军守一个星期，守两个星期……外线的部队能打上去吗？第四军全部牺牲了，能使此次作战，得到胜利吗？目前衡阳的战事还不是一样，外线部队现在连守都不能守，将来还能打到衡阳去吗？应当研究怎么办。至于第四军，此次损失不太大，虽然溃了，无异于前方解散，后方集合，收容起来还可作战，'塞翁失马，焉知非福'，不必再生气了。"

衡阳战斗打响后，薛岳在耒阳也待不住了，赵子立又跟他们逃到郴州。当衡阳快要合围的时候，薛岳于开饭时，悲痛地说："第四军完了！暂编第五十四师也要完了！"又骂第十军军长方先觉对暂编第五十四师指挥不当，是要牺牲饶少伟。

到郴州没有几天，薛岳对赵子立说："军事委员会让张德能去桂林、重庆报告作战经过，你也去一趟吧。张德能的熟人少，你的熟人多，到那里好帮他说些话。"赵当时正如坐针毡，认为这样离开薛岳是最好不过了。在赵子立起身之前，突有中央通讯社驻长沙的记者胡定芬同大公报驻长沙记者高元礼，去找赵子立，并对赵说：“我俩也要到桂林去，同你结伴走。”这样，就别离了工作七年之久的团体，踏上征途。

赵子立到桂林见白崇禧，报告长衡战役和长沙战斗的经过。白对赵无限同情，给赵向蒋介石写了亲笔信，证明赵留长沙既未能实行参谋长职权，亦未能指挥长沙守军。当时赵又向白说：“长沙失陷之快，固然是由变更部署和渡河搞乱了，但不出这个差错，又怎样呢？一定是全军覆没！张德能不能掌握部队是能力和疏忽的关系，究与临阵退却、贪生怕死有所不同，也请您给他写封信说明一下吧！”白又给张德能向蒋介石写了一封亲笔信。至张德能到桂林见白崇禧后，赵和张就同机飞重庆了。

衡阳经过二十几日绪战，又经过十几日激战，不能说没有争取了时间！但这个时间争取它干什么呢？真是毫无目的。等待远方的援军到达吗？没有！等待外围部队攻来吗？没可能！让第十军永久守住衡阳吗？是做梦！至此，第十军虽然守了一月多，但外线的友军是愈打愈远，而内线的敌人愈打愈近。弹尽、粮竭、援绝。第十军于失望、悲愤之余，开始突围，又被阻止。这时候，方先觉向蒋介石和国人发出了“来生再见”的电报。但他行不顾言，紧接着就在第十军高级干部中酝酿投降，与敌人往返接洽，又拖了几天，结果挑起了白旗。这是千真万确的事实，但蒋介石政府只宣传衡阳守了47日，而对方先觉投降一节，却有意向国人隐瞒了。

赵子立同张德能到了重庆，张德能立时就被捕送往土桥监狱了。赵子立去见参谋总长何应钦报告湖南作战的经过。何说：“薛伯陵说失长沙你也有责任，将来军法执行总监部问你的话时，你就将刚才说的话对他们说好了。”接着，军法执行总监部传赵子立到案。军法执行副监秦德纯对赵子立说：“何总监（成濬）不在家，你暂在本部住一下，等他回来再决定你是否可取保住在外面候讯。”赵子立虽然是住在总监部，但是有武装兵看守着，当晚上赵子立要关灯就寝的时候，猛听“咔嚓”一声，只见看守兵端起枪来，厉声喝道：“不准关灯，开开！”赵子立这才领略到失去自由的铁窗风味，终夜未能入寐，认为秦德纯以副监身份都不敢让“保外候讯”，可见问题严重，怕薛岳将失守长沙的责任都推在自己身上，有生命危险。过了两天，何成濬回来了，赵前在第九军工作过，何曾一度任第九军军长。赵见何除了简单的报告湖南作战的经过外就说："薛岳既不让我行使参谋长职权，又不让我指挥长沙守军，并且我事先曾托王耀武等代为报告过。而委员长和何总长竟不与我做主，把我押起来是不是要让我负长沙全部失守的责任，这太委屈我了！"何说："不要难受！我在这里，你还不放心吗？并且这事与你根本没啥关系。我已经看见薛伯陵的电报了。尽他自己说，把你留在岳麓山是帮助张德能的，这话本身就是错误，为啥要让战区参谋长去帮助一个军长呢？中央对你虽然是清楚的，但认为必须经过法律手续，才好处理。刚才卢丰年（卢原第九战区军法执行监，河南人，当时与赵关系最亲密，由赵向薛推荐调任薛驻重庆的代表）见我，我已让他替你办个'保外候讯'的手续。他在外面等你，你同他去吧。"关于张德能的问题，赵临行前，将在桂林对白崇禧说的话，向何成濬又说了一遍。后来经过预审，正式开庭，由军令部部长徐永昌任审判长，他们的拟判是"赵子立无罪，张德能判处无期徒刑"。何成濬签呈此案时，在签呈中说："薛岳在长沙走得早，薛岳不应当这样使用参谋长，张德能是因过失失守长沙，请从宽处理。"但这时正值衡阳失陷后，蒋介石要把部队向西拉，来保他的驾；薛岳要把部队向东拉，来保他的驾，蒋对薛是一头火，逼着何成濬处张德能极刑。就这样，赵子立虽加力营救，张德能倒霉，终做了薛岳的替罪羊。

第四军弃守长沙经过

张汶杰*

1944年初夏，日本侵略军调集关东军一部加强占据武汉的第十一军实力，大举向我第九战区辖区湖南地区进攻。由湘北强渡新墙河，突破平江、汨罗江及湘阴防线，分三路沿平江至长沙公路、粤汉铁路及湘江南下，围攻长沙。奉命守卫长沙（包括岳麓山）的为第四军（广东地方军队，军长张德能）。我于作战前夕由军令部调回第四军任参谋处长，参加了这次作战。在长沙正面与敌战斗前后4日，岳麓山方面亦有接触，全军即撤退出围，至宝庆（邵阳）收容整补。至宝庆后，张军长接司令长官薛岳电话，命去桂林见白崇禧副总长报告作战经过，复由桂林解至重庆，我亦被随押到渝。兹将整个经过，就回忆所及，记录于后，并请识者正之。

作战前的长沙

敌军渡过新墙河，尚在汨罗江以北、平江一带地区结集之际，长沙市民即奔走相告，惶恐不安。长官部乃下令疏散，并规定限三日内疏散完毕。每

* 作者时任第四军参谋处长。

人只准随身携带衣物，其余物资、什具一概锁留自己屋内，由守城部队予以保护。同时，司令长官薛岳召集民意机关、团体代表讲话，口头提出保证，大意说：“敌军此次来犯长沙，我们已有充分准备，有足够的兵力，一定能将敌人击溃，获得比以往历次长沙会战更大的胜利，保证长沙无恙，市民财产不受损失。”全市人民于三日内完全离开了市区，多散匿于四乡和株洲、湘潭、衡山、衡阳铁路沿线，不愿远去，希早日将敌击退，返回家乡。

司令长官部于市民疏散之同时撤至株洲，旋即由株洲经衡阳、耒阳到郴州。留下参谋长赵子立和参谋数员于岳麓山设司令长官部指挥所，其意在于将前方作战情况直接与司令长官部联络，并监督我军行动，但并不明白规定其指挥关系与职权。司令长官部撤走后，长沙火车站设施和铁轨完全拆除，运到株洲。军政部所派特遣支队即于长沙以北鹅羊市附近及以南猴子石附近湘江江面敷设水雷，完全封锁。长沙与外隔绝，变成了孤城一座。对于四周友军之联络，全靠无线电通信，以后战况变化，呼叫不到，则完全失去联络，所有敌情、战况只有司令长官部的无线电通报，多略而不详。张德能曾向我们说：“薛长官的战略是运用孙子兵法，将我军置之死地而后生。”

薛岳临走时又向张德能交代：“第四军应死守长沙，与长沙共存亡，一切力量均为保卫长沙而战，视战况需要，一定适时向长沙派出增援部队。空军方面，有美国盟友陈纳德将军所率领的第十四航空队全力支援，足可制止敌空军活动……”张德能回部照样传达，冀能一振士气。但官兵早已认为以一个军兵力，须据守总长达 80 余里之阵线而保住长沙、岳麓山为不可能。听了张德能讲话之后，还是将信将疑。

长沙城防工事，按照军事委员会计划，应为半永久性的堡垒式的工事，规定以枕木、旧钢轨、水泥为主要材料，由军政部拨发一笔数字很大的专款，作为此项工程费用。司令长官部掌握此项巨款，派工程处（工程处长似为邱国琛）主持，征调军工、民工施工构筑，战前半年即已完成，军政部派员验收了。及至我军在战斗前进入阵地，发现堡垒多系泥石堆砌而成，掩盖钢材，枕木大多为就地取用的松柏木材，且直径 10 公分以上的也不多，表面薄施了一层水泥。这些堡垒以后作战时，被敌人 2 公分口径平射炮摧毁无遗。城内工事，系临时构筑设置，极其简单，仅于主要街巷，设置铁丝网、拒马等障碍，要道交叉处，构筑有地堡，因未参战，没有使用。

我军兵力和部署

第四军为甲种军编制，辖3个师及军直属炮兵、通信、工兵、搜索、特务5个营及辎重兵团，另配属1炮兵指挥部，指挥炮兵约6个营和1个平射炮连。第五十九师（师长林贤察，广东人，辖第一七五团、第一七六团、第一七七团）为军之基本队伍（张德能即由该师团长、副师长、师长而升任军长），战斗力较另两个师为强。第九十师（师长陈侃，广东人）辖第二六八团、第二六九团、第二七〇团，亦为军基本队伍。第一〇二师（师长陈伟光，贵州人）原系贵州地方军队，抗战后由前任师长柏辉章率领，拨入本军编制，均系两日前接补之新兵，战斗力较弱。炮兵指挥部（指挥官王若卿）系由各炮兵团抽调临时组成的，有一五〇榴弹炮6门，一〇九榴弹炮9门，七六二俄式野炮11门，七五山炮12门，战车防御炮4门。各炮配备炮弹500发至1000发不等。

军队部署：军部（包括军直属部队）和第五十九师、第一〇二师驻长沙，担任长沙保卫；第九十师驻岳麓山，担任岳麓山防卫；炮兵指挥部亦驻岳麓山，支援长沙、岳麓山两方面之作战。根据敌情判断，敌人主攻，必将指向我长沙以南（获悉敌军已由平江、金井公路南下。长沙以北地形较复杂，且有浏阳河、捞刀河天然障碍），乃以第五十九师占领长沙以南及东南猴子石、红山头、黄土岭至天心阁以东之线阵地；以第一〇二师占领长沙以北及东北一线阵地并担任江面警戒；军部驻南门妙高峰下之天鹅塘。炮兵阵地均开设于岳麓山方面，因限于地形，又都拥挤于山之东南地区，对于附近地形、距离、方向先行测定，做好了战斗准备。步兵于6月1日全部进入既设阵地。

5月底，湘北守军全线撤守，纷纷南退。司令长官部迭电令积极准备战斗，并无其他指示。此时，张德能常自语：“长官部一跑几百里，各友军又情况不明，叫我们等着挨打，这就是大会战了吗？”心情沉重，情绪甚为不安。我于视察各部准备情形以后，亦十分消极。本来第五十九师之第一七七团在本军中素称能战（原任长沙警备城防，现为军预备队），但我到该团视察时，团长杨继震却叹气说：“有什么看头？一切都好，只是等敌人来吃！”又说：“他们（指城内官兵）把老百姓的东西都拿走了，忙着发洋财，哪里还有心思打仗？将来又如何向老百姓交代？”及至八角亭、东长街一带去看，许多铺店，什具、箱柜，乱翻后堆放满地，已不止一次为人所搜翻。到第一〇二师师部，值敌机来袭，士兵四散乱跑，不知隐蔽，甚至有一士兵抱着长官的腿，大喊：“排长！飞机！飞机！”第十六团团长屈化平，行伍出身，一贯骄纵，我向他建议：“阵地前道路要加以破坏，加强障碍。”他却说：“搞那些名堂做啥？敌人来了就打，打完就算！”他还说我顾虑多了打不得仗。

作战概况

6月7日，敌机活动频繁，从早至晚不断在长沙、岳麓上空盘旋侦察。同时，隐闻长沙东北方向传来炮声。又据谍报，湘阴以南的铁路以西地区，结集敌军约1000人；平江方面，敌已穿过金井，向长沙前进。9日，敌机数十架轮番狂炸我长沙、岳麓山阵地。据观测站报告，长沙南约10里之新开铺公路附近，已发现敌步、炮兵1000余人。午后，敌山炮向我妙高峰、燕子岭射击数发，均空炸测距。我榴弹炮群当即给予还击，立将敌炮摧毁，伤毙敌兵、马匹甚多，两三日内不闻敌炮声。是夜，匿藏市区内的汉奸以信号弹指示目标，敌机夜袭，投弹数百枚，军部和第五十九师部均被炸，伤亡数十人。

10日拂晓，敌步、骑兵千余，突破前进阵地，向我红山头、猴子石、黄土岭阵地猛攻，敌骑曾两次突入黄土岭，被我炮兵杀伤二三百骑，始退去。全线战斗约4小时，敌始后退。这次战斗中，我炮兵甚英勇，虽在敌机不断轰炸之下，亦未停止射击，发挥极大威力。

次日（11日）凌晨，敌机60余架，炮20余门，猛轰我炮兵阵地，我炮兵奋勇抵抗，展开激烈炮战。10时左右，步、骑、炮联合之敌2000余人，又向长沙以南及东南阵地进攻，激战至午，猴子石据点工事为敌炮击毁，阵地随即失陷。于是红山头阵地被敌围攻，守兵顽强抵抗，一度短兵相接，战斗惨烈。午后2时许，守兵伤亡殆尽，被敌突破。张军长立派步兵一营反攻，战至黄昏，始将红山头阵地夺回。黄土岭正面来攻之敌曾迫近妙高峰，入夜后，敌略后撤，全线沉寂。是时，军部位置已陷入敌火力之中，乘夜移驻南大路之交通银行内（交通银行系钢筋水泥三层楼建筑，并有地下室可防空袭）。本日战斗，我步兵伤亡500余人，炮兵30余人，炸毁炮3门。午夜，第九十师报告，结集鹅羊市之敌千余，有渡河模样。

12日凌晨，炮战激烈，敌机又不断轰炸我炮兵阵地，我一度受其压制，射击困难。敌炮复集中火力轰击我红山头主阵地，工事多毁。敌步兵千余在飞机掩护下，猛烈进攻，我守兵伤亡甚重，撤守修械所、妙高峰一带。黄土岭方面之敌，几次攻我妙高峰东阵地，均予击退。是夜，敌军主力转移至妙高峰东面，向峰上猛扑，发生激战，短兵冲杀，喊声震天，阵地旋得旋失。战至天明，敌始退去。当夜天色黑暗，有大风雨，敌机亦不断轰炸，亦投掷催泪性毒瓦斯弹，军部人员多中毒，急救始免。同时，敌以木筏放入江中，顺流冲荡，将水雷撞炸，冲破封锁线，但敌仍未敢由江面进攻。岳麓山第九十师方面，敌千余由鹅羊市渡江，已与我前进阵地第二六八团守军发生战斗。

13日长沙全线仅有小接触。岳麓山方面，敌数次进攻岳麓山以北前进阵地，均被击退。敌机轰炸极频繁，炮兵已无法射击。当将战况急电司令长官部，请求增援部队并派飞机支援。接司令长官部复电："该军应死守长沙，以待增援。"又转来陈纳德之电云："如有一机一弹，愿为保守长沙而战。"于是，增援部队是遥遥无期，盟友飞机之支援已经绝望。战斗展开前，美军盟友曾派一中尉军官，三名士兵及电台一部，在岳麓山设置陆空联络站，专为友军飞机协力我地面部队联络而设。但长沙战斗刚开始，这位盟军中尉和三位士兵即不辞而别，走时还将电台予以破坏。当时我就向张德能军长说，希望陈纳德盟军飞机来支援我们作战是不可能的，应早断此念。乃将勤杂人员，编组一队，发给枪械子弹、手榴弹，准备随时加入战斗。下午岳麓山陈侃师长电话称：“为了集中兵力保守岳麓主阵地，拟将前进阵地兵力一营撤回，并已商得赵参谋长同意。”张德能不十分同意，但也不作明确答复，只说：“我们应依前进阵地，迟滞敌人，争取时间，以待援军。”

14 日晨，陈师撤守前进阵地，敌人则直扑岳麓山下。

15 日拂晓开始，敌军在飞机掩护下向岳麓山主阵地全线进攻，竟日战斗，我军凭既设阵地，居高临下，死力抵抗，将敌击退。入夜战事沉寂。司令长官部参谋长赵子立来电话，要张德能把重点放在岳麓山阵地，将守城部队大部调过湘江，集中兵力，保守岳麓山。其理由是：岳麓山可以瞰制长沙，保住岳麓山，等于保住长沙。万一岳麓山不守，长沙也决不能保守。我们有岳麓山为根据，即使长沙陷落，将来收复也容易。张德能接电话后，未置可否，长久徘徊，沉思不语，但坚守长沙之念，自此更动摇。

16 日岳麓山战事更趋激烈，陈侃不断电话请援，赵子立也来电话促其当机立断。此时，张德能已慌乱无主，召集第五十九师、第一〇二师师长、副师长商议，均不置一语，只表示听从军长命令行动，因而不得结果。晚上，第五十九师副师长唐连在我处正论及过江之事，张德能来问我们的意见，我们当即向他建议说：“我们的任务是死守长沙，如长沙不守，即使岳麓山尚存，也不能辞其责。必要时，还可以走向敌后游击。现在敌后空虚，我们又熟悉地形，扰乱敌人后方联络线，牵制其前方作战，将来上面追究也有话可说。”张点头不语而去。

17 日上午张德能在接赵子立电话后，又召集各师长、副师长讲话：“决定由长沙城里抽调一个师兵力，过江去加强守卫岳麓防务，其结果以后再说。赵子立是司令长官部参谋长，他叫增强岳麓山防务，我们就听从他的指挥。”

湘江江面宽 1000 多公尺，流速甚大，特别在此洪水时期，更是湍急汹涌。平时轮渡往返一次需半小时以上，今欲于一夜之间将大军（至少尚有 6 个团兵力）横渡，事前毫无准备。渡河工具仅小汽轮 2 只，木拖驳 10 余只，且决定渡河至开始渡河时间只5个小时。部队多在阵地与敌接触，敌前撤退尚有困难，其狼狈情景，可以想见。

是日下午4时许，张德能率军部人员奔赴西门江边，因等汽船由对岸开来，立江边观望，不慎失脚落水。经卫士救起，他神情沮丧，有返回城之意。但见部队已脱离阵地，从各巷道纷纷奔向江岸而来，辎重行李又拥塞于途，实已无法阻止。张德能和我及军部少数人员，带领手枪排，先行渡江，到岳麓山江岸已近傍晚。炮兵警戒部队未奉命令，又不准通行，用电话联络后，始上山到第九十师师部，时已夜半。我乘张德能、赵子立、陈侃密议之际，到第九十师参谋处休息。拂晓为枪声惊醒，得知岳麓山北峰及云麓宫已发现敌人。是时，张德能带同手枪排由师部冲出，向山下奔去。我和军部少数人员随即赶去。及至山下公路，敌炮向公路上追击射击，敌机低飞狂炸，我炮兵和已渡江部队未及集结，即行溃散。第九十师部队完全撤离阵地，沿岳麓山腹，经桃花山纷纷向南撤退。长沙城内，一时枪声四起，似有激烈战斗。是夜在银田市与张德能会合，并收容部队七八百人，续经湘潭、湘乡、永丰小道，走至邵阳。林贤察、陈伟光两师长亦率第五十九师、第一〇二师残部数百随后赶至邵阳。第九十师第二六九团、第二七〇团正在东安附近集结。炮兵部队大部分冲出包围。炮未撤出，亦未及破坏，仅少数炮的炮闩取出掷入江内，敌军一时不能利用。

后又由长沙逃出的官兵报告，由长沙渡至河西的不到2个团。天明后，敌机数10架往来两岸低飞轰炸，半渡者多落水，江岸结集待渡部队被炸伤亡甚多，四散。时敌由妙高峰和南门进入市区，我军未及出城之部队五六百人于南大十字路一带与敌战斗。敌军不断增援，我军向北门方面且战且退，因伤亡甚重，始于拂晓突围，北渡捞刀河线向敌后打游击去了。

衡阳四十七天

杨正华　陈白坚*

作者陈白坚，时任第十军特务营营长，曾参加衡阳保卫战；杨正华任第十军预备第十师政治部副主任，时在中央军校高教班受训，虽未参加战斗，但战后参加收容工作，并在方先觉自衡阳脱险到重庆后，同方先觉和副官处处长张广宽、炮兵指挥官张作祥等日夕相处，谈说衡阳作战的经过，故知之颇多。唯时逾45年，不免有所遗忘，谨就回忆所及，追写第十军苦战保卫衡阳40余天的情况于下。

敌军挺集衡阳

1944年6月18日，长沙失守。敌从长沙迅速向南推进，先后占领渌口、醴陵和攸县。其六十八师团于23日晨渡过洣水，与其主力会合于泉溪市附近的耒水河畔。24日白天竟冒我机猛烈轰炸强渡耒水。25日开始攻击我衡阳机场南侧之五马归槽阵地。26日拂晓，从机场南端冲入机场，傍晚完全占领机场。

---

*　作者杨正华时任第十军预备第十师政治部副主任；陈白坚时任第十军特务营营长。

敌六十八师团占领机场后，以主力在衡阳以南渡过湘江，到达湘江西岸，与同时到达的一一六师团会合。6 月 28 日拂晓，开始向守备衡阳的方先觉第十军展开攻击。

第十军应战前概况

第十军是第二、三次长沙会战的主力军，方先觉（黄埔三期，江苏萧县人）是于第三次长沙会战后以首功由预备第十师师长升任第十军军长的。但 1943 年冬常德战役时，预十师师长孙明瑾奉命从长沙驰援常德，遵奉薛岳（第九战区司令长官）“不顾当面之敌，向常德猛进”的严格命令，不幸壮烈牺牲。因薛岳与方先觉将帅不和，薛岳上报军委会，归咎于方先觉指挥失当，予以撤职处分。在继任军长尚未到职前，日军又大举卷土重来，时方先觉尚留衡阳等待交接，在其寓所突接蒋介石电话，蒋很严肃地说：“敌人有打通粤汉路的企图，长沙已经弃守，衡阳是大西南的军事要地，必须确保，命你继续指挥第十军，任务是固守衡阳，要立即布置，准备作战。”方先觉只有唯唯听命。

当时全军官兵得知方先觉复职，欣喜若狂，都认为是第三次长沙会战的故事重演。原来第三次长沙会战时，固守长沙的原第十军军长李玉堂，因第二次会战失利被撤职，在继任军长未到职前，李玉堂临战受命继续指挥第十军，经过 5 昼夜的激战，取得了固守长沙的胜利。因此，全军上下斗志昂扬，星夜赶修工事，准备痛击来犯之敌。

第十军辖三个师，第三师师长周庆祥，第一九〇师师长容有略，预备第十师师长葛先才。另配属暂编第五十四师，师长饶少伟，该师只有一个团和一个炮兵营。各部队星夜构筑阵地，加强工事，整修交通壕，对碉堡间的火力配备及交叉火网都作了周密的安排，并把张家山主阵地前缘削成 90 度的陡崖。军指挥所设在城内棋盘街中央银行的地下室，上可俯瞰全城，下是钢筋混凝土结构，构成可以独立作战的阵地。

张家山是衡阳西南面约一华里的一条南北走向的高地，它与城南的岳屏书院高地及回雁峰互相掩护，构成强有力的三角火网，是预十师守备城西的主阵地；从张家山北端无名高地到北门，为我一九〇师的守备地区；我第三师将飞机场设施破坏后，由湘江东岸撤回，守备各战斗要点。以上是我军整体布置。

敌第一次向我总攻

6 月 28 日，敌六十八师团和一一六师团合力向我张家山阵地进攻。敌先以大炮向我密集轰炸，飞机俯冲扫射，然后在其火力掩护下，连续三次发起猛烈进攻。我张家山阵地形势险要，阵地前缘早被我削成陡峭绝壁，我用步、机枪和手榴弹迎头痛击，且炮火亦很活跃，敌之首次攻击受挫，伤亡很大。

午时，敌又发起攻击，掩护其部队构筑工事，意在迫近我阵地与我对峙。午后 3 时左右，敌第三次向我张家山阵地发起进攻，并于冲锋时带有云梯，意欲攀登张家山南端高地的陡崖，但经我奋起阻击，敌只落得尸横遍地，仓皇溃退。黄昏后敌又一次发起攻击，仍被我以猛烈火力击退。据情报：本日 10 时左右，在衡阳南侧高地上指挥战斗的敌六十八师团师团长和参谋长均负重伤。

日军本拟于 28 日一举拿下衡阳，殊不料经我凭借坚固工事迎头痛击，其企图完全破灭。敌不甘失败，投入更大的兵力，并用飞机施放毒气，于 29 日晨，再次向我猛攻，战斗十分激烈，喊杀声此伏彼起。我寸土不让，以强大火力压制敌人，敌亦用密集炮射阻击我增援部队，敌我伤亡均重，我部分阵地被摧毁。军部及时抽调一部分军直属部队充实预十师方面的战斗力；军特务营调到第三师阵地上协助修筑交通壕，以利部队运动。

6 月 30 日，敌增调 1 个联队，进至张家山南约 1000 米的高地，在尚未发起进攻时，即被我先发制人予以突击将其击溃。在预十师阵地上俘获敌兵 3 名，押送途中有 1 名自杀，另 2 名供称："我们是一三三联队，联队长和参谋长都被迫击炮击毙。"

7月1日晨5时许，敌开始向我炮击，我方亦以迫击炮还击，张家山高地烟尘弥漫。敌趁机与我展开近战，并带有竹梯，在悬崖前架起云梯。我军从凹角堡垒处和左后方灌木丛中，投掷集束手榴弹，将敌约一个中队的官兵全部炸死。

同日侦察报告：敌有大量的后续部队，从蒸水北岸向衡阳西北角强渡过江，我第三师受到威胁。此时衡阳城完全被敌包围，有线电联络完全中断，只能靠无线电通讯。城内的有线电路也时常被敌炸断，只有靠士兵传达。

7月2日拂晓，敌首先向衡阳西北角小西门第三师阵地攻击，战斗非常激烈。午后，敌军轮番向张家山西侧和南端攻击，晚9时许张家山西侧高地失陷。同时敌机向城区疯狂轰炸，城内交通要道被炸毁5处，大火延烧至晚间始渐熄灭。我预十师二十八团和二十九团伤亡重大，二十八团团长曾京腿部受重伤。唯三十团仍在城西南角岳屏山高地和回雁峰一线固守，第三师仍坚守西门和小西门一带阵地及城垣外的村落。

我军部正在调整兵力，准备反攻张家山时，却接到最高统帅部电示："要有持久防御考虑，不可做无意义的牺牲。"蒋介石并以私人名义电告方先觉说："先觉吾弟：务要坚持以待援军解围，切望拖住敌军不使南进，以利我远东战区作战。"

此时敌亦精疲力竭，亟须调整，是夜起停止攻击。

7月3日至5日，我军趁前线沉寂，积极调整部署，仍以岳屏山高地和回雁峰沿城墙直至北门为第一线阵地，加强阵地构筑，准备巷战。

7月6日综合情报：敌第一三三联队和一二〇联队正在前方积极构筑工事，巩固既得阵地；在后方利用湘江，运输粮弹；修通了粤汉路，修复了衡阳飞机场。

7月7日至10日，敌我均在原地对峙。军长方先觉连日到各阵地着重检查掩蔽部射击孔和交叉火网等设施。各级指挥官亦不懈地检查各自的阵地，并安抚士兵和看慰伤病员。

自张家山西侧高地失陷后，我军除调整第一线阵地外，并将辖神渡经瓦子埠（辖神渡南约3华里）至城西南3华里的高地，及张家山亘铁路北侧高地确定为第二线阵地。此是全军的生命线，誓死不让敌人雷越一步。

敌第二次向我猛攻

7 月 11 日晨，敌从张家山西侧高地向我阵地发起猛攻，攻势之猛为一周来所未有。张家山西端铁路北侧的高地，均落入敌手。但敌每前进一步，均付出重大代价。我预十师于 12、13 两日，曾组织两次反攻，都因敌人火力凶猛，而未获进展。

7 月 14 日，敌利用黄昏，越过铁路，攀登断崖，迫近我阵地，于次日上午 10 时许占领一无名高地。

7 月 15 日 4 时许，敌集中炮火，向我阵地要部进行破坏性和压制性射击，我坚守阵地猛烈还击，使敌之炮击未能奏效，其突击部队亦被击退。据了解，敌于此次战斗中有一大队长被击毙。夜 11 时许，敌突入木栅时，遭我手榴弹集中投掷，被击退。我亦发起四次反攻，敌坚持不退，双方对峙各不相让，伤亡均大。

7 月 16 日，敌炮兵猛烈轰击，步兵越过铁丝网与我白刃决斗，夺占我又一高地。

7 月 17 日上午暴热，下午倾盆大雨，阵地和交通壕水深及腰，活动困难。敌兵在其飞机的掩护下，两次进袭；同时派飞机轰炸我军的防御设施。我之处境日趋艰难。

7 月 18 日至 19 日，敌除白天以飞机狂轰滥炸外，其突击队复利用夜间奇袭我阵地，压缩包围圈，曾一度进至岳屏山以西和南侧高地、城西北角高地以及大西门三岔路口西侧一角的据点，我军使用手榴弹连续投掷约一小时之久，力挫凶锋，将敌击退。

7 月 20 日上午 11 时许，因敌袭击部队的爆炸，发生大火，被我及时扑灭。

敌我第二次猛攻、反击，长达 10 日，敌猛我亦猛。我虽被摧破几段阵地、几个高地和据点，但却换取了敌人的大量伤亡。据了解：敌两个师团的中队长所剩无几，大部分步兵中队都被迫由士官代理中队长。其战斗力大为减弱，于是敌之进攻再度中止。

7 月 21 日，闻衡阳外围有清晰的炮声。据说，是我援军七十四军，从乙塘进至衡阳附近，敌之打援部队乘其立足未稳，实施两面夹击，激战至晚，七十四军被迫撤退。

近日来，不断听到外围的枪炮声，城内守军都渴盼着援军来解围，结果一次次失望。自开始作战以来，最高统帅的嘉奖令和约期解围的电报，来了多次。最高统帅部确曾严令外围部队七十四军和六十二军为衡阳解围，该两军分别从贾里渡、鸡窝山和黄泥坳等地，攻击到西车站和敌在衡阳东南的阵地，但都被敌之打援部队击退。

敌第三次向我猛攻

据了解，敌为挽回颓势急欲攻克衡阳，在衡阳的敌指挥官恳求在长沙的十一军司令官横山勇增调兵力支援。于是有敌人 5 个师团和野山炮多门，集结衡阳外围，又运来弹药 26 吨，架桥材料 10 吨，以备攻城之用。

8 月 1 日拂晓，敌开始以空军轰炸，掩护其步兵攻我西门，经两次冲锋，西门失守。方先觉命特务营（欠一警卫连）增援反击，在敌飞机俯冲扫射下强攻，经过约一小时的激战，将敌驱逐出城。当晚将已夺回的城外二据点，仍交一九〇师防守。这时特务营仅余 300 人，连长阵亡 1 人。

8 月 2 日拂晓，小西门方面敌人突进城内，一九〇师师长容有略亲到第一线督战，激战一天，至午夜才将阵地夺回，伤亡惨重。在此期间，敌机投散诱降传单，雪片似的飞入阵地。传单上说：“你们已尽到责任了，你们的中央不要你们了。”“中央对不起你们，不是你们对不起中央。”“你们外围援军走远了，你们的解围绝望了。”还有“我们欢迎你们，我们携起手来共同防共吧！”等等。我官兵苦战 40 余天，援军未能解围，故对中央确有怨言，看到这些传单，不免受其蛊惑，对中央的来电不大相信了，这时全靠方先觉平时与官兵结下的感情来维护团结，继续战斗。

8 月 3 日，我西门和北门，先后陷入敌手，整个城内短兵相接，展开一场混战，冲杀声、爆炸声不绝于耳。这时方先觉亲到各师指挥所，督饬战斗，指示机宜，要求部属坚持到底。当晚，我们被压缩到城内各据点，依仗机枪、步枪和手榴弹与敌拼搏。深夜，有 6 架敌机轰炸衡阳南侧的中枢地区和城西北及南侧高地。自此敌步兵倾全力向我猛攻，只进不退，与我展开格斗。

8 月 4 日拂晓，敌攻我正面，步炮联合轰击我靠近天马山高地两侧的房屋、五头庙西端的铁丝网以及阵地前的房屋和木栅。经过反复拉锯战，最后我防线几乎被敌摧毁。敌兵又乘势突入被炮火摧毁的残垣断壁内，我从天马山发挥侧防火力，将其压制，最后大量投掷手榴弹，将突入之敌全部消灭。敌又放火，助其攻势，都经我坚决反击，阻其前进，敌之攻势再度停止。黄昏后，敌又施放烟幕发起冲锋，仍被我侧防火力击退。夜 10 时许，敌施放大量烟幕，跟着炮击，经过约两小时之激战，一度攻占我西禅寺外围高地，我以背射和侧射将其击退，夺回已失高地。

今日的战斗，是方先觉军长严令拼死决斗的一天，阵地上死尸成堆，不分敌我。午夜后，双方停止攻击。我们虽力挫强敌，予敌重大伤亡，而弹药却几乎耗尽，粮食亦同时断绝，外援解围无望。方先觉鉴于情况危急，当夜召集师、团长举行紧急会议。方先觉很沉痛地说："现我军已弹尽援绝，解围无望，衡阳已难确保，我们军人的职责是保国卫民不成功便成仁，我当军长的只有尽己所能战斗到最后一刻，以死殉职。我今天允许大家都说出心里话，不必顾虑。"大家沉默了好久，方又说："大家坦诚地说吧！现在不说还待何时？"这时周庆祥、容有略两师长才相继发言说："现在外围的支援绝望了，粮食和弹药断绝了，还要我们靠什么来坚持作战？"并说："在这 40 多天里耗尽了心血，早感到生不如死了，现在死很容易，用一颗子弹就可解决问题，可是面对这些伤病官兵无医无药无人照顾，能死下去吗？我们死后他们的处境又如何呢？都值得考虑！我认为留得青山在，不怕无柴烧。如不死总有东山再起的机会，因此我主张不死，我也劝军长不要死，干脆投降。"参谋长孙鸣玉也发言同意两师长的主张。只有预十师师长葛先才，坐在一旁呆若木鸡，一言不发。他原是个心直口快、勇敢善战的人，至此他也看到大势已去，无回天之力了，其内心的痛苦是不言而喻的。正在大家纷纷议论时，方先觉起而走入内室，放声大哭。会议无结果，大家怀着悲愤的心情离去。午夜后，据报第三师萧圭田团已与敌握手矣！闻之切齿痛骂“无耻”，但此时已无法控制，只有自己战斗。

8月5日清晨，敌猛烈进攻，喊杀之声响彻云霄，烟火笼罩全城。敌占我棋盘街后，我一九〇师与军部失去联系，军核心阵地缩小至5华里的直径内。午刻，敌围我军部，参谋长及各处室工作人员一齐参加军直属部队的战斗。方先觉下令向敌占领的据点发起突击，以为军核心阵地打开一条通道，我一浪一浪地冲杀，敌亦不惜牺牲，运用人海战术与我角逐。据了解，敌六十八师团的原大队长相继阵亡，其继任大队长又大都战死，其中队长亦同时战死多人，阵前死尸遍地横陈。

这时军部与各师的有线电话完全中断，只有无线电话尚通。我一九〇师方面杳无音信，也无枪声，看来情形不妙。午夜，敌100余人攻至军部指挥所所在地棋盘街中央银行大楼后墙根下，我用手榴弹密集投掷，连续击退敌三次进攻，敌我相互反扑形成拉锯战，胶着在一起，敌我之飞机和炮兵都不便轰炸。我军指挥所移至楼顶，方先觉遂不时从窗口向外瞭望。军参谋长命特务营营长陈白坚率部寻找一九〇师，要其向军核心靠拢。该营在排除障碍向西运动时，被敌火力封锁，想冲出重围已不可能了。

8月6日晨，敌从北门突入。方先觉令炮兵指挥官张作祥发炮轰击，而张作祥却哭着说：“报告军长，只有两发炮弹了！”此时方先觉意识到一切都完了，于是便向重庆最高统帅部发出最后一电，大意是：我军现已弹尽援绝，敌今晨从北门突入，我已无可堵之兵。学生等决当以死报党国，不负钧座平生培育之至意，此电恐为最后之一电，来生再见。学生方先觉、孙鸣玉、周庆祥、容有略、葛先才、饶少伟同叩。

此时，方先觉仍希望能有第三次长沙会战时的奇迹出现，援军能在最紧急最困难时刻适时解围，可是历史没有重演！方先觉下令所属军官，打完最后一颗子弹，流尽最后一滴鲜血，坚持拼到底。而敌连续不断向我猛扑猛打，我利用主要街道构筑之火力点，并借房屋作掩护，进行反击，一直坚持到深夜。

8 月 7 日，敌夺占我市政府和农业学校据点以及施正街、卫生街等地，并不断以野炮、重炮、加农炮和榴弹炮向衡阳市内轰击，而空军亦协同狂轰滥炸，不惜耗尽全部备用炮弹，天黑也不停止。其目的是迫使我军放下武器，停止抵抗。

最后时刻忍辱负重

8 月 8 日晨，敌军继续向我全线进行炮击，至中午基本上占领全市，下午各据点仍有零星枪声，至晚全军各师阵地的枪声完全停止，敌亦停止攻击。

在昏黑的夜晚，周庆祥、容有略、孙鸣玉等突然陪同日军联络官大阳军胜中佐来到军部，请方先觉前往敌司令部谈判。

方先觉的随身手枪，已于发出最后一弹后，被其随从副官王兴泽预先拿走，此时方先觉想自杀也不可能了。这时有人拉着方先觉哭着说：“军长，不能去呀！”而周庆祥等则说：“事已至此，只有如此了，军长你带我们走一条活路吧！”方先觉怒目向着他们，半晌不发一言，敌人又派人催促，最后方先觉才愤然一声：“走吧！”

到了六十八师团司令部，敌师团长堤三树男（原师团长佐久间阵亡）中将出来迎接，待如宾客。堤三树男说：“胜败乃兵家常事，方将军不必介意，我过去也曾败在你手（指第三次长沙会战），我们对贵军是敬佩的，对方将军是尊敬的，我们日中应该亲善携起手来，共同防共建设东亚和平。”方先觉说：“我早已视死如归无所畏惧，现在事已至此，我的要求是：必须保证我现有官兵的生命安全，不受污辱，不受虐待，并对我伤病官兵妥为治疗护理。不然，我宁死不屈服。”堤三树男满口答应，接受了条件。于是双方采取了停战措施，就此结束这一场长达 47 天的异常残酷的战斗。

此次作战，我以 2 万之众，困守孤城，抵御数倍于我之敌，况敌人空军和炮兵均占优势，我则完全以迫击炮和手榴弹为主要御敌武器，作战的艰苦不言而喻。

作战时间正值浓暑季节，天气变化异常，时而酷暑难当，时而暴风骤雨。降雨时战壕和交通壕里，经常积水，有的地方甚至水深及腰。官兵浸在水中作战，因受湿热和乍寒乍热的侵蚀，染发多种疾病，如伤寒、痢疾等。更有双方阵亡的万千死尸暴晒在烈日下，腐臭之气令人窒息。偌大的一座繁华衡阳城，此时已变成了鬼蜮坟场，哪里还像人间？

停战后，敌人安排方先觉和各师师长住在城内天主教堂内，随后送些书籍杂志和麻将牌等供其消遣。敌酋横山勇大将曾来衡阳举行欢迎宴会，将第十军改为“先和军”，表示方先觉参加和平之意。各师残部分驻城外整理，方常到各驻地看望并讲话。每于临走时，随手用粉笔或黑炭画一向南的箭头，暗示官兵向南方逃跑，故官兵逃归者屡屡不绝。

敌在开始时，对方先觉等监视甚严，但日久有些松弛，岗哨于夜晚睡起大觉，予我官兵可逃之机。将级人员首先逃出者为周庆祥，这说明周当初主张放下武器洽降，实为不得已的权宜之计，他的内心一直是想东山再起，准备再战。

周庆祥逃出后，敌对方先觉之监视又趋严格。两月后，监视又趋松弛，方先觉密嘱副官处长张广宽先逃出寻求助力帮他脱险。张广宽逃出后，找到迁到山里的衡阳县政府，利用老百姓进城卖菜和担尿水的机会，传递消息，约定日期，在一个大雨的夜晚，掩护方先觉脱离了虎口。方脱险后辗转到了湘西芷江，即由军委会派专机接往重庆。

蒋介石的优遇

据说蒋介石接阅方先觉最后一电时，甚为感动，曾查看地图，意欲指示第十军突围路线，无奈电路已断无能为力矣！当时军政部部长何应钦认为方先觉必死，当即签呈处理意见:（一）第十军保留番号恢复编制。（二）衡阳城改为先觉城。（三）第十军全军眷属立即车运重庆由政府供养。嗣后听到敌方广播，知方先觉未死，蒋介石即批示："除第二项不议外，一、三项照办。"并指示第二十七集团军副总司令李玉堂负责收容第十军突围官兵，又由李指定第十军后方办事处处长方守先（系方先觉之弟）负责照顾护送全军眷属。后因方守先翻车左腿摔断行动不便，又派预十师政治部副主任杨正华协助。因车辆征用困难，分批从湖南东安撤退，第一站到贵州独山住留三个月，第二站到遵义住留一个月，于 1945 年春节前到达重庆。

方先觉到重庆后，蒋介石立即召见，慰勉有加并无谴责。方先觉当时说："学生未能达成任务，对不起校长，请求处分。"蒋说："是我对不起你们。"并嘱咐方："你回去好好休息，重庆情形复杂，对外界不要发表任何谈话。"故重庆各界慰问和记者采访问及战况时，方仅以"天气太热仗不好打"应之。

召见之次日，蒋又设宴为方洗尘，有何应钦、钱大钧等作陪。随后蒋又赠方先觉 5 万元慰劳金，可称优遇。当时在重庆，因方先觉的突然返回，引起极大的震动，各方议论纷纷。同情方先觉者说：方率 2 万之众抵御数倍敌人，并能重创敌人，虽败犹荣。更为之分析说：方系受部下挟持未能以身殉职；是有条件的投降，犹如关羽降曹，身在曹营心在汉，待机东山再起准备再战，并不是怕死或贪图富贵不战而投敌。同时亦有人持相反观点，贬其兵败降敌，丧失民族气节，是国家和军人的耻辱，应是罪人。更有的人说：方系衔日本天皇诱降条件而来，有反间嫌疑。可谓各执一词，毁誉纷纭。

1945 年春，方先觉到中训团担任为期一月的大队长，旋即由军委会发表新职，任二十七集团军副总司令，兼昆明青年军二〇七师师长；同年夏，又调任陕西汉中青年军二〇六师师长，系用其名将声威以利青年军之训练和指挥。蒋介石并将其次子蒋纬国从西安胡宗南部调至青年军二〇六师任营长，交方先觉教导。当时作者杨正华任该师军官队政治教官。

1946 年春，方又调任整编第八十八师师长兼徐州警备司令，因方系江苏萧县（今属安徽）人，蒋介石指望其在家乡动员群众参加内战。后方在鲁南作战失败，调任他职，1949 年随国民党离开大陆去台湾。

据台湾消息，方到台后任澎湖防卫司令部副司令，因与陈诚发生矛盾请求退休，未得蒋介石批准，改调联合勤务总司令部研究督察委员会主任委员。1983 年病逝于台北。

衡阳会战中的鸡窝山战役

罗文浪*

1944年春，日寇在占领长沙、湘潭和株洲后，凶锋继续南指，于6月下旬，围攻湘南重镇衡阳。当时担任衡阳防守的部队为第十军方先觉部和暂编的五十四师，担任外围策应的部队有二十四集团军王耀武部（辖第七十三、七十四、七十九、一〇四军），另有第二十、二十六、六十二3个军，总兵力较进攻之日寇，远为强大，凭借既设阵地，会战具备有利条件。但因国民党军将领间互相倾轧，增援部队各保实力、观望不前，最后竟以方先觉部的溃败投敌、衡阳沦陷而告终。当时，我在王耀武集团七十四军五十八师任参谋处主任，曾参与了所谓解围战斗，现就记忆所及写出来，以反映当时真实情况。

1944年7月中旬，七十四军部队由潭宝公路的青树坪附近转到衡宝公路上，参与衡阳的解围战斗。综合当时敌我形势：围攻衡阳的敌军先后发现有第六十八师团、第一一六师团、第六师团、第一〇六师团等番号部队，除以主力围攻衡阳外，还在衡宝公路及衡阳以南扼要据守，以阻击我军的增援部队。在我七十四军当面，扼守公路线上鸡窝山的敌人，轻重火器合计，尚

* 作者时任第二十四集团军第七十四军第五十八师参谋处主任。

不足一个大队。当时我军的攻击部署是以五十八师为在公路上的主攻部队，五十一师在五十八师后重叠为预备队，五十七师在演陂桥以南任军右侧的掩护。

第五十八师于当年春天曾参加宁乡战役，损失兵力约一个团，且补充未毕，战斗力在军内为较弱者。但中下级官佐和士兵，斗志颇强。奉到攻击命令后，便作了如下攻击部署：以一七二团附军山炮兵一连、师迫击炮营与工兵一部为主攻部队，夺取鸡窝山敌阻击据点后，相机向衡阳挺进，与守军第十军联络；以二七三团在主攻部队右后任侧翼掩护；以一七四团为总预备队，在一七二团后随战斗进展跟进。

7月下旬某日（确实日期已不能记忆）拂晓，开始对扼守鸡窝山之敌攻击。敌军兵力甚少，除发现步兵重兵器、机关枪和平射炮外，无山野炮火力支援。他们在我军优势炮火压迫下，在山顶和山麓的坚固野战工事内顽抗不退。由拂晓激战至黄昏，使用总预备队突击，始将鸡窝山占领。是役一七二团伤亡官兵约百余名，除占领了敌据点工事，驱逐敌军向鸡窝山以东公路线撤退外，无所俘获。

惟时已入夜，不能继续攻击。于是，一七二团大部守在阵地彻夜，师谍报队便衣排由公路两侧向衡阳城郊进出，与守军联络。11时许，该排进至五里牌附近，报称已与第十军便衣队取得联络，得知衡阳守军伤亡颇大，外围据点次第丢失，困守市区，急待解围。我当时将这一情况转报军部，并召集作战、情报参谋研究翌日的攻击计划和与守城部队联络的具体方案。

午夜1时许，接到军部副参谋长邱耀东的电话，在询问情况后，告我：战况发生变化，本军于拂晓前要脱离敌人，转移阵地，要我通知各部队准备，在转移时特别注意右侧的警戒。还说正式命令随即送达。我觉得这一变化来得突然，当即问邱，是否已发现敌人向我增援部队侧翼或后方迂回，他说不是。我又问是否衡阳城出了问题（因为当时衡阳城方面，枪炮声沉寂），他没有直接答复，只是叫我不要多问，照命令办理好了。在解围部队付出相当代价攻占了鸡窝山高地，已经遥望衡阳，只要再前进一步，就可能与守军取得联络，在这样有利的形势下，突然下令部队后撤，真使我百思不解。

次日，除留了一个营在鸡窝山以西任后卫警戒外，师主力后撤约 14 公里。这样毫无动静地又停顿了 3 日，才奉令转到邵阳附近的黑田铺集结，所谓衡阳解围战斗，就这样戏剧性地结束了。

王甲本将军殉国前后

潘　茂　李印西*

王甲本将军，字立基，1900 年生，云南省富源县人，云南陆军讲武堂第十四期毕业，原第七十九军军长。1944 年 9 月 7 日（农历七月二十日）率军指挥所及其直属部队，在湖南东安山口铺附近与日军骑兵搜索部队不期遭遇，受到包围攻击，中弹后与敌肉搏，壮烈牺牲。当时，我们两人曾亲与是役，至今记忆犹新。

先是，1943 年常德会战之后，第七十九军军部驻防湖南石门瓜子峪，受第十集团军总司令王敬久指挥。该军所属的第九十八师和第一九四师驻防湖北公安、松滋之线，暂编师后调补充整训。当时，副军长为甘登俊，参谋长为唐孟壑，第九十八师师长为向敏思，第一九四师师长为龚传文，暂编第六师师长为赵季平。

1944 年 5 月，日军大举进犯湖南，企图打通粤汉、湘桂两线。第七十九军乃奉调南下，经常德、益阳到达宁乡檀木桥附近，与长沙外围之敌激战旬余，所部颇有伤亡。6 月 18 日，长沙失守，第七十九军复奉命经湘乡谷水、娄底，赶赴邵阳廉桥、水东江，受第二十四集团军总司令王耀武指

* 作者潘茂时任第七十九军作战参谋；李印西时任第七十九军通信参谋。

挥，控制衡宝公路，攻击衡阳外围之敌。7 月初，衡阳守军第十军军长方先觉被围告急，第七十九军复奉重庆军事委员会委员长蒋介石电令，直接归重庆大本营指挥，专解衡阳之围。

从是时起，王甲本将军把军部指挥人员和直属部队分成前后两线，亲自率领军指挥所进驻衡阳西北角之西渡，统率攻城部队，指挥解围之战。当时指挥所在将军领导下的指挥人员有：副参谋长关裕祥（东北人），军务处长颜泽闿（湖南湘潭人），作战参谋潘茂（湖南浏阳人），谍报参谋黄土琦（东北人），通信参谋李印西（河南人），还有率领通信部队的通信营长李启林（湖南平江人），率领特务营手枪连的张连长，侍从副官吴镇科及卫士勤杂人员等。

基于前段作战伤亡严重，部队减员，战斗力削弱的情况，军长的作战措施是：第一线作战部队仍各牵制当面之敌，并从所属第九十八师和第一九四师中抽调一部精锐兵力组成一个加强营作为突击部队，由作战勇敢的第九十八师第二九三团团长马登瀛统率，向衡阳西北角的日军围城部队突击。7 月中旬，突击营攻城部队曾几次突入西北城区，惜因守城部队已向市内收缩，城内外部队无法汇合，战果不能扩大，以致解围之战无功而还。

8 月 7 日晚，将军更率指挥所少数人员（李印西、潘茂均在内），在夜幕掩护下，潜行推进至衡阳城外西北角之鸡窝山上，彻夜观察城内作战动静。观察结果，只知道城内已无枪炮声，并不知方先觉已经投降。8 日拂晓，我们始由山上撤下，围城敌军发现了我们，即予挥军追击，将军及随行的指挥人员，险遭敌人截击。这是将军身先士卒，不怕牺牲，亲临前线视察指挥的一个实例。

衡阳既陷，蒋介石即电令衡阳外围西侧各部队，迅速撤至广西黄沙河一带布防。衡阳与黄沙河相距 300 里，如果我军迅速撤退，不仅会予敌人以可乘之机，当地居民生命财产的损失也将无法估量。对作战部队本身来说，由于前段长时间作战，急需整顿，也不利于迅速后撤。于是，将军命令部队集中洪桥（今祁东县）、黎家坪一带，略加整顿，并以一部兵力拒敌前进。

9 月 1 日，敌军沿湘桂线两侧向我发动钳形攻势，第七十九军乃撤至冷水滩之线，布防堵击。9 月 6 日晚，部分乔装中国军队的日军，从铁路两侧前进扰乱我军，军指挥所也遭敌骚扰。当晚，将军急用电话命令第九十八师第二九二团王卓如团长，速率该团连夜占据山口铺，以便军指挥所之行动。无如王卓如团无视命令，行动不力，贻误戎机，山口铺反被日军侧翼骑兵搜索部队抢先占领，以致有次日凌晨之不预期遭遇。

9 月 7 日晨，天刚蒙蒙亮，军指挥所行军先头部队之手枪连已通过玉七亭坡地下到山口铺东侧之平原地带。将军骑马紧跟队尾，指挥所人员及直属部队以一路行军纵队在后跟进。此时，除李印西通信参谋率部分总机班通信官兵在原驻地拆机收线尚未赶到外，副参谋长和我们一行指挥人员（骑马），距部队先头 1000 米左右。我们刚过玉七亭下坡时，军务处长颜泽闿从望远镜中已能依稀看见山口铺村庄东沿有无数高头大马活动。虽然军长已令王卓如团占领山口铺，但我们知道，王团是步兵团，并未配属骑兵，顿感情况蹊跷。话犹未了，部队先头已响起了枪声。霎时间，手枪连迅速散开，坚决抗击，而我们一行骑马军官，全部暴露在敌人机枪火力面前，尤以将军目标显著，遭到了敌骑兵的包围攻击。在吴副官的扶持下，将军才勉强撤退到玉七亭东侧，但已身中数弹，行动维艰，终被日军追上。在玉七亭之坡地上，将军与吴副官犹与敌拼死肉搏，终以寡不敌众，军长与吴副官壮烈牺牲于玉七亭畔。

清晨战后，军指挥所部分人员突破敌围，陆续撤至山口铺东北侧之大山附近。副参谋长关裕祥率暂六师一个新兵团在唐家祠堂附近收容，唯独不见军长、吴副官和手枪连官兵归来。下午，在副参谋长关裕祥的同意下，李印西和潘茂两个参谋，率领几名便衣谍报人员，向山口铺玉七亭附近战地搜索前进。此时，已听不到枪炮声，也看不到敌人踪迹，只见战死官兵和器材行李狼藉遍地。待寻至玉七亭东侧坡地时，始见将军与吴副官倒卧血泊中，身中弹痕多处，将军面部多处被刺伤，特别是两个手掌，被刀锋绞得血肉模糊，显然是遇敌不屈，抓住敌人刀口拼死肉搏所致。吴副官亦然。为抗日救国的伟大事业，将军献出了自己宝贵的生命，时年 45 岁。

回忆至此，不禁想起了当时玉七亭上对联的词句。其上联起句曰：“玉汝于成……”；下联起句曰：“七月既望……” 揣摩联中语气，似乎已经预见：在七月十五（既望）之后，将有某人在此地发生某项重大事件。而将军恰恰在斯时（农历七月二十日）殉国于斯地。虽属偶然，又为何如此巧合？惜乎40 年后之今日，玉七亭已荡然无存，而联语全部内容亦复不能记忆矣！

1944 年 9 月 7 日下午，李印西、潘茂等人在觅得将军与吴副官遗体后，随即征得担架两副，将遗体抬至山口铺东北侧大山边唐家祠堂。当晚，在以副参谋长关裕祥为首和军务处长颜泽闿及暂编第六师新兵团某团长的主持下（当时第九十八师师长向敏思、第一九四师师长龚传文均在战地，召唤不及），就近征用了当地大财主廖铭煊上好棺材一副，将军长遗体草草装殓，连夜简单祭吊，安葬在东安山口铺芭蕉村张家冲后山坡上。同时还买了居民刘理谷棺木一副，将吴副官遗体殓葬于将军墓侧。由于当晚敌军大部队已在大山附近的平原大道上人喊马嘶地前进，指挥所人员也不敢久留，下葬之后，我们也就连夜沿着大山山冈，向武冈方向转进了。

9 月中旬，第七十九军全军脱离了战场，在武冈集中整顿。当时继任军长方靖尚未到职，第九十八师师长向敏思以代军长身份，统率全军官兵开会沉痛追悼王甲本将军。并派副官李占庭携带足够的生活费到将军安息处守墓。原期战争结束之后，再为将军迁葬树碑，供后人瞻仰，哪晓得形势不断变化，迄今 41 年，将军忠骨，仍然困居原地，未获妥善安葬。缅怀英烈，思之不胜耿耿！

以后，方靖与龚传文相继任第七十九军军长，于抗战胜利后，曾向当时国防部报准追认王甲本将军为“抗日烈士”，并晋升为上将军衔。

将军的坟墓，原系草草安葬，年久失修，新中国成立后守墓人李占庭也不知去向。幸有当地居民刘理谷、刘理明、刘本世等的维护，仍得保持至今。每年清明节，当地居民仍有人来到墓前祭扫，足见将军为国捐躯的英勇事迹，至今犹在人民心中。

桂柳会战

桂柳会战经过

李汉冲*

1944年，日军鉴于太平洋海上联络线受美国优势海空军之威胁，有被遮断之危险，故企图打通由武汉经湘桂与越南之衔接，以开辟一条大陆交通线，求与南洋联络。于是年8月8日陷我衡阳后，继续由湖南及广东两个方面向广西发动大规模之进攻。我军于桂林、柳州间地区进行防御，结果失败。11月11日桂、柳相继陷落。此战役在抗日战史上，称为桂柳会战。

其时，广西属于第四战区作战地区，战区司令长官张发奎在会战中组织了一个前进指挥所，亲自接近前线指挥重点方面之战斗。最高统帅部副总参谋长白崇禧亦亲自参加指挥会战，并发起广西全省的动员。在会战中枪毙了一个失守全州的第九十三军军长陈牧农和一个失守武宣高地的广西部队的团长曹震，均为其他战役罕见之事。

我那时任张发奎的随从高参（后调参谋处长），是张左右的主要幕僚之一，在会战全部过程中，参与了作战计划之决策和执行指导业务之实施，对整个会战经过情况知之颇详。兹将亲历和所闻，就记忆所及，记述如后。

---

* 作者时任第四战区司令长官的随从高参、参谋处长。

会战前第四战区之情况

第四战区成立于1938年南京沦陷后，原作战地区辖粤桂两省，初由何应钦兼任司令长官，余汉谋为副司令长官。武汉撤退后，改任张发奎为司令长官，作战地区照旧。1940年春桂南会战后，蒋、何认为一个战区不便在两个不同的正面指挥作战，将广东地区划开，新成立第七战区，任余汉谋为第七战区司令长官，张发奎则专负广西方面之作战。留驻战区的只有夏威的第十六集团军。广西是白崇禧的老家，部队又是桂系军队，所有军政大权一向操在白的手里。张发奎理解这种关系，感到坐冷板凳的寂寞，但是又念自己没有本钱，暂时屈居，还可以与白崇禧互相利用，倒不如以“张公百忍”为上策，无论大小事情，任凭蒋、白布置，凡蒋、白所示，无不顺旨听命，照章办事。张发奎这种地位及态度，决定了他在指导会战中不负责任、放弃职权、决心动摇和命令不敢贯彻诸弊端，也是导致会战失败的一个主要原因。

其次，自1940年冬，日军撤离邕龙至桂柳会战前，整整三年时间，由于没有敌情，松懈了一切作战准备。战区原以对越（向西）为作战正面，第三十一军的第一三一、一八八师兵力均配备在邕龙方面，其中第一八八师在龙州主要对越南边界警戒，第一三一师在南宁为机动部队兼顾钦州、防城沿海之警戒。至于与湘粤接壤之桂东、桂北方面，一向以为有第九、第七两战区之依靠，从无兵力配备与任何战斗设施。即6月间长沙失陷后，犹以为第九战区今后之作战，必以主力转移于湘西南地区，以黔桂大后方为联络线，战区仍可借其掩护，不致遽然遭受威胁。迨敌继续南下攻衡阳，第九战区司令长官薛岳率残部退走湘东南后，始感广西之东北方面门户敞开，有采取紧急措施之必要。遂一面抽调第三十一军之主力陆续向桂、柳移动，一面派我即赴桂东北判断地形，向衡阳方面收集情况，打听第九战区对尔后作战之意图。幸敌攻略衡阳后，从事部署整顿，未即继续西进，否则当更加手忙脚乱，桂柳之间须演“空城计”矣。

我于6月下旬在湘桂铁路沿线之全州、东安、零陵、祁阳一带，及沿湘桂公路之道县、江华、龙虎关一带和零陵经灌阳出全州、桂林之山区间道，作了一旬的实地调查。并向衡阳外围作战之第四十六军军长黎行恕、零陵县长张某及全州专员陈恩元等，多方面了解有关衡阳方面之情况与桂东北之兵要地理。综合所得，大要如下：

（一）进犯长衡之敌，为第三、第十三、第三十四、第二十七、第六十八、第六十四、第一一六、第四十、第五十八等 9 个师团和 5 个独立混成旅团，共约 17 万人。其兵力之强大，超过以前三次长沙会战之任何一次。

（二）第九战区的部队已支离破碎，竟向湘南撤退，薛岳已走茶陵、安仁，无法掌握部队和组织全战区之作战。衡阳形势危殆，虽有几个生力军趋援解围，但因逐次注入战斗，反予敌人各个击破。湘桂铁路及公路沿线异常混乱，难民拥塞于途，各县政府均在作逃亡准备。在衡阳以西铁路附近，只有一个最后加入的黎行恕军尚保有组织的战斗，其他均支离破碎。广西东北正面，实际已经暴露于日军面前。

（三）如敌陷衡阳后继续西犯广西，其兵团运动路线可能有三条：第一条沿湘桂铁路，这是正面，适于大兵团之运动。第二条沿道县、江华经龙虎关、恭城出平乐、荔浦之湘桂公路，可作战略上迂回桂林之右侧背和遮断桂柳间之联络线。第三条由零陵经灌阳出全州或桂林之山区间道，可作战术上迂回全州，并可作公路、铁路左右两兵团中间之联系，及策应两方面之作战；但系山道，重兵器运动困难，只适于小部队运动。

（四）全州灌阳和龙虎关之线，是战区的门户，也是以桂林为中心内线作战之利害转变线。尤其全州是桂林正面的前进要点，其北 30 公里之黄沙河，前面地形开阔，后面有纵深之高地群，左右两翼依托良好，为一优越之防御阵地，不可轻易放弃。

我针对上述情况向张发奎具申了对战区初期作战指导之意见（意见内容如下段所述）。

战区之初期作战计划与白崇禧指导会战之居心用意

7 月上旬，陈牧农第九十三军奉令由黔入桂，增加战区兵力。此时衡阳已受敌猛烈围攻。张发奎即以我的意见具申为基础，召开高级幕僚会议，决定如下初步作战计划：

（一）敌情判断：如敌大举进犯战区，其目的有三个可能性：一是以打通粤汉路为目的，在攻略衡阳后，当以一部扩大衡阳以西地区，以巩固衡阳的占领。因此战区东北正面，时有受敌骚扰之可能。二是以打通湘桂路与越北之敌衔接为目的，当协同越北之敌从东西两方面来夹击战区，最后占领桂林、柳州、南宁各要点而固守之，其主攻方面当在桂北。三是以侵犯贵州、威胁重庆为目的，由湘桂黔铁路线及湘西两方面分进合击贵阳，在交通条件上，当以沿铁路线为主作战方面（当时对广东方面之敌应有的动作，则未估计）。

（二）战区之作战方针：应以敌情的第二、第三种可能性的判断为基础，故应以确保桂柳为目的。根据现有之兵力，应集中力量于桂柳两据点之城防守备，采取持久防御，以待后续兵团到达后，再策尔后之计划。但为明确敌人之真正意图，掩护桂柳防御准备可得余裕之时间，并使后续兵团尔后之作战容易，应以有力之一部于全州、灌阳、龙虎关之线，竭力迟滞敌之行动。特别在全州方面须行较坚韧之防御，以直接掩护桂林。

（三）兵力部署：我即率战区直属工兵营及第三十一军工兵营前往黄沙河选择地形，构筑一个军两个师使用的半永久性工事阵地，限两周内完成。同时在全州设立战区情报收集所，与衡阳方面部队联系，收集敌情和我军状况，并监督全州专区发动群众，进行地方配合作战诸准备工作。第九十三军到达后，即开赴全州，以主力占领黄沙河阵地，一部于灌阳方面对敌警戒。第十六集团军总司令夏威指挥第三十一军集中桂林，构筑桂林城防之永久性设堡阵地工事，而后该军即担任桂林城防之准备。第六军分校主任甘丽初率该校学生及平乐专区地方团队，进出龙虎关附近，选要占领阵地，对敌警戒。靖西指挥所主任陈宝仓（陈是当时长官部的副参谋长），指挥龙州指挥官曾天节、东兴指挥官潘奋南及越桂边讯警部队，严密对越北之警戒。长官部指挥直属部队构筑柳州之永久性设堡阵地工事。

这个初步计划经蒋介石同意，付诸实施。8月初，第九十三军到达全州。

8月8日，衡阳失陷，守城军长方先觉降敌。外围作战部队纷纷向西撤退，敌人向零陵、道县一带跟踪追击，数日后龙虎关、东安发现敌情。8月中旬，黄沙河与龙虎关均已发生斥候战斗。桂柳会战之序幕于是揭开。

在衡阳失陷后，蒋介石令第四十六军黎行恕部由湘桂铁路撤退，第六十二军黄涛部由湘西之武冈经龙胜向柳州撤退，改归第四战区指挥。并指定黎军归回夏威集团建制，与第三十一军协同固守桂林，黄军固守柳州。同时，白崇禧以副总参谋长名义偕军令部第三厅（主管作战）厅长张秉钧、后勤总司令部参谋长汤垚前来战区，亲自指挥作战。当即会同张发奎在桂林开了一个以策划战区整个作战指导为主题的高级军事会议。参加会议的除白、张外，有张秉钧、汤垚、黄旭初（广西省政府主席）、张任民（广西省保安副司令）、夏威、韩练成（第十六集团军参谋长），张励（长官部高参主任）及李汉冲等。会议进行了一个整天，讨论了如下两个问题：

第一是关于会战指导问题。白崇禧听了我代表张发奎汇报战区的初步作战计划后，他立即不同意这个采用持久守势以确保桂柳的作战指导。他说，我们不能挨打，应采取内线作战各个击破敌人的攻势手段，来达成确保桂柳之目的。要乘敌人沿湘桂铁路正面和沿湘桂公路侧面前进之分离，于桂林以北和平乐附近地区，集中主力与敌决战而各个击破之。这个决战方面的主力兵团，由夏威集团之贺、黎两军担任之。对桂林防守，他亦反对固守设堡阵地之持久战术。他说，桂林之防守，应用依城野战之手段，把主力控制于城外实施决战防御。桂林城防守备部队，他主由第九十三军在黄沙河转进后担任之。至于桂西方面，他说，不得已时可以放弃南宁，坚守柳州。

当时大家对白的这个指导方案，都不发表意见，夏威还一再强调桂林城内不能配备过多的兵力。我当时对白的计划很不以为然，我对张说："白的计划，表面上好像很妥当，实际上很危险，以战区现有之兵力和贺、黎两军之素质，对优势敌人之攻势作战，难期有操胜券之把握；况黎军甫由衡阳作战归来，士气、员额和装备均有缺点，怎能担任攻势决战之主力？又陈军将来经过黄沙河作战后，由敌前转进而担任桂林城防守备任务，既不熟悉地形，又无时间准备，也是不切实际的。依我意见，不如仍用战区之指导精神，集中贺、黎两军于桂林，依坚固之设堡阵地和优势之制空权，进行持久防御，以待后援，再行转移攻势，比较稳当（此时蒋允将第九战区之一部转归第四战区使用，并调一个生力军由黔来桂）。”张虽同意我的意见，但说：“白是对最高统帅部负责的，自有其智虑之处，我们何必另出主意，将来作战不利，把责任归咎于我。由白一手布置就是了。”于是白的计划作为一致意见，由白即以电话向蒋汇报。蒋虽原则同意，唯兵力使用上仍应照他的前令，以贺军守桂林，不同意改由陈军担任桂林城防准备之意见。白始不得已稍作修改，随即令张秉钧、韩练成和我三人按照他的指示，起草书面计划，制成作战命令，交张签署下达。命令内容大要如下：

（一）湘西南之敌，现于衡阳以西集结，有沿湘桂铁路及湘桂公路向战区前进，分进合击桂柳之企图。

（二）战区以确保桂柳之目的，以一部固守桂柳两据点，主力乘敌前进之分离，于桂林以北和平乐附近地区，求敌决战而各个击破之。

（三）第九十三军占领黄沙河既设阵地，极力阻敌西进，而后依情况逐次向桂林转进，协同第三十一军之桂林作战。限令该军在 9 月 10 日以前不得令敌超过全州。

（四）夏威指挥该集团军担任桂林方面之作战，以该集团副总司令韦云淞为桂林城防守备司令，指挥第三十一军，另战区直属炮兵一个团、战车一个连固守桂林。如无命令，不得放弃。以该集团之第四十六军控制阳朔、永福一带，依情况候用于桂林或平乐间之作战。

（五）第六十二军固守柳州。

（六）靖西指挥所仍照前执行任务。

（七）战区于荔浦设立前进指挥所（张发奎以参谋吴石、参谋处长李树正无作战经验，令留守柳州。以张励为指挥所主任）。

白为贯彻他的作战指导，会后还与张发奎率领我们几个幕僚视察桂林城郊阵地工事，并到荔浦、平乐间，侦察预定攻击由湘桂公路前进之敌的地形。他说：“桂林将成为东方的凡尔登要塞，可以守上半年。”又说民国十九年，蒋介石的中央军朱绍良、毛秉文等部队，由广东侵犯广西，就在平乐的桂江右岸，被广西军队打得落花流水。现在又凑巧在这里打击日军，这是一个吉兆，当年的战史，可能重演一番。

桂林会战的第二个议题，是关于广西全省动员的问题。白说：这次要动员广西全省力量，与敌周旋，要创造一个抗战以来空前的战绩。他说，广西民气刚强，一向有组织基础，可以动员 50 万人参加战斗，其中又可以编组 5 万的基干力量。因此他提议向蒋要求，由第三十一、四十六两军各编一个补充师，另成立两个两团制的独立纵队。他用电话对蒋说，只要中央拨给两师和两纵队的武器装备和饷项，可以在两星期内编成，将来即使后续兵团不能如期到达，这些部队也可以立即参加战斗。蒋介石为当时的形势所迫，只得答应下来，所需装备粮饷令汤垚如数交拨。

但是白的指导计划没有成为实际。沿湘桂公路前进之敌人，还没有通过平乐，桂林已先失陷了。桂林经与敌作战旬余，城防司令韦云淞即弃城逃走了。临时扩编的部队，员额还不及半数而整个会战已结束了。但白崇禧在桂林进入战斗之前，仍坚持其机动攻势作战之意见。我当时真不明白这个“小诸葛”究竟有何神机妙算。直至他以依城野战为借口，将他的外甥海竞强师由桂林抽调出来之后，我才恍然大悟，这次来桂之目的和他的作战指导之实质不外有三种用意：第一，他要保存桂系部队的实力，不愿在这次会战中桂系部队有严重之损失；第二，白想利用这个机会来扩充桂系实力，他幻想扩编 5 万人的基干力量；第三，他想乘机增加一些武器装备，并且不厌其多。实际上他把大量的新武器秘密储囤在蒙山县之太平、陈村塘，后来这批武器为敌人所获。

战斗经过概况

桂柳会战之序幕，虽于 8 月中旬在湘桂边境之龙虎关和黄沙河发生了斥候战斗，但正式的战斗是自 9 月上旬敌攻击黄沙河开始。因敌人进攻桂柳从湖南和广东两方面分进，敌情错综复杂，战况亦互相交错。为便于记述起见，拟按各战斗时间大致之先后，以全州战斗、桂平战斗、桂林战斗、柳州战斗和黔桂线撤退之顺序，分述如下。

（一）全州失守与陈牧农之死

全州位于湘桂铁路正面，与湖南交界，为桂北门户，在兵要上是桂林的重要前进要点。但全州城里是一盆地，受西北郊高地群之瞰制，且无预设工事，不利于守，故守全州必守黄沙河。战区原令陈牧农的第九十三军以主力占领黄沙河既设阵地，以一个团进出庙头占领前进据点，进行持久防御，在时间上迟滞敌之前进，以掩护桂林之防御准备。第九十三军到达全州后，张发奎和我于 8 月下旬前往视察，发现该军竟未按照战区命令部署，改以主力置于全州城内，黄沙河方面只使用一个团兵力，作为全州的前进阵地。经张质问，陈答："这是委座所规定，但与战区命令有矛盾，始以一团推进于黄沙河。如果一定要贯彻战区之命令，请再补发一个命令，当遵照执行。"并出示蒋的电令为据。张怕违反蒋的意旨，只得说："既然有委座电令，就按现在部署就是了，唯必须加紧构筑城防工事，并确实控制两侧高地，才能掩护城内和安全后方交通线。"由全州归途中，我对张说："全州地形不好，陈军又抵达伊始，目下情况紧迫，恐无时间来构筑坚固工事。委座远在重庆，不了解实际地形。陈军已归战区指挥，就应执行战区命令才对，否则恐难达成持久任务。"张说："全州战斗的性质，不过是争取时间，得失关系不大。委座指挥部队，向来掌握到师，有时甚至到团，他的命令是不容轻易改变的。为今之计，你可替我补发一个命令给他，规定该军应在全州作坚强之抵抗，不得已时，逐次向兴安大小溶江之预备阵地交互转进。唯自大小溶江以北地区，自黄沙河战斗开始日起，最少须滞敌半个月以上之时间。又各次撤退时机，应候命令。"张既不能坚持原来计划，又不敢向蒋具申意见，一味敷衍塞责，就犯了一大错误。

敌于 9 月初以先头第十三师团开始向我黄沙河阵地攻击。那时张仍在桂林听候战报。黄沙河经一日战斗即告失守。翌晨，全州开始接触，但据陈军长电话报告，战况并不紧张，敌我主力均尚未展开战斗。讵当夜 12 时许，突接全州专员陈恩元由兴安打来电话，说全州城内火光烛天，爆破声甚巨，电话已中断，兴安已发现少数溃兵（兴安距全州仅 10 余公里），情况似有变化等语。张非常焦虑，即令我星夜驰车前往侦察，并手令由我临时处理一切。拂晓我在兴安与陈军长相遇，据说昨夜 11 时西侧高地被敌袭击，左侧背与后方联络线均已受威胁，为便于撤退安全和便于尔后战斗起见，不得不放弃全州。又因情况紧迫，弹药粮秣已无法撤退，不能搬走的乃作了焚毁之处置等语。我问他何以不事先向长官报告，他说因电话中断不及请示。我乃请其立即收容部队，占领兴安预备阵地。后兴安亦只战斗 2 日，即告不支向后撤退。于是桂柳会战已失战机。张发奎在我转报全州失守经过后，异常震怒，连说非严办陈牧农不可。即以电话向蒋报告，并言陈军长未奉命令，擅自放弃全州，焚烧大批军需物品，应予严厉处分，才能整肃军纪，否则将影响今后战场纪律与部队之斗志。蒋先令扣留法办，但后三日即令就地枪决，并连催立即执行。陈牧农遂被枪毙于桂林城内。

关于陈牧农之死，其中还有一段恐非众所周知的经过。张扣陈后，所遗第九十三军军长职务，令该军副军长符昭骞暂行代理，并准其探监与陈接洽交接任务。陈在狱内，一面托其电渝设法营救，一面将撤退详细经过令其写成一函密呈于张。函中述说他奉命来桂林之时，蒋即对他说：“在桂作战，应相机行动，不可以主力投入决战，一切战斗行动，可直接报告我，以我的命令为依据。”又说他在全州撤退之前，已通过电话向蒋报告，并得同意等语。张看信后，虽更加愤怒，但以陈情有可原，不拟置之死地，令我叫他可根据实情详细呈报，以便向蒋要求宽大。后据张说，该副军长因想乘机除掉陈牧农，乃将陈之密函内容转呈于蒋。蒋恐暴露其私，乃即令张速行枪决，以图灭口，并以此来炫耀“大公无私，执法严明”。张发奎亦曾说过这个内幕，并说陈死后，蒋对陈之家属优恤有加。至于有人说，陈牧农之死，实张发奎为张德能报仇（张德能是张的第四军旧属，因失守长沙，为蒋所杀），殊非事实。据我所知，张自始至终均无杀陈之意，只想将陈撤职查办而已。

（二）桂平攻击战斗与顿挫

与敌进犯全州之同时，广东方面之敌为策应桂北敌主力方面之作战，以第二十二、一〇四两师团及独立混成第二十二、第二十三旅团在突破第七战区高要、四会防线后溯西江而上。9月中旬其主力已窜至桂平、平南、丹竹一带，一部窜至蒙山以南之太平、陈村塘附近，且有继续北进，拊我桂柳后背之模样。战区对西江方面，向以梧州以下有七战区部队驻守，又距桂柳遥远，不致有何顾虑，现突然发现敌情，当然手忙脚乱。尤其白崇禧更为焦虑。因在太平、陈村塘储藏有一大批新式武器，不仅有资敌之虞，且将被人揭发秘密，曾亲自往蒙山指挥抢运，后亦损失甚巨。

此时蒋介石令第七战区邓龙光集团及其所属张弛第六十四军和第九战区杨森集团及其所属丁治磐军、罗奇军和杨汉域军等，分由贺县、八步及道县、恭城各路入桂，转归第四战区指挥。唯这些部队除张军战力保持较为完整外，余均系第九战区之败残，士气沮丧，兵员奇缺，尤其罗军虽名为一个军，实际只有 1 个人数不足 5000 人的第九十五师。而黔桂线上蒋系之生力军，则迟迟不令前进。蒋对桂柳会战之态度，可见一斑。

战区以西江之敌，狼奔豕突，桂柳背后威胁至大；且柳州为战区中心，在兵力使用上，亦无法在桂柳两方面同时进行主力之战斗。于是白、张共同决心，放弃平乐间决战之预定计划，改以桂林为北面支撑点，利用桂柳间铁路及柳江水道交通便利条件，转用张弛、黎行恕两军于西江方面，先求击破桂平之敌，排除背后顾虑。得手后，再将主力转用于桂林方面，支援桂林之作战。为确实掩护张、黎两军之集中，先令原在高雷方面之张军第一五五师兼程向桂平前进。并将颜僧武第一三五师及唐纪独立纵队（人数总共不足 5000 人），于武宣东面之金田高地阻止敌人前进。同时又令罗奇军由蒙山向平南、丹竹进击，策应桂平主力之攻击。这个内线作战指导，在战略上本来是积极的，但当对桂平攻击实施兵力部署时，白却以保存桂系黎军之实力为要领，不按原来战区将黎军由贵县渡过邕江，与张军夹江并列，向丹竹、平南进出，遮断桂平敌之后路，并策应张军右翼攻击之计划，借口集中优势兵力于主攻击方面，将黎军重叠配备于张军之后，使黎军得以避免正面第一线攻击之损失。当时我极力反对，张虽已识破白之用意，但张又不敢坚持己见，仍对白唯唯诺诺，遵照白的指示，修正计划传令下去。

桂平之攻击战斗，大概于 10 月中旬开始行动。按照预定计划，要求速战速决，须于 5 天内攻击桂平，将当面敌独立第二十三旅团及第二十二旅团之一部全部予以歼灭。由邓龙光统一指挥，张本人亦在黎塘设置前进指挥所，亲临前线指导战斗。攻击正面之兵力，除张军 3 个师（第一五五、一五六、一五九师）全部展开攻击外，另配有美式一〇五榴弹炮 1 个团及七五山炮 1 个营。又美机以柳州机场为基地，经常使用约 50 架飞机协同地面部队作战，实施陆、空、步炮协同作战。当时士气旺盛，一举攻略了敌之蒙圩前进据点，但后因敌集中兵力，后退顽强固守桂平城区据点，又我弹药有时接济不上，以及陆空协同动作生疏等原因，攻击至第 9 天仍未能拿下敌之最后据点，而攻势顿挫。嗣后因桂林方面战局影响，停止再兴攻击，放弃了内线作战全盘计划。尔后会战形势向柳州推移。

桂平攻击战斗顿挫之原因，虽在战略上由于桂林方面战局之影响，战斗上也犯了一些小的过失，但最主要的原因，是军事指挥的不一致所导致的战术部署上错误。据日军华南派遣军司令田中久一在广州投降后供称，当时据守桂平之敌约六七千人，经我军 9 天之猛烈攻击后，死伤过半，弹尽粮绝，夜间须用竹炮代替枪声。但由于我军没有邕江右岸侧翼之行动，日军右侧背不受威胁，得以缩小防御正面，集中力量来对付蒙圩正面之攻击，因而能支持较长时间之防御战力。如果我军在攻击开始时，能以相当力量在邕江右岸攻其侧背，或能继续攻击 2 日，则桂平守军将遭全部歼灭之命运。

（三）桂林城防战

9 月中旬，第九十三军失守全州、兴安后，撤退于大小溶江之线，归夏威指挥，担任桂林外围之守备。当时敌人似对我军桂林防御力量估计过高，不敢不待后续兵团之到达，即行连续不停之攻击。于 10 月初集中了 3 个师团兵力，一举突破大小溶江后，始对桂林展开主力的攻击。

桂林地形，市区岩石矗立，三面环抱，东面滨漓江，郊外平野开阔，形成天然之要塞堡垒。8 月间决定确保桂林后，即从事永久性工事构筑，利用岩石内洞，设备了纵横交错可以抵抗 10 公分加农炮和 500 磅飞机炸弹侵彻力的各种火力与人员掩蔽部，编成了各个独立而又互相联系的堡垒群。为弥补滨江薄弱地带的缺点，除了沿河设置了各种障碍外，还将东岸的七星岩编成了一个坚固的独立据点，与市区交叉火力互相呼应。军需品如粮秣弹药等储备了足供半年之用。在地形工事设备上来说，喻之为东方凡尔登实不为过。美国副总统华莱士曾于战斗前来桂视察，亦认为防御设备相当坚固。白崇禧且在华莱士面前大夸其地形之良好与桂系部队之战力，保证桂林可以固守半年。华莱士说："只要守上三个月，就可以创造其他方面有利的情况，桂林之围，那时可以不救自解。"并保证在柳州机场控制充分之空军，取得绝对之制空权，以协助城防部队之战斗。还答应供给一批美式武器装备如火箭筒、无线电报话两用机等。

按照白崇禧的桂林防御计划，由夏威指挥第三十一、第四十六、第九十三共三个军与敌进行决战。以第三十一军担任守城，为攻势转移之支撑点；以第四十六、第九十三军配置于大小溶江方面，乘敌渡过大小溶江后，利用与桂林据点相衔接之斜交袋形阵地，从东西两翼转移攻势，包围敌人于桂林北郊而歼灭之。但后第四十六军第一七五师和第三十一军海竞强师调去了桂平，第九十三军自陈牧农死后内部人事互相倾轧，军心极其衰颓，白崇禧的计划完全落空。即尔后第九十三军在大小溶江，也只稍为抵抗，即向桂林西侧山地转移，说是掩护桂林之左翼，实际上是为城防部队先铺好一条退路。

桂林城防守备任务，蒋介石严令规定由贺维珍第三十一军担任（该军辖第一三一阚维雍师和第一八八海竞强师，另第一三五师驻防平南一带），兵力配备，原以阚师担任北面和西面复廓阵地，这是重点方面。海师以一个加强团守备河东七星岩据点，以一部担任沿河及南面之警戒，余为总预备队。原来阵地是按三个师兵力使用设计的，现在只有两个师，已感不足。不过阚、海两师，均系久经训练、尚未参加战斗之生力军，如能上下一心，坚持战斗，亦必能取得相当之代价。讵料白崇禧在全、兴失守之后，桂林即将进入战斗之时，仍坚持依城野战方针，将海师抽出城外（后又拨归黎军指挥，转用于桂平方面），所遗任务，由阚师抽派一个团接替七星岩据点，由许高阳第一七〇师勉强调入城内接替海师之东南面任务，致守备兵力与阵地正面更不相称。当时张、韦、贺等均不敢同意，但白一再强调确保桂林不在于城防方面，而在于外围决战方面，城内兵力应力求节约使用，还说优势之空军力量可抵一个军的力量。张等无可奈何，韦、贺亦只得暗中叫苦。白为什么要变更这个部署呢？张对我们答复了这个问题，张说："海是他的外甥，怎能见危不救，这是白的为人和用心之处。"又白以韦云淞为城防司令，说韦在民国十九年滇桂内战时，有坚守南宁半年的经验。实际上白以韦年已耳顺，来日无多，不如乘此机会，给他一个"名利双收"。当韦受命之日，白即授意他亲自出面要求，要补充多少枪械弹药，多少粮秣给养，多少鼓励士气的犒赏费和安家费。事后张对我说："我早知韦云淞无与城共存亡之决心，桂林之失定矣。"我说："你是战区的司令长官，负有整个会战胜败的责任，桂林得失，关系重大，为何不坚持你的意见？将来桂林不保，你将为千手所指，难逃罪咎矣。"张喟然曰："反正是广西的事、广西的人，我何必得罪他们，即令桂林失守，究竟谁负责任，自有公论。"

10 月 29 日，敌人对桂林展开全面攻击，初以城北为攻击重点，因阚师之奋战不得逞。11 月 4 日敌对七星岩据点施放毒瓦斯，我官兵 800 余人死于岩内，11 月 5 日七星岩遂失守。敌乃改攻河西岸阵地为重点，经几番激烈争夺，我军未能限制敌之渡河。敌渡河成功后，即占领沿江几处据点，向城内逐步扩大战果，并加强桂林城四围攻势。敌人逐点攻击，至 11 月 10 日我守军因死伤甚重，各据点逐一为敌突破，第一三一师师长阚维雍乃自杀于指挥所内。韦云淞、贺维珍等突围出城，城防参谋长陈济桓自杀殉国，第三十一军参谋长吕旃蒙阵亡。11 月 11 日桂林遂告失守。

（四）柳州之防守战

日军在围攻桂林的同时，分兵南下柳州，与桂平方向之敌南北夹攻柳州。此时柳州四面楚歌，情况异常紊乱，张发奎不得不勉强支持。张对柳州的作战指导方针是：柳州按敌我现在情况是无法固守的，但如能多守上一些时日，也可以挽回战区一点面子；如因此能得到援军，在宜山附近站稳脚跟，保有桂西北一隅之喘息余地，更是喜出望外。于是在敌将近合围柳州时，他在柳州长官部匆促地开了一个军长以上的会议，夏威、周祖晃、杨森、邓龙光、黎行恕、黄涛、张弛、罗奇、丁治磐及杨汉域等均出席。会议决定：杨森指挥丁、杨、罗三个军担任柳州方面之作战，并指定丁治磐担任柳州城防之守备。夏威指挥黎军及第九十三军于宜山以东忻城至罗城之线，占领预备阵地，尔后以确保宜山为任务；第三十一军海竞强师应先进出柳城，阻止柳州之敌西进。周祖晃仍率领颜僧武第一三五师及姚、唐两纵队于迁江附近红水河左岸警戒，掩护柳州、宜山之右侧。邓龙光指挥张、黄两军，在来宾以西地区与敌保持接触，而后向那马、都安、红水河两岸地区活动，与夏集团联系，保存桂西北最后地区之安全。

张于柳州会议后，即向蒋汇报部署情况，并说现敌以 10 万之众合击柳州，我军均系败残之余，杨森集团号称三军，实际不足 2 万人，现虽勉强部署，恐难期久守。要求增援两个生力军前来，方能挽回颓势等语。但是，援军一直未见到来，局势严重，张发奎乃对丁治磐说：“我绝不要求你死守柳州，只希望你尽力支持，愈久愈好。”又对杨森说：“我二人非到不得已时，不要离开柳州。”于是故作镇静，日夜与杨纵酒谈兵，至四郊枪炮声大作时，始转大塘指挥所而去。但他对丁治磐的一句话，却为丁不战而走做了根据。

原为蒋介石指定防守柳州的第六十二军军长黄涛，怕担任柳州的城防守备，向张请求改调任务。张徇同乡之情允为相机照顾，后即通过我的设计，乘西江敌窜据桂平，武宣方面危急之际，先将该军李宏达师由柳州抽出增援武宣，以为尔后将该军逐次调出柳州外围，免除守城任务之借口。杨集团三个军，虽然均担任城防任务，但互相推诿。杨汉域是杨森的侄子，该军是杨森的老本，当然杨不同意。罗奇只有一个师，兵力不足守城，且我与罗奇有旧交，亦从旁代他说话。于是这个任务就落在丁治磐身上了。丁治磐对守城任务，部署极为巧妙，他一方面在张发奎面前自告奋勇，表示愿与柳州共存亡；但另一方面却在张、杨离开柳州之后，即暗中将步兵主力移出城外，改以一部炮兵配置城内，在敌接近时，在城内发炮射击，以示其在城内战斗。罗奇以蒋嫡系自大，不愿归杨森指挥，又怕在兵力使用上吃亏，在柳州转进时，乃擅自不受命令，独向桂西而去。张发奎以桂西北为战区最后剩余地区，将来要在桂西北生存，就非保留一部比较可靠的实力不可，因此他看中了张、黄两军（均系粤系部队），在部署时，有意照顾两军向都安、那马一带比较安全的地带撤退。

柳州虽经张发奎部署一番，但实际没有主力战斗，丁治磐军仅隔河与敌先头搜索部队对战一天，即以“不必死守柳州”为依据（张发奎后来要追究丁不战而走之责任，丁乃以此向蒋申辩），不待敌之主力之展开，即弃城而走，杨森本人亦同时率杨军远走黔桂边境宜山以西之荔波。其他部队亦多是与敌稍一接触，即仓皇而逃。

（五）黔桂线上撤退之惨状与六寨之悲剧

张发奎于柳州失守后转至宜山，尚图于宜山以东地区令第四十六军再作持久之防御。他对夏威说：“第四十六军与第三十一军的海竞强师是战区现在唯一之生力军，应该一显身手。”不料第四十六军与敌开始接触，便相继溃败，把部队拉向西北撤退，因此，不但战区有组织、有计划的战斗已告终止，而且令敌人东突西窜，使整个桂北地区一夕四惊。夏威于宜山仓皇出走，周祖晃在宿营地受敌袭击，总部副参谋长孙宝刚受敌夜间袭击受伤。敌陷宜山后，马不停蹄地继续沿黔桂路疾进，此时张发奎手无部队，只得亲率特务团与一部炮兵在怀远阻止敌之追击部队，并掩护破坏怀远铁桥，其状至为狼狈。

但千百万不愿做亡国奴的人民，此时则携男挈女在黔桂线上奔逃，与向北飞驶的各种军队车辆交织成为极不调和的人流。在怀远以北黔桂公路上，沿途都是难民，风餐露宿，拥塞道途，为了逃命与减轻行李负担，他们沿途抛弃物品，有的最后已是倾家荡产，孑然一身。尤其凄惨的，不少人与自己的家人走失，呼亲觅幼的哭声，令人不忍闻睹。张发奎从怀远撤退途中，拾了一个两岁的女孩，取名怀远，交其妻抚养，旋病而卒。

桂柳会战最后之一幕，是六寨的大悲剧。张发奎兵退六寨后，贵阳震动，蒋介石将南丹之陈素农军交张发奎指挥，在南丹附近掩护撤退，因而张得在六寨停留数日，从事部署各军溃兵及后方机关人员眷属及物资等之收容与撤退。这时六寨之难民与溃兵人山人海，挤得水泄不通。在张到之第三日下午 1 时左右，突有美机 16 架在六寨低空盘旋散发传单，传单内容说：所有撤退之军民人等，应避开公路大道行走，因公路大道是轰炸的目标，很为危险等语。六寨军民，当时看到是美国飞机，不以为意，仍在这个小市镇上和公路上以及麻尾火车站附近麇集，处理其后退事务。2 小时后，美机再度出现，即在六寨市内及麻尾火车站一带投下几十个炸弹，登时炸得血肉横飞，尸横遍地。张发奎那时在六寨汽车站旁的一座小洋房内。美军联络组人员则在六寨至麻尾的公路上的一个小村庄，附近几十公尺处均落有炸弹，虽未命中，亦饱受惊慌。因当时撤退到六寨的部队、机关和难民等，混杂不堪，不但死者姓名籍贯无法调查，即人数亦无法统计，特别难民有的已经是全家炸死，连调查亦无从着手了。估计死伤至少在三五千人以上。张发奎在死者消息纷至沓来时，听到军训部的中将监督陈克球、四战区干训团少将教育长王辉武、高射炮兵少将指挥官岑铿和 8 个上校及不计其数的中下级官佐士兵都已遇难之后，也不免流了眼泪。

事后据美军联络组博文上校转来美军顾问团的备忘录说：因接美军联络组在六寨发来的电报，说敌人已到达金城江北侧之六甲，因译音相同，美空军指挥误为六寨，因而误会轰炸，造成惨事等语。究竟真相如何，事后未再追究。

张发奎后来转到独山、都匀，解除了继续指挥作战之任务，由汤恩伯以黔桂湘总司令接替其指挥。汤对第四战区入黔境之部队，均予缴械监视，即张的卫士排的武器亦不能例外。这时弄得张发奎狼狈不堪。

守城日记

宁德星*

敌军进攻桂林的第一炮——10 月 29 日

天气是阴沉沉的，尧山一带弥漫着白雾，漓水掀起千万重愁纹。风阵阵地由此吹向南来，把浓雾推向江上、城头上、石山上，挡住战士们的视界，也掩护着战士们所要监视的敌人的行动。枪声在远处的浓雾里零碎地响了起来，情况开始紧张了。

团长吩咐我用电话通知各部队严密警戒，并派特务排许排长率兵一班沿六合路向尧山方向搜索。

正午，我斜靠在室内沙发上，闭着眼，找寻本身职掌战备的缺陷的时候，老许忽然回来："喂！"我惊了一下，立刻放弃了思索，起身问他："怎么样？"

"不讲啰！丢那妈，挨呐……"他用粤语回答我，音调是愤愤地。

"怎样挨？"我也用粤语急促地问他。

"我的小腿负伤了，是在冷水塘附近挨的，鬼子在石山上用步枪向我们

* 作者时任第三十一军第一三一师第三九一团副官。

射击，居高临下……”他一面说，一面用手指着他那捆着绒裹着的左小腿。

我看出他那小腿是在行进中受伤的，流血甚多，连忙扶他坐在沙发上，把我自备的裹伤包递一个给他。他微笑说：“谢谢你，我现在还未感觉什么痛苦……”夜里，我猫儿山、屏风山、星子岩各线均发出了枪声，一阵一阵地，但不甚紧密——大概是敌人利用夜间来试探我们的配备吧！

敌军的暴行和猫儿山的小接触——10 月 30 日

早上的天气十分寒冷，崖壁上沾满了白头霜，窗外像飞飘着生盐。

我随着团长赴各部阵地去视察，见弟兄们都在加强工事，工作紧张而兴奋。团长问他们：“怕不怕？”他们都异口同声：“不怕！”还有的说：“怕什么！大不了和他拼！”团长听了大概是觉得士气很旺盛吧，严肃的脸上露出了一阵兴奋的微笑来。接着又用警惕的口吻，叮咛他们小心谨慎，严密警戒，并召集各官佐作了一番指示。

回到团部，已是中午时分，天空虽然没有太阳，气温却比早上暖和一点。

各部守兵在阵地前拴获些老百姓模样的人，押解到团部来，其中男女老少都有，据各部的报告说是敌便衣队、汉奸。经我审讯结果，差不多全数都是被敌人强迫来踩踏地雷和试探我们机关枪位置的。他（她）们哭诉着敌军的许多暴行，哭诉着一家失散，爸爸、妈妈、孩子被杀的情景，哀求我恕他（她）们无罪。我为了想从他（她）们口中搜出些可供参考的战斗资料起见，不惜用任何样难看的面目施行威吓，但内心中早已难过极了！

团指挥所（在七星前岩左侧）北面传来了一阵阵步枪声，团长接获第三营黎营长的电话报告说猫儿山与敌发生接触，时有敌兵三五在岩前甘蔗田内出现，被我守兵击毙三名，但尸体却被敌冒险拖去。我想到敌人敢于在我火力控制下来拖尸，这种精神，真令人不得不予佩服。

团长感于猫儿山是一个突出据点，孤立而没有支援，放心不下，用电话训勉守将梁、王两排长，要他们沉着应付，坚持到底。他们回答说：“请团长放心，除非一齐死完，猫儿山是不会……”他们都勇敢善战，尤其是梁排长是以“打”出身的，讲话是那般豪爽而直率，团长听了，仿佛把肩上的百斤担子卸了五十斤。

我可爱的空中战友——10 月 31 日

昨晚，我全线都发出了机关枪声，猫儿山响得特别密，直到拂晓才逐渐停息。敌军曾赶了一批耕牛到我阵地前来踩踏地雷，牛到了外壕边，不自前进，停步吃草，敌人也不敢走近来赶它。天明，牛打起架来，给我守兵牵回几条，分配给各单位享受。

中午，太阳偶然从云层里露出面来，照见雨血淋湿了的阵地，照见屹立的石山，照见战士们发亮的头盔、发亮的刺刀和枪。

远远地传来隆隆的飞机声，愈响愈近，原来是盟机，大家都欣喜若狂，我赶快拿出望远镜，跑上普陀山顶去瞭望。

盟机三架掠过头顶，向尧山直扑过去，它飞得比尧山低，它侧着翼，似乎在搜索地上的目标，我从望远镜里望见几个不沉着的敌兵在跑动——这是我第一次看见盟机在我们阵前活动，也是第一次看见攻桂的敌兵。

“轰隆！轰隆！轰隆！”炸弹像倾盆似的投掷下去，一团一团的浓烟从那山腰、山脚冒起来，可惜看不出里面是否夹有敌人的血和肉。

夜雨在我们抱怨中尽下着，夜是比漆还更黑，阵地上的警戒兵们蹲伏在冷雨中，尽管把眼睛睁大些，也看不出三步以外的东西。

敌军用各种离奇古怪的声调，到处呐喊，目的在于扰乱我们的视听，造成一个恐怖场面；我守兵中有不沉着的，不管射击有效与否，大开其机关枪，枪声十分热闹。

穿山陷落——11 月 1 日

雨越下越大，烟雾漫天，盟机是不能出动的了吧！敌人也像是把握住这良好的活动机会，展开了攻击的态势，白竹涧、临桂大村、刘家里……都布满了敌人。我们的炮兵，在高级司令部指挥之下，不断对进攻我们这东地区的敌人施行制压，敌炮也集中向我们的阵地和城内各处还击，声震天地，形成了整天的炮战。入晚，城内各地区都展开了剧烈的攻防战，尤其是北地区的枪声炮声响作一团。我方在庆幸我们江东地区今晚闲静，倒在床上想安心睡一觉来消除疲劳，突然，我们的右翼——穿山发出了紧密的枪声。接着，第二营梁营长来电话报告说穿山电话不通了，我虽然在为穿山那突出阵地担心，但疲困终于把我拉入梦乡了。

军法无情——11 月 2 日

格格的机枪声和乒乓的步枪声，夹着风雨声传进我的耳膜，天色是惨白而迷蒙，指挥所前面几株大树，给风雨吹打得呜呜惨叫。

天已经大亮了，我还贪睡在被窝里想偷闲一会儿！

“报告宁副官，团长请，有紧要公事。”团长的卫士黄亚二恭谨而急促地站在床边呼唤我。我“啊”地回答了一声，披衣下床，一面扣，一面走过团长室去。

“你下去准备，率领特务排武装兵一班去把第六连中尉排长杨建枪毙，他擅自放弃穿山。”团长愤愤地命令我。

天啊！杨建是我多年的同学、同事，而且是要好的朋友，如何能枪毙呢！团长这一段话，简直是晴空霹雳，吓得我目瞪口呆。我想给杨建说说情，终于给团长那副严肃的铁面孔把念头给吓退了，只得勉强答应一声“是！”转身出来，团长还补了一句:“要快！”

我总觉得杨建是不应被判处死刑的——穿山那么大，兵力只一个步兵排，谁去当排长也没有办法——我真愤愤不平！

我一面洗脸，一面抹着流不尽的眼泪，暗想杨建是无论如何都应该救的，副团长和团附平日都很信任我，我要找他们帮助叫声“刀下留人”，也许……想到这里，觉得杨建还有几分希望，遂连忙跑过副团长那边去。

刚踏上那短小的楼梯，听见副团长和团附在那里议论：“……这是该杀的，如果不杀，怎能维持今后几个月的战斗纪律？”这简直是把一盆冷水倒上我的头。“宁副官！宁副官！”团长又在那里高声呼唤。

“有！”我答着，连忙跑过团长室。

“手令在这里，快点去，枪毙了回来报告我。要注意严守秘密，他走脱了是要你负责的！”团长把手令交给我，同时毫不客气地这样说。

我接过了手令，看那上面写的是：“第六连中尉排长杨建临阵退缩，擅自放弃穿山阵地，着宁副官率兵前往拘扣，就地执行枪决具报。仰即遵照，此令！”这已经没有请求的余地了，我在命令的督饬之下，率着一群武装的士兵，冒着雨向笔架山的道路走去。

“我当真去把杨建枪毙吗？”这问题沉重地压在我的心头上，心头激烈地跳动着。我天真地想，如果暗地里放他走，回来欺骗团长说已经把他枪毙了，或者我和他一起逃亡……但后来平心静气再想，放他走，万一事机不密给团长晓得了怎么办？和他逃亡，周围都布满了敌人，又逃到什么地方去？

想到这里，我的心感觉绞痛，泪珠在面上一颗颗直滚下来。弟兄们都以为我是奉派了作战任务，怕死流泪，倒关切地慰问我：“副官！我们去做什么的？你讲吧！莫怕！”我始终没有答复他们，也不愿意答复他们。

到月牙山龙隐岩附近转弯的地方，突然遇见杨建一个人跑回来，周身染上了黄土。

“你去哪？”他慌张地问我，好像是已经知道，我是奉派来枪毙他似的。

我几乎说不出话来，但终于抑制着情感，临时骗他说：“团长派我到穿山附近搜索敌情。到底前面的情况是怎样的？”

他气喘喘地给我说了一大套，但谁有心去听他的话呢？谁还要他告诉什么敌情呢？

无论情丝是如何的绞缠，然而命令是无情地决定我必须枪毙杨建。我两眼凝视着这可怜虫杨建，说不出一句话，也流不出眼泪来了。

终于我硬起心肠：“老杨，对不起，这是团长的命令！”一面说，一面从衣袋里取出命令递给他看。

他看完了，面色由青变白，两眼死盯在纸上。

雨，苦下着，周围的景物像死一般地沉寂，月牙山下的小溪皱着脸，呜咽地流着，大地像即刻要化为灵堂了一样。

我命令弟兄们把杨建绑起来，推到花桥旁边。我握着他冰冷的手说："老杨，别了！你还有什么吩咐吗？"泪珠又从我眼内滚出来，滴落在手枪弹带上。

"没有！"他没意识地答，但却没有流泪。

申山的恶战——11 月 3 日

一位班长与一个敌兵搏跌在岩下，敌兵头破了，流出些脑浆来，班长却巧跌敌兵身上，反而夺获敌枪一支。

申山失而复得。敌兵一批一批地倒下，又一批一批地冲上来，直到天明，敌军因经不起我屏风山、普陀山、星子岩的猛烈火力夹击，才向尧山回窜去。申山终于骄傲地兀立着，它身上染满了战士的血，它雄视着躺在身旁的敌尸，仿佛在咀嚼敌军的血和肉。

这一战，敌遗尸 63 具，内有少尉小队长 1 名，推想敌军的伤亡至少在 100 人以上。我第七连阵亡士兵 18 名，重伤 9 名，轻伤 12 名。

黄英毅与星子岩共亡——11 月 4 日

昨晚午夜，敌又猛攻申山，被我守兵用"伏击"的巧妙战法遏阻了，但并未能打消敌人的攻势。相反的，敌人却增加了小钢炮、火焰放射器，转向我星子岩及普陀山东端的第三连阵地猛烈攻击。

最初是稀疏的步枪声和轻机枪声，后来炮声，手榴弹、地雷的爆炸声，隆隆地响作了一团。

雨，整夜没有停止过。

敌人在黑暗掩护之下，一批批地向我星子岩阵地猛冲，也像申山一样，一批批地在我火网中倒下。战斗激烈地进行了两个多钟头，星子岩仍固若泰山。

顽强的敌人，经过几次冲锋顿挫之后，知道非先消灭我们的自动火器不可，于是使用火焰放射器来摧毁我们两侧的机关枪阵地，用平射炮轰击我们的掩体。英勇的守兵，不知被敌烧杀了多少，连长黄英毅也在这时候阵亡了，星子岩与普陀山东面形成了混战局面。

梁营长接获第三连逃回的炊事兵的报告，随即用电话报告团长。团长知道星子岩的得失，关系整个战局，立即指示梁营长速派陆副营长前往指挥，并随时将情况报告。

陆副营长去了没多久，派兵归回报告，说战况颇为恶劣，自黄连长阵亡后，战斗已呈混战状态，星子岩已大半陷入敌手，我残余守兵，此刻仍奋勇与敌搏斗中。另有敌一小股，已由普陀山东窜上普陀山顶，请速派兵扑灭。

团长得了这个报告，虽然表面上还是处之泰然，但据我观察，他的内心已经是烦躁极了。他命令第一营梁营长火速派兵逆袭，尤须迅速扑灭窜上山顶的敌人。

黎明，雨还是在下着，比午夜更冷，我们的逆袭部队——第一连——已开始和敌军激战，因为兵力过少，而且山的周围地形开阔，攻击时死伤甚大，天色大亮，逆袭仍无法奏功。团长看见情形如此，只好命令第一连暂时停止攻击，在原地监视敌人行动，重新做大规模的逆袭计划。

搜山与逆袭——11 月 5 日

星子山失守与普陀山顶被敌窜上，无疑是我东地区心腹大患，由是搜山与逆袭，实为当前战斗之急务。

在昨晚团长召集的紧急会议中，搜山与逆袭的计划已经决定了：

搜普陀山的兵力，主要的是配属增援的搜索连及团预备队的第五连，此外并抽调第二营的战防排及迫炮连的一排配属在内，统由第五连宋连长指挥，派曾副官督战。

逆袭星子岩的兵力，分为两路：

第一路为第一连全连，抽调一机连二机连各重机一排及第二营各步兵连所有的小炮班，由第一连宋连长指挥，侯团附督战。

第二路为四、六、九连各抽一排组织一步兵连，直机连、三机连各一排及第三营各步兵连所有的小炮班，由第一营梁营长指挥，吴副团长督战。

此外并集中全团的山炮、步炮火力协助逆袭部队的攻击前进，同时要求城内重炮向星子岩东北端前地及临桂大村六合路口一带准备火力，于逆袭部队与敌接触后，对敌施行制止射击，阻止敌人的增援。

拂晓前，部署已就绪，各部队依照计划在暴风雨中开动了。第一路沿普陀山南端前进向星子岩西端攻击，第二路搜山的部队，是由霸王坪而东逐步搜索，第三路沿普陀山北端前进向星子岩西北端攻击。同志们同怀一颗复仇的心，在艰苦地进行他们的任务。

指挥所里剩下周季康（政治室干事）和我陪着团长，我们围在电话机旁边，听候他们的捷报。约半小时许，从东方传来一阵浓密的机关枪声，我们知道逆袭星子岩部队已和敌人发生接触，团长即用电话指挥山炮、迫炮并通知城内重炮按预定计划开始射击。

战斗又激烈地展开了，我们在浓密机炮声中，希望敌军能多死几个，但却也担忧我们的弟兄伤亡惨重。

没多久，团长先后接吴副团长和侯团附的电话报告，知道两路逆袭部队均已到达普陀山东端之线，就冲锋准备位置，此时团长命令他们趁着天色未亮赶快实施冲锋。

天色微明，机炮声、手榴弹爆炸声，在浓密地交响着。团长说逆袭部队一定在和敌人肉搏了，希望他们能成功才好，我和季康都应声“是”！

一会儿手榴弹爆炸声已逐渐稀少而至于没有了，但枪声仍在不断地响着，室内的电话机突然叮叮地狂叫。报告团长，逆袭部队曾一度冲上星子岩，夺回掩体数个，但因敌居高临下，火力甚猛，我伤亡极为惨重。现第一连朱连长腿部负伤，第九连李排长阵亡，士兵伤亡统计在 120 名以上。因伤亡过于惨重，逆袭尚无法奏功，目下退守普陀山东端之线，是否继续进攻，请予指示。这是副团长的电话报告。

“暂时在原地候命。”团长烦躁地临时随口指示副团长，随即放下听筒。

“唉！怎么办呢？星子的逆袭又失败。”团长放下听筒，失望地说，同时躺在沙发上闭着眼睛。

“我看我亲自督战好啰！他妈的，逆袭不下来我就拼死去算了！”团长刚躺下去又站起来愤愤地这样说。

“报告团长，请团长考虑一下吧，团长现在是不方便离开指挥所的，因为副团长、团附都出去了，万一旁的地方发生战事，可怎么办？”我着急地报告他。

“不要紧，指挥所的事情，你们在这里处理就是了，赶快叫卫士准备随我去。”他坚决地说，同时随手把钢盔戴上。

“请团长不要着急，星子岩纵使夺不回来，我们还是可以继续作战的。只要我们在普陀山东端断住他们的进路，同时扑灭山顶的敌人，那么我们的阵地还是很安定的。请团长还是慎重地考虑，为整个战局着想。”季康也着急地阻住他。团长坐在沙发上沉思了一下。“那怎么办呢？”他忧郁地问。

“依我的意见，留少数兵力固守普陀山东端，其余归还建制，然后专从事山顶敌人之扑灭，待山顶的敌人扑灭后，再设法逆袭星子岩。理由是我们的兵力有限，如果为这小据点而牺牲了强大的兵力，于整个战局恐有不利。”我慎重地提出意见。

“我同意。”季康说。

“那就这样办吧。”团长说着，同时用电话通知副团长留第一连兵力一排及直机连重机一排镇守普陀山东端，其余归还建制。

“为什么搜山的部队还没有报告呢？”团长把注意力转移到山顶，同时奇怪地问。

“那么我去看。”季康慷慨地说。

“可好！你去看了回来报告，同时告诉曾副官督他们上去。”团长对季康说。

“是！”季康答应着同时把戎装整理了一下，带领一个传达兵出去了。

约 10 分钟之后，季康来个电话找我。

“亚宁吗？”他问。

“是。”我答。

“山顶的敌人，据说六七十名，盘踞在竖有三脚架的山顶上，我搜山部队，正向该敌围攻中。但因山顶上过于崎岖，行动极不容易，我现在是在迫炮连的观测所打的电话，请代转报团长。”季康说。

我把季康所说的话，向团长说了一遍。

副团长、团附忽然从外面进来，浑身都是黄土，黑油油的，说明他们在这一场战斗中备极辛劳，他们把手枪靠在肩上，开始把详细的战斗经过报告团长。团长听了，眼眶里充满了眼泪，但始终用力地抑制着，给副团长、团附慰劳了几句，叫他们休息休息。

副团长、团附换了衣服，仍到团长室里来坐，他们商议着怎样去克服战斗的种种困难。

格格的机关枪声，又传进了我们的耳鼓，声音特别响亮，不消说是从山顶传来的。

“宁副官！我和你到山顶去看。”团长被这一阵枪声吸引了，决心亲自出马。

“是。”我应着连忙叫卫士们准备。

“指挥所的事情，请你们两位招呼招呼。”团长吩咐副团长和团附。

“是。”副团长站起来回答他。

“去。”团长说着跨出了指挥所，一个卫士在前面走，我和其余的两个卫士及一个传达兵跟在后面。

我们沿着霸王坪的石级小路先到迫炮二排的观察所，观察山顶的情势，并询问当前的敌我情形。

得到石排长的报告后，我们沿着崎岖的岩石路踏着荆棘，向三脚架山峰前进，呼呼的枪声，不时掠过我的头顶和身旁。团长警惕我们说：“姿势低点！”

在三脚架山峰附近的山的鞍部，遇着曾副官和宋连长正在那里指挥作战，季康也在那里。我们躲在一块大石背后，观察部队攻击部署情形。

季康和曾副官看见我们，他屈着身体，利用石头和草丛的遮蔽，跑过来报告团长："经过我们严密搜索，发现了山顶的敌人有 60 多名，有 3 名已在山谷里给我们击毙，现全窜上对面山峰，宋连长已指挥队伍完成包围态势。但因岩峰倾斜急峻，石牙突锐，冲锋极为困难；且敌携带掷弹筒、手榴弹颇多，亦殊不易接近。"

"你通知宋连长命战防排用火箭筒制压当面之敌，在该排掩护之下赶快冲锋，限本（5）日 12 时前将敌军全部扑灭。"团长听了报告后，很断然地给予这样的指示。

曾副官把团长的命令转知宋连长后，火箭筒即开始猛烈射击，一团团的火石滚下岩来，一群群的小石，在空中飞舞。

步兵在火箭筒强烈的火力掩护之下发起了冲锋，士卒因见团长亲自督战，尤为奋勇，蜂拥一般地冲上山去。

到了半山，火箭筒已无法射击，敌军躲在石隙里不住地把手榴弹投掷下来，但兄弟们还是不顾一切地向前冲。团长和我们，眼见一批批的弟兄倒下来，又看见一批批的弟兄扑上去，但终差 20 公尺的距离无法冲上山顶。因为地形决定勉强前进，只有徒遭损害。

团长看见这情形，决心不再强攻，命我上前去通知宋连长确守已占领的阵地，并分兵一部占领霸王坪东南端各山峰，严密监视敌人行动，只要不许敌人再窜下三脚架峰。

虽然敌人还没有完全扑灭，但因团长觉得能够把他包围在一座山峰里，总算已获得了相当的成功。

团长、季康、曾副官和我率着卫士和传达兵，一行仍沿旧路回指挥所，已是 13 时许了，我们才用那冷而乏味的早饭。

猫儿山失守与屏风月牙山激战——11 月 6 日

经过一个多礼拜的战斗，兼之连续几晚没有合眼，口腔干干的，精神极度疲劳，就是素以“肥老”称的吴副团长也显得消瘦多了。

季康建议要注意调养精神，保持健康，团长乃指示我们轮流休息。

昨晚 10 点钟以后，是轮到我休息了，我放心地一觉睡到今早天明。

“你昨晚知道猫儿山、屏风、月牙山发生激战吗？”老曾微笑地问我。

“我不知道。”我用手抹着眼睛说。

“那才要紧啊！枪炮声整夜没有停止过，猫儿山被敌连续作十次的冲锋。”老曾本来就是快乐神仙似的，他用好奇的口吻微笑而低声告诉我。

“现在呢？”我关切而急促地问他。

“月牙倒还安定，但猫儿山、屏风山的电话都不通了，还没有接他们的报告，依我看来猫儿山恐怕是完了。”老曾也带有几分忧虑地说。

“团长怎样处理？”我关心地问。

“有什么办法，又没有兵力可以增援，还不是让他们自己去想办法吗！不过团长命通讯排赶快抢修屏风山电话。”老曾回答我。

“时间太宝贵了，以后恐怕难得休息的机会，你还是去休息休息吧。”我见他打了个哈欠，不敢再耽误他的休息时间。

“好的！必要时你得叫我。”他和衣倒到床上去。

我走到团长房里，团长靠在沙发上，身上半盖着毯子，看他那焦瘦的颜容，禁不住令人感到一阵心酸。

副团长坐在椅子上，手拿着听筒，和第二营梁营长讲电话，后来他告诉我说是梁营长报告昨晚战斗的详细经过。

当我和副团长谈着各方面的战事的时候，传达军士马敏香进来说：“报告副官，外面有弟兄名叫宁快然，他刚才从猫儿山跑回来，说要见你。”

“猫儿山的吗？喊他来！喊他来！”副团长正想明了猫儿山情况，他抢着说。

传达把宁快然带进来了，他身上的衣服已完全湿透，他先后向副团长和我行礼后，站在房门附近发抖。

“你是猫儿山跑回来的吗？”副团长问。

“是。”他敬谨地答。

“现在猫儿山的情况怎样？”副团长继续问。

“昨天晚上敌军百余人，对我猫儿山作整夜连续的冲锋，敌我伤亡都很大，后来只剩下梁、玉 2 排长和 2 个班长 5 个弟兄，而且每人只有几颗子弹、一两个手榴弹。那时梁排长已经发神经起来了，我们几个人去拖他走，他都死死赖在那里。他说，我不走了，你们回去报告连长营长吧，说完了放声大哭。”

“那么猫儿山又完了！”原来团长并没有熟睡，他听了宁快然的报告，吁一口气痛心地这样说。

“那你是怎样跑回来的？其余的兄弟呢？”我接着问宁快然。

“我们几个人一同下山后，玉排长和 3 个弟兄不见了，只剩我 4 个人一起走。到河边，又给敌人追进河里，他们不大会游泳，都溺毙在河里。我一个人侥幸游过对河，后来才从中正桥回来的。”他说。

“你到传达室休息休息吧。”我指示他出去，同时通知传达军士找衣服给他换。

电铃叮当地响，我拿起听筒来听，原来屏风山的电话通了，黎营长请团长说话。

团长听到我和黎营长的对话，不待我报告他，他已经起来把我手上的听筒接了过去。

“报告团长，昨晚敌军约两中队（配有高热度的火焰放射器）向猫儿山阵地猛扑，敌我伤亡均惨重，现猫儿山情况不明……”黎营长报告还没有完结，电话突然又中断了……

指挥所的迁移——11 月 7 日

屏风山，自从昨天早上电话中断以后，已经失了联络，派出查修线路的通讯兵，曾在建干路与敌接触，以致线路无法修理。

昨晚，落了整整一夜大雨，在浓密的枪炮声中，可知屏风山的战斗最为剧烈，几次派兵前去联络，却没有一个回报。午夜，指挥所也给敌人偷袭，老曾、季康和我，指挥着杂兵和仅有的特务排，与敌人作了数十分钟的战斗。后来，赖三〇三机枪的侧射得力，指挥所幸获安全。

本来，自猫儿山失守后，指挥所已直接受着炮的重大威胁，更兼目下屏风山战况的恶化，指挥所已大有迁移的必要。

今天早上，团长令副团长去七星岩开设指挥所，构成通讯网，他仍暂留原指挥所里。

黄昏时候，团长将战斗情况及指挥所之迁移用无线电报告军长后，和我们一起进入七星大岩。

不见天日　不知厉害——11 月 8 日

进入大岩以后，我看见输送连李连长戴着眼镜坐在悬着帐帘的铺前面，手上拿一本小说，对着黄昏的小灯神气十足地翻阅，态度极为安闲，令人有“隔壁犹唱后庭花”之感。

说来也有点难怪，因为在岩里听不到枪炮声，更看不到敌人，而他又没有战斗任务，叫他怎么不安闲呢？

原来岩里所住的是医院、卫生队、伤兵、输送连及饲养兵、驭手等非战斗兵员，只于各个出口配备少数的战斗部队。

团长进入大岩后，即召集各单位主官加以训勉，并指示他们在岩里构筑工事。我靠在电话机旁边一堆行李上，不知道什么时候睡熟了。我也不知道什么时候醒转来，周围的空气仍然是烟沉沉的，通道上兄弟们走来走去地喧嚷着，我无法辨别是昼是夜，我几乎忘怀我们是在敌军的重围之中。

季康坐到我身旁告诉我说，昨晚敌军猛攻月牙山，第二营梁营长已经阵亡……

听了季康的话，我的心，又再次投入战斗的旋涡去了。

突围——11 月 9 日

昨晚，敌人用烧夷弹炮击前岩，里面的房屋起了大火，北风把火烟向岩内尽情地吹，岩里充满了烟雾，几乎无法呼吸。

电话线已完全烧毁，指挥所与各据点的联络，从此就全断绝。

外面的情况简直是一点不知，团长只好决心与岩洞共存亡，已无法顾及其他。

今早，据报朝天岩、豆芽岩岩口已有敌人用火力封锁，前岩也就不在例外，只有后岩还有第一连的兵力一排在极力抵抗着。

团长得到了这样恶劣的情报，低声地对我说："事到如今，我们只有一死以报祖国！"泪珠一颗一颗地从他那倦眼滚出，我除了陪着流泪之外，没有什么话可说。

团长叫我随他到后岩打算给防守司令、军师长发最后的一电，但结果却是联络不上。电话通知副团长又把指挥所移到后岩来，也许团长是因为舍不得后岩的日光和空气吧！

中午，团长召集各单位主官作了一段悲壮的训话，他说："我们的命运已经决定了，我们只有拼最后的一死以报答国家……"大家听了，无不涔涔落泪，同时坚决地表示在团长领导之下奋斗到底。

团长经过这次的训话后在指挥所闭着眼睛靠在椅子上，半天不说一句话。

黄昏时候，防毒排在前岩附近发出了毒气警报，许多兄弟们中毒昏倒了。

岩洞里发生了很大的骚动，许多兄弟在向后岩挤来，秩序非常混乱。我们在后岩因为比较通风，当时还没有感受毒气。

"怎么办呢？难道眼睁睁地让这成千条性命中毒死掉吗？"团长打开了沉默半天的口，提出疑问。

"还是决心突围吧！我们情愿到外面和敌人拼死，不该在这里给毒气闷死。"还是他自己答。

他立即召集各部主官，面授突围命令。

深夜 1 点多钟，在惨淡的月光映照之下，我和老曾跟着团长冒着枪林弹雨由七星后岩冲出，向月牙山方向冲去。但我们在岩口的人丛中都和团长失了联络，月牙山上早有了敌人，我们只得向大圩方向突进。

桂林七星岩八百壮士殉国纪实

陈兴让*

1944年敌人南窜时，笔者正在青年远征军团，任中校主任职（在安徽整训）。胞兄陈村当时任第一三一师第三九三团团长，住桂林。侄儿陈绪祥，在第三十一军指挥所任参谋。桂林战役序幕开始时，兄弟叔侄往来通信中，多谈布防概梗，及至桂林城沦陷后，虎口余生的仅存者（胞兄与侄儿）互谈其中情况，使我深印脑海，事隔36年余之久，记忆犹新。

1944年夏长沙失守，湘桂路沿线十分紧张时，白崇禧在8月间由重庆飞回广西，召集高级将领会议，策划防守部署；并说国民党中央意图，要坚守桂林城三个月。并在桂林召集排级以上全部防守军官训话，勉励同心协力，共同坚守桂林城。

会议后，决定由第十六集团军总司令夏威，负全责防守桂林城。并即派第十六集团军副总司令韦云淞任城防司令，率领所属第三十一军（军长贺维珍）第一三一师（师长阚维雍）、第一八八师（师长海竞强，白崇禧外甥），另第一三五师（师长颜僧武，原在平南县守丹竹飞机场未动）和第四十六军（军长黎行恕）第一七〇师（师长许高阳）、第一七五师（师长甘成城，夏威

* 作者时任青年远征军团主任。

外甥）、新编第十九师（师长蒋雄），并由中央配属炮兵一个团，限在 8 月间赶至桂林布防。阵地在牯牛岭一带，桂林城内囤积三个月的粮弹以备守城之用。并由城防司令部拟定防守作战计划，计桂林城已有两个军布防，作战地境以七星岩、桂林大桥（即现在解放桥）、老君洞与猴山隘之线相连，线上以北归第三十一军防守，以南由第四十六军防守。由各军按计划分地区，派出部队构筑工事，埋设地雷，敷设铁丝网障碍。

不料至 9 月间，突有命令来抽调第三十一军之第一八八师、第四十六军之第一七五师，共两个师，由副总司令周祖晃指挥，率领至柳州附近待命。旋又命令调第一七〇师的一部归副师长巢威率领，在桂林右侧地区，担任机动部队使用。是则防守桂林城之两个军，已缩变为两个师防守而已，并归第三十一军军长贺维珍指挥。因在此情况下，以两个师兵力分任两个军之防线任务，其兵力薄弱，可以想见，又迫得重新布防。以第一三一师之第三九三团（团长陈村）负责守卫中正桥西端以北沿河经伏波山至北门之线一带阵地。第三九二团（团长吴展）负责守卫北门外公路以西至甲山之线。第三九一团（团长覃泽文）担任守卫漓江东岸猫儿山、七星岩以及水东街地区。第一七〇师亦派各团分担第四十六军之防线任务。各部重新加强构筑防御工事、埋设地雷、架设铁丝网，各派出前哨警戒部队。待至 10 月 29 日拂晓，知道各友军在大溶江及高尚田附近与敌军作战，初战虽然取得胜利，但因敌兵不断增援，寡不敌众，只得且战且退，敌兵日内即可接近桂林。11 月 1 日晨，敌军开始以大炮向城内轰击，与我守城炮兵发生炮战，当时因敌炮较少，为我城防炮兵制压。待至 3 日黄昏，敌炮大有增加，乃于次日集中火力，向城内猛轰。并以小部队全面向第一三一师阵地展开攻击，守军予以还击，敌未得逞（因当时电台尚能与第四战区长官部保持联络，作战之初，仍有我飞机向北门外敌军轰炸并扫射，敌对我城内虚实及兵力多寡，尚未得知，敌人未敢冒昧大举进攻）。及至桂林城战斗紧张时，据报平南丹竹飞机场失守，柳州紧急，第四战区长官部不知迁移何处，电台已失联络，第六十四军不知去向。当时只剩下孤城一座，内部兵力薄弱，外无援兵。事后据说，因当时敌人过高估计守城兵力，故未敢轻进，大约敌使用有五至六个师团兵力围攻桂林城，故在敌众我寡兵力悬殊之情况下，敌人集中其优势炮兵，轮番向城内外猛轰。据曾参加过上海战役者说，在敌攻上海时之炮火，远逊攻桂林之猛烈，以故桂林守军，乃被各个击破，致使全军覆没。

经过两日夜战斗，至5日拂晓，敌人集中优势兵力，在坦克和猛烈炮火掩护下，向北门外阵地猛攻，并以炮兵轰击城内各阵地，炮弹如雨点一般。当时老人山顶插有国旗，是轰击之目标，故老人山山头及紫金山，至今弹痕累累。我在北门的守军，严阵以待，敌军虽在战车及炮火掩护下，数度向阵地猛扑，均被击退，伤亡甚众，坦克亦被我守军之防御战车炮击伤数辆。斯时由高尚田方面开来之敌军向七星岩之前沿阵地猫儿山进攻，均被击退。待至6日拂晓，敌兵不断增援，向猫儿山反扑，激战终日，敌伤亡颇众，但仍前仆后继，我守军亦有相当死伤。当时北门外之敌军伪作佯攻，小有接触，意图牵制我方援兵，其主力则指向七星岩方向，故敌军源源增加，七星岩方面各据点，均被同时猛攻，猫儿山乃被包围。敌以重炮掩护于当晚7时许，潜由山后攀登山顶。我三连连长黄英毅率部遏止敌军，身先士卒，与敌短兵搏斗，不幸阵亡，壮烈牺牲，至此猫儿山陷落敌手。敌军乘势向甲山及七星岩各线阵地扑来，守军予以还击，死伤极众，激战达两日夜，终因猫儿山据点失守，唇亡齿寒，敌采用各个击破战术，甲山相继失守，七星岩更难以固守矣，因此全线崩溃。至10日，各据点残余官兵全部退到七星岩内被敌重重包围，仅能在岩口一带凭险固守，与敌战斗。初敌向我猛扑时，被我击毙甚多，乃改用山炮（平射炮）向岩口阵地轰击，弹片碎石，飞如雨点，岩口守军，伤亡严重，不得已乃撤入岩内，计退入岩内官兵1000余人（包括伤病兵在内）。敌军乘机攻占岩口，全部守军俱被困于岩内，敌以手榴弹投入岩内，继则用汽油灌入岩内燃烧。在危急之时，团长覃泽文即率小部队由后岩口突围而出，敌军发觉后，即以火力封锁后岩口，并增加兵力，致后来突围者，均死于后岩口前，其余守军无法再突围，全部被封锁于岩中。当敌人以手榴弹、汽油投入岩内时，守军仍在岩中向岩上之敌还击，斗志昂扬，宁死不屈。盖当危急之际，岩内无线电话仍能与军部、师部指挥所保持联络，故当时岩内外战况，得以清楚了解。其后敌乃用毒气弹投入岩中，当时尚接岩内无线电话报告说，敌使用毒气弹投入岩中，死亡惨重情形。相隔约三四十分钟，指挥所继续以无线电话呼叫，均未见声息，想守军已全部壮烈牺牲矣（战后清理岩中，尸骸累累，共有 800 余个，惨不忍睹）。

当敌围攻七星岩之际，同时以猛烈炮火轰击对岸之桥头至伏波山沿阵地与城内，直至 10 日黄昏后，仍不断猛轰，在火力掩护下，即强渡漓江，夺取桥头阵地，敌死于河中及桥下者甚多。我阵地已大部摧毁于敌炮火之下，敌继续不断增兵，乘势攻占桥头附近阵地，即分向南北中三路扩张进攻，以掩护其后续部队前进。当敌人向北进攻时，在伏波山阵地前发生激烈战斗，第三九二团第一营第五连长方绪敏率部顽强抗拒敌人于阵地前，故敌未能前进，虽经几度猛扑，均受重创。敌人乃复用猛烈炮火轰击，伏波山阵地始被全部摧毁。第五连在无法抵抗的情况下，不得已退入伏波岩内，被敌封锁岩口，旋用汽油倾入岩内燃烧，全部守军被烧死于岩中。

敌兵大部队不断由七星岩方面向城内增援，致各据点相继失守。此时桂林城内南北西各路均发生巷战。北门外阵地，继续为敌人突破，使守兵首尾不能相顾。城内受敌内外夹攻呈混乱状态，各处通讯联络俱已中断。北门阵地上守军，仍英勇顽抗，与敌短兵相接，展开血战。无奈敌以五六倍之兵力围攻，我军并无增援，众寡悬殊，第三九二团长吴展、第二营长甘若丹、第三九三团团附江有涛均阵亡，第三九三团长陈村、副团长蒋道宽、师参谋主任钟其富、第一七〇师副师长巢威、军指挥所参谋陈绪祥等人均被俘。

当城内战斗呈混乱之际时，韦云淞与贺维珍等决定由铁佛寺后岩向两路口、猴山隘突围（此时副总司令韦云淞亦已与贺维珍会合）。当时两路口、猴山隘均有敌兵把守，在离开铁佛寺经两路口时，城防司令部陈参谋长、军部吕参谋长、蒙参谋、龙参谋等人拟由两路口突出，敌兵以火力封锁隘口，吕、陈等所率的退却残部向隘口敌军攻击，几次猛扑，均被击退，未能突围，致全部战死于隘口前铁路附近。韦、贺等数人无法逃出，乃藏身于猴山隘附近石山隐蔽之岩中，次日俟敌兵撤离猴山隘后，始由猴山隘逃出，仅以身免。韦等经两江附近，过龙胜至三江收容残余，回到百色。

被俘之第一七〇师副师长巢威、第三九三团长陈村、副团长蒋道宽、连长钟超禄、师参谋主任钟其富、军指挥所参谋陈绪祥等人被敌幽禁于桂林环湖路黄旭初的公馆里，敌兵严密看守，并派有翻译官王泽民监视（王系湖北汉阳人，20 多岁青年），从中施加压力，威胁利诱，要彼等出面在桂林组织维持会，为“皇军”效劳。彼等尚有民族气节，不愿做汉奸出卖祖国，宁死不肯答应。后与日翻译官相处日久，同是中国人，难免有怀念祖国的感情，彼等常以不愿出卖民族利益、充当汉奸遗臭万年之大义向翻译宣传，并俟机暗中以民族大义劝服翻译官。王泽民已有所悔悟，答应愿同一道逃走，乃由其哄骗日军军官，伪说巢威等人已有转意，因此敌人戒备较前松懈。几度由翻译官王泽民带他们出花桥一带购买食物（自日军布告安民后，花桥一带，已有少数东西卖），趁机窥察敌兵警戒位置，探测逃出路线，选定在暗无月色之夜，巢威、陈村等带同翻译官全部安全脱险逃出，从猴山背翻山出走，经三江往大后方。

柳州沦陷前后

梁镇海*

柳州解放前未设市，属县治，水陆交通方便，又为桂黔铁路的枢纽，地处广西的中心，商业繁盛，物产丰富，战略地位重要。1944 年秋，日军急于打通湘桂铁路，以畅达越南，当时柳州大有“山雨欲来风满楼”之势。慌乱、“恐日”和狼狈撤退逃难等情况，还历历在目。兹将所见所闻的各方面，分陈如下：

一、县长易人

当时柳江县长杨盟，平南人。考虑到如果柳江沦陷，人地不宜，难以领导群众开展游击抗战，省府为形势需要，特免杨职，以柳江人覃采如接充。覃当时原为柳江县临时参议会议长，是覃连芳的二哥，覃于 1944 年 9 月 1 日到职视事。覃接任后，将县府班子全用清一色的柳江人。秘书柯传滨（县参议会秘书充任）、民政科长伍于捷、财政科长刘继明、教育科长李泮源、建设科长张逢圣、粮政科长韦初科、社会科长梁镇海，军事科由县国民

* 作者时任广西柳江县政府社会科科长。

兵团长韦文富兼任。覃连芳因感乃兄覃采如是文职人员不懂军事，转荐其旧部（在他当军长时的团长）刘栋平到县府组织一个自卫大队，刘任大队长，下辖三个中队。同年 10 月 1 日，奉令成立县民团司令部，县长兼民团司令，刘栋平为民团副司令（由县长私自任用）。同年 10 月中旬，省府主席黄旭初过柳，驻乐群社（即现在工人医院西边楼房），覃采如见形势越来越紧张，佯以胃病严重，向黄签呈请假三个月，职务由刘栋平代理，后得批准。

二、政务方面

当时县府的政务，主要是各种征役和征税、征粮等。除了征兵、征粮、征税属正规性，由有关科处专司职责外，对征工、征夫、征车、征船、征料，都既是临时而又是最迫切的任务，一起集中在建设科张逢圣一身。随着时间的变化，这些任务就愈紧急愈重要。驻柳各机关以及过境部队需索情况“急如星火”。原以为张逢圣乃张任民（省保安司令）的弟弟，是有来头的，可以顶得住过境部队之需索，谁知也无法招架。有一次他在办公座上，被逼得“休克”了。覃采如见状，很着急，只好把他所负责的这几项征调任务分了出来。他分给我的是最伤脑筋而又最难办的征夫任务。

有一天第四战区兵站总监部来一个副官，要我组织三个中队的民夫共 300 名，交由他统制指挥，抢运军用物资，但其中私人的东西也占不少。我用尽了气力才在所属 18 个乡征足 300 名民夫，派科员梁超群任队长，全交他指挥使用。但当时敌机每日夜都到市空骚扰，晚上来时投下照明弹，落到之处如同白昼，把民夫吓跑回乡去了。对方来查问时气势汹汹，扣以“贻误戎机”的大帽子，我只好用尽人事再从各乡征集来应付。还有在 1944 年 11 月 2 日左右，唐纪的纵队由武宣东乡界顶退败回柳，被战区司令长官张发奎责他率部阻止来宾清水河之敌，将功赎罪。他的部队急于向大塘方面前进，因在南站出去的铁路交叉地方，为车厢阻塞，车厢上载满了物资，要把物资卸下，用人力将列车厢推开去，火车才能通过。我们的民夫正在工作时，敌机又来袭扰，民夫又一个个逃光了。这时真是万分着急，我科派去的梁超群被兵站总监的负责人扣押起来，这回真有“贻误戎机”之罪了。我闻讯亲往交涉，为了解决当时的问题，我向他提出保证，如果把派去的梁超群放回，担保当天可完成任务。结果几经交涉，才得到释放梁超群回来。后来我商得粮科同意，将粮科控制着的运粮民夫，借用 100 名，加倍津贴，搞到夜深，才把任务完成。

又有一次在 11 月 4 日，第十六集团军总部的一个中校副官伍汉章（柳州人）到来问我要民夫，他开诚地说，因总部的商品物资与枪械，大量的载在火车上，因铁路已阻塞不通了，要把这些物资卸下来改从水路运走，请我帮助。我认为支援抗战运输是主要的问题，搬运部队的商品物资，则是次要的，拒绝了他。后来他找国民兵团副团长韦文富商量，愿意送六挺重机枪给地方抗战，这才派了民夫把枪械商品卸了下来。后来这六挺重机枪配发给沿省道公路边的如三都等乡。这货卸下之后，又向我索要了几名浮桥上的水工帮他带水向上游而去。由此看来国民党部队，在困难深重、局势危急之际，仍一边打仗一边兼做买卖，又怎不一败涂地呢！

三、逃难撤退方面

群众疏散和各机关的撤走，都是各顾各的，没有任何上级领导组织指挥行动，谁也顾不了谁。就以县府而论，早有省令，以不离县境为原则，而其他省属单位，如警察局、税捐稽征局、省营电话局柳州分局以及法院三高分院、柳州地方法院等都是盲目地自认为哪里是安全地带就奔向哪里。柳州电话分局，在我与柳城通话时，知道凤山已闻敌人枪声，因我弟弟梁镇潮在该局工作，我去关照他，通知他们撤走，他们局的主任王祥禄说没有接到命令，擅自离开难负责任。我说：“最高的第四战区长官部都撤走了，你还等谁来下令叫你们撤退呢？可照我们县的乡村电话处处理办法：留下几门插线小总机，把当地主要的军政机关插线联死起来，无人接线也可通话了。”后来他照着做了。

另外，群众疏散全无交通工具。因当时市区马、牛、手板车，都没有了，只凭肩挑，担得多少，就得多少。对饲养的鸡、鸭、猪仔很多不能带走，宰杀来吃已来不及，丢掉又可惜，管理群众的屏山镇公所已先走了，而属于屏山镇管辖的一个消防队尚未撤走，群众将不能带走的这些牲口送到消防队来。队长张建贵（又名老贵）将这些牲口，在六日通通宰掉，大宴宾朋，留守县府的全班人员，都来参加大宴。我们又走向云岭街，经过旧时的一间当铺（一善当铺），见大门敞开，进去一看，原来是一个军用的被服库，也无暇观察它是第四战区的还是桂绥署的。只见军服、钢盔、刺刀、被子等军用物品，还有花生油等堆积如山，层层楼都放满，并无一人看管。我们想如果留下这些物资就是资敌，但纵火焚烧，又没有权。我们回到县府汇报这一情况，后来决定由国民兵团电话通知各乡自卫队来搬去，谁搬谁得，作为各乡自卫队装备。仅沿公路里高、三都、思贤等乡用马车来运。物资太多，马车载量有限，于 7 日开始一直运到 9 日。敌人已占据飞机场，三都乡的马车在机场边经过，因不知敌人已到，都做了俘虏。6 日晚，飞机场的盟军空军撤走，火车南北站横跨柳江两岸的铁路大桥用烈性炸药爆破炸毁，炸声震天，火光冲天。那晚敌机又来，投下照明弹，住在乐群社的美空军，大小吉普车开出跑了。还有些最后疏散的群众，闻见此剧烈声光，连夜奔逃，其惊恐混乱及悲惨之状实难形容。当日深夜，接由穿山乡公所来的电话，是部队打来的，可能是第二十六军，因军用电话阻塞，借用乡村电话，叫转长官部由参谋长吴石接话。据偷听，说是“敌人已有 200 多人由武宣渡河，请求长官部增派兵援，否则明晨柳市可能发现敌人。”我们得到了这个消息后，个个紧张，各人都武装起来，当晚枕戈待旦。

7 日晨我与县府出纳员冯国英到河南岸巡视一周，北岸已是一座空城；南岸这边沿着今驾鹤路驻防军第二十六军的一些士兵，正在纵火烧靠河一带房屋，所谓“扫清射界”，实际是老百姓遭殃，何曾在已清的“射界”射击敌人一枪呢？当晚我们也感到异常紧张了，由民政科长伍于捷主稿，签呈警备司令部，理由是群众已疏散完毕，县府留此已不发生作用，请批准转移到乡下指挥各乡自卫队开展游击抗战，旋得到批准。

四、撤出市区以后

11月8日早，我们饱食以后，向县的成团乡撤退，原根据地拟定是在乡属的蜈蚣村。当天下午我们到达成团，县府占用了乡中心小学。武装力量原拟成立两个自卫大队，后因时间仓促，兵源征调来不及，只成立一个大队，辖三个中队，共300多人枪；另加上县警武装共400人左右，布防在成团乡外的李眷岭一带。作为团队来看，配备算是较好的：每中队有三挺轻机枪，其余大多是机造七九步枪，且有足够的手榴弹、钢盔、刺刀等。配备与当时的国军差不多，唯征调来的壮丁未经训练。

14日下午天将黑，县自卫大队从成团的李眷岭败溃下来，由一个中队长率领，三四十人枪，其中有轻机枪4挺。他们是由各中队被敌人打散的人而混集起来的。他们在12日晚深夜被敌人摸到阵地，经与敌作战后溃了下来。他们摸到九伦村见了覃县长，覃以手令要我收容安置，我设法给他们饱食一顿后，命令他们连夜到土博待命，我明晨前去安置他们。事后才知自卫队在李眷岭溃散后，县府被包围，所驻小学只有前面大门，他们拼命冲出，先一个开门是覃介立（原屏山镇副镇长，撤退时带镇警及消防队合组成一个排，县委任他为直属排长）被敌机枪扫射，当场牺牲了，还有建设科科员龙波左肩中弹倒地后被俘。被围在县府的自卫队手中除步枪外最犀利的只有一支打驳壳弹的手提机枪，是副团长韦文富私有的，出门时朝着敌人机枪阵地猛扫，他们才冲得出来。

15日清晨，我赶到土博，谁知刘荣所带之34名自卫队，因黑夜山路难走，在中途露宿一晚，故我先到土博。到后，见土博圩上的人都躲到山里去了，仅剩一户姓周的，又有一个姓邓的，是长官部派来与县府联络的参谋，叫他随我去，他以还没吃饭为理由不肯走。当天下午敌人到土博，因邓不熟路走上山，被敌人打死了。

我率队出到圩外，见土博与宜山南乡交界的坳顶，架有一挺机枪，有士兵数人，其中一军官见我们队伍到来，招手示意，呼喊停下来，他下坳来与我们谈话。他说是第一八八师的副官，在这里收容他师的散兵，并说：他们部队在柳城与敌遭遇，已有一营强渡过北岸了。这一营的团长是韦善祥，是柳江人，现战事还在流山打着，劝勿向这方面走去，免遭遇敌人。我们的根据地是在土博乡属的六茶村；六茶离此（土博圩外）仅 8 里，而流山离此尚有 50 多里，故坚决向六茶村前进。临走我问他的师长海竞强现在何处？他说：从公路坐汽车到宜山去了。

我到了六茶，该村约有 30 户人家，该村地势，系低陷在山脚下，四面环山，形同盆地，虽然险要，但进出是很困难的。当到村时，县国民兵团大部分军官如潘团副及督练官韦碧钢、陆海星等十多人都已在那里。因我不懂军事，把刘荣带来这批人指定由韦碧钢负责指挥，他是本县三都人，地形熟悉，且职级较高，交代定后，他们要求我集合这些士兵讲话，安定他们。我乃对这些士兵讲：要坚持抗战，保卫家乡，对伙食饷项不必担心，我负责筹给。正在这个时候，有敌三人到了我讲话处的小学左侧，伏在几株大枫树脚下，距离我们仅 20 米左右，但当时谁也没发现。我讲完话后，回到村里民房，正在拿公文纸，拟发命令：开发乡村仓的储备粮，用作官兵给养。命令还未写完，忽见国民兵团一个姓庞的督练官仓促地冲进来，到他的床头拿了两颗手榴弹，形态异常惊恐。我急问为什么，他答话语不成声，只说敌人已到村。我即叫刘荣带队上前，他命令某某班长带四名士兵向左边去；某某又向右边去。我叫着我的两名警卫，压阵而上。敌人当时虽仅三人，但镇定沉着，待我自卫队靠近了才射击。后来自卫队用机步枪还击，在盆地小谷里，响声震天，我自卫队未正式与敌人作战，已四散奔跑，我亦向山上草里钻，到岭顶已经上气不接下气了。未几敌之后续部队亦到，但已没有什么战斗了。

万众后援助空战

广汉机场与抗战

於笙陔*

一、四川省政府召开紧急会议

1944 年 1 月初，四川省政府电召一些县长到省开紧急会议。我当时任什邡县长，应召参加。会上首先由省主席张群讲话，说明开会目的是商讨四川省奉令赶修几个机场的有关事宜。他指出，近来日寇横行，达于极点，长江南北各省以及中原地区，均先后沦入敌手，所有各地机场已完全失其作用。我们要准备反攻，完成抗战大业，必须尽快地在四川后方赶修一些机场。国民党中央决定在四川后方修建的机场，有广汉、新津、邛崃、彭山四个，广汉是新建，其余新津、邛崃、彭山三个是扩建，都是外籍工程师设计指导。因为是国防工程，关系重大，必须保守秘密，所以这四个机场，以后统称为“特种工程”。张群强调这项工程，时间紧迫，任务艰巨，是压倒一切的重任务。

民政厅长胡次威就“特种工程”的一些具体问题，作了扼要的说明：

（1）他首先重申了“特种工程”的内容及其重要性。认为此工程关系世

* 作者时任四川省什邡县县长。

界大势和民族存亡，要求大家首先应该认识这一点。

（2）工程部分，专门设置机构人员负责办理。应召与会各县的任务，就是征调民工。设“特种工程”民工总处于成都，由胡厅长兼任民工总处处长，调用省训团研究员（甄审合格县长）担任处内工作。广汉、新津、邛崃、彭山各处分设民工管理处，设处长、副处长及其他工作人员。至征工县份，成立民工总队部，由各县县长担任总队长，民政科长兼任副总队长，总处并指派研究员到各县协助征工等工作。总队以下，分设大、中、分队长，大队长由各乡镇长担任，中、分队长由大队长遴选。

（3）各县设民工委员会，由县府、党、团、参及其人员组成，并由征工委员会推选总队部财务委员一人，掌管总队部一切财务收支事项。

（4）工程限期 3 个月完成，各县县长务须亲到工地指挥监督，不得随便离职，县政由各县县长指定人员代理。

（5）各县征调民工数额，视各县人口多少来分配，不得任意增加或减少，不得以老弱充数，限三日内如数到达工地。

（6）各县民工总队部，应与工程机构人员取得联系，共策进行，务限期完成。

（7）各县县长回县后，立即开会宣达和组织，在民工到达前，对于工棚材料、必需工具、炊爨器具、卫生设备等项，应作妥善的准备与安排。

（8）开工前民工需用的钱粮，由各乡镇暂时借垫，不许摊派，工程竣事后，分别偿还。

（9）“特种工程”征用的土地房屋，所有拆迁和青苗赔偿等问题，由当地县政府负责处理，不得贻误开工，否则将受到严重处分。

他最后勉励大家：“要认清这次任务的重要性，积极行动，如期完成，早日反攻日军，完成抗战事业，我和大家均与有荣焉。”

二、回县后积极进行宣达与部署

会毕回县后，我立即约集县内各部门各团体电召各乡镇长来县城开会，除转达主席张群、民政厅长胡次威的讲话，以及各县征调民工应注意的有关事项外，并在会上对若干问题作了具体的决定。

（1）成立“什邡县民工委员会”，当推定县长於笙陔，县参议会议长、参议员刘伯星、钟鼎、黄聘漠、廖伯鱼，县党部书记长朱炳文，县三青团干事长陈沧，县经收处主任杨照临，县政府民政科长陈国修等 9 人为“民工委员会”委员，并推定於笙陔、刘伯星、朱炳文分任正副主任委员。

（2）民工总队长，由县长於笙陔兼任，副总队长由县府民政科长陈国修兼任，财务收支一人，公推县经收处主任杨照临担任。

（3）总队部以下设大队部，大队长一人，由各乡镇长分别担任，中、分队长由各大队长分别选用。

（4）全县民工 2000 名，按乡镇人口多少分摊，因工程紧张，限期迫促，各乡镇所有民工，统限于 3 日内到达工地。

（5）各大队迅即指派人员侦察地形地势，搭建工棚、购置各种工具和炊爨器具，以免临时仓皇，影响工程。

（6）开工前，民工需用的钱粮，由各乡镇先行借垫，不得随便摊派，俟工程竣事，分别归还。

（7）党、团、参及机关、学校，在工程进行中，随时分别前往工地慰劳，用表关怀而资鼓舞。

（8）县卫生院工作人员，轮流到工地服务，并经常购存必需的各项药物。

三、联系有关单位和察看工地

接着，我同民政科长兼民工副总队长陈国修前往广汉机场工地实际察看，并联系民工管理处、工程处，当地驻军和广汉县政府，以便民工来时，安排指挥。联系和察看情况，简述于后：参加建修广汉机场的县份有：广汉、什邡、德阳、金堂、新都等五县（新都属第一专区、其余四县均属第十三专区）。每县民工人数不等，什邡为 2000 人，五县共计 1.2 万人左右。广汉系属第十三行政区（绵阳），民工管理处长一职，因专员钟体道年老体弱，不能兼任，另调第十四区（剑阁）专员林维干充任，十三区专署派第三科科长张远芳以副处长名义代专员负责。设有秘书、科员等，以秘书冯子君综理其事，冯系省训团研究员（甄审合格县长）。

广汉机场工程处长，系铁路局指派林则彬担任，设有科长、工程师等，科长姓张，负主要责任，工程师兰田负责指导工程。全场分五个工区，第一工区广汉，县长兼总队长周遂初，第二工区新都，县长兼总队长冉崇亮；第三工区什邡，县长兼总队长於笙陔；第四工区德阳，县长兼总队长龚万材；第五工区金堂，县长兼总队长刘仲宣。什邡负责的第三工区，主任姓曾，我同副总队长陈国修与曾主任及其他工务员作初步联系，划定工区范围，并对工程上一些问题作简单的商谈。

机场场地，位于广汉县附城和兴乡之一平坝，距城约二三里，场地附近有一小河，捡取卵石、河沙都很方便，并有富于黏性的黄土，调浆与沙石混合，甚为合用，可见工程人员勘测这个地方，是经过周密考虑的。当时场地上的农民，尚未完全搬迁，有的农民说拆迁费太少，有的说青苗费也不够，“一切没有谈妥当，就喊搬家，搬到哪儿去嘛！”满腹含冤，无处申雪，这可见，当时反动政府的蛮横无理，不管人民死活，到了什么地步。

四、工程的具体做法

民工到达后，一方面指导民工大量拣选卵石，因需要量太大；一方面选派部分中、分队长和稍有工程知识的民工，与工区曾主任及其他施工人员研究学习工程上的具体做法。

机场全长七八公里，横宽五公里左右，所有设计做法，均由美籍工程师负责，是最新型的机场，可负荷 B–29 超级空中堡垒，其做法甚为细致麻烦，尤其是民工以最原始的工具，更是不少困难。要了解工程上的做法，首先就要了解 B–29 超级空中堡垒的一切情况。其重量二倍于空中堡垒，速力与驱逐机一样，每小时超过 300 英里，翼长 141 英尺，身长 98 英尺，有引擎二具，每具 2000 马力，载重量为 70 吨，可自 300 英尺的高空投弹。由于 B-29 超级空中堡垒的飞行航程和载量均异常之大，所以对于机场的建筑，就不能不使之相适应，因此机场的具体做法，就有一定的必要程序。

（1）跑道：跑道系供 B-29 超级空中堡垒的升降，冲力很大，必须做到特别坚实。先将场地挖出老底，多次液压后，用富有黏性的黄泥稠浆与卵石、河沙混合搅拌均匀，分层液压，计一米。次用大卵石直立排列于基地上，分三层堆砌，每层均灌以富有黏性的黄土浆，层层液压，又一米。然后用碎石、河沙与黄土稠浆混合拌匀，铺填滚压，计 50 厘米。碎石分三层三种，最下层稍大，第二层较小，表面一层更小，各层碎石的大小粗细，均有一定规格，并须用色青质细的卵石捣碎，稍有杂色粗松的，即行剔除。这些具体做法，说来很简单，做起来困难是不少的。

（2）停机场：跑道两旁，有 35 个飞机停留处，其工作程序，稍逊于跑道，飞机降落后，由跑道滑进停机场，为了掩护飞机，每个停机场均用拱桥式卷成洞子，飞机停留洞内，上面除覆以混泥石外，并积土于上，栽植花草，很不容易发现飞机。

（3）机场环境：跑道和停机场外，全场有不少隙地和若干交通道路，其较大而直的一条，当时称为“双林路”（工程处长林则彬、民工管理处长林维干），周围的大小坡度，均有一定规定，工作亦不简单。林树葱茏，绿草成茵，整个看来，全场是非常美观的。

工程的艰巨，已如上述。为了如期完成，在一段紧张时间（3 月份），省府准许各县增加民工、昼夜加班，有些县份如什邡、新都等县并雇用汽车赶运沙石。在征工总处，星期仍照常办公，不予休假。所有参加工作的外籍工程师，均奉有该国最高当局手令，限期竣事，逾期撤职查办。至有关该项工程的各县县长，更是责任重大，不得擅离职守，到工程有十分之八九以上把握时，始可给两月以下的短假，可见当时工程的紧张情况了。为鼓舞士气，各民众团体、学校师生，随时到场地宣慰，并举行扩大春节慰劳民工大会，德阳、什邡等县发动学生参加筹募慰劳经费，每人赠送肉半斤、酒四两、草鞋一双，分别前往工程地点慰劳，民工受到关怀和鼓舞，均能争分夺秒，努力以赴。

通过三个月的紧张工作，到4月中旬，整个工程，宣告如期完成，各县均相互欢庆，高兴异常。最后分别评奖，德阳居首，什邡次之，新都第三，广汉第四，金堂殿后。

五、B-29超级空中堡垒的安全降落

1944年4月中旬，“特种工程”，如期完成任务，B-29超级空中堡垒定期试行飞降。是日，省政府主席张群、民政厅长兼民工总处处长胡次威、各厅处及其他机关人员、各县县长、各县党团参，均齐集机场，彩旗缤纷，万籁俱寂，大家集中精神，注视飞机的降落，唯恐稍有意外，影响不堪设想，全场空气顿时紧张，甚至有手都捏出汗来的。忽闻轰轰机声从天而来，当时紧张情绪，更不可以言语形容，莫不攒头注目，凝视着B-29超级空中堡垒。所幸第一架轻松着地，跑道无恙，大家心情为之稍慰，直至第二架、第三架乃至第十架都安全降落，参加人员的心情，也才随之而平静下来。

逾三月，省政府主席张群以盟邦盟友大力帮助建修“特种工程”，对同盟国并肩作战，击败敌寇，贡献甚大，同时参加“特种工程”的负责人员，如民工总处工作人员、民工管理处长、各县县长兼总队长，均能体念时艰，一德一心，如期完成这项任务，可谓备极辛劳，特在中央军校新生社设宴招待慰劳，餐毕，邀请夏声剧校学生在新生社演《陆文龙》民族抗战佳剧，以资娱乐，直至午后4时许，方尽欢而散。

六、“广汉机场”对抗战的意义和影响

“特种工程”，包括广汉、新津、邛崃、彭山四个机场，惟广汉机场系完全新建，美国工程师设计，比较新型，最为适用，据说，远航轰炸，多在广汉机场起飞。1944年6月16日，报载:“美国陆军航空队第二十轰炸飞机队之B-29超级空中堡垒，由伍虎准将指挥，自我国川西基地出动，于昨夜

轰炸日本八幡之帝国制铁炼焦所，完成历史上往返最远的袭炸任务，日寇遭受巨大损失。”喜讯传来，莫不兴奋！大家争买号外，辗转传观，在茶肆酒店中，一般人皆以此为最有兴趣的谈话资料。这一炸，一方面给日寇心灵上以莫大的打击，一方面给正在艰苦抗战的我国军民以无限的鼓舞，在我国抗战史上具有深远的意义，在抗战进行中具有极大的影响。兹举数则事例以说明之。

（1）随美超级空中堡垒轰炸日本本土的美国国家广播公司驻渝特派员鲍德于 16 日下午抵渝，鲍氏以极兴奋的情绪告记者：“此次轰炸日本的意义，至少有三点：第一，自中国基地起飞直接轰炸日本本土，以此为第一次。第二，在空军历史上，是一个距离最长的轰炸。第三，这次轰炸成功，要靠三个国家的贡献。第一个是美国，此次所用的是美国飞机、美国飞行员、美国炸弹及汽油。第二是中国，中国西部数 10 万人民的血汗，建筑成功空前伟大的机场，促成这次伟大的任务。第三要算日本了，因为日本素来夸口，认为美国不能前去轰炸，纵然来轰炸，亦必归失败，现此壮举，当然也是日本助成。”

（2）第二十轰炸机总队司令伍虎将军于 B–29 超级空中堡垒轰炸九州归来后，立即接见中央社记者，对于中国人民抵抗侵略的抗战，颂扬备至，对于中国农民 50 万人于本年初，暂离农作，协助建立此巨型轰炸机所起飞的机场一事，亦倍加赞赏。伍氏声称：余得以超级空中堡垒对吾人的共同敌人作战，应特别感谢美陆军航空队的人员，盖吾人有此种武器，已能补偿吾人对于抗战七年的英勇中国民众之负疚也。今日中国民众亦应与吾人同感愉快，盖非有 50 万的中国爱国人民，离其农作，建造机场，此一出袭必不可能也。并称：此仅为摧毁日本心脏工业区域的开端，今后不断往袭，期其早日软化日本，表示未来将有极多类似性质的出袭。

（3）中央社转纽约 6 月 19 日专电，最近此间各报及广播电台，对于 B–29 超级空中堡垒轰炸日本，作最详尽的报道时，其中美国人士对于我国西部 50 万农工之协同建筑超级空中堡垒之机场，极表赞扬，上周来各报记者曾由我国拍来惊人之故事，描述我国富于爱国心之农民及工程师，如何在几乎不可克服之困难环境下，以最原始的工具，建筑空军基地，各广播电台及报纸，或予以转播，或附以照片，大肆表扬，致美国人士咸将以此想象并了解中国人民具有一种不可克服与摧毁之精神。

（4）美国人杰克·萨姆森在其所著《陈纳德》一书中写道："（1944年）6月19日，B-29开始从加尔各答派至成都的前沿阵地和其他基地，以便对日本进行空袭……当夜11时38分，第一架飞机在目标（日本八藩市钢铁基地）上空扔下了炸弹，第一批炸弹引起了大火，使目标无法辨认，只有75架飞机靠目测进行轰炸，其余都靠雷达，所以飞得多高，都不准确……阿诺德意识到驻扎在中国的B-29飞临日本上空空袭的宣传价值，在出击后两天致电沃尔夫说，后者继续对日本保持压力是'至关重要'的。"

据我了解，此次由我国西部的广汉等超级空中堡垒机场起飞轰炸日本本土，仅仅是一个开端，后来不断前往佐世保海军港、炼钢中心的八幡，以及我国的东北、华北、长江南北各地轰炸日军据点，更是各报频载，时有所闻。由以上这些事例，充分说明"特种工程"在抗日战争战略反攻阶段起了不可忽视的作用。

广汉机场修建中曾存在着强迫拆迁住宅，官吏贪污工程用费及克扣民工应得补助等情况，有的情节甚为严重，这便使四川民众在为修建机场而流血流汗之外，还要蒙受旧时腐败政治所造成的痛苦与牺牲。

中美共同修建川西空军基地见闻

程厚之*

1943 年末，蒋介石参加开罗会议回来，根据美中两国共同抗日，由美国空军提供 B-29 轰炸机轰炸日本，在中国境内提供起降基地的协议，命令四川省政府主席张群选定川西成都平原的新津、彭山、邛崃、广汉各修筑一个 B-29 轰炸机起降基地，成都凤凰山、双流、简阳、绵阳各修筑一个拱卫 B-29 轰炸机起降基地的驱逐机场。从 1944 年之初开始筹备，限期 3 个月完成。如果误期，耽误了美国空军作战计划的执行，即依军法论处。

按照中美双方的秘密协定，修筑机场占用的土地由美国出钱收购；劳动力由中国政府征调民工，美国按工给价；工程设计指导由美国工程处负责，现场施工、监工由中国工程人员负责。机场修成之后，完全交给美国空军管理使用。

1944 年 1 月，四川省政府主席张群派民政厅厅长胡次威为四川省特种工程征工总处处长、第十二区行政督察专员程厚之为副处长，负责组织征调民工、征购土地等事。在新津、彭山、邛崃、广汉 4 大机场分设 4 个民工管理处，调派当地行政督察专员兼任处长。有征工任务的各县，各设一民工

* 作者时任四川省第十二区行政督察专员兼省特种工程征工总处副处长。

总队，每区为一大队，每乡（镇）为一中队，每保为一分队。民工总队长由县长兼任，大队长由区长兼任，中队长由乡（镇）长兼任，分队长由保长兼任。每县设一征工委员会，以县长、参议会议长为正副主任委员，国民党县党部书记长、三青团干事长、县财委会主任委员及士绅若干人为委员组成，协助县政府办理征调民工，筹集公粮、公款、工具及对民工慰劳、救济、抚恤等事项。张群也照样向下发布了命令，自征工总处至各级民工队，都要立下军令状，如限完成任务，否则就要受军法制裁。

1 月中旬我在遂宁督察专员公署，忽接胡次威的急电，要我“即日赴省面商要公”。我急忙赶到成都，才知道是调我兼任征工总处副处长，作胡次威的助手。我们立即着手建立征工总处，办公地点设在省训团内，并把正在省训团受训的候委县长 50 余人全部调在征工总处工作。先用了几天的时间把征用民工和管理民工的规章制度制订就绪，随之发布征工命令，并限令各有关专员和县长在半个月内把征调民工、组织民工总队、集运粮食、建筑工棚、制备工具等项筹备工作一律完成，自 2 月 1 日起正式开工。开工后，兼民工管理处处长的督察专员、县长，兼民工大、中、分队长的区、乡、保长，均须驻在工地，不准请假回家。只留下征工委员会在县里做后勤工作，负责向前方输送供应物资和人力。

这次征工规模很大，征调民工前后达 50 余万人，征工范围达 31 个县，征调军用、商用卡车 3000 余部，动用农民使用的鸡公车（独轮手推车） 10 多万辆。

美国工程处负责机场的设计规划，派出工程师对各机场的修建进行监督指导，实际施工计划和工程进行中的技术指导都由中国工程处工程人员担任。中国工程人员是交通部工程委员会调来的，他们都是修筑滇缅公路具有丰富经验的工程师、技术员和技工，很多工程技术上的问题和困难都靠他们的经验和智慧获得解决。例如用河滩的鹅卵石灌黄泥浆来砌飞机跑道基层（厚 2 米，上下砌石 7 层，层层灌浆）。这种做法是中国工程师根据修筑滇缅公路并参用中国过去修筑水坝的传统经验创造出来的。起初美国工程师认为这种土办法缺乏科学根据，不大相信，及至试验成功以后，他们又大吹牛皮，说是他们的发明创造，在美国报纸上发表了用砂石修筑现代化机场的论文。

机场施工期间，对各机场民工均采取军事化管理，以民工管理处长为总指挥官，县长兼民工总队长（相当于师长），上下层层节制，严施赏罚。工程进行中，每天一小比，10 天一大比，互相竞赛，每月争夺一次锦标。各队为了争功，均三班倒换，昼夜不停，大风小雨照常工作。成都市上的煤气灯购买一空，各机场通夜灯火辉煌。每人一天工作在 14 个小时以上，3 个月的工，实际抵上半年，终于如限完工。

这一“特种工程”如此浩大，完成如此迅速，当时称为“奇迹”。确切地说，这是中美两国工程人员的智慧和心血，也是我国 50 万劳动人民付出大量血汗换来的成果。

袭击日寇青山机场亲历记

汤楚英*

1944年6月15日，中共鄂南中心县委指挥部接到鄂东地委的指示，令指挥部设法除掉在日本帝国主义庇护下，盘踞在武昌青山魏家嘴机场的地头蛇萧春庭。提起地头蛇萧春庭，青山一带民众恨之入骨。

1938年10月，日本波田支队（包括高支队）入侵武昌，佐野支队以及畑俊六司令官所辖第二军、二十一军其他各部也同时侵入武汉。日本侵略者为了实现吞并我中华的罪恶野心，在入侵地作了防卫工事，令福田大佐任武汉宪兵大队长，辖汉阳、武昌、黄陂、安陆4个分队，每个分队又设特务宪佐、常务宪佐，专门负责秘密侦察，捕杀抗日军人、地下抗日人员，探取我政治、经济、文化方面的情报，拘捕抗日进步人士，盘查来往行人，搜查大小旅社、货栈、山货行等。另外，日军进驻武汉后，为巩固其防卫工事和侵华的需要，以“征工、征料”为名，四处抓人，拟建南湖、青山魏家嘴、徐家棚3个飞机场。靠反共反人民起家的萧春庭，当上了武昌县伪保安大队大队长，成了鬼子的红人。他网罗一些地痞、流氓骚扰残害百姓，为非作歹，杀害我抗日军民。1944年春，华中的敌人为了南犯长沙，打通平汉铁路，

---

* 作者时任中共武鄂抗日总队总队长。

以加强对粤汉铁路的控制，决定在武昌县东部修建军用机场，增强其空军优势。机场位置选择在青山魏家嘴一带，距萧春庭家仅 1 公里。这里面对长江大堤，背靠北湖水域与陆地隔断，周围据点林立，警戒森严，仅有一条从葛店到青山镇的武惠江堤大道，是易守难攻的地方。修建机场时，敌人勒令附近居民搬迁出境，拆毁民房，强拉民夫千余人，修建跑道和设施，致使千余亩良田化为荒地。百姓流离失所，无家可归，对此恨之入骨。敌人这一计划，对我党开展武北工作极为不利。伪保安大队长萧春庭捕杀我地下工作人员 10 余人，成为我军开展武昌外围抗日斗争的一大障碍。机场修建由萧春庭的保安大队负责安全警卫，日本人负责施工，并设有内部、外部警戒，强迫民众日夜施工，凡有病、体弱不卖力者，便会遭受毒打。

为了打破日军修建机场的计划，解救受苦受难民众，打击敌人嚣张气焰，鄂南中心县委指挥部决定袭击魏家嘴的青山飞机场。鲁明健政委召集我（当时任武鄂总队总队长）和武北支队长兼政委姜南平同志作了充分的战前研究，根据作战方案，从我武鄂总队抽一个加强排，再从武昌支队抽一个班完成奇袭机场的任务。同时，委派武昌支队两名侦察员化装成民工打入机场，摸清敌人岗哨及萧春庭的住址、内外警戒情况。

我武鄂总队当时驻扎在鄂城樊湖吕家畈，距青山机场约 80 余里。根据侦察的情报，我又作了进一步的分析：因沿途有敌人的据点，白天不能行军，只能利用夜晚速战速决方法袭击敌机场，任务十分艰巨。旅司令部指示我们从陆地插进去，绕过敌人的五六个据点，通过几个湖沼。可每个湖沼的通过都要找向导、找船，多次上门找船找向导，容易暴露我军的行踪，又耽误时间，看来走陆地是不行的。经过总队党委多次研究，我叫警卫员拿来 1∶50000 的军用地图铺在桌面上，根据路程、据点、敌情谈了自己的想法：第一，坚决完成除“蛇”任务；第二，组织一支机动灵活轻装精干队伍；第三，出其不意以迅雷不及掩耳之势，20 分钟完成战斗；第四，走水路较为妥当。走水路，虽经过敌人设置的阳逻、葛店、华容、段店等据点，表面看来危险性大，但如果我们行动谨慎、神速、隐蔽，任务是可以完成的。重要的是走水路可缩短路程，争取时间，加之水路可直达青山飞机场江边。经过大家讨论，权衡利弊，最后决定走水路，由我带七连一个排，陈志清连长带队，加上总队的警卫班，姜南平带武北支队一个班，于6月20日各自到江北黄冈刘家集龙口附近的一个小村子集合，22日直奔青山机场。

6月20日下午3时，我带总队人员从樊湖吕家畈出发，直向赵嘴长江渡口挺进。在接近武昌至鄂城公路时，敌人设在据点的瞭望台把我们看得一清二楚，而我们又要快速赶到长江边，只能从华容、段店两据点之间穿插过去，别无他路可走。两据点之间只有二三里地距离，为了争取时间，我们决定闯过去。我们分析敌人虽然凶狠猖獗，但内心却是空虚的。当他们听到“新四军”三字后，就“哇哪哇哪”（新四军大大的）地叫着，吓得手脚发抖，他们最怕被新四军捉去“嗦咯嗦咯”（杀头），我们就利用敌人怕捉去杀头的这个弱点，故意在白天有说有笑地闯过去了，有的战士风趣地说：“我们过公路，还有鬼子在岗亭里给我们放哨呢”。提起了话头，另一个操四川口音的李大炮也开了腔：“怕啥子嘛，鬼子听说新四军是大大的，他们是小小的，不行不行的嘛。”就这样，战士们顺利地到达了赵嘴。这时红日已快西沉，我们找来两条船渡过了波涛汹涌的长江天堑，与武北支队在龙口附近的小村会合了。我命令战士们好好休息的同时又与姜南平、陈连长继续研究奇袭方案。我们这支奇袭队伍包括司号员、警卫员、卫生员共58人，全部轻装上阵，每个班配有一挺轻机枪，战士们个个精神抖擞，他们在敌后与敌周旋中个个练就了一副好身手，尤其是善于奇袭。机智摸敌营的陈连长说：“请总队长放心，我们保证完成任务。”这斩钉截铁的回答更增添了我打好这一仗的信心，让日本士兵和汉奸萧春庭尝尝我们新四军的厉害吧。为国除奸，为民除害，为受害的百姓报仇，这是我们新四军的神圣职责。

黄冈刘家集位于游击区，敌人经常骚扰，船民受害尤深，每每船民在江心遇敌巡逻，不是被敌艇撞沉就是被洗劫一空，船民们恨透了鬼子、汉奸。6月22日，东方刚刚发白，我和姜南平同志到江边找船只送部队，其中一位40岁开外的船民拉着我的手说：“同志呀！共产党、新四军是我们穷苦人的救命恩人，你们风里来，雨里去，日夜奔波，不怕流血牺牲，这都是为了我们老百姓呀！我们不护送你们去打鬼子、汉奸，谁来送！”有的船民还向我们出谋献策说："你们部队在舱里不露头，注意隐蔽，敌人的巡逻艇来了，由我们应付，万一敌艇逼近了，我们就收桨靠岸，你们就火速登陆就地打击敌人，让那些日本强盗乌龟王八蛋栽到江里去喂鱼。"听到船工们的肺腑之言，看着船民们张张朴实、黑里透红、饱经风霜的笑脸，我们都激情满怀，深深感受到广大人民群众才是我们胜利完成任务的力量源泉。我们有中国共产党的领导，有这样一些船民兄弟的热情支持，我想再凶狠的敌人也会被我们消灭的。我们选好了 3 只船，每只船上准备 3 床旧棉絮，能预防敌人的子弹，每个战士还准备了三四根削尖的扦子，以防船中弹塞孔之用，一切准备就绪，只等天黑出发。

天刚接近黄昏，紧急集合哨声把战士集合起来，由陈连长向战士们作了简单的战前动员："同志们，今晚我们要去消灭为日本侵略者卖命的汉奸萧春庭，打破敌人修建机场的计划。来回一百多里，船在中途要经过敌人据点，如遇意外情况，要沉着，没有命令，不准出舱，不准开枪。""我们今晚的口令是'捉蛇'。"话音刚落，战士们齐声答道："坚决完成任务。"接着，我命令战士上船，待战士们坐稳了，撑船离了岸。我所在的那只船上一老船工小声唱起民歌"坐船如钉钉，斩草要除根，渔船破浪行，胜利属我们……"战士们听着听着都笑了，接着也小声地随着渔民唱着。为了避开敌人在沿江设置的据点，我们 3 只船在江中张帆以"之"字形逆流而进。船桨有节奏地拍击着江水，天上有几颗星星时而露出云层眨着眼睛，一切显得异常宁静。此时此刻，作为这次战斗的指挥员，我心情格外激动，眼望着模糊不清的长江两岸，思索着怎样应付突如其来的情况。葛店过去了，阳逻就在眼前，这一带江面较窄，我和姜南平同志趴在船头，警惕地注视着前方。忽然，我隐约看见阳逻岸边有个大黑点，我问船老大："你看是敌艇还是大民船？"船工老大说："不像巡逻艇，没听见马达声。"黑影越来越大，等快靠近时，借着微弱的星光，已清楚地看见是敌人的两艘大兵舰，舰上炮口直指江心，情况对我们极为不利。这时，已接近午夜，时间已不多了，如果在这里与敌人打一场遭遇战，那奇袭机场的除"蛇"任务就不能完成。我经过短暂的冷静思考后对陈连长说："闯过去！不到万不得已，不准开枪"，陈连长低声命令战士“做好战斗准备，没有命令，不准开枪”。战士们轻轻地把子弹推上膛，拧开了手榴弹的后盖，机枪手已做好了射击准备，只要敌人一发现，就打他个措手不及。船工们光着膀子，用力地划着桨，木船缓慢地向前移动着，木船与兵舰平行了，我们都屏住了呼吸，密切注视着舰上的情况。敌舰上少许灯光，不时传来“大福寿呀，俩相好呀……八匹马”的猜拳声，其中还夹杂着女人娇气的嬉闹声。有的战士沉不住气了：“总队长，干掉这些狗日的豺狼，你下命令吧！”复仇的怒火猛地在我胸中燃烧，正准备下达战斗命令，但想起旅司令部的命令，这次的任务是除“蛇”，身为一个指挥员，此时更要谨慎从事，我低声对战士们说：“同志们，如果在这里同敌人交火，我们就不能完成上级交给我们的光荣任务，暂让他们多活几天，迟早要收拾他们的。”就这样，我们在敌人的鼻子底下通过了阳逻，小船继续以“之”字形逆水向青山机场前进。

近了，近了，青山机场的灯光越来越清晰。我们在侦察员的指引下，在离飞机场两公里处江边落了帆，每只船上留一个战士，协助船工将船停在距岸 5—10 米远处，随时准备送我们返回。其余的战士都跳上岸，船工紧紧同我们握着手说：“护送你们的第一步任务已完成了，再看你们去除‘蛇’，我们一定在这里等你们胜利回来，把你们再顺利地送回去。”战士们说：“你们就等我们的好消息吧！”陈连长对大家说：“这地方周围都是敌人的据点，我们千万不能麻痹大意，抓紧时间尽快地顺江堤快速前进。”陈连长带一个班走在前面，我和姜南平同志带 3 个班与前面拉开了一点距离紧跟在后。一会儿，部队已达堤外与机场平行处，我令部队在堤下休息并放好哨，同姜南平、陈连长和侦察员一起卧在堤上，对敌情作进一步监控。我们看见最前面一排房子中间的一幢楼房，发现这就是敌人伪保安大队部，萧春庭一家就住在楼上，江堤与敌房之间是一片开阔地，敌人探照灯还在上下扫射。我们决定由陈连长先率两个班隐蔽接近这处楼房，姜南平同志尾随陈连长后面，战斗一打响，就一齐扑上去，消灭敌人。我率一个班在堤上掩护姜、陈两人的行动。号声响就撤，不得有误。

夜更深了，除了堤下草丛中昆虫的叫声外，再就是机场照得如同白昼的探照灯，战士们手持上了刺刀的步枪，一个个显得更加勇敢、机灵，在陈连长和姜南平同志的率领下，一个接一个瞄着目标，不声不响地直向大楼逼近。我见时机已到立即命令："射击！""哒哒哒……哒哒哒哒……"几挺机枪同时响了起来，机场顿时一片漆黑，探照灯与几处亮的灯被打灭了。同时，我又命令司号员吹响了冲锋号，战士们向敌人猛扑过去。霎时间，机枪、手榴弹、号声，还有战士们的冲杀声，响彻云霄，震撼着机场的大地，妄想抵抗的哨兵一下子就解决了。在屋中从梦里惊醒的敌人，慌乱向门外乱跑，陈连长大着嗓门喊道："我们是新四军，缴枪不杀！"战士们冲进了楼房，见一房子有敌人顽抗，陈连长一扬手甩进两个手榴弹，烟雾未散，陈连长首先一个箭步斜身跃入房中，只见有的敌人满身是血躺在地上动也不动；有的抱着断腿，捂着伤口在房里乱滚乱叫；有的双手举枪跪在地上直求饶命。陈连长大声问："萧春庭在哪里？"忽然，从一个倒下的沙发后面蹿出一个身穿黄咔叽日本军服的人，朝后门飞跑，我部刘班长大喝一声："哪里跑，不许动！"敌人回头朝陈连长打了一枪，被陈连长机警地闪过，并随手回一枪，只见那敌人浑身一颤，前后晃了两下，扑通一响倒下了，那家伙已见了阎王，被俘的敌兵说这是他们的陈副大队长。

集合号响了，姜、陈率部到指定地点集合完毕。从战斗打响到结束，不到 25 分钟，毙敌 3 人，俘敌 7 人，缴获手枪 3 支，步枪 7 支。当时由于时间紧，将被俘人员进行教育后释放了。地头蛇萧春庭那天不在家，侥幸逃脱，但萧春庭的小老婆被我们捉住。当我们迅速撤出飞机场时，武昌城内派来的增援敌人，已快接近飞机场。

盘踞在武昌城内的敌人万万没想到我军会打到城边，当他们听到飞机场的手榴弹声、枪声后，就像是捅了马蜂窝，紧急调兵，一时间城内鸡飞狗跳乱成一团。紧接着，汽车、摩托车载着增援的敌人出了城，直向青山机场驶去。公路上马达轰鸣，车灯在公路上亮成一条长蛇，转眼间就到了青山机场。机场内，敌人见到被打死的，气得哇哇乱叫。江堤上敌兵人来人往，公路上、小路上、草丛里都在进行搜索。车灯照得机场通亮，机枪、步枪四处乱射，而我们刚刚撤出机场还没来得及脱离危险，战士们一个接一个，在堤外近江水的岸边匍匐前进。“哒哒哒……哒哒哒……”从堤上射来几梭子弹，从我们头上呼啸而过，将战士身旁的江水溅得老高。“看见你们了，快出来投降吧！”敌人在堤上叫喊着。“不好，我们被敌人发现了”，一个战士说。我立即传话给战士：“不要乱动，不要还击。”只见几个敌兵朝江边战战兢兢地搜了一阵，几束灯光也在我们头上晃了几次，转身朝堤内机场走去。我们又朝前爬去，远处传来日本鬼子的说话声：“新四军，开路开路了的。”就这样，我们在江水浸着身体的情况下，爬爬停停，把敌人越甩越远，不知过了多久，我们终于脱离危险，来到渔船停泊的地方。3 个留下的战士和船工们见到我们胜利、安全地回来，高兴极了，船工深情地对我们说：“同志们辛苦了，快上船吧！”敌人做梦也没想到，我们不但打到城边，而且在他们的眼皮底下的江边沙滩上爬出封锁线！这不，鬼子、汉奸们还在机场周围瞎折腾。

好像老天爷有意助我们这支队伍，这时风向由东风转为西南风，渔民的顺风船将我们送到敌后，此时的顺风顺水送我们返航。不一会儿，阳逻就在眼前，天将破晓，敌兵舰上灯熄人静，就像是两条死鱼漂浮在江面上。8 点整，我们到达刘家集，全体指战员亲切地与船工们握手告别，谢谢他们的支持。这正是军队与人民的紧密合作，才能使我们凯旋而归。上午全队休息，下午乘船过江到葛店以北的谢家大湾抗日根据地宿营了。

这一仗，虽然没有除掉地头蛇萧春庭，但迫使日寇不得不停建机场，打垮了萧春庭的保安大队，摧毁了一些刚动工的机场建筑，击毙敌保安副大队长，活捉萧春庭的小老婆。萧春庭的小老婆被带到武鄂抗日根据地后，先是又哭又闹，怕我军杀她，通过教育，态度有所改变。实际上，我军主要是扩大抗日影响，消灭或瓦解敌汉奸阵营。教育后，萧春庭的小老婆被我军释放，并给萧春庭带去一封信，内容大致是：“萧春庭，你是一个中国人，我军抗日主张是：人不犯我，我不犯人，人若犯我，我必犯人。中国人的枪口应一致对外。我们反对分裂，反对倒退，反对投靠日本人，坚持抗日。从今后，你不要黑着良心为日本侵略者卖命，不许残害群众和我抗日工作人员。如不听我军劝告，继续与人民为敌，后果自负，我们可随时惩罚你！”这次战斗震惊了武汉三镇的鬼子和汉奸，搞得敌人胆战心惊。6 月 23 日（次日），武汉三镇大戒严，持续一周之久，他们深感新四军的厉害。这对敌后的人民群众是个极大的鼓舞，当时到处传颂着“新四军神兵天将，专打日伪军”的消息。这提高了人民群众的抗日信心和勇气，扩大了抗日救国的政治影响。我们把此次奇袭青山机场的战斗情况上报五师党委，五师又向中央上报，延安为此印发了战斗号外。自此后，抗日工作发展很快，抗日队伍日益壮大。

八路军营救美国飞行员始末

王士廉*

1944 年，我任山西省黎城县源泉联防中心小学校长兼民兵营情报组长，经常到太行军区生产部创办的“家政班”授课，与生产部长张克威很熟，听他讲到了八路军营救美军飞行员的前后经过，受到了伟大的国际主义教育。

营救美军战友

第二次世界大战时期，曾经是美国飞虎队（即陈纳德率领的美国援华志愿队）成员的杰克·萨姆森在所著的《陈纳德》一书中，有这样一段叙述：1944 年 7 月，陈纳德按照美国空军的指示，派飞机执行轰炸日军军事设施的任务。“（日军）炮火相当激烈，但对 60 架重型轰炸机并未造成什么损失，唯一的战斗损失，是一架 B-29 在返航时，一批敌机扑来，9 名机上人员跳伞，一个月后，他们才被中国游击队送回成都。”

这里所说的“中国游击队”，指的是八路军一二九师创建的太行军区部队，师长刘伯承，政委邓小平，参谋长李达将军兼太行军区司令员。

---

* 作者时任山西黎城县源泉联防中心小学校长兼民兵营情报组长。

那是 1944 年立秋之后的一天，太行军区司令员李达接到第四军分区的报告：有一架巨型飞机在山西省平顺县境内山区坠毁，飞行员跳伞。其中两名落在一个村子里，是高个，大鼻子，蓝眼睛，看样子是美国人。李达将军放下电话，立即把军区司令部通讯队队长何雨农找来办公室，交代他带上骑兵排，再带上几名医务人员，到平顺县石城西边的椰树园，把飞行员接到军区司令部来。“记住，一定要快，要赶在日军出动之前把他们全部营救出来，一定不要让日军把他们抢走！现在来不及找翻译，你把英汉对照的会话本带上。”

雨农同志率骑兵排连夜赶路，于拂晓时分赶到了椰树园，在老乡家里会见了两名飞行员：一名上尉和一名中尉。两名飞行员见到何雨农带了骑兵，顿时有些疑惧。何雨农主动上前和他们握手，他们看到友好的表示，便迎上来用英语讲话，见何雨农听不懂，又取出随身携带的英汉对照的会话本和地图“对话”。并告诉雨农：他们机组一共有 9 个人，现在还有 7 个人下落不明，希望协助营救。何雨农和骑兵排的同志们顾不上打个盹儿，就请民兵带路，钻进了山谷，于当天上午找到了包括少校机长在内的 5 个飞行员。到傍晚，又找到两个，人全找齐了。9 个飞行员中，只有两个被树枝擦成轻伤。

这时，李达将军又给四分区打来电话，告诉潞路、微子镇的日军已经向平顺方向移动，指示分区派部队阻击日军，确保飞行员的安全，并立即护送他们向北转移，尽快赶到赤岸村（太行军区司令部驻地）；同时要把飞机残骸运到司令部，不能让日军抢去。何雨农翻开地图，向少校机长说明了李达将军的指示。机长点点头表示同意。骑兵排的同志们挑选出几匹壮马，让飞行员们骑，自己走路。经过一天半的行军，安全地到达了太行军区司令部——涉县赤岸村。

太行山上联欢

李达司令员和太行军区政委李雪峰、副政委黄镇等，热情招待了几名飞行员。李达将军请来了太行军区生产部长张克威担任翻译，经他和飞行员们交谈，才知道他们的B-29完成作战任务返航时，受到日军的一批零式战斗机截击，他们不幸被击中一个引擎，航行到太行山上空时，其他机件也发生故障，无法飞行，机长不得不决定弃机跳伞。

李达将军听了张克威的翻译，代表太行山军民，对他们帮助中国人民打击日本侵略者的自我牺牲精神，表示衷心的感谢和慰问，并交代管理科的同志安排好房子，先让他们睡一觉。之后，李达将军用电话向八路军总部作了汇报。黄镇副政委则布置政治部的“先锋”剧团准备和飞行员一起开个联欢会。

当联欢会进行之际，张克威等忙着为飞行员们准备西餐。当时抗日根据地的生活是非常艰辛的，但张克威在黎城县的南委泉办了一个试验农场，饲养了一些牲畜和家禽，所以宴会还是很丰盛的，有火腿、鸡腿、黄油、果酱、面包、潞酒和用西红柿酿的酒。这一席丰盛的西餐，让飞行员们大感意外。他们禁不住问张克威：“听说八路军的根据地非常穷，怎么会有这么丰盛的西餐来招待我们呢？”他们纷纷伸出拇指，连连称赞道：“这真是抗日根据地创造出的奇迹啊！”

不久，李达将军接到总部的通知：邓小平同志和总部首长邀请美军飞行员到麻田做客。于是，李达将军派张克威带队，为每人准备了一匹马，踏上了去麻田镇的路。飞行员们到达后，邓小平同志和八路军总部参谋长滕代远，政治部副主任张际春等领导同志，为他们准备了精彩的文艺节目和丰盛的西餐，还为飞行员们举办了舞会，由机关和文工团的姑娘们伴舞。

邓小平同志的接见，给飞行员留下了深刻的印象。后来邓小平同志到美国访问时，这些飞行员中的幸存者闻讯赶来看望他，对40多年前的救护和接待，再次表示感谢。

协助他们回国

为了让美方飞机来接走飞行员，邓小平同志同意美方少校机长的建议，决定在黎城县的长宁川开阔地，修建了一个飞机场，让美机降落，并让少校机长指导修建。不几天，黎城县就组织了上千名的民工队伍，并把长宁川附近的最大石滚和石夯都集中到工地。在八路军工兵参谋的指挥下，垫土的、洒水的、牵着牲口碾地的，布满了长宁川。大约经过半个月左右的时间，终于修成了一条长约两华里，宽约四丈的飞机跑道和停机坪。

机场刚刚竣工，太行军区就收到总部的电报，通知美国观察组的飞机马上就要从延安起飞，来接飞行员，联络信号是三堆篝火。李大将军接到电报后，连夜指示在长宁的军区情报联络处负责人李棣华和黄宇田，马上组织人再检查一下机场。但是，由于没有经验，也无法检查地面坚硬程度，所以当第一架飞临太行山机场的飞机在跑道上滑行时，有一只轮子陷入泥土中。大家又分头到村子里找来所有的井绳，才把轮子吊了出来。

李达将军宴请在太行山着陆的第一架飞机的机组人员，并为 B-29 机组成员饯行，还赠送飞行员每人一件纪念品——日本指挥刀。飞行员们郑重地接过战刀，喜出望外。然后，飞行员们与李达将军依依惜别。机长对李达将军说：“你们八路军的根据地很大，也有很多人才。我们非常感谢你们。我代表我和我的夫人以及全体机组人员向你们表示感谢！”

事后，李达和太行的老战士们都非常怀念这些曾经帮助过中国抗战的美国朋友，希望在有生之年再见上一面，重叙在太行山的愉快时光。黄镇将军生前和夫人朱霖出使美国期间，也曾多方查找这些飞行员的下落。可惜的是，他们都回忆不起任何一位飞行员的姓名，这就为寻找他们增大了难度。想来，远在大洋彼岸的这些反法西斯战争中的空中勇士们，也一定非常珍惜他们在太行山和中国抗日军民建立的战斗情谊，想念救护过他们的李达将军和太行军民吧！

新四军局部反攻

车桥战役及反据点斗争

粟　裕[*]

1944 年初，第二次世界大战反法西斯阵营胜利的形势更加明朗。苏军已基本将德军逐出国境。英美的陆海空军，正向打击德军最有利的方向集中。欧洲各国反法西斯的第三条战线日益发展。在太平洋战场，美军加强了反攻。在中国敌后战场，我解放区军民不断地给日寇以沉重的打击。日本侵略军正在作最后挣扎。我党中央号召解放区军民抓紧时机，发展和巩固抗日民主根据地，壮大人民革命力量，高度警惕国民党的内战政策，准备在任何情况下把日寇打出中国去。

这时苏中的形势是这样：日寇阴谋在对我第 4 分区进行“高度清乡”的同时，对我第 1、第 3 分区进行“扩展清乡”，对第 2 分区进行“强化屯垦”，但是已无更多的兵力可调，只能依靠抽集现有力量，而且老兵成分越来越少，士气越来越低落。而我苏中抗日根据地经过艰苦奋斗，获得了全面的发展和提高，到 1943 年 11 月底，全区敌人控制的地方仅及百分之十六多一点；敌占区的人口仅及百分之十五多一点。全区县以上早已建立了抗日民主政权，区一级政府一般都经过局部改选，半数以上的乡有了共产党的支部和群

* 作者时任新四军第一师师长。

众组织，基层群众优势已经基本确立，并开始进行以乡政权为重点的基层政权改造。地方武装已能独立担负打击、歼灭日伪，坚持原地斗争的任务，主力部队随时可以用于机动作战。苏中区党委及时提出了“更顽强地坚持原地斗争和更有效地准备反攻力量”的方针。

积蓄力量，准备反攻，一直是苏中领导思想的一个重要方面，即使在苏中斗争形势最严峻时也没放弃过，并一直注意为反攻做思想上、组织上、军事上、物质上的准备。现在敌人正在作垂死挣扎，战争进行到了转折关头，作为战区的指挥员，必须正确估计形势，把握时机，积极主动地推进形势的发展。设若判断失误，轻率从事或优柔寡断，都会对全局造成不利的影响。为此，我开始把领导重心由以坚持为主转为发展为主。

苏中抗日斗争形势的转折，是从车桥战役开始的。

组织发起车桥战役，我有一个较长的酝酿和形成过程。日伪对第四分区“清乡”后，除师直属队和第 2 分区的机关、部队要在东台南北地区活动外，第 3、第 4 分区的主力团有时也需要转移到第 2 分区休整，或待机配合第 4 分区作战，因此，很觉得地区狭窄，部队拥挤，而大批干部亟待整风，也缺少一个较为安定的环境。

1943 年 6 月 23 日，我奉命去军部驻地（黄花塘）参加整风会议和汇报工作，便带少数参谋、测绘人员和一个连，有意识地选择路线，对沿途地形、敌情进行实地调查。去时由台南穿过通榆公路、串场河，经兴化地区南下到江都真武庙，从昭关坝伪军据点中通过扬推公路，偷渡运河，泛舟邵伯湖，在扬州城北 15 余公里邵伯湖南岸的黄珏桥上岸，越过扬（州）天（长）公路，到达黄花塘军部。9 月返回苏中时，由天长之龙岗乘船过高邮湖北上，经黎城（金湖县）过淮河，到平桥、泾口两据点间登岸，然后夜渡运河，越过封锁线，乘船过建湖、兴化间的水网地区，再越过通榆路回到台南地区。我们穿行了车桥、曹甸据点附近以及许多边沿区、接敌区和敌占区，往返行程 500 余公里，沿途察看地形、了解敌情，同干部、群众交谈。在临泽以北的团寨，又与第 18 旅旅长兼第 1 分区司令刘先胜探讨了这个地区的特点和军事地位。我注意到淮安、阜宁、宝应三县边界的淮宝地区，是我新四军第

1、第 2、第 3、第 4 师的结合部，也是敌人两支部队的结合部。这里原是国民党江苏省政府所在地，是韩德勤在苏北苦心经营的反共基地。1943 年韩顽弃守后为敌伪所占。敌人以车桥为中心，建有十余处据点。我们也跟进开辟工作，一年来已在安丰、曹甸、泾河镇一线以南，打下了政权工作和群众工作的初步基础，其余地区伪化仍深。我设想，如果我们集中兵力拔除车桥、泾口等据点，在这里打开局面，敌两支部队都会因为是自己的边沿地区而互相推诿、观望，配合作战也不会协调。而我方得手后就可以获得一个相对稳定的地区，可以把领导机关移驻于此，集中干部开展整风运动，集中主力进行整训，还可以就近加强对第 18 旅工作的指导。特别是可以打通苏北、苏中、淮北、淮南四个地区之间的战略联系。这样就形成了在淮宝地区发起以夺取车桥、泾口为目标的攻势作战的设想。

在这一地域发起攻势作战，会不会刺激敌人，引起对我新四军大规模报复行动？这是需要考虑的。为此，战役发起时机应该审慎待机。到了 1944 年 2 月苏中区党委召开第五届扩大会议时，我在全面分析了形势后，认为日军已是穷途末路，在我发起攻势作战后，难以对我进行大规模报复“扫荡”，即便有些小动作，在我有所准备的情况下，影响也不会大。我便向与会的几位领导同志提出发起车桥战役的建议，得到了他们的一致同意，随即召开团以上干部会议，具体研究制定作战方案。

当时提出三个作战方案分析比较：一是由东向西，先攻泾口后攻车桥；二是车桥、泾口同时攻击；三是先攻车桥，后取泾口。经过分析比较，择优选取了第三方案。因为执行第一方案，虽背靠第 3 师地区，便于我军运动和开进，但不久前我攻击泾口未克，敌伪防备甚严，而且即使攻下泾口，还需再攻车桥，付出代价较大。第二方案，不仅兵力分散，而且如一处攻击不得手便会陷于被动，甚至使整个战役失利。第三方案的优点是明显的，首先，打下车桥后，敌人可能放弃一大片地区，我们可以得到最有利的战役效果；其次，车桥处敌中心地区，是敌人的心脏，工事坚固又有日军驻守，敌人自以为安全，而敌人认为安全的地方，正是我最容易得手的地方，这是战争的辩证法，我们可以采取掏心战术，隐蔽接敌，突然进攻，必能收出奇制胜之效；再则车桥周围的地形也较有利于我。为此决定选择第三方案。

车桥坐落在涧河（又名菊花沟）两岸，东西2华里，南北1.5华里，河道上有五座桥梁，俯瞰全镇，形如“车”字，是以得名。敌伪占领后，驻扎着日军一个小队，约40余人，伪军一个大队，约500余人，他们加高围墙，拓宽外壕，架设铁丝网，修建了52座碉堡，构成了绵密的交叉火力网。以车桥为中心，在外围还有十几个坚固据点相拱卫。车桥地处中心，来援方向比较多，但敌两个师团部的驻地徐州、扬州，距车桥都比较远，估计不一定来援，其主要增援方向可能来自淮安。为此，我们决定调集主力第1、第7、第52团和苏中军区教导团及第4分区特务团等共5个多团的兵力，采取攻坚打援并举的方针，决心不惜牺牲，坚决攻占车桥，同时歼灭敌人的增援部队，各阻击部队坚决保障两天两晚之战斗警戒任务。顺便说一句，有的同志把这次的作战方针表述为“攻坚打援并举，以打援为主”，这不太确切。打援的部队虽然多一些，但我们的目的是攻取车桥，解放这一片地区。

在此以前，我们对日寇打的都是游击战，这次集中5个团的兵力，还有地方武装和民兵配合，以游击战和运动战相结合，对日寇举行这样规模的攻势作战，在苏中抗日游击战争中是没有前例的。所以我们狠抓了战役前的准备，特别重视协同作战的准备。第一，对敌情的判断，对可能出现的各种复杂情况，作了审慎周密的预案和计划；对我方部队集中的时间、地点、开进路线、攻击时间作了精密的计算和要求，以减少战时协同的困难。第二，统一了弹药、器材、粮秣、野战医疗、运输等后方勤务工作，还根据我们所拟采用的战术手段，特制了一批攻坚器材，如连环云梯、单梯三角钩、爬城钩、麻绳、煤油、棉花、竹竿、土坦克、炸药、烟幕弹、沙包，还准备了火箭、灯笼、电话等通讯联络工具。第三，动员群众支援前线，征集大批船工和船只，组织群众及时配合战时勤务，战后平毁敌人据点工事。第四，战前对部队进行编组，将互相较为了解、战斗作风特长相仿的部队，临时编成一个建制，共编为三个纵队、一个总预备队，适当调整了组织与干部。第五，在战役发起前十余天，即由师部和各主攻部队派出得力干部，进入车桥和芦家滩伏击阵地作实地侦察。并依据实地情况，进行战前训练。

政治动员工作做得很充分，召开了各种形式的动员会，颁布了战时奖惩条例，组织了突击队、突击组，互相提出战斗竞赛。

在组织指挥上，师前方司令部与一分区司令部暂时合并，组成野战司令部。我和副师长叶飞也作了分工，叶飞负责战场指挥，我掌握全局。

战役于 1944 年 3 月 5 日凌晨 1 时 50 分发起，首先进攻车桥据点。我军利用夜暗从敌外围据点之间直插车桥，以隐蔽迅猛动作，从四面八方越过外壕，架起云梯，爬上围墙，很快攻占了围墙上的所有碉堡并迅速攻入镇内，分割包围各敌伪驻地。我军的突然攻击，使敌完全被动。经激烈战斗，于当日中午全部歼灭了镇内的一个伪军大队。接着对日本驻守的土圩及碉堡开展攻击，经一天一夜的战斗，日军一个小队大部被歼，残敌固守挣扎，我展开了政治攻势。5 日下午，淮阴、淮安、涟水等地日军（华北派遣军第六十五师团第七十二旅团山泽大队），纠合伪军共 700 余，分批在淮安集结，乘汽车向车桥增援。当第一批援敌进入我韩庄、芦家滩伏击阵地时，我军突然猛烈开火，迫敌进入我预设的地雷阵地，炸死了一批敌人，接着第二、第三批援敌亦进入韩庄与第一批残敌会合。当晚，敌向我阻击阵地进犯。我军从敌侧背奋勇出击，与敌白刃格斗。敌伤亡惨重，向韩庄东北突围，在芦苇荡边被我切成三段，大部就歼。7 日，车桥残敌狼狈逃窜，战役胜利结束。我军共歼山泽大佐以下日军 460 余人，其中生俘山本一三中尉以下 24 人，歼伪军 500 余人，攻克车桥据点，摧毁碉堡 50 余座，并缴获九二式步兵炮一门及大批武器弹药，我军乘胜扩大战果，至 13 日，共收复曹甸、泾口、塔儿头等敌伪据点 12 处，使淮安、宝应以东纵横 50 余公里的地区全部解放。

车桥战役发起前，我运用声东击西的手法，在东台三仓地区举行了牵制作战。当时敌军对我计划一无所知，仍在致力于“清乡”和“扫荡”。3 月 3 日，我获悉日军 100 余人、伪军 1000 余人增至安丰，有向东“扫荡”模样；南面海安之敌一部进至李堡，有向我台南地区“扫荡”之可能。我们遂将师直机关分为前后梯队，由管文蔚同志率后梯队北移，跳出“扫荡”圈；我前梯队向南经三仓、三十总到薛家套，故意迎击“扫荡”之敌与其纠缠。3 月 4 日，李堡、安丰、潘家（金敝）各路之敌，以一仓河、吴家桥为目标分进合击。我们于夜间从敌人空隙中由薛家套安全转移到五总。敌合击扑空后继续分路追寻。我又安全转移到兰路址。3 月 5 日晨，车桥战役打响后，敌即仓皇后撤，并放弃了潘家（金敝）据点。南线的作战行动麻痹了敌人，加强了车桥战役发起的突然性。

车桥战役得到我兄弟部队第 3 师的积极支持。在战役前，我们即同 3 师沟通了情报联系。战役进行中，第 3 师一部攻克涟水、车桥间的朱圩子据点，歼灭伪军 300 余人，对车桥战役的胜利起到积极的配合作用。

车桥战役的捷报传到延安，新华社向全国播发了新四军收复车桥的消息，赞扬这是“以雄厚兵力”打的一个“大歼灭战”。延安《解放日报》发表了祝贺这一胜利的社论。在延安的陈毅军长也发来了嘉奖电。车桥战役后敌人未敢进行大的报复行动。一个月后，苏中区党委、苏中行政公署、苏中军区移驻车桥附近宝应县的固津一带，党校移到了固津附近的林溪镇。我们集中 4 个主力团在淮宝地区整训，为后来我军向苏浙战略机动创造了有利条件。

车桥战役以游击战与运动战相结合的战役形态，以机动突击、单刀直入、分别包围、各个击破、秘密接近、迅速猛扑等战术手段，偷袭与强攻、进攻与阻击、分途开进与协同攻击、步兵单独作战和步炮联合作战、主战场与牵制战场、主力与人民武装等多种作战方式以及周密细致、机智果敢的组织指挥而展现光彩。我军指战员英勇顽强，不怕牺牲，185 位同志光荣负伤，53 位同志光荣献身。日本反战同盟苏中支部松野觉同志参加火线喊话，英勇牺牲。

车桥战役以后，我对全区斗争方针又作了一次考虑。当时日伪对四分区的“清乡”已转为以政治伪化为主，同时准备对第 1、第 3 分区进行“扩展清乡”、对第 2 分区进行“强化屯垦”。面对这一情况，我认为敌人已无多大兵力增调苏中，我们对敌人的“扩展清乡”“强化屯垦”应采取打破的方针。至于第 4 分区的反“清乡”，则仍提“坚持反清乡”，不提“粉碎反清乡”，因为过早地提“粉碎”容易引起轻敌和急躁，导致敌人的报复，使群众遭受不必要的损失。同时，这时我们的领导重心，已经转向准备反攻，第

4 分区形势如再度紧张，对全局会有干扰。

6 月中旬，苏中区党委根据形势的发展，指出反据点斗争是一切工作的中心环节，要用一切办法来达到反据点斗争的胜利，使敌人被逼放弃小据点，集中到大据点，并使大据点一个个处于孤立局面。于是苏中全区展开了对日伪的攻势作战。早在 5 月，苏中主力特务 4 团已攻克南通、如皋两县交界的童家甸据点；东南警卫团攻克竖河镇据点；各县警卫团、区队、民兵攻克日伪据点 28 处，歼灭日伪近 1000 人。6 月 23 日，第 3 旅第 7 团在如皋中部耙齿凌附近与日伪军 500 余人打了一个遭遇战，经三个多小时激战，击毙日军中队长加藤大尉以下日伪军 200 余人，活捉日军小队长以下 14 名，伪军 200 余人。6 月 27 日，我主力第 7 团与特务 4 团，在 3000 余民兵配合下，攻克“清乡”区封锁线上的日伪军重要据点南坎镇，把“清乡”区打开一个大缺口。此仗日军 12 人、伪军 1 个连被全歼，驻掘港日军中队长丹木率部增援，被我阻击，丹木以下 10 余人毙命。7 月中旬，活跃在吕四、环港一带的海防团以奇袭手段，缴获日军运输艇两艘，活捉日军 9 名；第 3 分区主力一部与如西独立团攻占石庄，俘伪军 150 多人。区队、民兵收复新市、新生港、吕家窑、田家铺、张黄港、新坝等据点，击毙日伪军营长以下 180 多名，强攻西团伪“屯垦”警备第一纵队第 5 大队，击毙伪军 30 余人，俘 246 人，平毁了 13 座碉堡，接着又收复谢家庄、洪家垛、河口、墩头、湖北庄、万来庄、朱家舍等日伪据点。

我第 4 分区军民在“清乡”区内发起了夏季攻势和秋季攻势。六七月间，南通、海门、如皋各地地方武装、民兵和群众 5 万余人，发动了为时 20 多天的大破击战，破坏公路 700 余公里，炸毁桥梁 50 余座，攻占八总店、鲍家坝、三余、北新桥等一批日伪据点。9 月再次组织大规模攻势，历时 45 天。夏秋两季攻势，前后攻克、逼退日伪据点 60 余处。到了 1944 年 10 月，不仅恢复了“清乡”以来被日伪占领的地区，而且使根据地有所扩大。

至此，第 4 分区军民经过一年零七个月的艰苦斗争，终于取得了反“清乡”斗争的决定性胜利，而日伪的“扩展清乡”“强化屯垦”宣告破产。1944 年初设立的伪“苏北屯垦总署”，也于 11 月 1 日被迫宣布取消。实践证明，我们对形势的估计是正确的，因而能不失时机地对敌人展开攻势作战，而车桥战役则成为苏中抗日根据地对日伪进行局部反攻的起点。

1944 年秋，党中央为了发展东南各省的抗日斗争和准备战略反攻，并为在抗日战争结束后迎击国民党的反共内战预作准备，重申了发展东南的战略方针，我奉命担负向苏浙皖边区发展的任务。多年为之奋斗，一刻没有忘怀的这一夙愿终于实现了。1944 年 12 月中旬，我率苏中主力三个团由车桥地区出发，渡江南下，暂时告别了苏中父老。

战争教育了人民，人民赢得了战争。苏中抗日根据地是在同敌人艰苦顽强的斗争中建立和发展起来的；苏中人民是经过战争烈火考验的，因而是最坚强的。回忆这一段历史，我觉得这是一条最宝贵的经验。

芦家滩痛歼日军

廖政国*

1944 年 2 月的一天，苏中军区首长在黄海边的三仓河驻地，召开了有关部队的团以上干部会议，拟定了一个新的战役行动方案——这就是以后名震华中的车桥战役。

车桥，位于我苏中、苏北、淮南三块根据地交界，是个重要的战略机动地。以南是苏中水网地区，以北是苏北平原，以西隔运河、宝应湖便是淮南平原，这里又是日寇华北派遣军和华中派遣军的接合部，因此，叶飞副司令员在会上提出：根据日寇将继续对我苏中根据地进行“清乡”“屯垦”的情况，军区首长确定趁敌人兵力频繁调动之际，楔入敌人的接合部，对车桥之敌发起一次强大的攻势，一方面可以打乱敌人的“清乡”“屯垦”部署，一方面可以控制苏淮边区，使我苏中根据地有一相对稳定的局面。粟裕司令员也在会上强调指出：过去一年来，虽然我苏中军民取得了一连串反“清乡”反“屯垦”的胜利，但由于没有一个相对稳定的地区，领导机关经常处于流动状态，这对部队进行整风、生产、练兵都很不利。为了巩固和发展根据地，迎接大发展的形势到来，我军必须主动寻找一切有利战机，对敌进攻。敌人目

---

* 作者时任新四军第一师第一团团长。

前正以深沟高垒对我，我们只有发扬高度积极的进攻精神，实施攻坚。又由于敌人控制点线，交通便利，增援容易，因此攻坚必须与打援相结合。经过大家充分讨论，军区首长最后布置：以3旅7团强攻车桥；18旅52团等部担任宝应、高邮方面的打援任务；我们1旅1团与特3团1营、3分区特务营的两个连临时组成一个纵队，担任淮安、淮阴、涟水、宿迁方向的打援任务。

3月4日午夜，攻坚部队即向车桥发起攻击。我们部队也舍船陆行，次第到达车桥以西的打援地点。战场选择在芦家滩一带。这里，南靠东西界河，流水湍急，河岸险陡；北为一片草荡，宽约1里，长约2里，淤泥陷人；中间形成狭窄口袋形地域，淮安到车桥的公路就由这里穿过。鉴于敌人只能沿公路前来，进入口袋形地域后，施展不开，我们就以一个营正面构筑阵地阻击，主力隐蔽于芦家滩以北一线，以便在适当时候出击。

翌日，东北风大起，黄尘遮天，飞沙扑人。上午接军区通报：攻击车桥的7团部队已突入市区，连克53座碉堡，发展极为顺利，残敌正在聚歼中。策应战役行动的3师部队也一举攻克了西北方向的朱家圩子，全歼敌人。另据侦察员回报：3师骑兵部队在淮安到车桥公路以北佯动，以便逼使来援日军沿公路东来。但直到下午，增援的敌人还没有到来。“战斗这样顺利，鬼子还来不来增援？”参谋们都在议论。

战役之前，我军曾暴露攻击泾口的意图，使敌人有所防备后，却不作任何行动。敌人很难判断我军的真实企图，哪有不来之理！果然，3时许，侦察员就传来喜讯：日军乘坐卡车来了。根据敌人的车辆数和装载量判断，约有240余名。

敌人进至周村附近，先是一阵炮轰。后来没有发现我军还击，就以一部沿公路搜索前进，其余仍乘车跟进。待进至离我军正面阵地200米处，突然遭到我3营袭击。敌以一部向我军正面攻击，其余即迅速下车散开在公路以北一线，不料这一来，散在公路以北的敌人正好陷入我预设的地雷阵中。远处望去，黄沙冲天，黑色的烟尘迷离一片。敌人被迫龟伏于我军阵地前，而以一部向我军阵地右翼东北方向实行迂回。我立即命4连从北向南运动，打敌翼侧。只见4连战士在10余米宽的一片寸草不长的开阔地上，一个班一个班地跃进，一枪也不发，真好像是演习一样。当他们接近了敌人，猝然拉开手榴弹，敌人忙乱中被逼退到小韩庄附近，不敢动了。

4时许，侦察员报告，第二批增援日军约200人又到。现在必须把两批援敌隔断，或者予第二批更大杀伤后才使敌人会合。我随即要6连沿公路北面远距离出击。6连以攻击勇猛闻名全团，接敌极为迅速。一阵手榴弹给第二批援敌以迎头痛击，随后把他们压缩在小西庄以南一带。到下午6时，援敌先后来了四批。第三批被我军阻击住，第四批过来，又给阻住。公路上和两侧硝烟冲起，炮火连天。敌人被隔断，前后不能相顾，一截截犹如分尸的巨蟒，在地上滚动着，号叫着。

这时，已经查明：增援之敌是日军六十五师团五十二旅团的六十大队，由山泽大佐率领前来。山泽此人，凶狠好斗，每战都亲临前线，但性情暴躁，刚愎自用。他拂晓带第一批部队从淮阴上车，原先以为稍经战斗，即可增援车桥，及至遭到我军意外的坚强阻击，才急电催促各据点日军驰援。于是调一批，来一批，先后一共调来了四批援军。这就给我军以更多可趁之机。我军分段拦截敌人，不断地予敌重创，而且摸清了敌人的底。至下午7时，为了集结部队以便当晚发起总攻，才让敌人暂会合于韩庄。

黄昏，狂风骤止，天色清明。曾如清政委、朱启祥主任和特3团陈挺团长来指挥所，研究下一步的战法，并确定了总攻时间为当夜9时。但他们刚刚回到指挥所，就听得正面阵地上炮声不绝于耳，接着，枪声紧密，排子榴弹声一阵紧接一阵，呐喊声，呼号声，越来越响亮。稍停，一片大火绵延，烧红了半边天……原来日军于韩庄会合后，山泽暴跳如雷，稍作整顿，即作困兽之斗，接连向我正面阵地猛扑，企图突过我军阵地，直驱车桥。

正在这时，忽然从前方晃来一个人影，一颠一踬地跑到指挥所附近。参谋们一查问，原来是守备部队九连的一个新兵，第一次作战，稍带有轻伤就离开了阵地，由于辨别不清方向，误跑到指挥所来。参谋们问起正面部队的情况，他讷讷地说："班长也不见了，只见鬼子冲到我们阵地后面去了……"这话顿时引起我的焦虑：果真出现了这情况，战斗必将发生急剧的变化。我即修正总攻方案，提早总攻时间。并派通信员火速通知各部，命令2营和分区特务营分头向韩庄发起攻击，插入敌阵后首先将敌切成几段，再以抵近作战和白刃格斗歼灭敌人。

指挥所又进到了小东庄。月光下，韩庄清晰可见。我军攻击部队正肃静地运动着。不一会儿，黑幢幢的人影越过了开阔地，火光一闪，轰隆隆响起了一片炮弹爆炸声。日军的掷弹筒也不停地还击，轻重机枪声重重叠叠，很难辨别有多少挺在发射。紧接着，我军连续的排子榴弹声压倒了其他一切声响……紧张的几分钟过去，各部即向我报告：6 连首先于韩庄西北突破敌军阵地，接着 4 连从北面、特务营 1 连从西面分别攻入韩庄，最后，5 连也自东面突破。这样，韩庄的日军就被截成四段。

我军突入韩庄后，日军端着刺刀迎头而来，企图反击。敌我之间，立刻展开了一场炽烈的肉搏战。一时喊杀震破夜空，整个村庄只见铁片飞溅，刀光闪闪。鬼子不断倒下，尸横遍地。这时，我们又针对山泽特点，提出："专打鬼子指挥员，专打山泽大佐。"各连的神枪手们各找地形隐伏起来，找寻身披呢大衣、舞动指挥刀、大声嗥叫的日军指挥官。且不管是否山泽，击毙就好。10 时许,2 营即将俘获的日军送来了。其中有一名重伤的日军军官，身材矮小，满脸横肉上沾着血污。在送来的路上，他躺在担架上，还挣扎着翻滚吼叫，但此时已毫无声息了。经俘虏辨认：正是山泽！

正当韩庄白刃战火炽之际，草荡东侧部发现一簇簇火光。居民不会放火，我军又无此种信号，估计是有一股敌人已窜至草荡以东。虽然目前春寒正浓，薄冰漂浮，但残留的日寇被打得狗急跳墙，徒涉草荡也不是没有可能的。我立即使用预备队 1 营 2、3 连，由石桥头向草荡以东出击。

部队进至小马庄，果然发现残敌在依庄据守。日寇亦发现了我军，双方同时鸣枪。小马庄三面环绕险陡河道，一面是毫无隐蔽的开阔地。部队急速越过庄北小桥，沿河飞绕到敌占房屋后面，叠罗汉上屋。敌人集结全力与我抗击。我军挖墙洞，投掷手榴弹，抢占房屋。日军见势不利，手端刺刀想夺出门去，一部分被战士们以排子榴弹轰回，一部分冲至巷内与我展开了白刃肉搏。几经反复冲杀，又把巷战的日军逼进屋内。战士们一面上屋揭洞，一面挖开墙洞以手榴弹开路，逐屋争夺。突然，屋里的日军大声嚎叫起来。

3 连有个绰号叫“三袋黄烟”的战士，懂得日语，这时向连长报告：“敌人动摇了！”连长马上要他向日军喊话。那战士喊了几句，房屋内一时安静下来，但稍停后，又向屋外猛烈射击。我军数次冲击都无法逼近，便架起高粱秆数堆，准备火攻。顷刻间，小马庄内烈火熊熊……

敌人完全溃乱了。小马庄内侥幸逃出之敌，草荡边被我军切断之敌，四散逃窜，零零落落，完全失掉了“皇军”的威风。我军更加活跃起来，一片呼喊声：“缴大炮啊！”“捉活鬼子啊！”残败的日军走投无路，一个个向河里、向草荡里跳。战士们跟着跳下去扑捉鬼子，就像赶水鸭一样，热闹极了。有的日本兵手舞着刺刀仍想顽抗，冷不防我军战士从后面上来把他拉到水里，咕嘟咕嘟地喝起水来！有的日本兵皮鞋陷入污泥，光着双脚，像落水狗似的刚刚蹿上岸来，又被我战士用刺刀撵回草荡……

清晨来临，战场寂静，但指挥所里却热热闹闹，人们熙熙攘攘在争看俘虏。这时第六批增援之敌又来了，他们和被我堵在口袋以外的第五批援敌会合后，以轻便坦克和装甲车开路，盲轰乱射，掩护后面的汽车前进。我和曾政委立即命令特务营出击。半个小时过后，援敌被阻后退，随坦克和装甲车转身向万塘据点撤去。刚才，战斗正激烈时有一群头发焦枯，脸目烧肿，浑身污秽不堪的日军，听到马达声响，没命向大队奔去。一连战士估计是昨晚搜捕草荡时漏网的日军，没等命令，跟踪追了上去，把他们抓了回来。战士们押着俘虏一面往回走，一面兴高采烈地谈论着这次战斗的胜利。有个叫石川芳男的日俘用中国话对我们的战士凄然地说：“白天见你们只有少数部队，不想夜间这么多，四面八方冲来。你们用兵太巧妙了。”

这次战斗，日军 440 余人遭到覆没，24 人被生擒；歼灭伪军 480 余人。车桥也被我军攻克。

几个月后，我们部队又回到了这一地区。这里已是另一片景象了：在车桥战役后，曹甸、泾口、周庄、塔儿头、望直港等 12 个敌伪据点也为我军收复。从此，这里便成为我苏中根据地的后方。区党委、行署和军区等领导机关都转移到这一地区。党校扩大了，军区整风队办起来了，大批干部聚集到这里来学习，我团也在这一带进行了较长时期的训练和生产运动。

局部反攻：高口战役、林公渡战斗

刘　震*

1944年春，国际形势发生了急剧变化，德国法西斯已被驱出苏联国境，处于总崩溃的前夜。日本法西斯在太平洋战场逐步失利，在中国战场又遭到我解放区军民连续不断的打击，也到了走投无路的境地。党中央、毛主席及时指出：全世界大变化的局势即将到来，解放区军民应保持高度警惕，壮大人民力量，巩固和发展根据地，准备在任何情况下把日本侵略军打出中国去。

日军为加强太平洋战场作战和向我大后方进攻，从苏北地区抽走了部分兵力，收缩防务，放弃若干次要据点，更多地依靠伪军对我根据地进行“蚕食”和掠夺，因而战争的主动权逐渐转到我军手中。根据上级指示，淮海区军民在1944年3月彻底粉碎日伪“治安肃正”计划后，即开始局部反攻，集中主力先后发动高沟杨口战役、林公渡战斗、叶圩子战斗等，并参加了阜宁战役。

高沟、杨口是灌云、新安镇之敌伸向西南的主要据点。高沟位于新安镇西南20公里，杨口在高沟西北5公里。该地区日军撤退后，伪军三十六师

* 作者时任新四军第三师第十旅旅长兼淮海军分区司令员。

七十二旅及地方反动武装共 2000 余人防守，并以高杨为核心在四周安设了数十个小据点，进行坚固设防，妄图控制盐河、前后六塘河的交通，与沭阳之敌遥相呼应。为打通淮海、盐阜两区交通线，扩大淮海根据地和配合淮北反伪化斗争，根据上级部署，淮海分区第 1、4、2 支队（欠 4 团）和 7 旅 20 团于 1944 年 4 月发起高沟、杨口战役。针对敌坚固设防和可能增援的特点，我确定以 4 支队首先攻克高沟据点，以 1 支队钳制杨口等地；尔后集中兵力会攻杨口，歼灭该处之敌。

高沟守敌共 1000 余人，在镇四周筑有高 5—6 米并附有地堡的圩墙，墙外设有外壕和鹿砦；镇内由地堡、炮楼组成 7 个支撑点，北门为敌防守重点。4 支队受领任务后，对敌情、地形进行周密侦察，具体部署了兵力。4 月 19 日晚 11 团分三路强袭张庄，夺占了进攻高沟的有利阵地，连续击退敌三次反冲击，于 21 日下午从西南角突入镇内。

22 日上午，新安镇及丁头庄日军 50 余人、伪军 600 余人增援高沟。10 团、12 团在荀庄东北地区，以伏击、出击和白刃格斗将敌击退。

23 日上午，新安镇、杨口之敌 800 余人分三路再次增援高沟。10 团、12 团主力于洪凹子、荀庄一线，抗击对我威胁最大的新安镇来援之敌，12 团 2 连连续击退敌人 7 次冲击，子弹打光后，在连长率领下，勇敢冲入敌阵，与日军展开激烈搏斗，给敌重大杀伤,40 余同志壮烈牺牲。激战 5 小时，该路敌人被击退。另两路援敌进入高沟，11 团经过数小时的英勇顽强战斗，守住了阵地，夺占了东门。

24 日中午，12 团和涟水总队又击退了杨口之敌 200 余人的增援，当晚，10 团、11 团向北门守敌发起三次攻击，给敌大量杀伤。

25 日，守敌向北突围，我军乘机突入北门，歼敌一部，逃敌被 1、4 支队的阻击部队歼灭于南六塘河及其南岸。高沟战斗结束。

敌杨口据点由杨子街、新宅子、王行庄三个支撑点构成，其防御设施类似高沟。

4 月 24 日，1 支队为配合高沟战斗，向杨口外围据点发起了进攻，1 团肃清了王行庄北面外围之敌，3 团肃清了王行庄南侧敌警戒部队，并击退了杨口两个营的增援。25 日黄昏，1 团对王行庄之敌发起进攻，敌突围南逃，被 3 团全歼，杨子街、新宅子之敌遂陷于孤立。

25 日夜，2 团将杨子街之敌包围。我们急令 20 团及 5 团、6 团赴杨口参战；以 2 团、3 团担任主攻，先歼杨子街之敌，再歼新宅子之敌；1 团、6 团及 4 支队各团阻击可能来援之敌。

27 日黄昏，2 团、3 团分别从东面、东南面和北面向杨子街发起攻击，迅速占领东西 4 个大炮楼，并向街中心及两侧扩展，将敌分割成南北两块。28 日 10 时，新安镇日军百余人、伪军 400 余人出援，被 4 支队勇猛击退。黄昏，杨子街残敌待援无望，向我军投降。

30 日，我们调整了部署，以 20 团接替 4 支队阵地；4 支队接替 1 团、6 团阵地；以 1 团担任对新宅子的主攻任务，其余各部队于指定位置警戒待命。

5 月 1 日、2 日，1 团先后攻击新宅子之敌未果。3 日，改以 20 团主力接替攻击任务。在炮火支援下，该团于翌日 15 时向敌发起攻击，仅 10 分钟即突破敌防御，迫使敌一四三团团长及短枪队 40 余人投降，我军胜利占领新宅子据点。至此，历时 16 天的高杨战役胜利结束。

高杨战役共计攻克大小据点 14 处，毁炮楼 150 余座，全歼敌伪 2000 余人，毙伤增援的日军 140 余人，缴获长短枪 1164 支、轻机枪 11 挺、炮 3 门、掷弹筒 32 具及其他军用物资。这次战役的胜利，收复了六塘河两岸地区，使淮海、盐阜两区连成一片，改善了苏北抗日斗争局面，使日军以盐河为主的水陆交通线暴露于我苏北军民的打击之下。

高杨战役的胜利，是我们正确运用集中使用兵力、各个歼灭敌人的战术原则的结果；也是各级指挥员在守敌反扑和外敌增援频繁的复杂情况下，灵活机动地实施指挥的结果；同时也是参战部队全体指战员英勇顽强连续战斗的结果，苏北军区分别授予 10 团“攻必克”、11 团“守必坚”的奖旗。

为庆祝高杨战役的胜利和追悼淮海区的烈士，党政军民各界代表 1 万多人于 5 月 22 日在泗沭县召开纪念大会。会上，金明同志讲话，阐明胜利的意义、原因和对今后斗争的要求；我在讲话中提出：在胜利面前要防止骄傲，继续努力，准备对付敌人的报复，全力保卫夏收。

淮海区之敌遭我高杨战役及尔后一连串的打击后，占领区大为缩小，沿几条主要交通线建立的伪化区日益狭窄，其水陆交通陷入时断时续或完全断绝状态。这一情况迫使日军采取各种手段，极力保持其已有和必要的交通线。

8 月中旬的一天，我们部队活动到运河边，一个通过敌伪军工作关系介绍来的自称“谈判代表”的人，找上门来，说奉了日军某大队长旨意，要和我们“谈判”。他说：“如果你们允许宿迁到淮阴的运河通航，皇军就不再向你们扫荡、安据点，并愿给你们十几挺机枪和一部分子弹。”

“要是我们不允许通航呢？”我们的同志反问了一句。

来者带着威胁的口气说：“皇军要继续扫荡，继续向外安据点。”

看来，敌人在我们猛烈打击下，已经感到没有什么出路，不得不来软硬兼施的花招了。但是，胜利成果总是从积极斗争中取得的，我们的同志坚决给以回击。

“运河，是中国人的运河，决不允许侵略者航行。日寇出来‘扫荡’，我们就坚决消灭；它向外安据点，我们就坚决打掉。要谈判，条件只有一个：放下武器，一律宽待。”

那个“谈判代表”，灰溜溜地回去了。

不几天，我们得到情报：驻宿迁之日军七十二旅团三五大队派出金井中队 88 人，还有地方反动武装 90 余人，果然要在林公渡安据点。看来，敌人是要拼命保住运河航线，再一次试探我军的威力。我们的坚定方针是不让敌人安据点，决心趁它立足未稳，碉堡还没修成，突然发起战斗，粉碎敌人的阴谋。

林公渡是一个只有 12 户人家的小村落，西北距宿迁县城 32 公里，东南距泗阳县城 20 公里，北靠运河，往南 200 米为废黄河堤，是宿迁、泗阳两县水陆交通要道，周围地形开阔，易于防御，面积又小，可以节省兵力。在敌人看来，这是一个非常理想的、利于守不利于攻的据点。

获得情报后，我们立即动员群众，拆掉圩墙，埋藏粮食。在兵力部署上，一方面组织地方武装和民兵沿途袭扰金井中队，一方面急令集结于钱集附近的我军主力，飞速向林公渡挺进。

金井中队是宿迁城里日军的一张“王牌”，又配备了一部分重火器，来势汹汹。要想迅速、干脆地歼灭这股敌人，我们必须以绝对优势的兵力投入战斗，给它一个毁灭性的打击。

敌人进驻林公渡后，开始修筑炮楼。我们得此情报，就集中主力第1、2、4支队，迅速到达林公渡东北30余公里的裴圩、里仁集一带集结，进行政治动员和战前准备，同时派出两三个班的小分队，会同地方武装和民兵，每天晚上向林公渡实施佯攻，叫敌人得不到一点喘息的机会。

9月6日黄昏，担任主攻的2支队从林公渡东边崔镇渡过运河，6个主攻连分东、西、南三路于7日晚8时前将敌人团团围住；同时，1、4支队对宿迁、淮阴方向布置了打援部队，阻止敌人的增援。天刚入黑，炮兵开始射击。我们的火炮虽是几门经过改造的曲射、平射两用的迫击炮和缴获来的一门迫击炮，但炮手们打得很出色，给敌人的威胁很大。

当晚9时开始总攻，3连乘机从据点西侧发起进攻，指导员薛复礼率突击班开路，用马刀砍断敌暗堡外围铁丝网，从射孔投入手榴弹将敌暗堡炸毁，突破了敌前沿阵地。经过激烈的战斗，我军突入敌纵深，被分割的敌人仍企图借断墙残壁做垂死挣扎，稍有机会就冲出院落，又被我英勇的战士们顶了回去。战斗在逐屋争夺中进行，敌人固守的几个院落逐个被我军夺取。

我们从俘虏中了解到一些情况：被我军在村东攻占的第三个院落是金井的指挥所，在我猛烈攻击下，他丢下这个院落，慌慌张张跑到别的院落里去了；他现在很害怕，因为他的中队成员已伤亡大半，而最伤脑筋的是一部分重火器被我军缴获了，指挥系统被打乱了；他心想突围，但无办法，又得不到救援，只好硬着头皮在两三个院落顽抗。

摸到敌人的底细之后，我们迅速调整了部署。在主要攻击方向上，除了集中一些重火器之外，又投入了两个连的兵力。战斗发展得很快，二十来分钟我们又占领了两个院落。8日凌晨3点，战斗仍在激烈地进行，指挥所的电话不时响起清脆的铃声，战况和捷报频频传来。忽然，一阵急促的铃声响起，我拿起耳机，6团团长俞和坦向我报告说：“敌人有一小部分从村北突围了，正沿着运河边向西逃窜。”我当即令外围部队马上阻追，并令村里的攻击部队加紧向残敌攻击，决不让一个敌人再从林公渡逃出去。

村里的残敌被压到最后两幢房子里，为了尽快结束战斗，我们集中了所有的迫击炮和一部分爆破手，一齐向残敌进行射击和爆破。霎时，熊熊的火光照亮了这个小村落，一声轰响之后，退守在房子里的 30 多个日军全部葬身在火窟里。2 支队长冯志湘来电话报告：“突围的敌人已全部被歼，有 5 个企图泅水逃跑的日军，2 个被活捉，3 个淹死了。”拂晓前，我们胜利拔除了林公渡据点。此次战斗共击毙日军中队长金井以下 66 人，俘日军 5 人，毙俘伪军 90 余人。

林公渡战斗的胜利，给当地人民以很大的鼓舞，6 万余群众夹道欢迎部队凯旋。从此，敌人只好固守在淮阴、沭阳、泗阳、宿迁几座孤立的县城内，再也无力出来“扫荡”了。

1944 年我在运河地区经历的几件事

童邱龙*

1944 年春，世界反法西斯战争出现了新的局面。日寇为挽救其灭亡的命运，在正面战场上集中兵力向国民党军队发动战略进攻，企图迫使一直摇摆不定的蒋介石集团赶快投降。占领地区则加强向顽军诱降劝降，并收买土匪和恶霸地主武装，用日伪顽合流来对付我抗日人民武装，实行重点守备，采取攻势防御，以维持其局面。

在日寇兵力空虚，多利用伪军作战的有利条件下，我军抓住时机，在各地展开了局部反攻，扩大解放区，缩小敌占区，并进而打通和改善各战略地区之间的联系，夺取有利的反攻阵地，取得了很大胜利。但是，苏鲁交界的峄（县）滕（县）铜（山）邳（县）地区，敌强我弱的形势仍未发生大的变化。虽然涧头集的日军已撤到台儿庄，一些日伪小据点也进行了收缩，但是伪军势力依然数倍于我们，活动在这地区的运河支队，还处在四面受敌的困境之中。汉奸武装控制着我们原来的中心涧头集，对我军活动极为不利。另外，东有孙业洪部千余人，南有国民党顽固派苏鲁边区游击司令韩治隆部近千人，西面还有日伪重镇贾汪和韩庄。敌伪顽相互勾结，不断对运河地区进

* 作者时任中共鲁南运河支队副政委兼政治处主任。

行蚕食和扫荡，妄图消灭我们运河支队，切断山东八路军和华中新四军的联系。形势相当严重。

1943 年 12 月，新四军陈毅军长由华中去延安时经过了运河地区，在听取支队领导的汇报以后，曾指出：这里是战略地位很重要的地区，不仅是华中和山东的连接点，也是联系华中和延安的通道。更重要的，这是争取反攻，夺取徐州的前哨阵地。我军控制了这个地区，也就牢牢掌握了战场的主动权。因此，必须迅速改变这里的局面。之后，面对敌人的封锁包围，我运河支队在主力支援下全力反击，先后打下了徐楼、莲花山、多乐山、唐庄、侯孟、泉源等伪军据点。形势开始有一些变化，但终未发生根本转折。

会师不老河

7 月初，烈日炎炎，蝉声阵阵。支队的几位领导正在驻地上黄邱村头的树荫下开会，分析形势，研究对策。忽见峄滕铜邳县委副书记刘向一满头大汗，匆匆走来。大家连忙起身让座。

“不坐，站着凉快”，刘书记站着用手巾擦着汗，冷不丁冒出一句：“韩治隆这小子贼心不死，真要和我们干了。”

大家一怔。在前几年日伪夹击下，韩部一直还在保持中立。如果他们再动手，形势就更严重了。我说：“已经有迹象看出韩治隆是真要和我们干了。”

“有什么可靠的消息？”参谋长阎超问。

“你们知道有个叫杨治东的吗？”刘向一以问作答。“他是我们派入韩部所辖国民党铜山县第六区区公所，以文书职务掩护工作的地下党员。今天上午接到他的情报和这半个月的总口令。”他拿出一张纸递给了郑平政委。大家凑过去，只见写着其中一天的口令：

普通口令：铲除——黄邱套

特别口令：消灭——土八子

口令下有刘向一用钢笔划的醒目一道。看完这份情报，几个人都议论起来，说韩治隆真不是个东西。

郑平沉思片刻，说："很清楚，三年前韩治隆曾和我们捣乱，教训他一下以后，老实了几年，基本保持中立，并和我们有新联系。现在又猖狂起来。说明这个人的反共本性难改，不可救药了。"

我插话："韩部的军官大部分是顽固派，特别是他的参谋长胡立德。现在他们公开勾结日寇，不仅对我进行军事封锁，还逮捕抗日积极分子，捕捉我们的交通员，实在是一大祸害。"

"我看得下决心消灭他。"一直未开口的陈副支队长也开了腔。

"我看趁这机会就把他干掉。"刘向一急着说。

郑平沉思起来，一会儿，他缓缓说道："是应当早下决心消灭他，他们虽是乌合之众，到底也有近 2000 人，打掉他也不是轻而易举的，别急。"他伸手止住要开口的阎超，"我的意见是立即写信报告军分区，把韩治隆的这份口令也附上，请求上级早下决心来个南北夹击，趁其未备，消灭他！"

会后，支队派人向新四军 4 师邳睢铜军分区领导送去了信函。一周后，上级下令，派军分区独立团和 4 师 9 旅 27 团北过陇海路，和运河支队一起，发起了讨韩战役。

1944 年农历六月初一凌晨，满天星斗，夜阑人静。我 27 团和独立团越过陇海路向北，运河支队向南，以迅雷不及掩耳之势向韩部奔袭。战斗很快打响了，敌人仓惶应战。不多时，27 团即攻下了石庄子、吴台子、杜台子等敌人据点。独立团迅猛突击，攻克了朱湾、闰山子据点。我们运河支队也以四个连和黄邱区中队投入战斗，向大小码头、高庄子之敌发起攻击。8 连首先在小码头西北登梯突入，敌人抵挡不往，动摇溃退，高庄子守敌闻讯逃跑，被我们歼灭一部。由 9 连插到贾汪据点以南的不老河北岸堵截韩部向北突围。

南线战斗开始后，27 团警卫连在赵海峰团长指挥下，直插韩治隆司令部驻地吴台子，经内线引路，神不知鬼不觉地把韩的司令部团团围住。俘获哨兵后，逼近了大门。韩治隆听到枪声，起身骂骂咧咧地向大门走去。"谁他妈打枪，闹得老子觉也睡不好！"他正骂着，忽然觉得硬邦邦的东西顶在了腰上。“你们瞎啦！我是司令！”直至枪被卸了他才如梦初醒，成了俘虏。

“喊话让他们投降！”我战士命令道。韩治隆往日的威风不知到哪去了，乖乖从命。几分钟后，全据点的敌人都缴械投降了。离司令部不远的杜台子是胡立德的特务营驻地。这个老奸巨猾的家伙，听到附近据点里枪声大作，急忙骑马率特务营和机枪连大部向徐州方向逃跑了。

东方欲晓，战斗结束。几个小时，韩治隆部大部被歼，仅参谋长和残敌一部漏网西逃。

两天后，三支部队在北许阳休息，忽报胡立德和残敌在董庄、柴庄一带活动。部队立即出动，一支部队从北，一支部队从南，分路包抄，经半天激战，歼敌特务营，重创敌机枪连，缴获重机枪 2 挺，迫击炮 1 门。胡立德早已成惊弓之鸟，漏网之鱼，再次逃跑，收拾残部投奔了日寇。尔后，我军又一鼓作气，消灭了兰家楼之敌。前后仅 9 天时间，讨韩战役胜利结束，被韩治隆统治了几年之久的不老河西岸成了解放区。

拔掉“楔子”

讨韩之战出师告捷，我军威大振，士气高涨。在我军强大攻势下，敌人一些小据点纷纷收缩，胜利的消息鼓舞了人民的斗志，广大青年踊跃报名参军，我们的部队迅速壮大并相继建立了柳河区、南山区人民政府，组织了区乡民兵武装。鉴于敌我力量对比已发生了很大变化，上级命 27 团撤回陇海路南休整，独立团由叶道友团长和崔文彬政委带领，暂留运河地区活动与我们支队协同作战，继续扩大战果。

“怎么样，该打涧头集了吧？”在一片胜利的欢笑声中，到处响起了孙斌全的大嗓门。他是本地人，不久前从淮北区党委整风回来，由运河支队副支队长调任峄滕铜邳县副县长，由于涧头集敌据点的存在，是运河地区开展工作的一大障碍，他等不及了，一再表示他人熟地悉，打涧头集的时候他可以亲自带路。

涧头集是个较大的集镇，原来是我们运河支队活动的中心区，敌人盘踞在此，恰像打进我根据地内的一个楔子。1940 年龙希贞投敌以后，勾结日寇在涧头集一带实行野蛮的“三光政策”，烧杀虏抢，无所不为。这个十恶不赦的汉奸、恶霸，在我军攻克徐楼等据点后，便集中了四个中队的几百伪军守备涧头集，日夜加修工事。自吹涧头集是“小北平”，固若金汤。

虽则如此，龙希贞及其部下依然恐惧异常，军心不稳。因为他们看见了昔日神气十足的韩治隆是怎样在一夜之间由堂堂司令变成败军之将、阶下之囚的。

在这样的情况下，攻打涧头集当然是有利的。于是经短期休整之后，独立团和我们支队即挥戈北上，由独立团主攻涧头集大小围子据点，我们的部队属于东西两侧，负责阻击来自台儿庄、韩庄、峄县城的援兵，力求打歼灭战。

农历 6 月 15 日夜，独立团由孙斌全副县长亲自带路迅速包围了涧头集。除少数兵力围困小围子据点，集中主力攻击大围子。几个小时后，围子被突破。敌人龟缩于据点内天主教堂附近的碉堡里负隅顽抗。我战士迅速迫近，打得敌人不敢露头。敌人自知已成瓮之中鳖，再抵抗下去，只有坐“土飞机”上西天。无奈何，只好挂出白旗，举手投降。是役，歼敌百余人，残部逃入小围子据点。

翌日，独立团向小围子据点发起攻击。但由于敌工事坚固，周围是一片开阔地带，再加据点内多是龙希贞的嫡亲，拼死抵抗，颇有战斗力，因而久攻不下。

第三天，我爆破突击，实行强攻，再次受挫。在孙斌全建议下，为减少伤亡，改变战术，实施挖坑道进行爆破。当坑道挖到围壕附近时，突然从台儿庄方向响起了枪声，敌增援部队到了。我主攻部队只好回身迎敌。

原来，我阻击部队根据以往经验，把大部兵力放在敌援兵必经的大路西旁，小路上只部署了一个中队。加上援敌两日未动，有些麻痹轻敌。而狡猾的敌人却不走红庙、贾桥、张庄、李庄的大道，突然于晚上从高山后小路蜂拥而至小山子。我在小山子担任阻击任务的区中队，应敌不暇，阻击线遂被敌人突破。

我部队腹背受敌，只得撤离涧头集据点周围。而敌人也无心恋战，不再守这个处于我军包围之中的孤岛，龙希贞及其残部就随之缩回台儿庄。

这次战斗，虽未全歼守敌，但大挫了敌人的锐气，解放了涧头集，使涧头集重新成为我根据地的中心区。这样，北至运河，南至陇海路，东至台儿庄，西至津浦路根据地连成了一片，民主政府和民兵武装相继建立，局面开始发生根本性的变化。

引蛇出洞

刚落了一场雨，蓝蓝的天空，被雨水洗得不见一缕云丝，远处黛色的山岭隐约可见，才凉爽了一会儿，天又热了起来，仿佛那暑气总也滤不净似的。青蛙仍在不甘寂寞地叫着，青纱帐的一部分，已开始由绿转黄了。

我们运河支队的队部，驻守在黄邱山套里的张塘村，下午独立团叶、崔二位首长来到张塘，向支队首长回拜来了。

他们闲话了一会，题目逐渐转向了韩庄。这是我们支队定下的又一个打击目标。

“时候到了，该报仇了。”郑平政委敛起笑容。

气氛严肃起来，大家都知道他指的是什么。一年前，我运河支队文峰大队的 28 名抗日战士，在韩庄据点以东的沙路口村被伪军包围袭击，政委张允峙等 27 人壮烈牺牲，仅 1 人幸存。

“对，应该让这些家伙们还还债了。”阎超把一块西瓜皮向远处抛去，惊飞了几只觅食的鸟。

叶团长想了一下，说道：“打击韩庄敌人是必要的。可是韩庄在运河以北，属于八路军的活动区域，要打就得打好。既然都是我们找敌人打，战场势必设在敌占区，那里我们不熟，敌人却有许多耳目，采取什么方法打，强攻还是智取，却要好好考虑。”

“叶团长的意见很对，不过这些我们已考虑过了。”郑平说着，摊开了地图，韩庄是徐州以北的日伪重要据点，位于利国驿以北，薛城以南的津浦线上，与东面的台儿庄和南面的徐州，形成鼎足之势，收复涧头集之后，威胁我们运河支队最大的就是韩庄据点了。然而，韩庄驻有日伪军六七百人，武器精良，工事坚固，戒备森严，加上国民党顽军做韩庄伪军的后台，还有孙茂山、褚思杰两个叛徒，反共相当坚决。因此，不能用对龙希贞的办法以强攻制胜。这些叶团长谈到了。那么这一仗该如何打呢？

“引蛇出洞，分而击之”，陈景龙副支队长吐出了八个字。

“对”，郑平接着说，“运河北是敌人控制区，几年来我们只有小股部队进行隐蔽的活动。敌人曾在去年占了便宜，更不把我们运河支队放在眼里，我们就利用敌人的这种骄横心理。把大部队突然隐蔽地开过运河去，在绝对封锁消息的情况下埋伏好，然后由我们派侦察员把敌人引出来。我们支队的同志已有了多次经验。”他不再讲了，两手往上一起一抄。大家会心地笑了。

叶团长、崔政委看着地图，在沉思着。

“怎么样，下决心吧，主力老大哥！这块肥肉离了你们还不好吃呢！”郑平诙谐地笑着。

叶、崔二人对视了一下，点点头。“咱们把详细的作战方案定一下吧。”

农历7月16日，夜幕低垂。运河支队的侦察分队和独立团从杜安集出发，衔枪疾走，轻装前进，分两路悄悄渡过运河，侦察员们和独立团一营进入离韩庄十里远的磨庄，团部和三营进驻沙路口，骑兵隐蔽在几家院子里，静候敌人入网。

马不叫，狗不咬，黑沉沉的大地一片寂静，仿佛一切和往常一样，沙路口在严密封锁下，敌人的耳目失去了效用。

天亮了，庄里鸡鸣阵阵，炊烟袅袅，隐蔽在沙路口和磨庄的我独立团战士早已准备停当，以逸待劳。

在我们支队部的指挥所里，大家正在等候战斗胜利的消息。侦察员张玉富在战斗结束以后，连跑带走一气走了几十里，满身大汗地回到支队部。

“哎呀，首长，太好了！”小伙子高兴得忘了敬礼，兴冲冲地叫着，随手抹了把汗，小脸变成了花脸。

“别急，慢慢说。”参谋长递给他一块毛巾。

“好。”小张呼哧呼哧喘着气说道：“我们侦察员和独立营进驻磨庄，吃过早饭，大约 8 点多钟，韩庄张来余的人马黑压压地向磨庄开来了。”小张接过别人递给他的凉开水，咕咚咕咚地喝了一气，又说：“好家伙，足足有 300 多人，人家真不含糊，大摇大摆地逼近磨庄，敌人到了磨庄跟前，我们的机枪一阵猛打，敌人还没弄清哪儿打枪，就倒了一片。”

小张喘了口气，擦擦汗，继续说道：“这下把龟孙子们打懵了，还没清醒过来，接着沙路口的枪也响了，又是一顿好打。敌人哭爹叫娘，四散而逃。这时，哗——，可不得了！我们的骑兵黑压压一片扑了过去，就听着喊哩咔嚓一阵响，除去早早跪下投降的，大部分是缺胳膊少腿的了。”小张扬脖子又灌了一碗水。

“哈哈！战斗就这样结束了。”郑平肯定的口吻道。

“过瘾，过瘾！”陈副支队长站起来笑着说。

“甭问，我告诉你们，”小张用手一挥继续说道：“这场仗，缴获机枪 4 挺，步枪 100 多支，捉了 100 多俘虏，再……你们到阎王爷的簿子上去查吧，百十多个总有。”他干净利索地汇报完了。

有人吐着舌头，“乖乖，真正速决战，不到一个钟头仗就打完了。”

战场上硝烟渐渐消失，响起了胜利者的欢笑声。这笑声飞过青纱帐，飞过大运河，飞进人们心中。

战斗结束，部队进行休整，度过了 1944 年的中秋佳节。

回忆淮河岸边的一支武装工作队

吴　华*

奉命建队

1944 年 5 月，抗日战争进入胜利阶段。为了更有效地打击敌人，加速胜利的到来，中共淮北区党委决定，学习山东铁道游击队的经验，成立武工队。

淮北区党委敌工部当时在小左庄（现在雪枫镇西约 3 里路）。当时，我正在淮泗县（现江苏淮阴以西、洪泽湖东北一带）敌工站担任联络员工作。有一天下午，站长党若平突然把我叫去，传达敌工部姚克指示，叫我回敌工部接受新的任务。

第二天中午，我就到了小左庄。几天后，敌工部部长吴宪找我谈话，他用坚定的口气说："淮北区党委根据上级的指示，决定成立一支武装工作队，这支武工队是部队待遇，但不穿军装，一律便衣，学习山东铁道游击队的斗争方式和活动经验，机动灵活地打击和瓦解敌人。"吴部长接着说："组织上决定让你担任武工队的队长，并负责将这支精悍的便衣队伍，迅速地筹建起

* 作者时任中共淮北区委武工队队长。

来。”吴宪同志又和我具体地研究了武工队的性质和任务，并说明了人员来源、武装配备、工作方法、活动范围等问题。

在淮北区党委大力支持和敌工部直接领导下，经过一段时间的紧张工作，这支武工队终于建立起来了。当时的老乡都称它为边区武工队。武工队建成时有 50 人左右，为营的建制，人员来自敌工部及所属各县敌工站、特务团、还有抗大四分校和淮北中学（干部训练班）的学员等。武装配备：短枪 20 余支，其余是步枪，每人 20 发子弹，8 颗手榴弹。这种水平的配备，在当时条件下已是相当不错的了。为了配齐这 20 多支短枪，部队中许多连、营长使用的手枪都“贡献”出来了。

根据党委的指示，武工队的任务：一是对敌军宣传我党的政策，开展争取和瓦解敌军工作；二是干扰和破坏交通要道；三是打击叛徒、特务和地方政警头子；四是配合地方部队开辟新区，保卫边区，进行反蚕食斗争；五是保卫午收、秋收；六是护送我方人员和统战人士。活动地区主要是以蚌埠为中心的淮河以北地区。

武工队的指导员开始是陈昌华，兼支部书记，副队长是轩耀华。武工队发展得很快，到 1945 年 2 月，已由开始的 40 余人壮大到 100 余人。分一个长枪分队，50 余人；一个短枪分队，40 余人和一个由 7 人组成的机枪班。

破坏铁路

1944 年初冬，抗日战争的胜利喜讯不断传来。解放区呈现一片欣欣向荣的景象。但是，不甘心失败的日本侵略军和驻曹老集、新马桥的伪军，对沿铁路以东的边区不断骚扰，抢粮、破坏我政权的巩固和发展。面对残酷的斗争现实，我们决定结合宣传瓦解敌人的工作，进行一次破坏铁路的活动。目标选定在曹老集至磨盘张之间。当时，日本鬼子对铁路采取了十分严格的保护措施，铁路两旁都有挖得很深的护路沟，铁路线上每隔八里、十里、小站外和铁路通过的小桥都设有碉堡，碉堡里驻着 10 个左右的日本鬼子，配有机关枪、步枪、手榴弹等轻、重武器。夜晚，两个小站之间派有巡更的民夫，敲着梆子，不断地高声喊着：“没有事哟……”这还不算，日本鬼子还经常开巡逻装甲车，车上装有一个可以四面转动的大探照灯，发现异常情况，就用机关枪扫射……

武工队经过周密侦察后，制定出了破坏铁路的行动计划。行动之前，进行了战前动员，针对有些武工队员还没有见过铁路和火车的情况，我特别强调：（1）不准敲打铁轨，以免铁轨的响声惊动碉堡里的日本鬼子；（2）火车和装甲车开过来时，应迅速躲进护路沟里，不要乱跑，这样，探照灯照不到，机关枪也打不到；（3）进入阵地后，没有队长的命令，一律不准擅自开枪；（4）撤出阵地顺序按一、二、三梯队撤离；（5）万一人员被打散，在约定的三个集合点集中。

那时，我们武工队驻在油坊集偏东北的一个庄子上，大约离铁路线 50 里。行动的那天，我们提前吃过晚饭，天刚擦黑，由向导领我们顺着农村小道，悄悄地出发了。那是一个没有月亮的夜晚，四周的村舍、树木……全都被黑夜笼罩起来，什么也看不清楚。我们每人左胳膊上扎了一条白毛巾，凭借这微弱的白影，紧跟着前面的同志，向前奔走。大地渐渐地沉睡了，万籁俱寂，我们完全沉浸在参加战斗的兴奋之中。

离铁路线愈来愈近了，探照灯不时从碉堡中射出，巡路员敲击的木梆声清晰地传到我们耳边。根据事先的布置，武工队员们分为三个梯队：第一梯队由我率领迅速进入铁路下边的护路沟埋伏下来，观察动静；第二梯队在距第一梯队后二三十米处，寻找到有利地形隐蔽起来；第三梯队在护路沟东边，掩护队员进、撤。

我们刚刚隐蔽起来，一道闪光从北面划破了夜空……我立刻低声告诉大家：“注意！日本鬼子的火车马上就要开过来了，大家不要怕，不要跑……”呜，轰隆、轰隆，一列满载军用物资的火车风驰电掣般地向这边驶来，装在列车前边的探照灯，射出了一道雪亮的寒光。乍见火车来势如此迅猛，有些队员离开掩体就跑，我急忙低声喊道：“不要跑，快卧下！”但是，转眼间，他们便消失在夜幕里了。幸好未被车上的敌人发觉，待一切平静下来后，第一梯队跃上铁路。为保护巡查护路群众免遭敌人杀害，我们把他捆绑在路边的电灯杆上，并在他嘴中塞上一条白毛巾。紧接着，第二梯队也冲上铁路，按照行动计划，一字排开，迅速将道钉撬掉，然后将铁轨移动位置，并将宣传品撒在铁路线上。这一切都是在很短的时间内完成的，敌人毫无发觉。我及时发出了撤退的命令。可是，武工队里几个没见过铁路的队员出于好奇心，趴下来用耳朵贴紧铁轨听，有个队员竟顺手拿了一块小石头敲击铁轨。刹那间，在寂静的夜空里，发出了惊人的“当、当、当”的响声。几百公尺外的磨盘张碉堡里的敌人被惊动了，探照灯立即对着铁路左右照射，跟着机关枪、步枪一齐扫射。我厉声命令：“快撤！”几个队员应声跳进护路沟，跟在我身后与三梯队一齐撤退。子弹在我们身边、头上掠过。到达集合点集中后经过检查，队员全部安全撤离，无一人受伤。我们解下了臂上的白毛巾，向后方行进。敌人的机枪、步枪声仍在乒乒乓乓响个不停……

处决叛徒

就在我武工队神出鬼没地顺利开展敌工工作的时候，路东区却出了一个叛徒。这人叫周景堂，是泗五灵凤县路东区简马会副会长。此人原来在乡下就游手好闲，属于地方“痞棍”一类的家伙。我方政权扩大，他便投机革命，混入革命阵营里。但他毕竟经受不了艰苦环境的考验，终于在 1944 年八九月间携枪投敌叛变，并认曹老集日军的便衣队队长胡天俊为干爹，当上了便衣。他不但平时横行乡里，最为可恶的是，因为他知道我方的一些情况，经常带着日伪军和便衣队到我边区来抢劫粮食，搜集情报。我区大王庄一带农民深受其害。此贼不除，对我方开辟和巩固路东区根据地是一大障碍。

淮办（蚌埠工委）于 1944 年 9 月指示我们，迅速处决这个为虎作伥的叛徒，并决定派淮办联络干事戴胜武同志负责侦察工作。可是，周景堂很狡猾，每天晚上要窜好几个地方吃喝嫖赌，究竟在哪里过夜，很难摸得清楚。10 月中旬的一天，我队根据戴胜武提供的情报，奔袭这个叛徒就扑了空。

1944 年 10 月下旬，有一次，我队驻在简马北边二三里的余家小庄，天刚擦黑，戴胜武的堂弟戴瑞珍又送来了情报，说叛徒周景堂正在磨盘张的东北高家湖赌博。我队立即出发，由戴瑞珍领路急奔高家湖。此时正是秋、冬交替季节，夜晚天气已经很凉，我们因为急促行路，丝毫没有顾及迎面扑来的阵阵冷风。抄小路，避村舍，迅速到达高家湖。我们先在村外隐蔽，让戴瑞珍进去侦察。果然不出所料，周景堂这个惊弓之鸟，又跑了。怎么办？大家静静地等待着我的决定。我想，这已是第二次扑空，今晚若再不除掉这个叛徒，定会影响部队的士气和声誉，更重要的是，此害不除，如何向党组织汇报呢？我就不相信这个叛徒的行踪没有一点蛛丝马迹。我又让戴瑞珍二进高家湖，想办法从赌博人的谈话中，打听周景堂的去向。时间慢慢地过去了，戴瑞珍终于出来了，他兴奋地对大家说，周景堂的去处打听到了，这个叛徒转到李家湖李长思家赌博去了。大家一听，二话没说，就飞奔李家湖。

到了李家湖村外，仍由戴瑞珍进去侦察。他很快就回来了，说周景堂正在李长思家“带宝”（一种赌博的名称）。我低声命令，走！队员进村后，迅速将李长思家的院子包围起来，把机枪架在庄子的西南，以防打起来后，曹老集敌人增援。短枪队分别安置在李家院子大门和赌场门口。我便带着预先挑选好的身强力壮的机枪班班长和战士走进赌场，根据戴瑞珍的点眼，我们认出了叛徒。他们赌兴正浓，我们手中也拿着银元当当作响，挤到周的身边。周景堂万万没想到武工队一刹那会从天而降。我高喊道：“带天门！”便将身子压在周景堂的身上。周刚想反抗，手枪已抵住了他的腰部，同时厉声喝道：“不准动！”周景堂顿时吓愣了，赌博的人也惊呆了。门口的两个武工队员，手持短枪高声地对大家说：“大家不要怕，不要跑，我们是来找周景堂的。”这时，暗处有人说：“他是周……”话未落音，油灯不知被谁吹灭了，赌场里一阵混乱，人们向门口涌去。周景堂也乘机想跑，这时，两个队员把周抱得紧紧的，他一蹦老高，我看这样活捉有困难，便手指一扣扳机，“叭”的一声，子弹穿入周的胯部，但他仍然狗急跳墙，带伤窜到院子里，被院子里的队员施巨流又补了两枪，结果了这个狗叛徒的罪恶一生。

事隔 40 年后，当年看赌场的吴夕朋，现在仍然健在，已经 71 岁，家住市郊吴小街乡太平岗。他对那次处决周景堂一事，记得仍然很清楚。他说，那次在李长思家赌博的还有李长春、陈洪先、王福元等人，武工队一进去，就觉得不对，因为农民穿的都是长袍子，你们穿的都是短衣，只是谁也没有想到是武工队。周景堂死后，他的干爹便衣队长胡天俊第二天带人去收尸，全村人都吓跑了，以为胡天俊要报复。可是，胡天俊将周景堂埋掉后，就溜了，他也害怕武工队再搞他。从此，日本的便衣队很少再来我边区骚扰。

截敌夺粮

1944 年秋，解放区的群众满怀丰收的喜悦，正在突击打场。忽然，接到我队放哨队员报告，王庄附近发现鬼子和伪军 100 余人，企图不明。接着，地方群众也来报告，说日本鬼子和伪军在王庄南屯家一带牵牲口、套大车抢粮食。我一面派队员与地方上刘华光部队联系，一面与副队长轩耀华商量采取的措施。轩副队长是位工农出身、胆量大、有一定作战经验的部队干部，他气愤地高声说：“打！打他个狗娘养的。”我们考虑，太阳已经偏西，又在我边区，凭借有利条件可以出击。我说了声：“集合！”全副武装的队员迅速地在庄前大村下集中起来待命。我简要地布置了作战方案就出发了。我们刚接近王庄，一位五十多岁的农民告诉我们，有十来个抢粮的日本鬼子向西庄跑了。我说：“追！”队员们往西庄赶去。果然，在 500 米外发现了敌人。在敌侧的轩副队长的机枪开火了，这边也开枪射击，敌人遭到打击，慌乱地向西逃跑，沿途丢下了抢走的牲口、大车、衣物和粮食等。当地群众和民兵齐心协力把这些东西运回根据地。第二天，我们受到路东区政府的表扬和慰问。不久，在群众中流传出这样的顺口溜：武工队驻边防，能文能武本领强，打击鬼子和二皇，看谁还敢再抢粮。

“纸弹”攻心

开展政治攻势，争取瓦解日伪军政人员，是武工队的一项重要任务。我们因地制宜地采取多种方法把宣传品送到敌人手中。传单分铅印和油印两种，印有日文和汉文。内容主要是日本人民和日本士兵应该反对天皇侵略中国，我们进行反侵略战争必胜，优待俘虏等。这样的传单落款都是日本反战同盟。对伪军宣传内容主要有：宣传国内抗战形势，枪口一致对日，誓死不作亡国奴，不要认贼作父、与民为敌，以及伪军开小差的通行证，投诚携带各种枪支弹药奖赏钱数等。我们送传单的方法很多。如我们曾在白天深入敌占区，趁赶集人多时散发传单，或把传单放在敌占区的吴小街、高家湖、戴湖、沫河口集镇上，或召开群众会，口头宣传后散发传单。我们还把宣传品做成风筝，把它放到王墩等敌人据点。我队在泗五灵凤县活动时，曾做成像门样大的大标语牌贴上漫画和传单，在新马桥、曹老集一带铁路上插牌、散发。更有意思的是，把宣传品交给一些伪乡保人员和军政人员，让他们送到日本人手中（说是从某处捡来的）。

1945 年 6 月初一个夜间，我们把驻在沫河口的三个日军据点包围起来，在距敌据点约 100 公尺的地里作好掩护体，开始向敌据点进行宣传。日本兵开始听到我们的宣传还有骚动，但听到日本籍侯腾勇喊话说：“我是日本人，是反战同盟的，请不要开枪。”日本兵竟一声不响地听宣传，宣传约有半个小时，我们把宣传品撒放在日本碉堡周围，就静悄悄地撤离了。我记得由于胜利完成此项宣传任务，第二天，我们在驻地还加餐了，对日本籍和朝鲜籍两同志表示庆贺和慰问。

额外收获

1944 年秋，我队驻在泗五灵凤县王卜北边的一个庄子上，待命准备除掉临淮关经常来淮北扰乱的便衣队。一天，我方接到情报站的同志报告，说临淮关便衣队小队长与另外几个人今晚过河到沫河口一家粮行赶赌。经研究，我们决定消灭这伙坏蛋。天刚黑，下起蒙蒙细雨。刚离开王卜，雨愈下愈大。到了沫河口后，才知因下雨敌人未来。但意外得知，曾当过伪乡长的郭半截（外号）正在姘头家睡觉。郭有一支三八盒子枪。于是我们决定改变原方案，捉拿郭半截，我们由群众领路，直扑郭的临时住处。将房子包围后，随即扣门，同时高喊："我们是新四军武工队，开门缴枪不杀！"一会儿，屋内灯亮了，并传出："来了，来了"的话音。门一开，我们三支短枪抵着他说，快把枪交出来，我们不杀你。他乖乖地说："是，是。"两个队员跟他到屋内，未费吹灰之力，就把郭的短枪缴来了，并把郭半截带到门口听候发落。我狠狠地训斥他："今后，不准认贼作父，欺压百姓……"他弯腰施礼，浑身发抖，嘴里不断发出："感恩！感恩！不做坏事，不做坏事"。训话完毕，大家不慌不忙地离开这里。归途中，有个队员提着缴获的盒子枪诙谐地说："这是额外收获！"

尾　声

抗日战争胜利后，根据上级指示，我和孙善佑留部工作，轩耀华带一部分人员到华中军区（当时在淮阴地区）做军事工作，其余同志留在淮北边区做地方工作。从此，武工队员们便各自投到解放战争的洪流中去了。

八路军攻势作战

度过困难时期，转入局部反攻

宋任穷*

1944 年以来，国际反法西斯战争形势发生了巨大变化。随着形势的变化，冀南的残酷环境也逐渐好转。抗日军民咬紧牙关以顽强不屈的斗争精神，战胜了敌人的疯狂进攻，而且又以战天斗地的英雄气概，战胜了饥荒。

抗日军民已渡过了最困难的时期。抗日根据地在深入搞好减租减息、广泛发动群众的基础上，掀起了以农业为中心的大生产运动，努力发展生产，发展经济。部队本身除帮助群众发展生产外，也自己动手开荒种地，改善生活，减轻群众负担。

随着攻势作战和局部反攻的开展，战斗十分频繁，各部队的生产只能在战斗和训练的间隙进行。为使战斗和生产两不误，各部队内部开展了生产互助活动。身体强的和弱的同志之间互助，机关和战斗部队之间互助，作战部队和休整部队之间互助等。

部队开荒种地获得了丰硕成果。以军区几个直属单位为例，共开荒地 3000 多亩，收获粮食近 3 万斤、棉花 1.8 万多斤、花生 8.1 万斤、蔬菜类 20 万斤。此外还养了一些猪，有的单位能自给半年菜金，还能保证每个月吃一

* 作者时任中共中央冀鲁豫分局组织部部长、代理书记，冀鲁豫军区司令员兼代理政委。

头猪。我们是一天一天好起来。

敌人却一天不如一天。在我强大的政治攻势和军事打击下，日军思乡厌战，士气日益低落，伪军更加动摇不定。日军在太平洋战场上不断受挫，为改变其不利态势，不得不从中国战场上大量抽调兵力，加强太平洋战场。这样，在华北敌后的日军兵力相对减少，而后补充的多为新兵，战斗力比较弱。部分守备任务由伪军单独担任。斗争形势日益对我有利。

在对敌人斗争的有利形势下，我们逐步开始向敌人发起攻势作战。盘踞在邱县城的敌人，在我军攻势的威慑下，于 5 月下旬，弃城撤走，我军遂收复了邱县城。这是自敌人占领冀南各县城后，我们收复的第一座县城。紧接着很快就解放了邱县全境。这样，邱（县）馆（陶）公路南北的冀南第 3、第 4 军分区连成一片，我们活动的回旋余地比以前大多了。

5 月份，我们还收复了清丰县城。驻清丰县城的伪军于 5 月上旬弃城逃跑，我遂收复了该城。但是，敌人为了掠夺清丰地区即将丰收的小麦，伪冀南道尹薛兴甫抽调所属 8 个县的伪警备队 2000 多人，并带领全道 13 个县的县长及日本顾问，在日军一个中队的掩护下，重占清丰县城。敌人连日开会，演戏庆祝“光复清丰”。我军区根据所获情报，决定由冀鲁豫 8 分区部队，趁敌疏于戒备之机，袭击清丰县城，打敌人个措手不及，一举击毙日军联络部长以下官兵 7 人、伪军 200 余人，俘伪道尹薛兴甫及县长、警察所长等 40 余人、日军联络员 7 人、伪军 1300 余人。仅据原冀南 2、5、6、7 等四个军分区统计，1944 年上半年，敌据点、碉堡被我攻克的和自行收缩撤走的有 170 多个，约占总数的 32.8%。

8 月初，打郓城消灭刘本功部。刘是山东济宁人，土匪出身，曾当过韩复榘手下的特务队长。投降日军后，盘踞郓城，杀人放火，作恶多端，成为日伪的模范县长。群众恨之入骨，骂他是杀人魔王。我们一举歼灭了刘部伪军 2500 余人，解放了几百个村庄，根据地向南推进了几十里。

从 8 月下旬开始攻势作战到年底，先后收复了邱县、莘县、清丰、内黄、濮阳、朝城、寿张 7 座县城。攻势作战的胜利，为进一步局部反攻和全面大反攻创造了有利条件。

1944 年底，毛泽东主席在延安发表了《一九四五年的任务》的演说，要求各抗日根据地军民“消灭敌伪，扩大解放区，缩小沦陷区”，展开更大规模的攻势作战，“把一切守备薄弱、在我现有条件下能够攻克的沦陷区，全部化为解放区”。

遵照毛主席指示精神，我们发起更大规模的攻势作战。我军局部反攻的作战思想，就是集中优势兵力，在敌人守备薄弱的地方发起反击，着重消灭伪军，相机夺取日伪军合守或日军单独守备的据点或县城。

第一仗是冀南 3 分区部队攻打大名县城。大名城守敌是伪东亚同盟自治军近 1000 人，另有日军一个中队。攻打大名前，3 分区通过被日军撤职的东亚同盟自治军原军长王天祥的关系，做通了该军突击团的工作，该团决定反正，作为内应配合我军攻城。1945 年 1 月 16 日夜，我军在内应的接应下，一举攻入城内，击毙伪东亚同盟自治军军长刘坤等死心塌地的汉奸多人，俘伪军 400 余人。大名之战，揭开了冀鲁豫军区局部反攻的序幕。1 月 17 日，王天祥率反正的突击团开到我解放区元城的张铁集，受到当地人民群众的热烈欢迎。

为进一步扩大解放区，缩小沦陷区，4 月下旬，又攻打南乐县城。这也是一个比较大的仗，当时集中了 4 个军分区的 5 个主力团、14 个县大队及部分区干队、民兵等。8 分区司令员曾思玉指挥分区主力攻打南乐县城。9 分区政委张国华和副司令员赵东寰率部攻打南乐城西的元村，并准备打击由回隆、楚旺方向来援之敌。7 分区司令员赵健民、政委许梦侠和副政委张希才指挥分区主力，一部包围龙王庙据点，一部负责打击大名方向来援之敌。3 分区副司令员孔庆德、高厚良和政委李福祥率主力攻取海子、扬桥、金安村三据点，牵制大名、魏县、广平之敌，阻其南下增援。经过几天的激烈战斗，歼灭日军一个小队、伪军 3000 多人，缴获机枪 64 挺、重机枪 4 挺及其他大批枪弹。拔除敌据点 30 多处，攻克了南乐县城，解放了大名、广平以东大片土地，从而使冀鲁豫解放区南北连成一片。

攻打平谷县城与恢复蓟县基本区

舒　行*

1944 年，中国人民抗战胜利的前夜。

我那时任八路军冀东 13 团团长，率部活动于冀热边的平谷、三河、密云等县区域。平、三、密地处北京东北面，东靠盘山，北踞长城，形势险要。自 1938 年冀东抗日大暴动起，就一直是我冀东西部党政军机关和部队活动的中心地带。

进入 1944 年，这里的抗日斗争形势仍然十分严酷。日军由于在太平洋战争中节节败退，加紧了在中国战场的挣扎。冀东敌伪考虑到战略上的需要，为确保华北与东北的交通联络，对我抗日根据地的围剿、扫荡一度更加频繁起来，从而使我局部战场、局部斗争更加激烈和残酷。

我 13 分区（后改称冀热辽军区）抓住敌人兵力不足、战线过长的要害，一方面以民兵和游击队的不断侵扰来破坏敌人集中打击我主力的作战企图；一方面对敌人的据点、炮楼采取围困、逼退、攻克、各个击破的办法，进一步恢复和开辟基本区，最大限度地围困、孤立敌人，为全国规模的大反攻积极创造条件。

---

*　作者时任八路军冀东 13 团团长。

9 月初，青纱帐约摸人头高了。我团一部在平谷县城东面的胡庄一带稍事休整，准备利用青纱帐的掩护，待机打击敌人。一天，我正凝神思索下一步行动，机要参谋小黄送来了分区的电报，令我团迅速出击，挺进到通唐（通县至唐山）公路南面，恢复蓟县第 4、5 区，并配合东部我军的行动。

蓟县 4、5 区位于通唐公路南面，1938 年抗日大暴动时，抗日群众武装曾在那里开辟游击区，建立抗日民主政权，但后来被日军逐步蚕食掉了。敌人通过 4、5 次“治安强化”运动，修筑大量工事，挖掘封锁壕沟，使蓟县以至通唐公路南面的广大平原地区碉堡林立，壕沟纵横，给我八路军、游击队的行动造成极大困难。我们这次奉命南下作战，除了多如牛毛的敌据点、工事外，还有蓟县、通州、三河等 1000 多日军的机动部队。如果贸然直入，很可能遭到日军的合围，陷入被动。

那时，我团总共不到 2000 人（加上 2、5、6 区队，也不过 3000 人左右），且装备上远不如敌人。我们把团里的几个干部请来，研究了一下情况，随即找到地分委书记李子光同志商议，召开了地分委会议，我在会上传达完分区的命令后，简单地介绍了当时敌我双方的形势，接着请同志们讨论部队和地方怎样互相配合，来完成上级赋予的这个任务。我在讨论中提出了一个初步设想，即先打平谷，待将南面的敌人调动到平谷以北的山区后，我团主力再挥师南进。由于同志们担心我们一方面攻不下平谷，另一方面过早地消耗了主力，所以，会上没能统一意见。休会后，我决定将自己的设想和地分委一些同志的看法写份电报，请示上级。就在我拟好电报稿，正要拍发时，李子光同志找我来了。他一进门就笑着说：“老舒呀，休会后，我们几人又议了一下，觉得还是你的意见有道理，我看先别发电报，咱们继续开会，把你那个调虎离山计再具体研究一下，你看怎么样？”

我说：“那也好，就请同志们继续开会吧。”

会上，我针对少数同志的顾虑，又将自己的设想、理由、根据，包括敌我心理因素等，重新作了说明。我说，第一，我们如果避开平谷之敌，直入蓟县，由于敌众我寡，即使不被日军机动部队合围，也很可能被挡回来。第二，我们为什么选择平谷这么大的目标首先攻打，而不首先将平谷外围的据点一个一个地拔掉呢？因为一方面，我们若是先打小据点，对日寇来说是不痛不痒，吸引不了其主力，这对我们南下蓟县意义不大；相反，我们如果一举攻克了平谷，周围小据点里的伪军就会害怕动摇，甚至于不攻自破，而日寇则必定要集中主力前来决战、报复，这就正好中了我调敌北上的圈套。第三，平谷城内虽然有三四百敌人，但绝大部分是伪军，士气低落，战斗力极弱，而且他们多次领教过我团的厉害。7 月中旬，在熊儿寨、土门战斗中，曾被我围歼 400 多人，至今心有余悸。我团虽然只有特务连和 1、2、5 连投入战斗，但这几个连战斗力强，其中有些同志来自陕北红军，是由邓、宋支队作为组建 13 团的骨干留下来的。加上今年以来，屡战皆捷，士气高昂，心理上胜过敌人。第四，平谷之敌自认为城外据点密布，附近又有日军机动部队，做梦也不会想到八路军会冒险攻城。我们则正好利用敌人的这种麻痹心理，来他一个攻其不备，打他一个措手不及。

同志们听了我的分析，都点头表示同意，并作了详细补充。会议从下午一直开到晚上，对游击队、民兵的配备，救护队、担架队、运输队的组织，以及进城、撤退等具体行动，都一一作了安排。会后，大家便分头做组织、动员等战前准备工作去了。我带了几个同志去察看地形。我们从胡庄北面的一个小村子出发，经赵各庄到达平谷城下，城外没有挖专门的护河，只有南面一条宽约十二三米的小河自东向西流去。其余三面，有些地方的城墙与民房紧挨一片，便于部队接近。城墙大约有七八米高，可以架梯登城。敌人除了依托城垛防御外，城内还筑有两座炮楼。我们根据地形和敌人防御的情况，决定把部队集结隐蔽在离平谷城不远的赵各庄，把突破口选择在西北面。然后，对部队进行了部署：由特务连和 1 连分别担任北面及西面的主攻，一部分民兵随后跟进，准备进城后组织群众清扫战场，抢运战利品；2 连和 5 连在南门外火神庙一带防敌突围南窜，并狙击可能来援之敌；指挥所设在北门。部署停当，我又集合同志们做了个简短动员。指战员们战斗情绪很高，大家立即动手整理武器弹药，和群众一道制作登城用的云梯，准备运输工具等。

9 月 5 日零点，部队在夜色和青纱帐的掩护下，悄悄从赵各庄出发了。

不一会，各连就到达了指定地点。凌晨一点整，特务连和 1 连分别从北面和西面发起攻击，战士们利用民房隐蔽接近城墙，架好梯子，直到快登上城头了，守城伪军才发现，一边惊叫，一边放枪。我在北门随特务连前进，枪声一阵松一阵紧，城内敌人的叫骂声和慌乱的脚步声也隐约听得见。到了 2 点，我们已由北门攻进城，1 连也从西门打进来了。战斗发展很快，约摸到了 3 点半钟时，我们已将敌两个警备中队和伪保安队、警察局全部缴械，并捣毁了伪县政府、日本宪兵队队部和反动组织新民会，砸开监狱，救出了 100 多名被囚同胞。这次攻城战斗，前后只用了 3 个来小时，取得了俘获敌中队长以下 210 多人、缴获步枪 110 多支、弹药若干的战果。我军则只有几人受伤。军民情绪大振，欢庆胜利。我们还把敌人的粮仓打开，组织居民和附近的农民分粮。拂晓前，我们按事先计划，悄悄撤出城外，折向东面的夏各庄隐蔽起来。民兵和群众则在天亮后抬着担架，赶着驮粮食的牲口和满载其他战利品的大车，排成长队，浩浩荡荡向北面山区开拔。午后不久，日军机动部队果然从通州、蓟县、三河等地陆续开到了平谷城集结，然后，沿着我群众走过的路线，向北追去了。敌人这次集中的兵力有 1000 多人，也就是说，我们已经调走了南面日军机动部队的主力。只要敌人进了山，再回头南援就没那么容易了。我团当时另有几个连和 2、5 区队及民兵约 2000 人，专门负责牵制、迟滞这股敌人于山区，使其拔不出腿来。

攻下平谷，调敌北上，这对我们此次南下平原来说是非常关键的一步。由于这一步迈得挺顺当，大大地减轻了我们深入蓟县作战的压力。至于剩下的蓟县伪军及小股鬼子，我们“吃”起来就省事多了。

当天，我们把部队隐蔽在夏各庄。这是一座有 1000 多户人家的大村子，抗日基础好，部队在这里补充了弹药及其他物资，吃过晚饭，天还未完全黑下来就向蓟县进发了。沿途乡亲知道是 13 团打回来了，自发地提着盛熟鸡蛋的篮子在路边迎送，不停地往战士们的口袋塞吃的。有一位老大娘拉住我的衣角，泣诉着她一家惨遭鬼子、汉奸杀害的情景，战士们无不激怒万分。不知是谁说了句：“大娘，你等着，我们一定为你报仇！”队伍里立刻响起了一片“报仇！”“报仇！”的声浪。为了不暴露目标，我下令大家保持肃静。

队伍在一种愤懑的气氛中继续默默地行进。

晚8点左右，我们在三河与蓟县之间的邦均越过了通唐公路，并顺手牵羊，端掉了敌人在黄土坑的一个小据点，尔后把矛头指向侯家营。侯家营据点是蓟县4、5区伪军的指挥中心，中心炮楼筑在村子西面的一条河堰上，四面各有一座小炮楼，约有200多名伪军把守。与其毗邻的是桑梓和尤古庄两个据点，另外还有10来个小据点，由100多名伪警备队分别把守，分布在方圆40里左右的范围内。我把指挥所设在侯家营村西的河堰上，离敌中心炮楼不远，命令特务连和5连主攻侯家营，2连分布于三岔口方向，准备打击宝坻来援之敌。1连攻打桑梓，特务连的武装排攻打尤古庄。此外，派出部分侦察员分头到其余十几个小据点喊话，展开政治攻势，以瓦解伪军。部队从夜间3点钟开始行动，4点钟分别到达进攻出发阵地，随即发起攻击。特务连和5连的战士们在机枪掩护下，很快就把外围的四个炮楼送上了天，只有中心炮楼里的敌人凭借坚固的工事和有利地形，疯狂抵抗，子弹像雨点一样劈头盖脸打来。战士们第一次冲上去，把炮楼炸了个脸盆大的小洞，第二次轰开出一人高的口子，第三次，由五连的两名爆破手抱了一捆20来斤重的炸药包，放在前两次炸开的缺口上，终于让炮楼里未来得及逃出的敌人全部坐上“土飞机”了。

攻打桑梓据点的一连，在连长崔海芝带领下，化装成农民秋收，把武器藏在运庄稼的马车上。接近敌据点大门时，崔连长突然挥手一枪，把守门的敌哨兵击毙了，战士们乘机取出武器，箭一般地冲进了炮楼。敌中队长胡宝义等100多人措手不及，乱成一团，来不及抵抗就乖乖地当了俘虏。我1连无一伤亡。特务连武装排也按预定计划，顺利地解决了尤古庄据点的30多名敌人。不久，派出去的侦察员和游击队，又陆续押来了一批批放下武器的伪军。这些伪军就是分别驻守这一带十几个小据点的，听到我侦察员的喊话和侯家营中心炮楼、桑梓据点等相继陷落后，料难顶住，只好倒戈就擒了。

侯家营一役，我们于一夜之间，连克敌人15个据点，从而收复了蓟县西南面被敌人称之为“路南（通唐公路南面）屏障”的4、5区，为我军继续深入南面平原，撕开了一个口子；同时，狠狠打击了日伪军的嚣张气焰，使老区的群众精神大振，为进一步巩固恢复区，我们接着发动群众，重建和整顿了区、村抗日民主政权，组织民兵、妇救会、儿童团等群众团体，镇压汉奸特务，破坏敌人交通线，填平封锁沟等，使这里的抗日群众运动又轰轰烈烈地开展起来了。尔后，我们以 4、5 区为跳板，忽东忽西，时南时北，运动于蓟县、宝坻、香河、通县、三河等县境内，拔据点，打伏击，除汉奸，所向披靡，连战皆捷。9 月底，我部继续南进宝坻、香河，沿途取下赵汉庄，攻克敏庄子等 20 多个敌据点后，于 10 月初，又一举拿下了号称京东八大镇之一的通县西集据点。不仅顺利地完成了分区首长交给我们恢复蓟县 4、5 区的作战任务，而且初步开创了蓟县以南广大平原地区抗日斗争的新局面。

记开辟平南二三事

刘广钰*

韩天经[①]交枪

1944年麦收时节，我们在平南地区开展工作。但当时，八路军的活动已经引起日军的注意。日军怕各村联庄会老百姓手里的枪落到八路军手里，于是要收各乡“联庄会”的枪。

庞各庄西有个皮各庄，伪大乡长叫韩天经。这个人年轻，在国民党二十九军里当过兵，民族意识比较强，跟咱们有联系。他找到我说，他这个大乡的枪不交给日本鬼子，要交给八路军。我说那当然好，怎么个交法？他回去想了想，后来说定，乡里假装向敌人交枪，事先定好时间、路线、地点等。八路军派一个连在庞各庄到皮各庄之间的路上“打伏击”，把乡里的枪劫过来。到约定的那天晚上，韩天经亲自带着“联庄会”的人运送枪支。

---

* 作者时任中共大（兴）宛（平）安（次）永（清）固（安）涿（县）良（乡）工作委员会委员、办事处主任。

① 韩天经抗战期间任皮各庄伪大乡长，出于爱国，为我党我军做过不少事情。1951年镇反时，曾被以“反革命”之罪押赴刑场，是刘广钰同志出面证明其抗日有功，免于一死。以后，经聂荣臻将军批准，颁发韩天经“抗日模范”奖状。

当时他不能公开跟下边人说清假送枪的行动计划，但又怕万一“联庄会”人员打伤了八路军，跟八路军不好交代。因此，他在出发前下令，枪里不许压子弹，更不准上顶膛火。到了约定的地点，我们只朝天上放了几枪，双方都没开火，很快地收缴了他们的几十条枪。

韩天经很精明，他事后告诉我，事前他带了一瓶“220”药水，一打枪，他假装负了伤。收完了枪，他在大腿上倒上药水，就说负了伤。事后，他既没去宛平，也没去庞各庄，而是到北平“治伤”去了。他说这样，一方面可以躲躲风声，另一方面也可以听听动静。

因为敌人的势力还是较强的，这一次收枪，我们只收了皮各庄、曹各庄等两三个大乡的枪，其他乡的多数枪支被日军收走了。

长辛店夺枪

那时，伪宛平县公署、伪警察署都设在长辛店。日军把收的枪放在长辛店（现在派出所那院后边）的一个仓库里。韩天经在北平“治伤”回来以后，我就和他研究怎么去夺回长辛店的枪。他说让我先派个人跟他去侦察一下。我问他去人侦察能保证安全吗？他说：“没问题，你就把人交给我吧！”

于是，我就派 35 地区队第 1 大队指导员张彪去了。张彪二十一二岁，长得挺白净，像个洋学生。他化装成中学生，跟着韩天经，从黄土坡上了永定河大堤，到了长辛店，住进韩天经的哥哥家。韩天经哥哥在伪县公署当科员，没有暴露。张彪在长辛店住了三天，把据点的出入道路、地形等全摸清了。回来向我和冰野做了汇报，我们制订了作战方案。冰野是冀中 10 分区部队的，他的两个连常在这一带活动。

我们计划在长辛店最北边不易暴露的村驻两个连。长辛店在永定河西，我们最好驻河东，经研究，部队驻在北臧村六合庄。事先在六合庄动员了两辆胶轮大车，准备拉枪。到了预定的那天下午，太阳还有一竿子多高时，大家吃饱喝足后就出发了。赶着两辆胶轮大车，车上拉着大锤，准备砸仓库的门。我们顺着大堤往北走，黄昏以后，人过了永定河，可车没法过。因为永定河道口有坡，河水冲击河岸，天长日久，把河岸下边的土掏空了，岸边就塌了下来，从河滩到堤上是垂直的。两个连的人，一爬就上去了，可大车怎么也上不去。我一看，不能再耽误时间，贻误战机，抛掉大车吧。于是跟车夫动员，回去什么也别说，这样两辆大车就回去了。我们两连人过了河，穿好鞋袜，坐在大堤上休息一下。我叫侦察员到河堤下边摸摸是什么村，能不能再动员两辆大车来。侦察员一会儿回来了，说是朱岗子村，与西大营斜对过儿。于是我们到了村边，没惊动群众，只动员了一辆大车。为了争取时间，赶快赶着大车顺永定河西大堤往北去了。

到了长辛店，村南有一条小清河，因为怕把车陷在河里，所以我们人过了河，车留在南岸。战斗部署是：我们在长辛店北口埋伏了一个带机枪的排，防止丰台的鬼子从卢沟桥截击；其余的战士防止长辛店据点的鬼子出来阻截。把这两个地方封锁好，其他地方就好办了。

进长辛店，一直到了伪警察署后院。当时敌人正在打牌，战士李瑞增从墙头往下一跳，惊动了敌人。敌人刚一问话，我们一手榴弹就拽过去，把他们炸懵了，一个个吓得屁滚尿流，夹着尾巴跑了。因为咱们不是冲着人去的，他们跑，我们也没追，就直奔仓库去了。三脚两脚把门踹开，战士们连背带扛尽最大努力往外弄。枪和子弹满满地装了一大车，车装不了的，战士又背又扛弄了不少，但还是没弄完。战士们问弄不了怎么办，我说能弄多少就弄多少吧。临走时，有的战士说，剩下的放火烧了吧。我说："不行，人家该说咱们八路军杀人放火了。咱们在这儿打了一仗，就别再放火了，不然对咱们政治影响不好。"结果没放火。

我们赶着满载枪和子弹的大车迅速往南撤。天亮时，到了金门闸，这儿有"御碑亭"。我们休息一下，在这儿看了看乾隆的碑，还照了相，可惜相片没保存下来。上午八九点钟时，我们一直走到北蔡。到了村，我们又动员了两辆大车，把这一车枪分装到两辆车上，以防敌人追击。然后好好谢了朱岗子的人，又向他做了宣传工作，天黑让他赶着车回去了。我们则继续赶着两辆大车往南去，到了 10 分区司令部，把枪上交了。

张文生献机枪

朱岗子帮助拉枪的车夫回去以后，别人问："你被抓走一天，上哪儿去了？家里不放心，村里也炸了窝。"黑夜来人把人车弄走，第二天又回来了，大伙都觉着新奇。那车夫就把跟着咱们一夜的经历，说神话似地宣传开了，当了咱们的义务宣传员。

朱岗子村有个叫张文生的，他家是地主，父子都是兵，有大小枪十来支。过去军阀混战时，永定河两岸有仨俩逃兵，把枪装在麻袋里往永定河一扔就跑，河岸边的人就得到了这些枪。张文生家就有逃兵扔的一挺捷克式轻机枪。他听说了夜袭长辛店的事后很钦佩，也知道八路军抢枪抗日是正义的，加上我们在这一带开辟工作他时有耳闻，车夫回去又进行了宣传，同时也怕咱们收他的枪，于是决定把轻机枪献给咱们，为八路军做点贡献。但是，他提了几个条件：第一，给了我们轻机枪后，他家其余长短枪再不要动了；第二，取轻机枪时，不要带队伍去；第三，取枪时，别进村，最好是让我去，他也好认识认识我。我想，太小心了也不行，看样子不会有什么意外，这三条都答应了他。到了约定的那天晚上，我带着警卫员王嘉民，又找了个身体结实的区小队战士，一块去接枪。那天夜里，没有月亮，天特别黑，我们从北蔡顺着大堤，经过葫芦垡据点，远远见到那边有火。按约定，双方在朱岗子村东大堤上的三间汛房会面，暗号是以拍掌和划火柴为记。因此我们也划了个火，互相拍巴掌，越拍越近，到一块儿了。当时我们也有警惕，但他们没什么坏意。于是互相寒暄了一番后，就在这伸手不见五指的黑夜，他儿子把用麻袋捆包好的一挺轻机枪递给了区小队的那个战士。我又对张文生一番鼓励和表扬，他就回去了。

我们三人扛着这挺机枪，到了北蔡一户地主家，先放到一间草棚子里。这是我们弄到的第一挺轻机枪，舍不得往分区送，就留下装备我们的县大队吧。

亲历沂水战役

李春圃*

我 1940 年春参加敌后工作之后的几年里，一直都在家乡山东沂水县一带活动。那时人年轻，什么经验也没有，也不懂得多少革命道理。后来我负责沂中县沂城区武工队的工作，就要求自己加强学习，认真总结工作、战斗的经验了。武工队的工作总是白天休息，晚上配合主力部队在火线向敌伪军喊话。我们是当地人，伪军听得懂，以便孤立敌人，瓦解伪军，使之更多地投诚、壮大我们的力量。

1944 年 8 月 15 日，接到山东军区和 2 军分区的作战命令：四个团的八路军主力攻打被日寇占据多年的沂水城。接到命令，县委也组织抽调干部支前，县委组织部长李子仁同志通知我们武工队一道行动。天刚黑，攻城战斗打响了，双方火力密集交织，硝烟弥漫，火光冲天，轰轰声震耳欲聋，战斗非常激烈。李部长和我带领的同志们深入群众中为部队烧开水、筹给养，准备担架、梯子、门板，在火线上四处奔跑。要是没有战斗经验的人，早就吓坏了。那时我们攻城部队武器简陋，有大盖枪就不错了，轻重机枪、八二迫击炮稀少。敌人装备好、火力强。我们靠什么战胜敌人呢？靠战士使用炸

* 作者时任中共沂中县沂城区委武工队队长。

药包，靠战士的机动灵活勇敢善战。上半夜捷报频传，已攻克城外围，伪军大队长朱士元搞假投降，他把主力部队和火力集中在一个炮楼坚守，哪知被我八路军主力部队发现，指挥几组战士安装好炸药包，一齐动手，“轰”的一声巨响，火光冲天，炮楼里伪军官兵死的死，伤的伤。伪军大队长朱士元、伪县长牛夑元都被活捉，剩下的伪军乖乖地放下武器投降，这样外围清理完毕。城里只剩下龟缩在炮楼里的日军坚守待援。

战斗仍在紧张进行，李部长约我到郊区部队战壕里了解前线还需要些什么。行进中，顺战壕看去，有的战士在擦枪磨刀，有的在下棋打扑克，有的在拉京胡唱京剧，他们的战斗情绪高昂，精力充沛，随时准备听从上级的战斗命令。激烈的战斗间隙还有这种场面，简直令我大开眼界。战斗生活是紧张艰险的，随时有牺牲的可能，但我们的战士对胜利充满信心；部队生活是严肃的也是活泼的，我们的战士对自己正义的战争和革命事业充满乐观主义精神；他们不怕牺牲、不畏艰险、勇往直前，使我这个当年的青年武工队员受到了极其深刻的教育。

第三个早晨，主力围攻，把日本鬼子在沂水的炮楼端掉了。我们武工队随部队进入战场搜索、清扫。当时恰巧看到一个受伤的鬼子兵一头向炮楼撞去，血流如注，立即倒下死去。进入炮楼一看，日军官兵全部剖腹自杀，连家属小孩也未幸免。说来这是日本的武士道精神，可见他们的这种精神多么残忍，连自己的妻小都不放过。何况他们来到我们的国土上，抢城掠地，奸淫妇女，实行三光政策，屠杀中国人民，这简直是日寇野蛮兽性的大暴露。

此战役过去 60 多个年头了，它仍深深地刻在我的脑子里。

忆徐万粮战斗

张冲凌*

1944年8月中旬，我渤海军区主力部队攻克利津县城，全歼汪精卫日式装备的治安军二十七团，取得了首次城市攻坚战的胜利。在杨国夫司令员的指挥下，部队乘胜转战沾（化）利（津）滨（县）边区，于25日至29日，又连克富国、董卜堂、黄升、下洼等9个敌伪据点，活捉了罪大恶极的伪团长黄玉山、张子原，俘虏士兵230余名，缴获长短枪500余支，完成了以解放沾利滨边区为主要目标的作战任务。当时战士们斗志昂扬，群众欢天喜地，当地人民自动组织起来，敲锣打鼓，杀猪宰羊，提篮挑担慰问子弟兵。

我军的胜利，使日伪军气急败坏，妄图集结兵力伺机反扑。10月中旬，我渤海军区司令员得到可靠情报，驻惠民日军曹野清大队制定了“扫荡”我垦区根据地，重占沾利滨边区的狂妄计划。军区首长针对敌情，立即作了严密的部署，积极投入反“扫荡”的准备工作。

10月下旬，驻惠民的日军曹野清大队（300人），纠集伪省保安队以及滨县、青城、商河三县伪保安队和沾化刘佩忱伪军各一部，计1200多人，于30日夜分兵两路同时出动，妄图到沾化富国镇集结，以“闪电之势”，“长

* 作者时任渤海军区直属团第二营营长。

途奔袭”义和庄解放区，进行“扫荡”，安置伪据点，再次侵占我沾利滨边区。驻守在广饶、博兴、张店的李青山等部伪军，为了配合曹清野大队的“扫荡”，同时在王家店子一带对我主力部队进行牵制。

我渤海军区首长对敌情作了认真研究，迅速制定了粉碎敌人此次“扫荡”的作战计划。决定由4分区王兆湘司令员率其部队在富国西部高家村截击由沾城出动的伪军刘佩忱部，将其阻止在徒骇河西岸，粉碎日军妄图到富国镇集结兵力的计划；杨司令、袁世烈参谋长率军区直属团主力部队，到富国以南地区，迎击以日军为主力的由惠民、青城、滨县出动之敌，目的在于将敌人消灭在解放区前沿，粉碎敌人的“扫荡”阴谋，保卫解放区，保卫人民的胜利果实。

根据上述作战部署，于11月1日凌晨，我直属团1、2两营的全部兵力，随军区司令部由广饶县北隋、史家口运动到富国以南宿桥、孙家桥、屈家一带村庄，做好战斗准备。军区司令部设在屈家村，杨司令召集连级以上干部会议，简单地向大家讲明了形势和任务，及这次作战意图，接着带领大家到徐万粮村及周围一带察看地形。

徐万粮村，有百多户人家，坐落在徒骇河东岸，居滨县至富国公路的东侧，西近费家，南傍吕望庄，环抱于屈家、宿桥、孙家桥几个村庄之中。这地方村落密集，抗日沟纵横交错，四通八达，沟沟相连，村村相接，在村南三岔路口处，有一大片坟堆，地形很好，是惠民、滨县这股日伪军进犯富国、义和庄的必经之路。因此，杨司令把战场选在徐万粮村，准备在村南先以小部队伏击敌人，诱敌进村，争取时间，集中我优势兵力打击敌人。

看完地形后，杨司令把警卫排调来，埋伏在三岔口处，以坟堆为依托，修筑简易机枪掩体，配备好火力，准备伏击敌人。同时命令一部分战士到徐万粮村，动员群众坚壁清野，有组织地向孙桥、宿桥一带转移、疏散，保证人民生命财产的安全。

9点钟左右，有十几个日本骑兵，从费家方向朝徐万粮村奔来。等到距我伏击阵地五六十米时，警卫排长一声喊“打”，隐蔽在坟堆后的机枪就“嘟嘟”两梭子，立即有几个日军被击中，从马上滚了下来。几匹受惊的马，前跳后尥，团团乱转。剩存的日本兵知道中了埋伏，忙勒转马头，拼命地向来路逃窜。

敌人听到枪声，南从吕望庄，西从费家，恶狠狠地向警卫排的阵地扑来。战士们面临强敌，毫不畏惧，等敌人麇集阵地面前时，我 4 挺机枪一起开火，给了敌人以惨重的杀伤。战斗持续到 11 点左右，日军又调来了轻重机枪和两门小炮，集中火力朝警卫排阵地猛打，一颗颗炮弹呼啸飞来，炸得尘土飞扬，浓烟滚滚，猛烈的火力压得抬不起头来。战士们临危不惧，仍沉着地向敌人还击。阻击战打到晌午，伏击敌人的任务已经完成，警卫排长命令战士们边打边撤，敌人逼近我阵地时，警卫排的人员已顺着抗日沟撤到屈家去了。

下午 3 点，侦察员向杨司令报告：敌人遭我伏击后收拾完尸体便气火火地占领了徐万粮村，把徐万粮村的路口都堵塞了。还把群众的箱柜、麻袋装上土，弄到屋顶上，筑起了临时工事，并在村周围的墙上挖了密密麻麻的枪眼，看样子要在徐万粮村过夜……杨司令当即作出决定：利用我军打近战、打夜战的特长，集中兵力，将进驻徐万粮村的敌人全部消灭。

杨司令把这一光荣而艰巨的任务交给了 1 营和 2 营。命令 2 营担任主攻，包围村北、村西，1 营包围村东、村南。当时，我在 2 营任营长，命令 4 连为主攻连，5 连、6 连分别在村北村西配合行动。

傍晚，我们两个营利用抗日沟作掩护，悄悄地包围了徐万粮村。

日军曹野清大队，白天遭到伏击，夜间更加恐慌，把村外的柴草垛全部点燃；在街口把群众的桌椅板凳、门窗器物，大车小车堆积起来，点火照明。徐万粮村周围烟火弥漫，整个村庄笼罩在火光之中。我见此景，胸中怒火直往上冲，恨不能一口把敌人吃掉。战士们也咬牙切齿，摩拳擦掌，急待投入战斗。这时，泊头区委书记李克南组织了部分村的民兵，来配合部队作战。徐万粮村村长李家芳、青救会主任李汉朝也组织了 12 副担架，准备救护伤员。

敌人点火照明，是弄巧成拙。他们的一举一动，我们在暗处都看得清清楚楚，我们的行动敌人则不易发现。当部队运动到离敌人只有 40 米远的抗日沟中，顺利地包围了徐万粮村时，敌人仍毫无察觉。为了掩护4连主攻，我把全营12挺机枪集中在一起，安放在距村50米远的西北角上，借火光瞄准了房上的敌人。4连连长张连训同志接受了主攻任务后，对全连的兵力作了部署，命令1排突袭，炸开西北角的房子，打通进村的道路；2排、3排准备攻击。

晚8点，总攻的时间已到，1排开始行动。在贴近房院时被敌人发觉了，密集的子弹向他们扫来，压得战士们不能前进，处境非常危急。我把手一挥，12挺机枪同时怒吼起来，密集的子弹向房上扫去，一排趁机退了下来，整个村内村外，枪声大作，弹光交映，围歼日伪军的战斗打响了。

在我们营部前面的敌人，占据着一个财主大院。这个大院，在村最西北角，房屋坚固，墙高4米左右，是村北部的制高点。敌人居高临下，疯狂地向外扫射，呼呼的子弹声在我们的耳边嘶叫着，情况相当危急，不马上炸掉此处，就完不成主攻任务。我立即组织火力，掩护第二爆破组，炸开财主大院，打通进村的道路。第二爆破组的周树村、徐万邦、于法民等五个同志，在早准备好的方桌上，绑上四床湿透的棉被，把炸药包绑在一个木杈子上，四人架着桌子腿，一人在桌下抱着炸药包，向财主大院冲。敌人发觉后，怪叫起来，并集中火力朝方桌射来。五个勇士毫不畏惧，冒着弹雨向屋墙靠近，当离墙5米多远时，敌人又向方桌上扔手榴弹。手榴弹冒着烟从桌子上滚到地上爆炸了，爆破组内有两名同志光荣牺牲。剩下的三个同志眼含热泪，奋不顾身，继续顶着方桌前进，终于把炸药包放在了大院西北角的墙下，点燃了导火索。三人刚退下，天崩地裂般的一声巨响，墙角顿时出现了一个大豁口。把徐万粮村震得抖动起来，房上的敌人随着硝烟颠起来，又落下，吓得哇哇乱叫，一手捂着脑袋，一手拖着枪，跟头轱辘地向房顶的东北角拥去。2排战士趁机冲杀过去。逃到房顶东北角上的敌人，慌忙架起机枪，向战士们扫来。房下的敌人也呼喊着拼命堵塞豁口，阻止我军前进。2排战士冒着弹雨，匍匐前进。房上枪声一稀，他们又一个个跃到一个草垛的阴影里。4班长王宝纪吩咐战士们：“冲到豁口近处，向里头扔手榴弹，叫敌人站不住脚！”这时离豁口近的一堆火，渐渐熄灭了，天显得格外黑。房上的敌人听不到动静，停止了射击。王宝纪见机会已到，大喝一声："冲啊！"战士们像猛虎一般冲了上去，并把手榴弹狠狠地扔向豁口内。一阵猛冲猛打，揍得敌人缩了下去，我4连战士们冒着硝烟从豁口中冲进了财主大院，竖上梯子冲上屋顶，一鼓作气消灭了房顶上的全部敌人，借助敌人的工事，立即架起了两挺"七九"机枪，向村内的敌人猛扫起来。敌人被迫退到街南。5连、6连的战士们趁势全部攻进了村内，占领了东西大街以北的所有房屋和院落。

徐万粮村只有一条东西大街，街南有几条小胡同。因此，这村易守不易攻。敌人退到街南后，把所有的院落占领了。这样，南北对峙战斗更加剧烈和残酷。为了麻痹敌人，我们佯攻东头的几个院落，实际进攻重点还是选在最西头的一个小院。据我们分析，日军的指挥部就在这个小院附近。我们恨不能立即端了敌人的老窝。4连1排的三个战士，在副班长焦会贤的带领下，借着夜幕的掩护，悄悄地贴近小院北屋的西墙，用铁锹、刺刀，在墙上挖了一个洞口，敌人也没有发觉。焦会贤和战士们从洞口钻进屋内，像猛虎一样冲到院子里，齐声高喊："缴枪不杀！"4个伪军见八路军突然出现在他们面前，吓得哆哆嗦嗦地举起了双手。有一个俘虏指了指里院（原来这是个两进院）说道："这里边还有。"焦会贤一看里院大门紧闭，他侧耳一听，里面静得出奇，就示意两个战士使劲推门。门"忽"地开了。战士小蒋端着枪，一个箭步跃到院中，冲到南屋门旁，高举手榴弹，大喊一声："缴枪不杀，要不，就向里扔手榴弹了！"屋里的敌人听到要扔手榴弹，吓得说话也变了语音，结结巴巴地高喊："长……长官……别扔手榴弹，俺缴枪。"说着，20多个伪军双手举枪，乖乖地从南屋走出，当了俘虏。

战士们押着俘虏刚想出院，有一个高个子俘虏说："屋里还有一个日本鬼子。"话音刚落，6连的几个战士冲了进去。一条腿上挂花的战士听说屋里有日本鬼子，也端着大盖枪扑进屋内，几个人一起把鬼子捉了出来。那家伙30多岁，留着东洋胡，斜跨东洋刀，腰挂王八盒子（这种日制手枪，皮盒状如龟盖，故有此称呼），胸前挂着望远镜，一看便知是一个日本军官。战士们拧着胳膊把他押到营部指挥所，摘了他的军刀，下了他的手枪，没等审问，这家伙便哇哇乱叫，拼命挣脱，战士们一截，他便一头跌到一堆烈火中去了。后来知道那个跳火自焚的家伙，是曹野清大队的一个中队长，名叫中岛。

这时，整个村内杀声震天，弹片横飞，我军的进攻逼得日军节节败退，战斗相当激烈。敌人每退一处，就放起火来，村内一声火光。4连战士们冲到西边第二条胡同，挨近了一个院子。冲在前面的战士于亮，发现了院门洞里隐藏着几个敌人，鬼鬼祟祟地举枪瞄着战士们。在这千钧一发之际，于亮迅速扔去一颗手榴弹，“轰”的一声，几个敌人就报销了。冒着硝烟，于亮一个箭步扑到门洞左边，高声向门洞里的敌人喊话：“缴枪不杀！八路军优待俘虏！”话音刚落，里边传来敌人慌乱的声音，但是，没有一个敢答话。于亮进一步展开政治攻势：“日本鬼子长不了啦，你们不要为鬼子卖命，快缴枪吧，中国人不打中国人……”这时，一个尖嗓门的伪军吆喝：“这里面有日本鬼子不让俺们缴枪。”站在门洞右边的战士潘长法喊道：“鬼子少，你们多，不要害怕，谁绑出鬼子来重赏谁。”门洞内的敌人又是一阵骚动，日军呜呜地发着威：“八格呀路，变心的死了死了的。”硬逼着伪军向外冲锋。十几个伪军一边放枪一边冲，没走几步就被战士们一阵手榴弹揍了回去。日军再一次逼伪军反扑，有30多个伪军趁此机会，扛着一门小炮，拖着大盖枪，边跑边喊：“我们投降！”从门洞里跑了出来。日军见势不好，忙退到院子里，从另一个小门里逃走。还有几个伪军，想随日军一块逃走。其中有个大个头的伪军扛着一挺机枪，没走几步，于亮一个虎步，跳过去，大喝一声：“把枪留下！”顺手把枪拽了过来，同时飞起一脚，把那家伙踢了个狗吃屎，趴在地上不敢动了。其他几个伪军见于亮着实厉害，又见其他战士冲了上来，不得不一起跪下缴了枪。

半夜时分，整个村子被我军占领了三分之二，日酋曹野清一看情况危急，命令部下向村南突围，结果，被1营打回村内。

1营完成包围村南、村东的任务后，立即向敌人发起猛烈的攻击。因为日军把指挥部设在村南部，所以优势兵力和精良武器大都部署于此，这儿火力较强，防守严密，致使1营在村南一直没有攻入村内。但是，他们在村东却打得异常勇猛。部队攻进村内后，击毙和俘虏了部分伪军，有力地配合了2营的主攻。

半夜以后，敌人曾先后两次组织向村南突围，都被1营揍了回来。突围失败后，日军头目曹野清下决心死守，等待援军。并组织了敢死队，一手拿短枪，一手持东洋刀或群众的切菜刀，向我军反扑过来。战士们见日军狗急跳墙，个个怒目以待，安上刺刀，准备肉搏。于亮、张连训、潘长法和其他战士们，手握钢枪，在大门旁、拐角处做好了反击准备。敌人号叫着冲了出来，英勇的战士们扑进敌群，用刀用枪，同敌人拼杀在一起。整个村内，房上、地上都有人在搏斗着，射击着，杀声、枪声、金属的撞击声、呐喊声混在一起，战斗达到了白热化。

有一个手拿指挥刀的日本军官，恶狠狠地向潘长法劈来，潘长法用刀一拨，紧接一个突刺，敌人胸部中了一刀，“噗嗤”一声倒了下去。又一个日本兵来劈潘长法，他一个虎跳，跃到一边，大喊一声“杀！”就把那个敌人捅了个透心凉。在搏斗中，张连训突然发现第一个被潘长法刺倒的日本兵又从地上爬起来，举刀向他劈来，他敏捷一闪，回手一枪，将他击毙。另一个日本兵手握老百姓的一把菜刀，哇哇地向张连训砍来，张连训将枪一拧，刺刀便穿进了敌人的脖子，那家伙仰面朝天倒了下去。第三个日本兵又扑上来，没等交手，被张连训一枪打中肚子，踉踉跄跄地钻进路北蓖麻棵中，于亮又补了一枪，那家伙也被击毙了。

一场鏖战之后，日军的“敢死队”死伤大半，剩余部分纷纷向后撤退，龟缩在院内死守等援。这时，东方欲晓，司令部为预防日军增援，命令战士们押着俘虏，带着缴获的武器，迅速撤离了徐万粮村，到孙桥、宿桥休息待命。

天亮以后，日军曹野清仓惶带领残敌用马车运着日军的尸体、伤兵，狼狈地逃回惠民去了。据统计，徐万粮战斗，我军击毙日军40余人，击伤60余人；击毙伪军200余人，俘虏、击伤100余人。缴获轻机枪1挺，小炮2门，步枪100余支，弹药若干。在南路配合曹野清“扫荡”的伪军李青山、周胜方等部，在王家店子也被我军击退。在沾城出动的伪军刘佩忱部，被我

4 分区部队击退。至此，敌人梦想奔袭我义和解放区、重占沾利滨地区的美梦彻底破灭了。

（杨海田　牟顺如整理）

打通浙东向东南

巧断奇兵战东南

钟期光*

1944年，根据国际国内形势的变化，中共中央确立了发展华南、重申发展东南的战略方针，9月27日，中共中央给华中局发出《开展苏浙皖地区工作的指示》，要求我军为了准备反攻，造成配合盟军条件，对苏浙皖地区工作应有新发展的部署，特别是浙江工作，应视为主要发展方向，并对浙东和苏南我军提出了战略要求。

华中局、新四军军部根据中央的指示精神和抗日根据地的实际情况，及时作出南下部队的具体部署：第1师抽调三个主力团组成第一批南下部队，会同第16旅执行南进任务，采取逐步发展、逐步巩固的方针，首先打开苏南、浙西局面，再与浙东打通联系，控制全浙江，相机向南发展；第2师继续监视桂顽，巩固淮南津浦路西阵地；第7师继续坚持皖江地区，并担负开辟芜湖、当涂、高淳、南陵地区的任务，贯通与苏南部队的联系；苏中区组建第5（镇丹武）、第6（苏常太）两地委，恢复和扩大这两个地区的斗争局面，保障大江南北的交通联系；浙南游击队向瓯江以北敌后开展游击战争；福建党领导的游击队向福建沿海敌后发展。

---

* 作者时任苏浙军区政治部副主任。

1944年12月27日，粟裕率第1师师部和3旅7团及300多名地方干部，由苏北仪征渡江，经句容下蜀、龙潭间，穿过宁沪铁路敌伪封锁线，于1945年1月6日到达浙江长兴仰峰岕，与第16旅旅部会合。另特务第1、第4团在3旅旅长陶勇率领下，由苏中扬泰地区渡江，经丹北越宁沪铁路到达长兴地区。1月13日，中央军委命令成立苏浙军区，粟裕任司令员、谭震林任政治委员（未到职）、刘先胜任参谋长，统一指挥苏南与浙东部队。2月5日，苏浙军区成立大会在长兴县槐花墈温塘村隆重召开，擂响了驱逐日本侵略者、夺取东南地区抗日战争最后胜利的战鼓。随即整编了部队，以第16旅编为苏浙军区第1纵队，司令员王必成、政委江渭清、参谋长陈铁君、政治部主任魏天禄，辖第1、第2、第3支队（团）；浙东游击纵队编为第2纵队，司令员何克希、政委谭启龙、参谋长刘亨云、政治部主任张文碧，辖第4、第5、第6支队及部分地方武装；苏中南下部队编为第3纵队，司令员陶勇、政委阮英平、参谋长梅嘉生、政治部主任彭德清，辖第7、第8、第9支队。

苏浙军区成立前后，我英雄的新四军健儿，满怀爱国救民的热忱，以高昂的战斗意志，机动灵活的战略战术，对日伪军展开了一系列的进攻战斗，对进犯我军的顽固派，也给以必要的自卫反击。其中，16旅杭村缴炮的故事，动人心弦。

1944年春，广德县门口塘的日军经常下乡残害人民，无恶不作。我16旅决心为民除害，命令48团派两个营，悄悄地进驻广德北乡的杭村（今新杭乡）设伏。3月29日上午，日军南浦旅团小林中队100余人和伪军300余人，由几匹战马拖着1门92步兵炮，窜到杭村附近的广宜路两侧作恶。团长刘别生（化名方自强司令）闻报，立即电告旅长王必成。并立即命令3营迅速占领杭村西南的祠谷山，断敌返路。命令1营占领杭村东南的牛头山高地，夹击敌人。当3营跑步赶到祠谷山高地时，一部分伪军枪上挂着抢掠来的鸡鸭财物，已经往回走出我军伏击圈，但大部伪军和全部日军仍在伏击圈内。3营营长徐超、教导员郑大方果断地命令部队开火，刚到牛头山上的1营营长曾旦生和教导员江涂衡，也几乎同时发出射击命令。顿时，轻重火器齐发，枪声四起，打得日军、伪军哇哇乱叫。

战斗正在激烈进行，王必成旅长赶到牛头山，团部小炮排也随即进入战斗。王旅长发现敌人大炮以后，立即把望远镜递给小炮排排长戴文辉，命令说："我们就是要用小炮打鬼子大炮，给你 3 发炮弹，干掉它！"那时我们从敌人手里缴来的追击炮没有瞄准器，全凭目测与经验开炮。小戴一面瞄准、一面蛮有把握地回答："一定干掉它！"话完炮响，两发炮弹就将鬼子拉炮的战马打得死的死，跑的跑，敌人乱作一团。

王旅长和刘团长、罗政委随即命令部队冲锋。军号齐鸣，杀声震天。1 营和 3 营的攻势如潮，锐不可当，将敌压缩到广宜路之西、路西村以东的一块麦地。郑大方教导员冲在部队前面高呼"为人民立功，冲啊！"率部杀向敌阵，同敌人展开白刃格斗。经 1 个多小时激战，歼灭日伪军 70 余人，缴获一批枪支弹药，那门日式 92 步兵炮和 3 发炮弹也成了我军的战利品。但郑大方教导员在夺大炮、抢战马、追击敌人的过程中，冷不防被负伤装死的鬼子打了一枪，壮烈牺牲，年仅 23 岁。他祖籍广东中山县，1938 年上高中时，投笔从戎参加新四军。

鬼子丢了大炮，如丧考妣。据传，小林中队所在师团，是个维护了"大日本帝国皇军皇威"的"荣誉"师团。为保面子，南京日本侵华派遣军总司令部命令这个师团一定要找回这门大炮。第 2 天，鬼子出动 1000 余人外加大量伪军和特务，四处寻找我军决战，以十倍的疯狂加紧"扫荡"。我本着"敌进我退"的方针，当晚即已转移部队，神出鬼没，与敌周旋，使日军处处扑空。但因山路崎岖，大炮又重，行动太不方便，从煤山到罗岕，将大炮拆开搬运，还是太劳累，最后决定用几只大木箱将炮架、炮轮、炮拴、炮后座装好，选择一个隐蔽山沟埋藏，并由被服厂的几位骨干化装成老乡在罗岕一带打埋伏，暗中监视敌人行动，只有炮身和 3 发炮弹仍由机炮连携带。

日军寻我决战不成，又得知大炮打了埋伏，就出动更多的兵力到处乱挖；还广贴布告，以 20 万法币高价悬赏收炮。可是，爱钱者不知情；知情者不爱钱。日军折腾了 20 多个昼夜，大炮仍然踪影全无。最后只好将丢炮的中队长枪毙了事。从此，广德一带的鬼子作恶有所收敛，龟缩在据点里不敢妄动。

日军扫荡结束后，48团重返温塘，从罗岕收回大炮配件，装炮整训，很快掌握了大炮的性能。后来16旅在长兴战役中，合溪伪军固守碉堡，拒不投降；我军用这门炮射击，只1发炮弹，就将碉堡炸开，伪营长乖乖地举起了白旗。利用这门大炮，加上指战员们的英勇顽强，一夜就拔掉日伪军13个据点。在以后的反顽战斗和解放战争中，这门大炮威力大扬，屡立战功。

就这样，1944年新四军16旅在郎广地区先后发动了杭村战斗、长兴战役、周城战斗、泗安战役等一系列攻势作战，共歼灭日军1个中队、伪军10个营，毙、伤、俘日伪军2000余人，缴获炮7门、重机枪9挺、轻机枪45挺、长短枪1400余支，收复敌据点30余处，一度攻入长兴、溧阳、溧水3座县城，给日伪以严重打击。特别是杭村之战稳定了郎广新区，长兴、泗安大捷光复国土2000余平方华里，周城战斗把郎广地区和茅山地区连成一片。

这些胜利，把苏南地区由原来分散坚持的小块游击区，变成了拥有300万人口的大块抗日民主根据地，为粟裕率师南下成立苏浙军区向东南发展，打通了前进的道路，奠定了巩固的后方。

苏浙军区成立后，第1纵队于1945年2月12日向敌后莫干山地区挺进，沿途积极打击敌伪，粉碎了安吉、梅溪等地的敌伪出扰，乘势控制了武康、德清两座县城，开辟了莫干山地区。

回忆金萧支队战斗岁月

钟发宗*

1944 年 1 月 7 日，金萧支队在白风岭正式成立，蔡群帆任支队长，杨思一兼政委，政治主任由我担任。

抗日反顽行动

金萧支队诞生后积极配合四明山主力进行抗日反顽斗争。1944 年 1 月中旬，袭击苦竹溪顽军贺钺芳的后方，歼敌一部，缴获许多军用物资，使贺钺芳不得不从嵊东返回挽救其后方。1 月底侦巡青山地区有一股数百人刚建立不久的伪军（实际是土匪）到处抢劫，人民不得安生，我军采取夜间行动，向敌军发起进攻，枪一响，敌人即四处逃窜，溃不成军，我直插军部，活捉伪军长方建平以下数 10 人，缴获 10 多支破枪、数 10 块手表和几斤手表零件以及一部分在群众中抢来的衣服、物品。我们当即召开群众大会，把这些东西发还群众，群众对我军欢呼鼓掌，从而扩大了政治影响。这时，就有几个贫苦农民，自愿参加我军。后来我们审讯了方建平，才知道他原来是

---

* 作者时任新四军浙东纵队金萧支队政治部主任。

一个官商政客，是诸暨日寇伪军司令部头目委任他在诸、嵊交界处山区招兵买马，扩大部队，以阻止我军向山区发展的。这一胜利虽然不大，可是为民除了害，为我军的发展扫除了障碍。

1944 年 2 月初，我浙东纵队主力对国民党挺五纵队老巢发起进攻，击溃其主力一部，占领章家埠，打掉其后方，缴获许多弹药物资和少数枪械，俘虏约 200 人。我浙东纵队命令我支队在上虞汤浦会合，我支队走了两天一夜，同纵队主力会合。纵队决定我支队随同主力仍回四明山根据地，以集中力量寻找战机，打几个歼灭战，争取反顽战争的基本胜利。

不料情况发生了变化，顽第三战区五个特种突击营已进入四明山地区，这批敌人以分散形式寻找我主力决战，就是他们想引诱我军同其某部决战，而其他敌军则乘机向作战地区合围，包围我军。约 2 月底，敌挺四纵队千余人，孤军深入梁弄的前方村。我军派出部分主力，配合地方武装，狙击各地敌军；我主力三个支队兵力则于拂晓向敌发起猛攻。敌人依靠房屋做工事，顽强抵抗。战斗到下午 3 时左右，当我军快要全歼敌人时，各地增援敌人已赶到，我军只好主动撤退。

纵队领导分析了敌我对比的形势，决定主力分散作战，一部分主力配合四明山地委领导的南山总队；调 5 支队一部分主力由政委邱相田同志带领，发挥夜间袭击敌人的特长，打了就走，积小胜为大胜，积极开展游击战争；纵队则率 3 支、5 支一部、金萧支队、教大、特务连及纵队司、政、后机关，过姚江北撤，回到三北老根据地坚持抗日。

墨城湖战斗痛击蔡伪军

1944 年的 5 月 27 日清晨，我支队率 1 大和 3 大（3 大实际为一个中队，能作战的一共是三个中队）在诸暨墨城湖宿营。半夜得到情报：诸暨枫桥蔡廉伪军集中数千人，有“扫荡”诸北模样。我们立即研究：墨城湖离枫桥有六七十里路，虽然夜晚来不了，但扫荡可能性还是大的，加之我军经常袭击蔡伪军，蔡伪军一定会寻找我军主力决战。所以我们决定转移到姚江与铁路之间的某村隐蔽。

快天亮时，我军已出发，前卫中队在只有六七百米远处的堤坝上，好像有人影，我拿出望远镜一看，确系敌人，已经走在我军前头，离我前卫中队只有六七百米了。这是蔡伪军前头部队正沿姚江河堤向江藻方向前进。我们立即命令部队向后退回。这时敌军也发现我军，伪军即停止前进。当时我们支队三个领导分析敌情，敌军超过我军五倍，敌我力量悬殊，打还是不打？最后考虑我军刚在临浦打了胜仗，部队士气高，又有打过硬仗的主力，地形居高临下也对我有利，打主动，不打反被动，因此决定打。

决心下了立即部署，命令部队占领墨城湖背后山地。这个高山有三个山头，都从低到高联结一起。全部队占领阵地，各山头立即做好坚强抵抗工事，边打边做，以防守为主，在可能条件下，实行短线出击。又命令部队组织特等射手，远距离杀伤敌人有生力量。又派出侦察员到桐桥头、大宣方向侦察，得知敌人就只是这一路，因而决心更强了。另外派人与诸北办事处联系，派出部队与武装民兵在西斗门、大宣、桐桥头牵制敌人，以保主力背后、侧翼不受敌威胁，防止后顾之忧。支队也进行分工：由我率彭林大队占领墨城湖东北面祝家山头阵地，以防御阻击来自铁路方向的鬼子和江藻方向的蔡伪军对我迂回；支队指挥所率一个主力中队占领晓天岭岗主峰；支队后勤机关设在主峰和祝家山之间，并派出部分人员到附近村庄动员群众送水、送饭、抬担架等工作；命令 1、3 中队占领墨城湖背后枯竹夫、大坟山两个前头高山阵地，建筑坚固抵抗工事。

不久，敌人果然向枯竹夫发起猛攻。从 7 点多钟战斗到 12 点左右，我军打退敌人七八次进攻，给敌人以重大杀伤。我 1、3 中队完成对枯竹夫防御任务后，先派部分兵力退到大坟山，加固抵抗工事，然后二个中队撤到大坟山。敌人以为我军败退，在下午 1 时集中两个营兵力对我大坟山阵地进行攻击，我 1、3 中队战斗到下午 3 时，打退了敌人 4 次攻击。我们估计敌人不会服输，一定会组织更多的兵力对我第三阵地主峰攻击，我们作了充分的战斗准备，留少数兵力防守和监视敌人，大部分部队主力退到主峰——晓天岭岗一带，与 2 中队一起加固抵抗工事，由朱学勉大队长在主峰前头指挥。

果然不出所料，下午4时，敌人集中一个多团的兵力1000余人并配备较强火力，由伪军副旅长率领，向晓天岭岗实行猛烈的集团进攻。我支队蔡支队长这时也到最前沿同朱大队长一起指挥战斗。为了加强1、2、3中队的火力，命令独立大队大部子弹、手榴弹给1大队各中队。在敌人尚未接近时，各队都组织特等射手，瞄准敌人射击。独立大队留下少数人防守祝家山，其余由我和彭林带到指挥所做预备队。主力部队都占领指定阵地，防守部队在侧翼也都准备好，以待敌人冲到前沿阵地，到我手榴弹射程之内，准备以手榴弹和其他火力一齐开火。果然敌人以为我可欺，一窝蜂地爬上山来，密密麻麻一片，好不嚣张，我方沉住气，待敌冲到前沿阵地，一直到我手榴弹射程之内，一声令下，步枪手榴弹一齐开火，轻重机枪也一时齐发，打得敌人鬼哭狼嚎，纷纷滚下山去。经过一个多小时的决战，敌人死伤400余人，其中，打死伪副旅长1名、伪营长3名，缴获及送来支队的步枪30余支，机枪1挺，子弹和手榴弹共有数千余发、枚。蔡伪残敌当晚逃回枫桥老巢，再不敢轻易出来了。

墨城湖战斗的胜利，打击了敌伪顽的反动气焰，扭转了金萧地区被动局面。胜利消息传到各地，群众自动杀猪、宰羊，慰劳自己的子弟兵，加强了军民团结，促进了金萧地区根据地的发展。但是，我们感到痛心的是第1大队长朱学勉同志不幸英勇牺牲了，他的英名永远铭刻在人民心中。

桐桥头痛击日寇

墨城湖战斗后，地委和支队领导决定：调回2大队4中队，发展游击战，扩大活动范围，向萧山西北，绍兴东南，诸暨东南，诸浦之间和路西富阳方面发展，重点继续歼灭蔡伪军及伪政府武装和萧山到金华铁路沿线的日伪军，同时还要向东阳、嵊西、永康、缙云方向发展，把会稽山、富春江进一步发展成巩固的抗日根据地和游击区。从此，部队经常到枫桥活动，摧毁据点，缩小敌占领区。我们还组织武工队，在铁路两侧打击日伪军活动，围困其据点。

7 月初，诸暨县日本鬼子和伪军 100 余人到桐桥头附近抢粮。驻在桐桥头的我军闻讯，分数路包围敌人，经过不到 2 小时的战斗，歼敌大部，活捉伪军 20 余人，缴获步枪 30 余支，轻机枪 2 挺和许多弹药，并夺回被敌抢劫去的群众的东西，发还给群众。残敌逃回城里。

8 月中旬，我军因先得知情报日伪要出来抢粮，派部队先埋伏在赵家埠山前山后。以日寇为主的日伪军 100 人果然来了，当进入我军埋伏圈内时，我即集中各种火力猛烈开火，打死打伤日本兵数 10 人，活捉了 1 个日本兵，缴获部分武器弹药。被我活捉的那个日兵，捉来后竟实行绝食，还嘀嘀咕咕骂我军，我们不懂日语，便请了何燮侯教授来，用日语做日俘工作，说明你们到中国来打仗是非正义的，我军优待俘虏。经过说服，他吃饭了，也高兴了。我们以为他回心转意了，晚上转移驻地时，也不捆绑他了。哪知走到半路上，他拔腿就要逃走，我们只好举枪射击打死了他。后来，诸暨日寇派代表来谈判，要我们交还鬼子尸体，我们的条件是他们不准出来抢粮，尸体可以抬回去。

我们还经常到路西活动，消灭了几股散匪。有一股许长北土匪，都是一些流氓、兵痞、土匪结合在一起的，我军多次予以痛击。但当我们接近该匪时，他们一闻枪声就四散逃走，所以虽然捉住一些散兵，缴获一些枪械，但未全部消灭该匪。1944 年 10 月，路西县工作委员会成立，陈景明为书记，陈中祺、蒋忠两同志为委员，还成立了县大队，陈中祺为大队长，同时成立金萧支队路西办事处，主任为陈景明。

金义浦地区在支队统一战略部署和中心县委领导下，积极开展游击战争活动，也打了许多胜仗。1944 年 11 月间的一个晚上，在离浦江 7 里路日本鬼子据点不远处的天仙塘，8 大队突然包围了“忠义救国军”有美国新式装备的 50 余人的特务中队，经过数小时战斗和政治攻势，全歼了敌人。不久，在义金交界处，消灭了一股伪军。这时，日伪顽军对我金萧支队莫不闻风丧胆。

筋竹岙战斗

张文碧*

抗战期间，汪伪中警团驻扎在龙头场，并积极增设据点，对我“三北”抗日根据地进行蚕食，经常出来清乡、抢粮、烧杀群众。群众和地方干部纷纷要求打击汪伪中警团部队。面对广大群众要求，区党委决定克服困难打好这一仗。

1944 年 2 月 11 日，我四明山前方战斗后，鉴于当时浙东日伪顽联合夹击我军的整个形势，区党委决定何克希司令、谭启龙政委和我率司政机关和 3 支队返回“三北”地区（指姚江以北的镇海、余姚、慈溪三县地区），打击日伪军的扫荡、蚕食，团结人民抗日，巩固“三北”游击根据地。2 月 16 日，我司政机关和 3 支队于半浦强渡姚江后，在慈东汶溪即与伪十师进行遭遇战，17 日在桃花岭又与日寇激战至中午，我 3 支队队长林有璋面部受伤仍坚持指挥不下火线。击退敌人后，转移到任家溪与三北自卫总队会合。

1944 年 3 月 19 日，三北“掌起桥”的伪中警团二营四连四个班在伪指导员带领下，前往海甸戎家去拆民房和挖老百姓的祖坟，准备用这些砖石木料在“龙头场”构筑工事据点，以执行日本鬼子对抗日根据地梅花桩式

* 作者时任新四军浙东纵队政治部主任。

的“清乡”计划。这对伪军是一件美差，是敲诈、勒索、奸淫、掳掠群众的好机会。人民群众对之非常痛恨和害怕，急忙跑到部队报告，要求部队赶快去打击他们，以解除群众的痛苦。按当时的情况，部队困难较多，一是部队经历了 4 个多月的连续作战，打了大小 50 余次战斗，部队一直没得到休整；二是为了适应对敌斗争需要，部队大部分已分散开展游击活动，马上集中时间上也来不及；三是手中掌握部队很少，警卫大队实际上只是一个连的兵力。但这一仗又不得不打，当时外面谣言很多，敌伪宣传 3 支队主力部队在四明山被国民党剿光了，什么三北只有地方游击队和自卫队，已不堪一击，群众将信将疑。伪中警团反动气焰嚣张，如果不去打击，将会使群众更害怕敌伪，甚至丧失斗争信心，也会影响我军信誉。因此即使困难再多，这一仗非打不可，而且一定要打好。因为刘亨云参谋长生病，何司令、谭政委决定由我负责组织指挥这一次战斗。我带组织科长徐放及侦察参谋张任伟率警卫大队和 3 支队一部，选择在去“龙头场”的必经之路“筋竹岙”，设伏袭击敌伪。“筋竹岙”距“龙头场”不到 2 公里，处于大蓬山脉边沿风山前沿西侧一个小山坳，山坳前有一片竹林和松树，地形比较隐蔽。警卫大队就埋伏在小山坳后的竹林中。在小山半山腰有利地形上架设一挺重机枪，山下正前方是一片平原，地形开阔，重机枪火力可以封锁住从赤石庙至坟山堰 1 公里长的公路。在赤石庙和坟山堰两处各设一挺轻机枪，轻重机枪形成交叉火力。在公路那一边百步左右有一条大河，老百姓称之为横河，为了阻击可能增援之敌和防止进入伏击圈的敌人逃窜，不让一个敌人漏网，在大河那一边又架设了两挺机枪。部署完成后，我站在小山坡竹林边沿，用望远镜仔细观察敌情。

上午 10 时左右，太阳已高高升起，路两旁嫩绿的青草衬托出一条灰白色的大道，突然远处大道上一串长长的人影移动过来，越来越近，是伪军。这些伪军真相信他们上面的宣传，认为我们主力部队已被消灭了，毫无防备，如入无人之境般大摇大摆地走着。我看见敌人已全部进入我伏击圈内，让警卫员潘长贵马上向警卫大队传令“打”！这时，不知谁已“啪、啪、啪”开了 3 枪。伪军开始并不惊慌，以为又是民兵来和他们捣乱，派了一小部分士兵冲过来捉民兵。正在这时，我方轻重机枪一齐开火，立刻击倒了几名伪军。这下大队伪军慌了手脚，乱七八糟地爬到路埂上开枪还击，真像一群黄狗伏在地上。我大声命令：快冲！冲锋号立刻“哒嘀、哒嘀”响彻天空。警卫大队指导员杨翰举起手中驳壳枪高喊“跟我来！”带头冲向敌人，紧跟着徐放、张任伟与全大队同志像猛虎下山一样向敌人冲去。伪军被我军勇猛气势吓坏了，立刻放弃抵抗，溃不成军，乱成一团。有几个跑得快的已拼命逃进横河向对岸泅去，可刚一上岸就被我预设的两挺机枪击毙。被围敌军无一漏网，除被毙伤十余人外，其余人在伪指导员带领下乖乖缴枪当了我军的俘虏。这一仗速战速决，当敌人的增援部队要出动时，战斗已经结束。我们战士高高兴兴扛着缴获的武器，押着三四十名俘虏胜利凯旋。

这一仗虽不大，只是全歼了伪中警团的 4 个班，但对群众争取斗争胜利的信心鼓舞很大。有一位老伯开心地说：“谢天谢地，菩萨真是有眼睛的。”有一位老婆婆一面赶着老母鸡，一面说：“保佑 3 支队打胜仗，阿拉格老母鸡可保全啦！”群众事后还编了小调欢唱这次战斗的胜利：“雨过天晴乌云开，新四军开到平原来，八十老头牵小孩，看见 3 支队笑颜开。伪军营长本姓麻，想起筋竹岙就要哭，新四军打仗实在狠，好像老鹰把鸡抓。老百姓高兴莫话起，顶好时常打打其！只要 3 支队打胜仗，阿拉再辛苦也愿意。”这个小调唱出了群众的心愿，也可以说是对这次战斗胜利的小结。

挺进豫西辟新区

小平同志指示我们挺进豫西开辟根据地

郭林祥*

1944 年 4 月 22 日，毛泽东同志指示八路军前方总部滕代远、邓小平同志，太岳部队须向垣曲、博爱、孟县地区侦察，开辟豫北地方工作，以便将来可能时，成为开展豫西工作的基地。5 月 11 日，中央书记处发出了关于河南发展方针的指示，对抗日游击战争的任务做了分工，郑州以西地区由北方局负责。7 月 20 日，邓小平同志主持召开北方局会议。7 月 25 日，党中央又发出了向河南进军的部署命令和政策指示，指出敌寇进占河南，已打通平汉线，要求由北方局从太行、太岳抽调精干部队，尽快挺进豫西，开辟抗日根据地。

军情急如火。中共中央北方局代理书记、八路军 129 师政治委员邓小平同志专门召见太行军区第 5 军分区司令员皮定均同志和太行第 5 地委书记兼第 5 军分区政委徐子荣同志，传达中央关于向河南敌后进军的指示，要我们着手组建“八路军豫西抗日支队”，迅速南渡黄河，开辟豫西抗日根据地。

总部会议室内气氛肃穆，八路军前方总部负责人、北方局书记、129 师政委邓小平同志，参谋长滕代远同志和副参谋长杨立三同志，向徐子荣、皮

---

* 作者时任豫西抗日独立支队副政委兼政治部主任。

定均和方升普同志传达了党中央的决定：为了牵制日军行动，从苦难中解救豫西人民，扩大解放区，从战略上沟通华北同华中根据地的联系，最后打败日本侵略者，决定从太行军区抽调一支精干的部队，组成八路军豫西抗日独立支队，迅速渡过黄河，挺进豫西，开辟敌后抗日根据地。

滕代远同志宣布了总部的命令：任命皮定均为豫西抗日独立支队司令员，徐子荣为政治委员同时担任豫西党的地委书记，方升普为副司令员，郭林祥为副政治委员兼政治部主任。接着详细介绍了豫西的敌情，部署了我军进入豫西的任务。邓政委接着做了极其重要的指示。他说：日军发动河南战役，国民党 40 万大军不战而溃，37 天中日军侵占了 38 座县城。但是，敌人只能占领交通干线和城市，他的兵力不可能控制广大的乡村，这就为我们深入敌后开展抗日游击战争，建立抗日根据地，提供了重要条件。邓政委特别强调指出，豫西地处中原，建立豫西抗日根据地，南可与新四军第五师的豫鄂边区联结，东与豫皖苏根据地结合，北和太行、太岳军区沟通，因此，具有十分重要的战略意义。你们要像一把尖刀插入敌人心脏，牵制敌人西进南下，为最后战胜日本帝国主义创造有利条件。邓政委望了望大家，又亲切地继续说：你们进入豫西后并不是孤立的，有党的领导，有一支坚强的武装，更重要的是有强悍的豫西人民。豫西人民是要抗日的，是不愿当亡国奴的。你们到豫西去，就是要树起一面抗日的旗帜。你们这支部队就是一面旗帜，是代表中国共产党，代表豫西人民抗日的旗帜。只要坚定地执行党的政策，严格遵守三大纪律八项注意，用党的政策去发动群众，组织群众，武装群众，就一定能够迅速地在群众中扎下根来，带领群众展开轰轰烈烈的抗日斗争，建立起巩固的豫西抗日根据地。邓政委最后又以关怀的口吻说：豫西情况复杂，群众对我军还不了解，你们初到那里，一定会遇到许多困难，这是可以预料得到的。但是，我相信只要你们加强团结，发挥集体智慧，任何困难都是可以战胜的。你们回去后，抓紧组建部队，做好各项准备工作，尽早进入豫西……

参加会议的还有张际春、李大章、周桓和何廷一等同志。

徐子荣同志平时爱抽烟，差不多是一支接一支地抽。可是，当邓政委和其他首长讲话时，他却一支烟也未抽。他聚精会神地听取首长们的指示，不断地在笔记本上做着记录，直到话都讲完，才点燃香烟，一连深深地吸了几口。

最后，邓政委特意吩咐管理科，炒几个菜，包素饺子招待他们吃饭。这在当时已经是很隆重的招待了。

从北方局受领任务回来之后，徐子荣同志心情久久不能平静。他立即召集支队领导干部和机关有关同志，传达党中央、北方局和八路军前方总部的决定和指示，研究贯彻执行的具体方案。他聚精会神地倾听每一个同志的发言，默默地凝神思考问题。他对工作上的重大问题，总是首先倾听各种不同意见，经过深思熟虑，最后做出中肯的决定。

接受任务后，我们一边紧张地组建部队，一边到黄河岸边侦察，寻找渡口。这支部队由太行军区所属部队抽建组成，辖两个团，共 1500 人；支队司令员皮定均同志、政治委员徐子荣同志、副司令员方升普同志、参谋长熊心乐同志，我任副政委兼政治部主任。

先遣准备工作就绪后，我赶往太行军区司令部所在地河南涉县（今属河北）的赤岸村，向李达司令员作了汇报。他说邓小平政委等着听取我的汇报，并要做重要指示，让我迅即赶到八路军总部。于是我快马加鞭赶到了八路军总部。

八路军总部坐落在山西省左权县麻田镇东南角的一座四合院内。当时，朱德、彭德怀等领导同志都去延安了。这一年，小平同志 40 岁，正届不惑之年。在这里，他担起了全面主持北方局和晋冀鲁豫地区工作的重任，独当一面，充分展示和发挥了军政兼备、能文能武的卓越才能。

邓政委首先要我汇报部队南渡黄河的准备情况。因为渡河是面临的第一道难题。中原之战后，日伪军和国民党军队加强了对黄河渡口的封锁。当我把郑州至洛阳间的敌伪河防部署讲完后，邓政委拿起桌上的煤油灯，走到挂在墙上的军用地图前，和我一起选择渡河点。看完地图，他转过身来说，关于渡河的问题，已命令太岳部队在济源、垣曲方向侦察。你们做好一切准备，待令行动，友邻部队全力支援你们。

邓政委要我在他对面坐下。他身穿一套灰布军装，由于紧张的敌后战斗环境，他眼窝深陷，两颊的颧骨显得更高了，但依然精神饱满，目光坚定。关于邓政委的干练和果断，太行山流传着许多故事。1942 年，日军向我太行根据地实行疯狂的大“扫荡”。129 师师部向东转移时，在涉县的东面塔城与日军遭遇了。当时师部机关和边区政府都较庞大，部队只有警卫连、通信连和一个电台中队，敌人已经合围。机关上山后由大路转入小道，行动更慢了。刘伯承师长的一只眼睛正在发炎。邓政委指挥着警卫连抗击敌人，掩护师部转移。他在阵地上一坐，把那把日本战刀使劲朝地上一插，说：“老子不走了，顶着打！”战士们在邓政委的鼓舞下，奋勇阻击，终于使师部安全转移。

此时，邓政委话语干脆果断地对我说：“河南过去是汤恩伯、胡宗南的部队。河南战役中，国民党的 40 万大军溃不成军，37 天丢了 38 座县城。他们一部分部队逃进深山去了，一部分被老百姓缴了械，豫西现在的情况非常混乱。”邓政委说，党中央对中原的局势十分关注。延安多次来电，指示我们迅速开辟河南，这对于我们打败日军侵略，使华北和华中根据地连成一片，具有十分重大的意义。谈到行动方针，邓政委说，这次向河南发展与以前发展华北和华中的情况不同，豫西情况复杂，正确执行党的各项政策，灵活对待和处理各方面的具体情况，这是成功的关键。邓政委特别强调了政策的重要性。他说，部队过了河怎么站住脚，靠什么开辟根据地呢？光靠打仗是不行的。日伪顽的势力很强，你们只有两个团，1000 多人，怎么打？你们必须依靠党的政策，用党的政策去宣传群众、组织群众、武装群众，这样才能站稳脚跟，开辟工作。

邓政委在分析河南的民情后说，河南群众苦难深重，民性强悍，也很讲义气。你们插入敌顽的空隙地区后，首先要着重政治宣传，争取各阶层的同情，建立广泛的统一战线，以自己的军政力量扫除障碍。局面初定后，再转入组织和领导群众进行抗日斗争和减租减息。对于顽固派及人民反对的土匪武装，如果争取无效，应坚决打击！仗不在大，打则必胜。不打一点该打必打的仗，群众是看不起的。只要你们坚定地执行党的政策，坚决执行三大纪律八项注意，又打一些胜仗，人民群众就会信任，就一定能扩大武装，建立政权，开辟根据地。

邓政委特别谈到，部队过河后，只能是独立工作的局面，中间隔了条黄河，同中央、北方局和总部的联系，除了靠电台，没有别的办法，所以斗争非常艰苦复杂，你们又都很年轻，不够老练。要互相尊重，加强团结，发挥集体智慧。邓政委指出这一点，一方面是有些担心，另一方面也是提醒我们，遇事要慎重、稳妥、多动脑筋。

谈到部队需要的供应和装备，邓政委又把杨立三副参谋长兼后勤部长叫进他的办公室，要我向杨立三同志报告，由他负责解决。因为夜已深了，杨副参谋长要我和他同睡一个炕。

这天，我虽然很累了，但重任在肩，脑海里仍然在想着邓政委的指示，好久都没有入睡。东屋邓政委的那盏灯，也亮了很久。携手合作，取得了很好的效果。朱德总司令曾亲笔写信，派人送到荥阳，帮助我们动员曾在云南讲武堂当过他教官的人支持抗日。争取土顽武装的工作也取得了很大进展，使一些土顽武装掉转枪口，有的保持中立，有的主动撤离，有的加入了我们的武装。由于坚持党的统一战线，认真执行了“争取和团结一切可以团结的人一致抗日”的方针，极大地孤立了日伪军和国民党顽固派。

我们牢记邓政委的指示，严格执行三大纪律八项注意。野地露营，忍饿坐在红薯地边，谁也不去挖一个红薯充饥；夜过村庄，战士们站在屋檐下避雨，也不敲老乡的门；买卖公平，损坏东西就赔，使豫西群众看到了真正的人民军队。尤其是挥泪处决严重违犯军纪的侦察员王铁山，更在豫西人民中产生了巨大反响。群众无不赞叹：共产党八路军纪律真铁，真是爱护老百姓的好军队。

在开辟豫西根据地的日子里，我们时刻牢记邓政委关于仗是要打的，但一定要打得巧，仗不在大，打则必胜的指示，针对敌人的反动气焰，很快打了几个胜仗。我们渡河不久，得知日军在黑石关修铁路桥，立即派部队星夜奔袭，出其不意地进至陇海线上，摧毁了一批日伪据点，破坏了数十里铁路，使陇海线交通中断了十几天，延安《解放日报》刊登了这则消息。在嵩山、箕山地区，我们与日伪顽进行了一年多艰苦卓绝的斗争，先后又打了曹村岭等大小 200 多次战斗，解放了 10 个县，建立了抗日民主政府，部队也从 1000 多人发展到 7000 余人，胜利完成了邓政委赋予我们开辟豫西抗日根据地的任务。

中岳狂飙

皮定均*

向豫西进军

1944年7月中旬，我们接到党中央、北方局和八路军总部的紧急通知，要我和徐子荣政委立即去总部接受任务。我们驰马赶到总部驻地，总部首长接见了我们，指示说，为了解放豫西苦难同胞，扩大解放区，缩小沦陷区，粉碎日寇打通大陆交通线的计划，党中央决定，从太行地区抽调部队，渡过黄河，挺进豫西，开辟敌后抗日根据地。首长要我们立即着手组织"豫西抗日先遣支队"，并做好进军的准备，以担负起开辟豫西抗日根据地的先遣任务。首长们强调，目前日寇是否继续西进还不清楚，我们挺进豫西，就可以牵制敌人。同时，豫西抗日根据地的建立，也可使我华北的八路军和中原的新四军携手作战，沟通华北老根据地和豫鄂边根据地的联系，为大反攻创造条件。这是一次具有重大战略意义的行动，必须坚决彻底完成。

当时，我太行根据地正在进行艰苦的反"扫荡"、反封锁的斗争，战斗

---

* 作者时任豫西抗日先遣支队司令员。

非常紧张，物质条件非常困难。但是，党不惜从太行各部队抽调最优秀的指战员和最好的武器，组成了一支精悍的、具有坚强战斗力的抗日武装。支队的营以上干部和部分连的干部都是经过长征的红军老战士，战士们是严格挑选出来的阶级觉悟高、身强体壮的豫西或豫北子弟。另外又成立了一个豫西工作队，负责豫西的政权建设。太行军区把历年积蓄下来的银洋全部给我们作为开辟豫西的经费，以减轻豫西人民的负担。根据地军民节衣缩食，为我们每一个同志新制了一套灰色粗布单军装，每个战士还配备了一个缴自日军的黄牛皮子弹匣，军容整齐而威武。

为坚决贯彻党中央的指示，胜利完成这一神圣使命，我们接受任务后，做了一个多月紧张而周密的准备，一方面在部队中开展了党的政策、形势与任务的教育和豫西风俗习惯的教育，进行渡河战术训练；一方面派人偷渡到黄河南岸去实地侦察豫西的情况和敌伪的河防部署，以便确定渡河的地点和进军路线。

9 月 6 日，我们从豫北的林县誓师出发，开始向豫西进军。几天后，到达了渡河集结地——晋南的阳城。我们决定把洛阳以北、孟津以西的蓼坞作为渡河点。太岳军区和地方党组织帮助我们搞到了 3 只渡船。从阳城到黄河边上还有一百七八十里的路程，而且又是敌占区，为了出奇制胜，保证渡河的成功，我们以神速的急行军，从天明到天黑一下就走完了全部路程，来到了蓼坞渡口。

我和子荣同志走到渡河点，观察地形，并命 3 团立即组织渡河。我们仅有的 3 只渡船，每次只能载运六七十人，1700 多人的队伍要往返 20 次才能渡完。为了争取时间，减少往返次数，我们在三只船的船舷两侧系满了大葫芦，以增加船身的浮力，这样可以多载一些人。河中心有一片沙洲，上面伪军安有据点，碉堡里射出的灯光就像是野坟堆中的鬼火，敌人还不时打着枪。我们将全支队的迫击炮架在河边，以便必要时用炮火掩护强渡。方升普副司令员首先率领一队健儿登上船只，启桨前进。他们冲破急流，绕过沙洲，顺利地占领了邙岭，建立了滩头阵地。然后我们增派水手，3 只船穿梭般地来回运送。水手们“嗳嗬，加油啊！嗳嗬，加油啊！”的声音，淹没了浪涛的呼啸。敌人当然发觉了，碉堡里的灯光都熄灭了；不过伪军们大概被这声势吓坏了，不知道有多少八路军在横渡黄河，所以始终不敢蠢动。当朝阳升起的时候，我们全部人马胜利渡过了黄河，踏上了豫西土地。

动荡的豫西

邙岭背靠黄河，前临陇海铁路，是一块纵深不过二三十里的狭窄地带。日寇在陇海路沿线的洛阳、偃师、巩县等重要城镇均驻有重兵，在这里是万不能久停的。最后一批部队一登岸，我们就迅速向西穿插，在离洛阳较远的新安附近越过陇海铁路，又涉过洛河、伊河，然后折向东方，朝预定的目的地——嵩山进发。

进入豫西后的行军途中，触目所见，尽是荒芜的土地，逃荒的难民；成群的乌鸦大胆地飞到人们的身边，睁着贪婪的眼睛盯住你；许多破窑洞，看来很久就没有主人了，洞口结满了蛛网，长起了青草；红薯还不到收获的时候，可是人们早已迫不及待地挖出来吃了。除了这凄凉景象之外，就是围寨如林，枪声不断。豫西大部分村庄都是用黄土垒成的土寨，寨墙上有枪眼炮楼，寨外有堑壕，宛如古代的城堡。由于在日寇和国民党长期统治下，群众对我军不了解，我们路过的地方，一村打枪，村村打枪。豫西是个黄土高原，时属中秋，秋风一起黄沙漫天，日光暗淡，又加上四面枪声、喊声，无异置身于辽阔的战场。

我们渡过黄河，越过陇海铁路后，洛阳的敌人就跟踪追击，稍有迟缓，就有被夹击在洛、伊两河间平原地区的危险。我们毫不停留，长距离跋涉，在洛阳以南不远的地方抢先渡过了洛、伊两河，当天晚上到达白沙。这里的群众也同样不了解我们，不让我们进寨，我们只得露宿在树林里。要吃饭，就把银洋放在竹篮里，要群众吊上寨墙内，他们再把饭吊下来。

第二天天不明，我们又继续东进。快到登封的颍阳镇，全国闻名的中岳嵩山已隐隐在望。半路上，我们碰见了三个地下党员。他们告诉我们，地下党中心县委书记张思贤同志就在颍阳镇。这是多么令人高兴的事情！我们一进豫西，情况不明，地形不熟，群众一时又不明真相，处处都是困难。我们迫切需要地方党的配合和支援。我们满怀着希望急急进入颍阳镇。镇上很热闹，群众见到我们也不惊慌。部队展开街头宣传：发传单，贴标语，演说，告诉群众我们是从华北过来的八路军，是专门打鬼子来的，八路军是人民军队，公买公卖等。我们几个人找到了张思贤同志，他已听到八路军渡河南下的风声，正在派人跟我们联系。一见面，彼此有说不出的兴奋。可是一听他汇报的情况，却又不能不使我们忧心忡忡。豫西的险恶局面，比我们所想象的不知要复杂多少倍啊！

沦陷以前，豫西就无异是一个油煎火烙的人间地狱。水、旱、蝗、汤是压在人民头上的四大灾难：黄河水患几乎连年不断，人民已经挣扎在死亡线上，大批大批地出外逃荒要饭，卖儿卖女；而国民党政府和汤恩伯军队的横征暴敛、抽丁拉夫、奸淫掳掠，苛捐杂税名目繁多达三四十种。为了争取生存，这里的人民曾被迫拿起武器和国民党军队作战。以至汤恩伯的十三军不敢再打出十三军的招牌，每到一村就诡称是“八十五军”。豫西人民一想：“不对！八五一十三，还是这帮家伙，打！”十三军就是这样被豫西人民打垮了的。

国民党军队逃跑时，豫西人民群起而攻之，从国民党军队手中夺获的枪械，少说也在 10 万支以上。豫西本来有我们强大的党组织，爆发过蓬蓬勃勃的抗日救亡运动。但是由于国民党的残酷镇压和疯狂的摧残，很多同志被屠杀或被关进了集中营，有些同志逃亡外地，能够隐蔽在地下坚持斗争的只有很少数同志。因此，这些掌握了大量武器的农民群众，虽有满腔的抗日热忱，但因失去正确领导，大都被地主、恶霸、土顽所利用，变成他们各霸一方、争权夺利、互相残杀的工具。

日寇占领着城市和交通线；山区、乡村土匪横行，“司令”多如牛毛；每个村寨都被地主、恶霸、土顽所把持；人民生活贫困不堪。这就是动荡的豫西，这就是我们面临的局势！但是，不论豫西怎样，我们一定要把这刀山枪林之地变成日本侵略者的坟墓。

春风吹遍黄土高原

我们刚从颍阳镇出发，跟踪追击我们已三天多的日伪军也赶到了。敌人直到现在还没有摸清我们的底细，不知道我们究竟有多少人马，所以他们虽然跟踪追击不放，却又始终和我们保持着一段距离。我们初进豫西，立脚未稳，拖了这条尾巴是非常讨厌的，我们命令后卫部队砍掉这个尾巴。后卫部队选择了有利地形埋伏起来，等到敌人一接近，一个猛冲，把敌人压在山沟里，把走在前面的这股敌人一下子消灭了，其余的敌人夹起尾巴缩回洛阳去了。这是我军在豫西人民面前打击日寇的第一仗。

远望嵩山，群峰挺拔，气势雄伟。可是一进山区，我们却发现嵩山太薄，没有回旋周转的余地，不利于开展游击战争。国民党和封建势力的统治也比较强固。在群众对我们还没有了解之前，在这里活动是十分困难的。我们临时改变了计划，折向东南，深入箕山地区。

我们到了箕山中心地区的东、西白栗坪。这里有围寨，两个村庄相距一二里，中间隔着一条铺满卵石的干涸的河床。这里的地形有前套后套之称，统称作老虎套。群众虽然受了些欺骗宣传，但对八路军并不陌生。他们知道八路军是抗日的军队，就是从前“打富济贫”的红军。当他们和部队接触之后，国民党多少年来煞费苦心在人民群众中散布的欺骗宣传很快就被揭穿了。群众都说：“八路军是毛主席、共产党领导的军队，除了这个军队，哪里能见到这样不打人、不骂人、买卖公平、待人和气的军队啊！”我和徐政委住在一位高大娘的家里，她年轻时候就守了寡，没有子女，孤苦一人。她的满头白发，一双深沉忧郁的眼睛，记录了她苦难的一生。她对我们从不高声谈笑，连说话都很少，表面上很沉默淡漠，可是我们很快就感觉到一种埋藏在心底的关怀和温暖：早晨母鸡咯咯叫了，中午她就会不声不响地端过一盘煎鸡蛋来，凝神地端详着我们黑瘦的脸孔，眼光里充满着关切。

我们来白栗坪的路上就听说，日军从各县强征两万多民夫，在登封修筑飞机场。捣毁飞机场，解放民夫，是扩大我军影响的大好机会。我们派人前去侦察。侦察同志回来说：飞机场筑在登封县城西南五六里的嵩山脚下，那儿原来是一块平坦宽敞的石坪，是农民打麦晒麦的地方，日军企图把它扩大，改筑成飞机场，作为继续西进的空军基地。机场周围的山包上，日军设有岗哨，机场里面有伪军监工，登封城内驻有日军一个中队。近2万民夫被圈在机场上，沉重的苦役，风吹雨打，已有很多人病倒或死亡。根据侦察的情况，在中秋节的前夕，一个皓月当空的夜晚，我们派出第3团，一部分警戒登封县城的敌人，一部分冲进机场，消灭了敌人。战士们在人群里高呼："我们是黄河北过来的八路军，是专门打鬼子来的。老乡们快跑啊，回家过八月十五吧！"近2万民夫呼啦一声跑得干干净净，机场空荡荡的只留下碎石乱砖和日伪军的尸体。日寇费尽心机赶修的飞机场，就此半途而废，再也没有修成。

解放了的近2万民夫回到各自家园，都把这次战斗说成是"八路军放工"。他们成了我们最有力的宣传员，"华北的老八路过来了""'老日子'的飞机场被八路军踢翻了""八路军是神兵，从天而降"等讯息，像一阵春风吹遍了嵩山周围。

红偃师

从少林寺翻过山就进入了偃师南部山区。一接触到这里的群众，就使我们感觉到"红偃师"的亲切的气氛，只要说一声："我们是共产党、毛主席领导的八路军。"村村都自动开门迎接。我们走到哪里，群众跟到哪里，越跟越多。偶尔碰到有的村子里的伪乡公所不让进寨，群众就一拥而出，迎接战士们。有些老大娘拉住战士，眉开眼笑地说："喔，你们就是八路军？来，让咱仔细瞧瞧！"有的说："我早算到嘛，今年收红麦，收红薯，红军一定要来，看，果然来啦！"

这里的群众对我们热情支持，这里的地形又是山地，非常适合于展开游击战争，我们决定首先在这里创立一块根据地。

豫西地方实力派很多，力量雄厚。他们掌握着武装，也拥有一批群众。所以，争取团结他们共同抗日，是建立和巩固根据地的一个重要方面。我们到偃师后，特别重视对实力派人物的调查工作。对各个实力派人物的政治背景、政治态度、手下实力、家庭状况、社会关系、群众反映，甚至于他们的性格、爱好、生活作风等等，都作了详细的调查。根据不同的对象，采取不同的对策。

裴子明曾是偃师府店乡乡长，他性情刚直暴躁，重个人义气，群众给他取了个绰号叫“裴大炮”。豫西沦陷后，日寇几次诱降，他都没有变节投敌，在偃师实力派和群众中有较好的威信。国民党军队逃跑时，他替西北军三十八军保存了几窑洞迫击炮弹、手榴弹和子弹，始终没有交给日寇。我们进豫西后，远离后方，补给断绝，武器弹药唯一的来源就是从敌人手里夺取。争取到裴子明，可以动员他献出弹药。

我们请地方党组织的同志和支队政治部副主任孔祥祯去动员裴子明出来和我们合作抗日，可是裴子明却在山上避而不见。我们明白，一方面他误信了国民党的诬蔑宣传，对我们存在疑虑和偏见；另一方面他正处在彷徨、徘徊和犹豫中。因为要抗日就不能不解决这一现实问题：依靠谁？依靠共产党、八路军，还是依靠国民党？国民党一败涂地的狼狈相，他是目睹了的。我们进豫西以来坚决的抗日行动，他也在暗中注视，还透露过佩服我党的心情。这种矛盾思想在实力派人物中是有代表性的。我和子荣同志决定亲自去拜访他，为了迎合他的爽直好友，重义气的性格特点，特地携带了一把从华北战场上缴来的日寇军官佩用的指挥刀，准备赠送给他作为见面礼。我们到了他的家里，向他的大哥、侄子说明了来意，要他们劝他回来。他大哥、侄子好不容易找到了他，再三向他劝说：“人家司令、政委自己上门来看你了，你好意思不去见一面吗？”裴子明这才把心一横说：“走，豁上啦！”他腰带上插了两只驳壳枪，大机头打开，单刀赴宴回来了。见了面，他感到我们的态度完全不是他所想象的那样，戒备心理很快就消除了。我们向他说明了来意和我们党团结抗日的政策，他听了很高兴。最后，我把指挥刀送给他，说：“我们知道老兄你不愿意当亡国奴，不愿意出卖祖宗，所以非常欢迎你出来和我们一起抗日。这把刀是我专门杀鬼子杀汉奸的，送给你，祝你英勇杀敌、为国立功！”裴子明“唰”地抽出钢刀，试试刀锋，哈哈地笑着说：

“啊哟，日他娘啊，这把战刀利得很哪！”然后把胸脯一拍说：“中！打‘老日子’，咱裴子明跟你们干！你们二位这样器重我，咱裴子明死不当孬种！”

白栗坪突围

我们从偃师转回白栗坪，还没有进东白栗坪，就感到一种紧张的气氛：人们在慌张地掩门闭户，有的妇女拉扯着孩子，着急地大叫着：“你不要命啦，快回来！”发生什么事情了？我们走到高老大娘家门口，她一见我们，吃惊地连退几步，半晌才镇定下来。我们连问她好几遍：“大娘，家里出了什么事啦？”她两眼含着泪水，默默不言。好一会儿，她像突然想起什么似的说：“你们还没有吃饭吧？好，咱给你们做。”她转身走到锅台前，不知从哪里取出来一坛白面，坛上蒙了一层厚厚的灰尘，看来一定储藏很久了。她支起鏊子就给我们烙饼。这时候，我们看出她的手在轻轻颤抖。

我们估计一定发生了严重情况，立刻命令警卫连两个排占领对面小山，放上警戒。我们一边给大娘烧火，一边再三问她：“大娘，到底出了什么事啦？为什么不告诉我们？”可是我们每问一次，都像钢针刺了她的心似的，她痛楚地望着我们，泪水成串成串地往下掉。她想说什么，却又骤然把话咽了回去，直到烙好饼，把饼塞到我们手里，才长叹一口气，向西指指说：“快走，他们要打你们。”恰在这时四面八方的枪声响了起来。我和子荣同志连忙率领支队机关，带着电台，登上了警卫连据守的小山头。展眼一望，我们已经落在敌人重围之中。和我们这个小山连接的高山已被敌人占领，从西白栗坪来的敌人已过了河，正向我们冲来，东南两面的敌人也在积极运动。这些敌人经了解，才知道高山上的是国民党登封县党部书记长杨香亭的特务武装；西面的是当地土顽分子梁敏之胁迫下的东、西白栗坪一带的武装农民；东南两面的是临汝土顽席子猷胁迫下的马峪川的武装农民；北面来的是登封城内的日军。

我们把机关、电台人员隐蔽在小山旁边的沟里，用一挺机枪对付高山上的杨香亭匪帮。这座高山向着我们的这一面很陡，光秃秃的毫无遮掩，因为山水的冲击，石面亮晶晶的，十分光滑。敌人几次冲锋，我们的机枪咯咯一叫，匪徒的尸体就像冬瓜似地滚到沟底，摔得血肉模糊。敌人冲了两次，死伤惨重，就再也不敢动了。我们其余的同志分布在小山两侧，抵挡着东西两面进攻的敌人。从这些人的衣着上看，在前面打头阵和在后面督阵的是土顽分子，打得很起劲，夹在中间的是拿着步枪、红缨枪、大刀等各种武器，衣衫褴褛的农民群众。我们命令战士们：只许杀伤日本鬼子和土顽分子，不许伤害农民兄弟。同时展开了火线喊话。我记得机枪班的杨春保声音最响，像只大喇叭，不断喊着："老乡们，咱们是一家人，咱们的敌人是日本鬼子和汉奸卖国贼！"

我们的警卫连，被同志们亲切地称为"咱们的小黑虎"，战斗力很强。往常，不管敌人再多、再凶恶，遇到多么危急的情况，战士们也不会停止嬉笑。而现在，阵地上的空气非常沉重，战士们的枪口来回移动，一次又一次地校正瞄准点，总怕打偏了，误伤了农民兄弟。可是土顽们的气焰却愈加嚣张起来了，有的居然直起腰，挥舞着胳膊，大喊大叫："冲呀！杀啊！"后面督战的土顽分子也拼命用枪威逼着农民群众："快！快往上冲！"我们看出农民群众的攻击毫不积极，行动很缓慢，但是他们终究一步一步地被赶上来了。高山上的杨香亭匪部也以猛烈的火力向我们射击，我们的处境已到了十分危急的地步。有的战士已准备好手榴弹，期待地望着我，仿佛说："我们再也不能忍受了！"我懂得他们的心情，他们在担心支队领导机关的安危。真的，如果面前全是真正的敌人，这样稠密的队形确是发挥手榴弹威力的最好时机。可是现在不能，决不能用手榴弹，那样会伤害许多农民群众。我鼓励他们说："同志们，沉住气，看我的！"我拿过步枪，一连三枪撂倒了三个土顽分子，其余的有的原地卧倒，有的回头就跑，农民群众也就乘势后退。正在这时，不知谁喊了一声："首长，鬼子来了！"我抬头一看，一大片黄色的人群向这里急奔，刺刀在斜阳里闪闪发光，皮鞋的响声愈来愈近了。好啊，日军也赶来了！敌、伪、顽明目张胆地联合进攻，只能激起战士的无比愤怒。我们几挺机枪以密集的交叉火力向日军射击，战士们激动地喊起话来："老乡们，打鬼子们啊！咱们中国人不打中国人！"

日军被我们的机枪火力封锁住了，他们蹲在乱石后面用迫击炮、掷弹筒咚咚咣咣地向我们轰击，我们这个小山的前前后后爆炸起团团浓烟，弹片、碎石横飞。顽匪一见日本鬼子出来配合他们作战，劲头又来了，杨香亭匪徒得意地叫喊着：“八路听好，你们跑不了啦，赶快缴械投降吧！”这时，农民队伍里引起了一阵骚动，显然他们已看清了实情，再也不愿任人驱使了。

战斗坚持到天黑，我们利用两敌结合部的山谷胜利突出重围。事后我们才知道，杨香亭、梁敏之顽匪为了消灭我们，曾向农民群众下了八条杀戒：让八路进屋者，杀！给八路送粮做饭者，杀！向八路通风报信者，杀……一有号令，必须出动作战，一人不到，全家抄斩；一村违抗不听，全村烧光杀绝！他们还欺骗农民群众说：“八路军是先甜后苦，将来要共产共妻。”他们就是用这种灭绝人性的和无耻的欺骗手段，强迫农民群众为他们冲锋陷阵，当他们的炮灰。尽管顽匪的屠刀搁在脖颈上，广大农民群众并没有也不可能向敌人屈服。像高大娘这样一个普通的、善良的妇女，甘愿冒杀身灭门之祸，接我们进屋，给我们做饭，这难道不是最有力的证明么！这次战斗产生了巨大的影响，对人民群众是一次具有深刻现实意义的教育。事实教育了他们，使他们认清了谁是敌人，谁是自己人，谁勾结日寇反共卖国，毒害人民，谁真正抗日，处处爱护人民。后来，当我们彻底消灭了梁敏之反动武装时，群众拍手称快地说：“梁敏之这孬种该打，八路军真是仁至义尽，几次晓以大义，动员他抗日，他却猪八戒倒打一耙，这是他自取灭亡！”

倒地运动

我们从白栗坪突围出来以后，从各队的汇报中，了解到目前对群众危害最大的就是像梁敏之这样极端反动的封建土顽和敌、伪、顽合流的区、乡公所。不消灭这些地头蛇和伪区、乡公所，不解除捆在群众身上的这条铁锁链，豫西人民的爱国热情就不能发挥出来，我们要想在豫西站稳脚跟也是非常困难的。于是，我们南征北战，东讨西伐，踏遍了穷乡僻壤，把那些群众恨之入骨的伪区、乡公所连根铲除，还立刻召开群众大会，选举成立新的抗日区、乡政府。对那些愿意合作抗日的区、乡公所，则要他们公开在群众大会上宣布抗日，接受上级抗日民主政府的领导，当众烧毁敌、伪发给他们的委任状、印信，坚决和敌伪断绝关系。

经过两个多月的艰苦斗争，我们以嵩山、箕山为中心的抗日根据地形成了。我们成立了两个工作委员会——嵩山区工委会和箕山区工委会，来领导根据地的建设。偃师、登封、伊川、荥阳、巩县、临汝等县的县、区、乡的党组织、抗日民主政府、县独立团及区、乡民兵武装和农会、工会、妇救会等群众组织都逐步建立起来了。

为了调动群众的抗日积极性，我党在抗日根据地内执行了减租减息的政策。但是，豫西地区由于“水、旱、蝗、汤”的灾难，封建地主乘机从农民手中掠夺了大批土地。因之，从地主手中夺回被霸占的土地就成为农民最迫切的要求。是的，土地回家！只有土地回家才能够使广大贫苦农民得到初步解放，才能够发展生产，改善人民生活，也才能够进一步发动群众抗日。地方工作委员会发出了告示：坚决支持群众的要求，实行“倒地运动”。同时为了争取地主阶级抗日，我们采取双方协商、群众评议、政府批准的方式，由农民原价赎回在荒年期间被迫出卖的土地。

“倒地运动”热火朝天地开始了，根据地的生活沸腾起来了。抗日民主政府的干部每到一地，后面总是跟着成百上千的男女老少要求倒地。他们拿着武器，敲着锣，擂着鼓，兴奋地大喊：“倒地啦！倒地啦！”到了村上，我们的干部拣块石头坐下，就立刻办起倒地手续来。卖户和买户当面协商，群众当场评议，政府干部当场做出裁决：该倒多少地，以前几元几角卖去的，现在还是用几元几角赎回来。于是双方一手交钱，一手交文书，这一个解决了，接着办理下一个，这一村解决了，浩浩荡荡的农民队伍又开赴另一村。

由于“倒地运动”使大批农民重新获得了土地，奄奄一息的豫西农村恢复了生气，豫西人民从心坎里唱出了这首民谣：

毛主席在延安，
听说（哟）豫西有灾难；
发来大军三十万，

一心（哟）要想搭救咱！
共产党、八路军，
抗战（哟）“倒地”为人民；
豫西从此见天日，
打败（哟）鬼子享太平！

刚烈正直的豫西人民，当他们认识到共产党、八路军是真正为了抗日、为了民族生存和人民幸福而奋斗的时候，他们以那么炽烈的热情，以无限的信任，拥戴着党和自己的子弟兵。“当八路军”是小伙子们竞相争取的荣誉。他们来参军的时候，大多是自备武器，即使没有枪，也总得设法搞到一些子弹、手榴弹，好像空手来参军有点过意不去似的。就连许多老大娘也常常为儿子缝起干粮袋，装满干粮，骑上毛驴，亲自送儿子到部队，说：“交给八路军管教，比啥都强！”

灿烂的一页

我们挺进豫西，日军恐慌万分。他们知道，八路军、新四军不仅是一支坚决抗日的力量，而且也是最善于发动群众、组织群众、武装群众的队伍。像豫西这样民性强悍善战、武器极多、蕴藏着无穷无尽的战斗潜力的人民，一旦被发动起来，组织起来，一致抗日，将会产生出惊人的力量。所以，当我们一入豫西，日军就慌慌忙忙地向我们发动了连续的“扫荡”。战斗几乎天天在进行，并且一天比一天激烈，一天比一天紧张。国民党顽军一开始就公开配合日寇联合向我们进攻。河南省主席刘茂恩在反共密令中曾说：“日军压境，我辈尚有周旋余地，共匪嚣张，乃为心腹大患……可将我军剿灭共匪的情况和计划，通过地方政府（即指汪伪政权）转告日人，以便协助剿灭共匪。”

偃师的口孜镇分东口孜和西口孜，是两个紧连着的村寨。它的背后是嵩山的出入口东、西九龙角。如果说东、西九龙角像一张嘴巴，那么东、西口孜就是两颗门牙。12 月 4 日拂晓，从偃师城出动的一路日军到了西口孜寨。守卫在口孜村寨上的只有偃师县委领导的偃师独立团一部分和口孜的武装群众。他们早已得到了情报，所以几天来日夜不息地在寨墙上放哨巡逻，严加防备。他们一发现敌人，就擂鼓敲锣，发出警报，东、西口孜和周围几十里内各个村寨的群众，不分男女老少，都自动赶来支援。他们有的拿步枪，有的执红缨枪，有的握大刀，有的持三齿耙，和现代化武装的日军大战了三天三夜。

这正是凛冽的冬天，朔风怒吼，大雪纷飞。战场上硝烟弥漫，杀声震天。“同‘老日子’拼啊！”“打！不要紧，有八路军！”喊声震天动地，真是一个气壮山河、惊心动魄的场面。豫西群众许多人的枪法非常好，他们卧在寨墙上，居高临下，用步枪和土枪打得日本鬼子爬在烂泥里不敢抬头。使用大刀、红缨枪、三齿耙的，都聚集在寨墙下，一声号令，大开寨门，以排山倒海之势扑向敌人，进行白刃格斗。青壮年作战，老弱妇孺在后面送水，送干粮，送弹药，救护伤员，连瞎子王三江老先生也叫孙儿领着，挽只竹篮，挨家挨户地收集子弹送到阵地上。他豪迈地说：“我要不是瞎子，不成勇士，就是烈士。”

同一天，我 3 团一部在口孜以西的二郎庙和从缑氏出动的一路日本鬼子展开了血战。二郎庙附近的群众和口孜一样，也纷纷拿起了武器，配合八路军参加战斗。同时，登封的伪军程天祥部也到了口孜以南的奶奶庙、甘罗寺等山头。佛光峪群众正来口孜助战，一得到这个消息，立即回兵，打退了程天祥匪部的进攻，解除了口孜腹背受敌的威胁。

侵略者往往迷信自己的武力，轻视人民的力量。当他们到达口孜，听到寨上锣鼓喧天，还以为是欢迎他们呢，仍旧大摇大摆地排成三路纵队向寨子前进，结果，被群众一个猛烈的冲杀，弄得措手不及，死伤狼藉。等到查明寨内绝大部分是武装群众，并没有八路军主力，又施展“怀柔政策”，故意不打枪，由一个汉奸大声叫嚷：“口孜的良民听着，皇军不打良民，良民也不打皇军，皇军良民统统打八路军！”群众骂道：“闭上你的狗嘴！”“叭”的一枪，汉奸四脚朝天回了老家，寨上的群众哄然大笑。后来日军恼羞成怒了，轻重机枪、掷弹筒、迫击炮发疯似的吼叫着，士兵列成整齐的队形，端着明晃晃的刺刀，发起了连续的冲锋。但是，群众坚守寨墙，寸步不让，激烈的战斗进行了一整天，日军始终无法攻下口孜。第二天（12 月 5 日），指挥这次围攻的日军头目率领另一路日本兵从巩县插到了偃师、登封交界的山坡上，企图从东南方向实行迂回。日军联队长梅协带了 12 名军官先来佛光峪观察地形，恰好被佛光峪群众发现了。他们埋伏在险峻的牛头弯，等日本军官从下面山沟经过时，一跃而下，有的用扁担劈，有的卡住鬼子的脖子，有的把鬼子的脑袋在岩石上碰得脑浆迸裂，眨眼工夫就把 12 名军官全部打死，并缴到了 1 挺歪把子机枪、1 个掷弹筒、7 支步枪。日军联队长在混战中只身逃跑，但被一个 14 岁的少年发觉了，立刻跃起猛追。日军联队长转身连发数枪，未打中，手枪里没有子弹了，少年几个箭步就追上了这个敌人，一纵身像壁虎一样爬在敌人的背上，双手死死卡住他的脖子，一口咬住这家伙的耳朵，梅协拼命挣扎也挣不脱，扭打在地上。这时，佛光峪和鸡毛窑的群众纷纷赶到，他们一拥而上，乱棍揍死了日军的联队长。

12 月 6 日，攻击口孜的日军在汉奸的引导下，偷偷地绕到口孜东南，占领了高地，这样就使口孜完全暴露在敌人的火力下面。日军又用烧夷弹轰击东南寨门，寨门在熊熊大火中被烧毁了。但是，就在头一天晚上，偃师县委已及时地作了撤退的布置，老弱妇孺撤到了山上，留在寨内的独立团和武装群众又同日本鬼子打了半天，到傍晚时候，才安全地转移了。日军费了九牛二虎之力，只占领了这座空寨。

第二天，日军又集中兵力攻击佛光峪，想寻找他们的联队长。从口孜进入东、西九龙角到佛光峪，沿途是马涧河上游，两旁都是高山。马涧河很宽，冬天枯水时期没有水，裸露着鹅卵石。我偃师独立团和佛光峪群众顺着这条河床对日军反复冲杀，鹅卵石上到处躺着日本士兵的尸体。有 20 多个日军被逼进了窑洞，他们把机枪架在洞口扫射着。独立团战士们和佛光峪群众在鹅卵石上匍匐前进，想用集束手榴弹消灭洞内敌人，但是他们没有防备另一股敌人顺山脊两侧迂回下来。正当他们跃起身，向窑洞发起冲击的刹那间，山上日军的轻、重机枪响了，使我军民陷入了进不能进，退不能退的困境。正在这时，我们活动在附近的一支部队赶到了，战士们顽强地阻击敌人，争取时间，掩护佛光峪群众安全撤退下来。

日军为了找到他们的联队长，特地以一个中队的兵力在佛光寺扎下了据点，用尽了威胁、利诱、欺骗、恫吓的手段，要群众交出他们联队长的尸体来。群众到这时才知道埋在乱石堆下的那只“死猪”原来是“老日子”的联队长呢！他们坚决不交出联队长的尸体，反而把他更秘密地藏在一个枯井里。

日军在佛光峪扎下据点后，群众性的抗日斗争又以另一种形式进行着。我们的部队和群众天天夜里去摸日军的哨兵，吓得日军不敢在平地上、大门口放哨了。他们在屋顶打了窟窿，只探出半个身体来。但是这样还不保险，哨兵仍时常不知去向。他们又在上面罩了只木格笼子，日军中队长急得大叫大跳说：“八路军有本事来打，不要作小偷地干活！”

在日军大举进攻我嵩山根据地的时候，我们支队主力趁敌人后方空虚，在巩县、伊川、洛阳等地展开攻势，拔掉了敌人许多据点，甚至活动到洛阳市郊，积极支援了根据地军民反围剿的胜利。日军除在佛光峪扎了据点外，其余的不到一星期就被迫缩回去了。佛光峪是我嵩山根据地的中心，是偃师、登封、巩县的连接枢纽，群众有“一盘碾，转三县”之说。我们当然不会以摸他几个哨兵为满足，更不会让他长期驻扎下去。我们首先派出部队，专门袭击从洛阳、偃师、缑氏到佛光峪来送信、送粮、送弹药的鬼子汽车和人员、马匹，截断敌人的补给线和外界的联系。在我群众性的游击战包围封锁下，鬼子吃水、吃粮都很困难。这样搞了半个多月，佛光峪的日本兵已像堵在洞里的老鼠，只能吱吱叫了。1944 年的除夕之夜，我们发起了佛光峪战斗，最后消灭和驱逐了这个据点的敌人。

我们在胜利中迎来了 1945 年。

伊洛区抗日根据地创建经过

张剑石*

1944年7月，我受中共冀鲁豫区委12地委的派遣，回豫西宜阳开辟抗日根据地。

我的家乡赵堡，在宜阳城南30里。当时寨内驻着国民党的抗日支队部、乡公所。距赵堡北15里的五里坡顶上为日、伪所占领。我到家乡后，为了发动群众抗日，召开了一次中共党员会议。参加会议的有张达人、张瑞修、张兆公、张新民、张宏道等。县城西韩城程远宣是张自安烈士发展的早期党员之一，也是我1929年由团员转为正式党员认识较早的老同志，所以也专函请他来参加会议。程接信后，派冯宜亭到赵堡张达人家参加会议。会上，张达人、冯宜亭等都谈到豫西沦陷后，他们各自就近联系所熟悉的中共党员，搜罗枪支，积蓄抗日力量的情况。我传达了上级党组织交给的任务，勉励赵堡、韩城的党员要在原有的基础上，进一步分头活动，积极串联。会后，为安全起见，我和爱人韩侠、女儿华云暂离家乡，到宜阳西南山区的太山庙、濠潭沟、红涧沟等地潜居了约一个月左右。这期间，我一直和赵堡、韩城的地下党组织保持着联系。

---

* 作者时任中共伊洛区工委书记、豫西独立支队司令员。

在玉米将近成熟的9、10月间，赵堡党组织给我送信，说八路军一支百十来人的部队北经柳泉过洛河，在东、西赵堡之间的汶河滩，由寺河向东南陟山而去。我当晚回赵堡，约定和我在水东地区打过游击的张介泉一同去追寻部队。经过石祸、伊川县酒后和汝阳县内埠等地，约两昼夜到达偃师县北峪，找到了部队，是皮定均、徐子荣支队。在一个能容七八个人的小屋里，我向支队首长汇报了赵堡一带党的活动及敌、伪、顽各方面情况后，皮定均即指着墙上的地图说："我们要在伊河、洛河之间，即嵩县以北、伊川以西，洛宁以东、宜阳城以南这个框框里，以赵堡为中心，开创抗日根据地，建立中国共产党伊洛区地方工作委员会。会上，任命我任中共伊洛区工委书记，另派支队副司令员方升普、团参谋长张介民到伊洛区帮助工作。

1944年秋，我们部队移住寨南十里的下马河。中秋节这一天，地方党员和部队干部在一起开会，方升普代表支队党委在会上正式宣布了"中共伊洛区工委""伊洛区办事处""伊洛区独立团"成立，同时宣布了职务分工：工委书记张剑石（兼办事处主任），组织部长张介民，宣传部长程远宣；独立团团长张达人，政委张剑石（兼），参谋长张介民（兼）。寨内外即时贴出抗日标语，群众高兴异常，奔走相告。顽方支队长张兆寰还派副官王从谏（共产党员）给下马河送了两担馒头。以赵堡为中心的抗日根据地的建立，震动很大，县城的日军、石村的伪团、西赵的土顽看到我军声势浩大，都恐惧不安。

会后，我们以伊洛区办事处名义，请寨子东北赵庄著名的士绅赵云汉出面，约会附近三王庄、湾庄的李逢年、任天禄和王焕成、王丕跃、赵尚太（共产党员）等，一起座谈抗日。接着，我们又以办事处名义写了六七十份聘请书，聘请赵堡内外有代表性的人士为参议员，还举行了会议，国民党的支队部、乡公所一些头头也都应邀参加会议。会议上，张介民介绍了解放区情况，确定了我军驻扎的地盘为寨南十四村，生活供给由该保保长张兆义负责。西赵堡绅士吴子祯、吴其俊、何孟月等送来了三牛车粮食，表示慰问。

秋末冬初，天气渐寒，为筹备战士们的棉衣，办事处供给处主任索元理与张新民等筹措借款，购买棉花、粗布，借中学地址，发动过去的"老婆抗日宣传队”一齐动手，在数日之内完成了预定数，解决了战士们的御寒问题。我们选定了赵堡南五六里的桐树湾村作为团部及办事处领导机关的驻地。这地方紧靠小河，北为牌坊岭，南依山坳，向东南是条宽敞直达深山的河滩路，行动方便。我们经常分小部队在大王沟、董五庄、石桥、次古洞一带活动。团部，办事处下设警卫连、武工队、民运工作队。警卫连连长是张广义，武工队队长苗守己，民运队队长刘一凡，秘书为董瑞生、董小干。当地的共产党员赵五洲带了两支枪，加入了警卫连。

为了团结一切力量抗日，我们在争取地方各派势力的头面人物中，也作了不少工作。国民党委派的伊川县长蔡芷生是留日学生，本县白杨镇人，我三十年代便认识他。据翟仙萍说，蔡愿同我见面，商谈抗日大计。由翟、蔡密约时间，在白杨镇寨外附近的脚底寨外见了面。相谈不多，主要是双方约定秘密联系，共同对付日、伪，内心一致，形式不妨疏远。

郭绍绪是我1926年加入共青团后结识的好友，曾任王凌云部的营长。日寇占领伊川后，他为地方平安当了伪团长。1944年7月7日，他在伊川白元镇佯邀日军司令官等赴宴，宴间酒酣之际，举枪打死了与宴的日本人。这次行动十分成功，共击毙正副司令官在内的日军军官13名。郭绍绪这一壮举，轰动了临近各县。为防日寇报复，他把部队拉到西岩山，后带警卫人员到次古洞约我见面，我祝贺他杀敌立功，并领他到赵堡我家中暂住。他部虽未接受我部编制，但对我根据地的巩固也起了很大作用。

随着我们力量的不断扩大，敌人总想把我们“吞掉”。一天晚上，我们在桐树湾，突然听到西北方向有阵阵枪声。为了防止意外，当即布置警戒。次日，才知道是日伪团长张海亭把西赵堡占领了，而西赵堡的土顽团队撤到距西赵堡二里的坡底村。我们认为这是日伪和土顽演的双簧，用以威胁我军。于是我带领桐树湾连队，驰回赵堡，召开会议，揭露日、伪、顽联合反共的阴谋。我又写信给张海亭，晓以大义，促其觉悟。信交南窑张式信送去，遏止了伪团向东赵堡的进攻。

1944年12月底，董必谦（王震）、王首道支队来到伊洛区，真是喜从天降。董王支队分8个分队，大部分驻在西赵堡（因董王支队势力强大，我们也没有同张海亭发生直接冲突，部队才驻在西赵堡），司令部、政治部及警卫部队驻在东赵堡。司令部就在我家东院，王首道住上房，王震住东房。第二天便是 1945 年的元旦。赫赫有名的 359 旅指战员由南泥湾来到赵堡，同我们共度元旦，我们真是高兴之极。这一天，我和介民把桐树湾的连队和办事处一些同志都带到寨内来开欢迎会。正值小雪，寒气未退，王震、王首道身着军服，头戴皮帽，虽然有点征途劳累，但神采奕奕，谈笑风生。两位首长召开了各队负责人会议。我和介民在会上对本区及周围有关情况作了简明的介绍，并请求肃清敌伪，帮助扩大抗日根据地。王震讲：我们部队像下山老虎一样，不怕打仗。但本队任务不在河南，军区领导王树声、戴季英、刘子久等，一月之后才能到这里。我们打仗离开，周围敌人涌上来，你们吃不消。他和王首道对我们这块根据地能站住脚表示满意，并对新区应注意事项作了指示。接着，同志们简易化装，在一起扭起秧歌，敲起锣鼓，真是欢天喜地。当地顽方支队长张兆寰亲来商谈，请董王首长和司令部人员去吃饭，王震让政治部写出名单交我转去。我和司令部被邀人员一同参加了宴席，政治部某同志在宴前简述了我军南下抗日政策，并致谢意。

董王支队司令部发出布告，在寨内外广为张贴，内容是六字一句。大意是：“我军奉命南下，一定秋毫无犯。灾害水旱蝗汤，人民生命涂炭。坚决拯民水火……”全文已想不起来了。

支队部在赵堡停住期间，王首道还亲访了中学教师王书阁，向他宣传党的各项政策，询问他的出身、经历及教学、生活方面有没有困难等等。王书阁是大学毕业生，中学老教师。王震离赵堡之前，曾嘱张介民向我解释没有在此打仗扩大根据地的原因。

伊洛办事处成立洛南第一个县政府，是在董王大军过后，“工委”接受王震、王首道的指示建立起来的。县长刘一凡，财粮科长张新民。县政府设在赵堡中街，即日开始办公。赵堡区长王云祥，区委书记詹凡。区署设在县政府对门的王家祠堂。

县、区政府公布未出三日，我们就遇到县城的日军一小队，带领张海亭伪团，向赵堡扑来。这天我们部队驻在寨西南的史庄，无意间发现干皇协军的汉奸家属某某鬼鬼祟祟进入寨内。我想，该不是来刺探我方军情吧？此时，张介民去2分区未回，我和达人商量，天黑时节把部队移驻寨内，并召开紧急会议布置防务。接着，寨北龙王庙地方党员武友仁等送来情报说，在北岭脊上听到日本兵洋马蹄子碰击石路的声响，断定是日军出发。我们即通知联村负责人张光祖、王子洲给战士们准备了夜餐。说话不及，响起隆隆炮声，一发发炮弹飞落在寨内中街大院，房屋被炸塌，青年张广池腿部受伤。静夜炮声，惊醒了沉睡的人们。我们一方面抬出大鼓，在街上猛敲，以壮声威，一方面部署连队带领寨内青壮年，进入战斗。达人坐镇西炮楼，照顾寨内，宏道严守东门、南门；李进道把守西门；我和苗守己带领精悍武工队以北门楼作指挥点。战士们分组沿寨巡逻，侦察敌情。将近拂晓时，我命令张广义连长带一班人由西门出寨，向西北方向摸索出击。武工队战士在北门东西面寨上用日语喊“缴枪不杀”，以震慑日寇气焰。天色快亮，刘一凡县长带武装到寨上散发纸烟，慰问守寨官兵。青年男女、儿童团给寨上送茶、运石头。这时，我通知达人给王光明连长下命令，把守寨连队抽下来，由县大队接防。连队在大街上跑步，高喊“一、二、三、四”，借以鼓舞人民杀敌勇气。

白天监视敌伪活动，看得更清楚。汉奸们东面进入张家老坟，接近南河滩，西面一股窜入西下河，采取钳形包围。敌人的企图一目了然。全寨东面最高，东门楼上是个制高点，那里有2挺拐把机枪，1架掷弹筒，不时扫射靠近之敌。午际，敌人炮弹射到东门里南面榆树园内，炸伤儿童团员韩正元，园内拴的一头牲畜也被炸伤。西南面寨墙较低，敌人由北岭射击，击中警卫连一名新战士，当即牺牲。敌伪寨外散兵，三三两两，时远时近。我们枪无虚发，发必命中。下午5、6点钟，北大凹敌寇哨所连放2颗照明弹，这是收兵信号。为了搞清敌人真实动向，我先让苗守己带少数武装到敌人哨所附近侦察。接着我带一排人出西门经水沟河到达西北嘴山头的皂角树跟前（当地把此处叫西五里坡），远处可望见敌人爬行北上。跟随的排长建议要穷追一下，我阻止了。遂沿岭折东南经芦家沟、张村凹、张山等地，慰问了受惊的群众。

1945 年农历正月上旬，河南军区王树声司令员、戴季英政委、刘子久副政委等来到赵堡，听取了伊洛工委的汇报。军区党委决定将工委扩建为特委，是戴季英在会上宣布的。特委人员组成是：刘建挺任特委书记，张剑石任副书记，吴汉兴任组织部长，颜东山任宣传部长。同时成立伊洛独立支队（也称豫西独立支队），司令员张剑石（兼），副司令员孙光，政委刘建挺（兼），政治部主任颜东山，副主任周绍华，参谋长张介民。支队下设三个团，伊洛独立团，团长张达人，副团长李树成、政委张剑石（兼），参谋长张介民（兼）、政治部主任程远宣（未到职）；基干二团，团长张宏道、副团长李进道、政委吴汉兴（兼）、政治部主任王采定、参谋长黄焕章；另一个团的番号记不清了，团长钟丹勇、政委张海亭（南下干部，与伪团长张海亭同姓名）。支队负责人姓名、职务由河南省军区以布告张贴公布，并在寺河村广场召开了支队成立大会。刘建挺、张剑石分别向官兵讲了话。

当时军区指示特委的任务是：巩固根据地，扎好脚跟向西南方向发展，并要先打通和 2 分区（韩均、刘聚魁）的联系，互通情报。军区领导知道，让我们根据地向西及西北方面发展，要经过洛河、涧河、熊耳山等敌伪地面，因此，西赵堡便成了土顽的前哨阵地。军区本着中央抗日民族统一战线政策，让我们于中街大院召开群众大会，王树声，戴季英，刘子久等都到会与群众见面。刘子久代表军区在会上讲了话：“父老兄弟们，我八路军是从延安南下渡黄河来河南的，到豫西山区的任务是打日本保家乡。赵堡这地方我来过不止一次，今到赵堡有异常感觉，好像到了自己家乡一样。特别是正赶春节，父老们欢天喜地欢迎我们，使我们万分感激和高兴。日寇侵入中国后，占领了我大片国土，到处奸淫烧杀，广大人民苦不堪言，现在敌人铁蹄又踏进豫西。党中央号召我们救民于水火之中，咱们这里抗日根据地不是已建立起来了吗？我们还要巩固和扩大这块根据地。至于说西赵堡不让我军进寨，那只是几个土顽头子把持着，不让群众亲近我们起来抗日。听说去年八路军来到赵堡以后，西赵堡人民群众还推选吴其俊、何孟月、吴子祯几位代表拉了几车小麦来慰问。这多好呀！两个寨子这样近，是十亲九故，关系密切。到会的父老兄弟姐妹们，请给西赵群众捎个口信，我们应携起手来共同抗日……”

支队在赵堡誓师后，即到寨南10里的大王沟。那天是大灯节的第三天，虽说是闭塞的小山沟，仍带着春节的热闹气氛。部队一到村头，群众都围上来欢迎我们。开明绅士王荣光先生请我们到他的三间茅屋里，约了本村其他老人来这里叙谈。当时正值农村宗教组织“火神社”集会，我们就借此宣传抗日政策以及解放区有关情况。

为了开展工作，经特委建议报军区党委批准，建立了伊（川）西抗日县政府，地点设在南岭（今董王公社南面）。调办事处武工队长苗守己为县长，军区派马一林任县委书记（后马调走，以李觉民任县委书记），范继文任秘书。伊西县设抗日区政府在石祸（今属白杨公社），区委书记王从谏，区长张广升，区干队长布文杰。

我们在豫西的抗日活动，引起了国民党河南省政府的疑惧。河南省主席刘茂思给宜阳爱国人士张镜如写了一封威胁信，大意是指张通共。信云：“物必先腐，而后虫生。贼有引线坐探，方能盗取财物。”说八路军南下到豫西是有人招引来的，并让他劝说八路军领导人，要及早收兵转移，免受战祸等。张镜如老人很气愤，把信交给我们，并公开表示坚决支持我军（张的长子兆锦，即赵瑾，1938年参加新四军，曾任华东军区政治部宣传部长）。我们商定，以张的名义写封复信，大意是：八路军来豫西抗日是大义凛然，保家卫国，人心所向。阁下全省主席，守土有责，为何惧日如虎，把河南大片土地沦丧敌手，未免有辱爵宪？沦陷区人民流离失所，怨声载道，能无惭愧？阁下亦系一路指挥，如有本领，也不妨和八路军兵戎相见，作一较量，驱之出境。此信经特委批准，交国民党方面的支队长何申如转交刘茂恩。事隔不久，我方派往徐吉生部工作的共产党员王玉珍提供情况说：敌人已调兵遣将，要围攻赵堡，队伍是李士奇的新编三旅、席祥青四纵队、十五军杨富禄团及徐吉生的四个“游击支队”——张兆环、郭仲芳、张聚会、何申如部，共数千之众。特委召开紧急扩大会议，向大家讲明敌人企图。虽说敌人人数十倍于我，但多系乌合之众，得不到人民的支持。我方军民团结一致，只要部署明确，各负其责，还是有胜利把握的。最后决定，张宏道团主力守寨，并分派北边熟悉地形的周希哲连防备日伪奇袭，张宏道还要以攻为守，不时出击打外围，派武工队长苗守己及精干交通员王三山向 2 分区求援，同时把敌情驰报军区。

第一晚作好布置后，我同刘建挺政委、孙光副司令员率主力一部到寨外南江沟集合。随后我们黑夜疾行，经桐树湾、小蒜谷堆，占领了赵堡西南十数里的制高点宋大顶。敌方何申如部李华大队在土顽中比较强悍，是这次围攻我根据地担任攻寨的先头部队。天将亮的时候，李华率领部队从西赵堡出发抢占宋大顶。当敌人走进我伏击圈时，守候在山顶的战士枪弹齐发，鸣号冲锋。敌人伤亡惨重，狼狈溃退。后，李华又重整队伍，冒死赤臂反攻，而我们集中手榴弹，居高临下，侧守窄狭的石门山口，又把敌人打退。李华身受重伤，溃逃殒命。我部在这次宋大顶的阻击战中，给敌人以严重打击，全歼了李华大队。

第二天拂晓，我们侦知敌兵分二路要强占赵堡东北豁子山，我打外围的部队就布置在赵庄北岭及豁子山顶，在打退了杨富禄连后，敌张兆环、张聚会支队又想占据豁子山山顶。未料我们那里早有埋伏，当敌人接近我射击点时，指战员们立即给以迅猛袭击。敌人也不甘示弱，两下冲击，枪弹轰鸣，白刃交锋。张支队多是强迫入伍的农民，缺乏经验，短时间内便阵线混乱，丢盔弃甲，溃不成军，向日、伪防地逃跑。支队长张兆环吓得两腿发软，在几个亲近搀扶下逃跑了。两个支队从此土崩瓦解。第三天晚上，听说寺河村之敌制造攻寨云梯，张宏道亲自带领十数人偷袭消灭了敌人一个班。接着司令部命令独立团张瑞功营及青年大队郭高科率部夜袭单村，获得全胜。我们日夜攻守配合，晚上在墙外边悬挂灯笼、火把，照得外壕像白天一样。加以寨内群众过去在旧军队干过事的多，不少人打过仗，还自造了手榴弹，利用土炮，扑拉机，一直守了 7 天 8 夜，坚持到援军到来。

记得被围的第 6 天，天将亮之际，2 分区派王成林政委和田永智副团长率领太岳 18 团冒雨冲破伪顽地区赶到赵堡。早晨雾气很浓，三米远看不见人影。他们从礼曲过洛河跨越西五里坡，从刘河峡峪的小路进入赵堡镇，未被敌人发现。这天赵堡禁止行人出入，加强了封锁。

当天下午，特委召开会议，向王成林、田永智等介绍赵堡被围情况。会议决定兵分三路：一路由张介民，张达人配合，王成林、田永智率十八团从赵堡经蔡沟、小樊村向南攻打次古洞、大小王沟之敌；一路由张剑石、孙光率领基干一团、青年大队、抗日独立大队等从十字岭向南攻打田沟、东张庄、郭凹、大樊村、黑沟之敌，另一路让基干2团抽调少数人抢布防寨东北温庄一带，阻击敌伪侵犯。

部队分途出发前，得知郭仲芳1支队在十字岭，部队向南打必须经十字岭才能到达后方。通过赵堡区长王云祥的交涉，郭仲芳同意让出一条路，让我部队经过。部队打入大王沟村时，司令部警卫员王学及女党员张承水的母亲，分别利用各自亲友关系做内应工作。

因我部是拂晓攻击，敌人还在熟睡。惊醒后，还以为我们部队从北边攻过来了，盲目向北扫射。我两战士趁敌不备，从后边绕到敌机枪阵地，抓住敌人的衣领，用枪对住敌士兵，让他向西打，随即枪口转向西射，封锁了敌人逃跑的路口，打死了不少敌人。敌团长杨富禄还以为是日本人打过来了，从床上爬起来由大王沟一直向西跑，被迫跳下崖头，护兵把他救了。战斗打到吃早饭时已基本结束。这次战斗缴获敌人重机枪3挺，轻机枪8挺，步枪、手枪100多支。俘虏敌人支队长1人，大队长2人，中队长、连长、排长及士兵近百人。

赵堡守卫战的胜利，影响很大。战后，郭仲芳给我们送粮慰问。宜阳城东上下王村地方实力派头目马天朝也通过我们青年大队长郭高科同我军联系，并送来粮食要求收编。还提出想要我们一支中正式步枪，特委研究给他以圆满答复，枪由郭高科专程送去。

豫西抗日根据地建立和发展的片段回忆

张　虔*

1944 年夏季，日军向豫西发动了进攻。当时，豫西周围地区的形势是：在黄河北岸有太行、太岳根据地，东面有豫皖苏根据地，东南面有鄂豫皖根据地。为了打败日本帝国主义，我们需要迅速挺进豫西。这样，我们各个根据地便可以连成片，八路军南下湖北、湖南、广东，便可以不经过山东、江苏、安徽而直线南下。因此，建立豫西抗日根据地意义十分重大。

1944 年秋天，中共中央命太行、太岳两军区迅速派部队渡河。太行军区派皮定钧渡河，在登封一带建立了豫西第一军分区。太岳部队以刘聚奎为首带领 18、59 两个团于 11 月间在新安北部打开了局面。同时还抽调地方干部随军南下建立政权。我本来已分配到晋沁县做组织部长，还未出发，太岳区党委组织部突然又找我谈话，让我随 18 团政委王成林、参谋长王波南渡黄河，到豫西工作。这样离老家就远了。我们大约在 1944 年的 11 月上旬，从山西省沁水县郎壁村出发，翻过了王屋山，越过了日本鬼子的据点，于 11 月 14 日夜渡过黄河。记得过黄河时，已经是天色黎明，大家肚子都饿得很厉害，但又怕敌人追击，所以匆匆渡过了黄河，翻上了山，到新安县乡土

* 作者时任中共洛宁县委副书记兼农会主席。

庙才吃早饭。下午，我们在新安北面一个山村找到了司令部。

日寇占领豫西后，当地人组织了很多自卫武装，在洛宁有李桂五和贺澍三等。贺是洛宁县河底镇人，开明士绅。贺的儿子贺崇升，是共产党员，地方党组织的负责人。在国民党三次反共高潮时，贺崇升本想北上延安，由于国民党封锁，过不去，就到陕南隐蔽起来。日本占领豫西以后，他父亲在洛宁组织了抗日游击队，任支队长，崇升知道后，即星夜赶回洛宁老家。游击队的头头们便建议让崇升同志任游击队的参谋长，崇升当然同意。从此这个部队的大权便逐渐为贺崇升所掌握。崇升利用他的合法地位和关系，将一些进步青年安插到这个游击支队中，并建立了共产党的组织。

八路军过黄河后，开始驻在新安县北面的山里，贺崇升派马士英越过陇海路到新安找部队联系。司令部答应不久派人去。我刚过河，尚未分配工作，政委刘聚奎便让我到洛宁看一看贺崇升部队的情况及地方情况，并让我化装成国民党军三十八军五十五师的便衣（当时我军与五十五师有关系），经国民党统治区渑池城到洛宁。当时新安、宜阳、洛宁城里都有日军。我未离过家乡，又没有到过国民党地区，心中有点顾虑，但我明白，共产党员是不应该有所畏惧的，党组织分配的工作，哪怕再艰苦、再危险，也应无条件执行。这样我就和 18 团的小袁随五十五师的副官向渑池县前进了。

那位副官带着我们翻过了一个个小山，沿途尽是国民党的一些地方团队，其中有新安县非常反动的刘绍唐部队和渑池县的上官子平部队。三十八军五十五师是国民党的正规军，因此他们都不敢刁难。我和小袁都很少说话，一切都由那位副官交涉。记得在仁村附近遇到了地方团队，开始不让我们过，好远就让我们站住。我们回答是五十五师的，他们才让我们到跟前。他们当时对八路军害怕极了，反复查验了证明，然后又问我们："你们从前面来，没有遇到八路军吗？"那位副官说："我们没有看见，你们可要小心着点，八路军神出鬼没，你一不注意就到你跟前了。"一面说，一面又朝着我和小袁笑起来。

到了渑池城，见到了五十五师的李慕愚营长。他是五十五师孔从周师长的部下，他们的部队比较进步，拥护抗日，反对打内战。日军进攻豫西时，他们在虎牢关前线打得也比较好。他们原是西北军杨虎城将军的部下，蒋介石排除异己，对他们恨得要死，不给他们好武器，还经常把他们摆在最前线。我军过黄河以后，他们即派人来联络，协商如何配合抗日。我们和李慕愚营长交涉，要点子弹（那时我们军队的子弹少得很）。李营长对我们热情招待，又向我们介绍了一些豫西地方情况，还让我们到上戈镇找孔从周师长。他说："我们只一个营，决定不了什么大事情。最好你们去找孔师长。"我们答复司令部未给我们这个任务。数月后，该师全体人马开到根据地来，此是后话。

当时，渑池城到处纷纷议论共产党、八路军。当我去洛宁县那天，小袁由五十五师的副官陪同到澡堂去洗澡，正好河北民军一个团长也在那里洗澡。一个绅士说："八路军怎么来得这样快，你们怎不堵住一点？"那团长说："不要说我们，连阎锡山、日本人都斗不过他们。""那八路军为啥那么厉害？"绅士问。那团长又答："八路军善于鼓动，穷人都拥护共产党、八路军。他们打的又是游击战，现在还不知在哪，一会儿就到你跟前了。"

李慕愚营长答应给我们子弹，准备在他们部队转移时把子弹留给我们，以免国民党发觉。

第二天，我离开了五十五师，到洛宁河底镇找地下党员贺崇升。到河底镇西面一个小庄找到了贺支队。贺支队问我从什么地方来，我说从五十五师来，又问我找崇升干什么事，我说："需要面谈。"他们还不放心，又派共产党员马士英来找我面谈，确实弄清了我是从八路军来的，崇升才见我。

贺崇升是一个精明强干的共产党员。他向我介绍了洛宁一带的政治情况及地方部队的情况，要我速回司令部汇报，让部队迅速南下。因为洛宁城的日军扬言要扫荡河底一带，当时部队还不巩固，一扫荡，便有被吃掉或打散的危险。这样，我就匆匆地返回新安县分区司令部去了。回去后，详细地向司令部汇报了洛宁情况，司令部又很快派 18 团王波参谋长带一个连迅速挺进到洛宁。

1944 年 12 月底，王震带领的 359 旅一部南下广东，途经豫西。党中央还派王树声为河南军区司令员，南渡黄河。王震部队进军很快，在一个非常冷的冬天，长途行军，从陕北来到豫西，他们过黄河的那几天，黄河突然结冰了。这真是多年不遇的事情。王震的人和马都是踏冰过来的，敌人根本没有发觉，连我们也没有料想到，真是神兵天降。在渑池县千秋镇附近，河北民军还以为是我部59团，还想堵击我们，消灭我们，没想到是王震大军，一遇到堵击，即分兵三路，将河北民军一个团击垮，其余都向西逃走了。老百姓当时传说：八路军有神保佑。他们说，黄河多少年来没有结过冰，为什么现在结冰了？原来黄河下游并不结冰，只是在特别冷的冬天，上游结冰后，冰块冲到下游来，遇到寒流及狭窄的河谷，即迅速结成冰桥。

由于王震部队打垮了最反动的河北民军，同时河南军区刘子久、韩钧率6支队南下到了豫西，再加地方党贺崇升积极活动组织的游击队武装，并利用同乡关系争取了洛宁王范乡李桂五的部队；五十五师李慕愚营长又用利害关系，从侧面说服了渑池县长兼游击队司令上官子平，他们都表示愿意和我们合作，并同我军配合去追击河北民军。因河北民军十分反动，不打日本，专打内战，从河北退到河南，平时压榨老百姓，还把向老百姓要的军粮偷运到洛阳（当时洛阳被日寇占领）换白面抽。据说，日寇渡河时，是他们出卖的渡口。因此，老百姓对他们恨之入骨。见我们击败了民军，李佳五等即主动出击。这样，我们的根据地迅速扩大起来。渑池全部，新安、洛宁、陕州、宜阳一部分都成了根据地。我们就在这里建立了河南军区豫西2分区。

当时黄河以南、京汉路以西皆为河南军区活动范围。军区司令员为王树声，政委为戴季英，副政委为刘子久。1分区在登封、密县一带，司令员为皮定钧；2分区司令员为韩钧，地委书记兼政委为刘聚奎，地委副书记兼副政委为贺崇升。各县也相继建立了县政府与县委会。

豫西局面打开以后，面临的一个中心任务就是如何很快地把根据地巩固起来。各县除建立党政组织外，还纷纷建立了农救会。1945年1月，我被分配到洛宁县做县委副书记兼农会主席。因为党员还不多，我们就把工作着重点放在宣传群众、组织群众、发动群众上。我们初过黄河时，群众由于受了国民党反动宣传，不敢接近我们，有的甚至把我们的军队和国民党军队一样看待，怕我们抓丁、拉夫，见到我们，男青年即躲起来。因之，如何做好宣传工作，便是我们当时一个最重要的任务。我们利用了各种形式进行宣传，说明我党我军的性质，说明我们和国民党军队不一样，说明我们坚决抗日的各项政策，以及还要实行减租减息等等。穷人们很快地和我们接近了。开始是我们向群众做宣传，以后群众就主动向我们讲了很多关于国民党政府和军队的腐败情况，如国民党如何腐败，如何不打日本，专门剥削压榨老百姓，如何征粮征款、抓壮丁，老百姓实在没有办法，如何组织起来抵抗等等。讲得非常生动具体，有声有色。我们宣传群众，群众也教育了我们。

记得 1945 年 1 月间，大约是农历腊月二十三四，我和延安来的史明到杨坡镇去宣传。先由史明讲话，群众越聚越多，随后我也站在一块石头上讲了话。没料到杨坡镇的庙里，这天上午来了 30 多名日本的武装警备队，他们正在那里打麻将，并准备吃饭，老乡告诉他们，八路军来了，正在街上宣传，有穿军衣的，有穿便衣的，不知多少，吓得这些警备队持枪就跑。实际上我们只有 3 个人。以后杨坡镇的群众向我们讲了，我们觉得又好笑，又有些后怕。

经过短期的宣传，群众渐渐不怕我们了。洛宁又有地方党的力量，群众很快地向我们靠拢。我们走到哪里，青年们都跟我们到哪里。老贫下中农见到我们，即向我们问长问短，我们也背着那些保长（因刚去不久，很多还是旧保长），去到穷人家里访贫问苦。在这个基础上，我们成立了农救会。开始，有的村子还是秘密建立的，但很快便公开了。

贫下中农组织起来以后，他们感到自己有了力量，就开始了小规模的斗争。如洛宁刀环村，是先从借粮反霸开始的。刀环村侯家祠堂有不少土地，原定打的粮食救济本村的穷人，但祠堂管理权控制在有钱人手里，从不救穷人，并进行贪污。农会就发动借粮斗争。斗争以后，农会同志反映，手中无枪心中总有些害怕。于是我们又很快地组织了自卫队，把村里的枪转到自卫队手中。

4 月底，地委考虑到时机已逐渐成熟，需要建立豫西统一的政权，便在洛宁西村召开了开明士绅会议，协商建立豫西专员公署。各县农会也派代表参加了会议。我代表洛宁县农会参加了这次会议。参加这次会议的有洛宁的贺澍三、赵振汉，新安的高延柳，渑池的上官子平等共数十名士绅。在会议上，地委、军分区请士绅们对共产党、八路军提意见。有些士绅在会议上说了好多颂扬话，有的士绅则对我们提出：“共产党、八路军偏心穷人，穷人打官司总胜，富人打官司总输。干部见到穿破棉袄的，即起来让座，问长问短，见到穿长袍短褂的，即摆出官架子。”“农会中的人尽是一些锄七倒八的，打牛屁股的人。”还说穷人在灾荒年贱价出卖的土地不应当回赎等等。

在士绅会议上宣布，经中共中央批准，洛宁贺澍三支队长任豫西 2 分区专员。从此，豫西也有了我们统一的政权。由于支队长年老，专署事情实际是由贺崇升同志处理的。

总之，经过了几个月的发动，群众逐渐觉悟起来，认识到共产党、八路军是穷人的党，穷人的队伍，从心眼里拥护我们。

中国驻印军缅北夺胜

第五十师赴缅抗日经过

王大中*

1944 年 4 月初，中国最高当局应史迪威的请求，令第五十师等 3 个师紧急空运印度，支援盟军对缅甸日军的反攻作战。笔者当时是第五十师第一四八团副团长（后为团长），参加了 1944 年至 1945 年 1 月中国驻印军反攻缅甸的全过程。现将亲历和所见所闻的事实，忆述如下：

中印缅战场的形成

中印缅战场是第二次世界大战国际反法西斯联合战线的一部分，也是中国抗日战争的一部分。1942 年日本侵略军在攻占印度支那以后，很快又把它的魔爪伸向东南亚泰缅一带。中国为了保障自己的国际交通线——滇缅公路，便派了以卫立煌（后罗卓英）为司令长官、杜聿明为副司令长官的中国远征军第一路军，率领第五军（军长杜聿明兼）、第六军（军长甘丽初）开赴缅甸，进驻腊戌以南、曼德勒以北地区，会同所在缅甸南部的英军、美军、印度军和缅甸地方部队共同阻止日军北进。由于盟军指挥系统紊乱、各

* 作者时任中国驻印军新编第六军第五十师第一四八团副团长，后为团长。

国部队各自为战，最后被日军各个击破，并将盟军各部队隔离成若干段落的孤军。至此，第一次缅甸战役盟军各部队以失败告终。

1943 年 1 月，在卡萨布兰卡会议上又提出重新打通中国的交通线，以便获得向日本本土采取最后攻势必需的基地。为此盟军最高司令部决定：（1）开辟驼峰空运航线；（2）修筑利多公路（以后称史迪威公路，即由印度的阿萨密省的利多经过野人山脉、新平洋、孟关、密支那、八莫与滇缅公路在畹町相连接）；（3）敷设两根输油管道，从印度沿史迪威公路到云南省会昆明。

1943 年 10 月，盟军开始对侵缅日军实行反攻，很快就取得了进展。但随着战线的日益延伸，原有的兵力深感不足，史迪威要求蒋介石派中国部队进行增援。中国政府答应史迪威的要求，决定派当时驻在云南滇西的陆军第五十四军所辖 3 个师即第十四师、第三十师、第五十师出国。

中国空运三师援缅

第五十四军当时已由滇南移驻到滇西祥云一带，团长以上轮流去印度参加过兰姆伽训练中心的训练，中层干部也分期分批在昆明附近黑林铺训练中心受过训；同时军中又统一开办了基层干部训练班两期，根据美军军事教材普遍对基层干部进行了轮训，军、师、团、营均派有美国军事联络组或联络官。

出国部队以师为单位，师的建制不变。第五十师师长潘裕昆，政治副师长杨温，军事副师长谢树辉（由第一四八团团长晋升）。第一四八团团长缺额，据说原准备调第十四师某团副团长杨楚材担任，在杨未到差前，上级指定由我（副团长）暂代团长。根据上级指示，空运的先头部队是第五十师，而师的先头部队又是第一四八团，要尽快做好准备。好在空运的组织勤务工作完全由美军负责，我们部队只是把人员编组起来，大体上以一个排或相当一个排为一个空运小组，乘一架运输飞机。排长就是空运小组组长，无排长的指定其中一人为组长。一般一个连 3 个排加上连部共编成 4 个空运小组，其余各单位以此类推。空运小组编成后，依次编号造具花名册3份，报送空运指挥所，听候通知，按号乘坐飞机。

部队原有的一切军事装备（除少量警卫用的枪弹外）和个人生活多余用品、衣物等，全部在原地登记缴库。随军家属在原地不动，听候留守机关安排。官兵一律不准临时请假或私自外出。我和团部人员，包括团附、政训处主任、书记、副官、军需、传达、通讯、炊事以及两位美国军事联络官和翻译官、警卫等，共编为第一号空运小组，乘坐第一架运输飞机。

1944年2月中旬一天凌晨3时许，我告别妻子，登上第一号飞机，清点人数到齐，飞机随即起飞，徐徐向西北飞去。当飞机飞越世界屋脊喜马拉雅山脉时，忽然颠簸了几次，据机务人员说这是在翻越驼峰，要大家镇静。翻过驼峰不久，在飞机上鸟瞰印度大地，一目千里。飞机在印度上空盘旋了一圈，随即慢慢向山麓利多平原降落。飞机一着陆，机场人员即来招呼我们，把我们引到一个接待站，用餐、换装。

利多指挥所的人员告诉我们，由云南祥云机场飞到利多仅是第一段航程，第二段航程是由利多再飞到缅北孟关，孟关飞机场是新近刚由我军收复的。日军从野人山麓新平洋开始进行抵抗，以后沿着孟康河谷向东节节败退，在孟关地区进行了一次激烈战斗。我军用重型开山机开路，坦克部队掩护步兵前进，最后取得了很大胜利，日本守军大部被歼，小部南逃。我军总指挥部前线指挥所现在就设在那里。

午后，我们又继续向缅北孟关飞行。当飞机飞临孟关上空时，天气突然起了变化，漫天大雾如浩海烟云，看不见机场指示标记，无法降落（因为当时还没有雷达导航仪的装置）。经过绕圈圈飞了一个多小时，终于在当天下午降落在孟关机场。

警备新平洋地区

我们在孟关住了3天3夜，等待团的后续部队陆续到达，集结完毕。

根据总指挥部的命令，第一四八团即由现地开赴新平洋担任该地区的警备任务，并确保我军后方的安全。

从孟关去新平洋是从前线向后方走，路程有100多公里，我们分3日徒步到达。到达新平洋后，首先勘察地形，划分部队驻地和防区，然后按编制到后勤仓库领取各种武器弹药和通讯器材，骡马、汽车也陆续配发。装备完毕，即令第一营去拉班担任警戒，该营的后勤补给直接由后勤机关空投配发。该营到达拉班后，即开辟投掷场和小飞机场（一般是100—150公尺长，50—60公尺宽，单翼通讯机或指挥机均可以升降）。第二、第三营随团部驻新平洋。

新平洋位于孟康河谷西段，野人山脉东南麓，从印度的阿萨密省利多沿利多公路去孟关，这里是必经之路。原来日军在缅北的最西触角，曾经伸到这里。野人山不但山峦起伏，而且是一片原始森林，地形十分复杂，交通非常不便，补给极端困难。因此，日军的侵略魔爪遭到了自然条件的阻碍。

1943年10月，中国驻印军对缅北日军实施反攻，就是从这里发起的。由于反攻取得了进展，战线逐渐向东及其东南延伸，此地便成了战区后方和补给的中转站，有飞机场（不大）、空中投掷场、军械、食品仓库和野战医院（美军第七十一野战医院）等。交通除空中外，地上运输也很频繁。沿利多公路日夜都有汽车往来运输各类各种物资。从新平洋到孟关一段公路，美国工兵团正在赶修。修路效率之快，我们过去是没有见过的。特别是在原始森林中修筑公路，首先要把大树砍倒搬开，然后才能垦出路基，铺上石子路面，再铺油渣细砂，最后用压路机滚平压结实。要是没有机械化的装备，全凭手工操作，那就困难多了。

关于涵洞桥梁的施工，一般中小型涵洞用石头与水泥构筑；跨越河流或较大的溪涧，架木桥或钢骨桥。在孟康河谷的一段公路就架设了四五座钢骨桥梁，最长的有1公里。遇到大片洼地时，为预防雨季的到来，便就地取材架起特长的木桥。有一条长10多公里的木桥，凡是看过此桥的人，无不叹为观止。

靠近公路一侧从印度利多开始，架设两根并列的输油管道。有的地方油管傍着山边石崖走，有的地方则像一座空中飞桥在两个相对的山顶上蜿蜒而过。我们没有专门去细看，但是可以想象到它的施工的艰巨程度并不亚于公路的建设。凡油管靠近公路的交会点，都安装有加油站，利多与前线来往的汽车，根据需要可以在沿途加油站加油。

第一四八团进驻新平洋地区后，不仅要保卫战区后方的安全，同时也负有维护地方治安的责任。新平洋后方机关很多，情况也非常复杂。为了了解情况、联系工作，对所有后方各单位和单位负责人都进行了登记，并绘制简要地图，注明单位所在的位置。还架设有线电话，布置警备岗哨和巡逻，规定空袭警报信号，指定临时商业市场和放映露天电影的场所。市场上准许土人与军队之间交换生活物资，每天由团政训处派人检查、了解情况，防止纠纷、闹事和其他事故发生。夜间放映电影时派出巡查队维护秩序。经过10天左右的时间，警备任务大致就绪。一天，我们得到通知说潘裕昆师长由利多乘汽车来团视察。消息传来，团里几位主要干部立刻就估计是不是新任团长也同时来到差呢？但是潘师长到达团部时，并不见预定的团长杨楚材。潘师长对我说，他刚从重庆乘飞机经过昆明飞抵利多，现在坐汽车从利多去孟关师部，经过新平洋先来第一四八团看一看，说罢便叫集合部队讲几句话。当部队集合完毕，潘师长便上台讲话，他向在场的官兵说："奉军政部的命令，第一四八团团长一职由该团副团长王大中升任。"这个突如其来的命令，使部队发生一阵骚动和喜悦的气氛，我个人也感到意外。

事后了解，潘师长去重庆时第一四八团团长一职已经由军政部军务司司长方天下达了文件、发出了电报。方天原是第五十四军的军长，军部撤销以后，他被调任军政部军务司司长。在他担任军长时，曾指名调我去军部干训班担任教务主任，我是第一四八团的副团长他是知道的，谢树辉团长调升第五十师副师长他也是知道的。因此他去接任军务司司长正好又是管理团长以上的军官任免业务的部门，所以他便决定把我调升为第一四八团上校团长。潘裕昆原来拟定的杨楚材便落了空。由此我和潘裕昆师长两人之间的关系，便种下了不和的因素，这是后话就不赘述了。

为了顺利在新平洋渡过雨季，我们做了些准备工作：

1. 指示各部队搭盖高屋帐篷，一般离地面一丈以上；

2. 加强卫生预防设备。凡厨房、饭厅、厕所全面进行消毒，周围张设纱布，严防蚊蝇、干蚂蝗之类虫害接触。岗哨哨所边也用纱布罩起来。这样就防止了疾病的传染和发生，保持了官兵的身体健康；

3. 所有骡马都在高地上面修建马厩，开设进出路。厩舍四周全面消毒并用纱布将厩舍围起来，使蚊蝇隔离；

4. 选择交通方便、地势较高的地方开设车辆停车场。团部做出决定，凡吉普车谁坐谁驾驶，不专派驾驶人员。现有的驾驶员充任教员，担任驾驶指导和修理师傅。不久团营干部都很快学会了驾驶吉普车的基本技术，有的还学会驾驶卡车的技术，从而解决了驾驶员不足的问题；

5. 修建并扩大阵亡将士公墓。新平洋地区原有一处公墓，主要收葬在反击战中阵亡的官兵。由于缺乏专人管理，墓地比较凌乱，杂草丛生。后来美国第 71 野战医院移来新平洋，有的伤病员医治无效死亡后也送来埋葬在这里。墓地靠近公路，现将它重新整理扩大。从公路去墓地入口处盖了一座木质的牌坊，墓地中间修建了一个六角亭，命名为“忠魂亭”。把墓地里面的荒芜杂草打扫干净，并对已有的坟墓进行规划整修。每座坟墓前面军官立石碑一块，士兵立木碑一块，碑上写明某某之墓（原来均有木牌，只是大小不一、形式不一）。石碑镌字、木碑用油漆写成。大门牌坊建好以后，用油漆粉刷一新，牌坊两边柱上还题了一副对联：

为人类正义而战，牺牲小我成大我；
争民族生存而死，抛掷忠魂换国魂。

公墓建成后，经过这条公路的人，到此停车进墓地凭吊者不少。

五十师攻打密支那

当第五十师第一四九团、第一五〇团全部空运到孟关地区集结并按编制装备完成时，孟拱以北的日军已全部肃清，但密支那地区仍有一部日军固守。为了尽早打通中印缅公路和接通利多——昆明两条输油管道，必须扫清密支那这个障碍。总指挥部决定派第五十师第一五〇团于 1944 年 4 月下旬从孟关出发，经过森林地带徒步行军袭击密支那并相机攻占之。

第一五〇团上校团长黄春城是黄埔军校第六期毕业生，湖南人，在团长中资历较长、年龄较大，富有战斗经验。副团长谭云生行伍出身，也是一位久经战斗生活的军官。他们在森林中行军半个多月，仗着无线电通讯联络和空中投掷补给，一直很顺利。5 月中旬，部队接近密支那飞机场。在占领飞机场的当天下午，第三营（营长郭文轩，中央军校第十期二总队毕业，湖南人）通过飞机场，继续向东并开进了密支那城。殊知黄团长考虑第三营距离团的主力太远，不容易互相照顾，命令郭营从密支那城撤回到机场与城之间布置宿营。

当时驻在密支那城的日军全部布防在伊洛瓦底江的东岸，主要防御我腾冲方面的远征军。郭营开进密支那城出乎日军的意外，少数留守人员一发现郭营进了城，便躲藏了起来。由于事先谍报工作太差，没有侦察了解地方的实际情况，盲目行动，郭营进城后不久又向西撤走了。日军得悉情况以后，便连夜把东岸的部队撤回密支那城，占领了原来已经构筑的防御碉堡工事。

翌日早饭后，黄团长又命令郭营再向密支那城开去，郭营长把部队集合起来，自己骑马走在部队的先头。全营四路纵队行军，向密支那前进。当部队通过城区边缘进入敌人暗堡火网射程以内，敌人的轻重机枪和迫击炮突然齐发，弹如连珠。可叹整整一个步兵营大部牺牲，只有轻伤数人幸免于难，逃回飞机场团部。郭文轩本人连尸体也没有找到。由于他临阵麻痹造成了不可挽回的损失，给我们留下了极其惨痛的教训。

消息传来，引起了很大震动。潘裕昆师长立即乘飞机赶赴第一五〇团亲自指挥，第一四九团连日空运到第一线增援。总指挥官史迪威闻讯异常愤怒，下令将团长黄春城撤职，改由副团长谭云生升任，第一五〇团副团长出缺，调第一四八团副团长李健民充任；另调王耀荣来第一四八团任副团长。并对攻打密支那的计划重新作了调整，除第五十师（欠第一四八团）又配备了其他部队，由潘裕昆师长任第一线部队指挥官。

这时雨季已经来临，陆上交通基本断绝，前方一切补充完全靠空中投掷。由于我空军占绝对优势，敌人孤立无援，仅凭堡垒负隅顽抗。我军为了避免伤亡，采取坑道作业的办法，掘长壕接近敌暗堡，逐一将其摧毁，拔除了障碍。至8月上旬，全歼守军，占领了密支那城。由于战斗旷日持久，使中印公路和输油管道的敷设延长了时间，一度使在华日军又疯狂地发动一次攻势。8月上旬衡阳陷落，随即桂林、柳州相继失守，并造成敌人窜犯我独山、都匀的危险局面。

编组新一军、新六军

缅北要地密支那攻占以后，整个缅甸战场的军事形势也为之大变，同盟军士气高涨，日军士气进一步低落。为了加强缅甸战区的战斗力量，上级决定将中国部队编组成新一军和新六军。原新一军军长郑洞国调升总指挥部副总指挥官，原新编第三十八师师长孙立人升任新一军军长，原新编第二十二师师长廖耀湘升任新六军军长。

1944年9月，新一军沿密支那——八莫一线向腊戍以北地区前进，新六军在进出孟拱以后，渡过伊洛瓦底江翻越汤彭山脉，向波德汶矿区和腊戍以南方向前进。在部队整编期间，第一四八团奉总指挥部命令，由新平洋出发经孟康河谷、孟关、拉瓦开到孟拱以北地区集结待命。

8月10日左右，我率领第二、第三营及团直属部队由驻地向东开始移动，并命令第一营直接由拉班向孟拱以北前进。这次调动既没有使用空中工具，也没有使用汽车运输，主要是：第一，情况不紧急；第二，孟拱地区正在修建机场；第三，雨季以后孟康河谷一段公路发生了极大变化，原来公路刚修好时又宽又平，桥梁、涵洞都是大力修建的。殊知雨季一来，大片低洼地被水淹没，积水达一公尺甚至两三公尺深，所经河流成了湖海，不仅木桥没有了，就是钢骨大桥也完全被水冲垮了。桥础崩溃后，钢梁、桥架有的不知去向，有的折成钢卷摆在附近的河滩上面。据护桥人员说，连日大雨以后，上游不断冲来很多大树。由于缅北森林里的树木根系一般很浅，经过雨水侵蚀，再加狂风不断动摇，整个树木便连根拔起，顺流漂到钢骨桥上边，便重重叠叠堆了起来，加上水势浪翻的力量越来越大，最后便将桥梁全部冲垮。所以，这条公路建起来使用的时间不长，以后即便维修起来，下一个雨季到来难保不被摧毁。这种自然破坏力，目前看来是无法克服的。现在只能采取修修补补的办法，勉强维持必要的交通，使人、马、车辆能渡过河就行。从孟拱以北到新平洋全程不过 300 到 350 公里，我们行军历时 20 天左右，由此可以想见当时的交通状况了。

根据我们了解，两条输油管道情况比较良好。管道接通以后，在抗日战争末期发挥了一定作用。

配合英军攻克平卫

1944 年 9 月初，第一四八团在孟拱以北地区集结完毕，总指挥部即命令我团开赴平卫地区，配合英军第三十六师作战。具体任务是担任该师两翼警戒。

当我们开到平卫时，我和联络官巴其洛尔少校及一位英语翻译官，去见英军第三十六师师长菲士汀，说明我们的来意和任务。菲士汀本人极像一位标准的绅士，身材高高的，有四十多岁，嘴上还有两撇胡须。他左手握一个烟斗，穿一件皮夹克，谈话爽快流利，操一口标准英国语。他表示欢迎并说："平卫日军估计有一个联队，在平卫山地一带构筑有较坚固的防御工事，企图阻止我军南进。我师的任务是迅速攻占平卫高地，压迫日军于伊洛瓦底江下游，相机攻占曼德勒城。贵团来此的任务是为我师的两侧布置警戒，保障我师在进攻中取得充分的安全。"我们交换情况，明确责任后，便将我们的警戒计划告诉了菲士汀，他表示同意。

经我们查悉，英军第三十六师的编制，大体上为师以下是旅，旅以下是营，营以下是连、排、班，均为三三制，没有团的编制，另附有山炮一营、重炮一营及其他直属部队。作战区域完全沿着铁路线，整个正面不过四五千公尺，三个旅分三线配置，即：第一、第二线各一个旅；第三线是炮兵和师指挥部；师部后面一个旅作为预备队。进攻的方法和手段是每天拂晓以后开始用轰炸机以小队为单位对平卫高地轮番轰炸并扫射；然后再命令炮兵进行炮击；最后第一线部队派出步兵向高地搜索。如发现高地上还有敌人射击时，第二天便照样轰炸一番、炮击一番。经过四五天的战斗，终于占领了平卫高地，宣告了胜利。

为了庆祝平卫高地被英军攻占的胜利，菲士汀师长举行了招待会，英军第三十六师营长以上军官全部参加，第一四八团营长以上军官和两位联络官、翻译官也应邀出席。宴会简单而隆重。所谓隆重就是说会场宽广雄伟、气氛庄严肃穆，主要表现为英军军官人人都穿上大礼服，态度十分郑重，如临盛典一般。我们和美军联络官穿的是便服，行动潇洒自然，与英军军官形成鲜明的对照。所谓简单就是说宴会的席面上菜肴不多，每人面前有酒一盅，四碟小菜，最后一杯咖啡、两块面包。宴会以后，为了表示对我团配合作战的谢意，菲士汀特别邀请我们去参观他们的师指挥部和他本人的办公室。师指挥部和办公室设在铁路列车上，列车车厢外顶罩满了迷彩和伪装网。我们登上列车车厢，先看副官室、参谋室。参谋室占了三个车厢，其中有一个车厢是战地沙盘，车厢壁上挂满了地图，这是供指挥研究作战用的；再走过去是副师长、参谋长的办公室，布置都比较简单；再往前走便是警卫人员室、通讯室。通过这个车厢以后，紧接着便是师长的办公室，室内也有军用地图和文件柜、办公桌，陈设比较整齐清洁。最后菲士汀还引我们去参观他的寝室，寝室的另一半是“展览室”，展览了大大小小各式各样的烟斗一百多个。菲士汀向我详细介绍了烟斗的名称和来历，我不会抽烟，不了解烟斗，只好点头表示赞赏。再一个车厢就是服务人员。

参观以后我们向菲士汀将军表示谢意并告辞，从而结束了我们配合作战的任务。

一四八团“小材大用”

平卫收复以后，英军第三十六师继续沿铁路线南进，我第一四八团奉总指挥部命令调归新六军指挥。当时新六军正在孟拱以南地区集结，准备渡过伊洛瓦底江翻越汤彭山山脉向腊戌以南前进。我团接到新的任务后，即由现地乘小飞机去新六军司令部向廖耀湘军长报到。廖军长说："第一四八团今后行动是由现地到伊洛瓦底江史威古渡口渡河。渡河后，在军的右翼并肩搜索前进，你团的右翼是美军第五三三二旅，要经常与他们保持联系，详细情况由参谋处用命令下达。"

我从新六军军部刚回团不久，就接到总指挥部命令，大意是：新六军奉调回国，第一四八团仍归总指挥部直接指挥。该团渡过伊洛瓦底江以后即沿新六军原来计划预定前进路线前进，前进中随时将情况向总指挥部报告，右翼与美军第五三三二旅保持联系。

从平卫至伊洛瓦底江史威古渡口是一段狭长的小平原，部队到达渡口前，上级已在渡口空投了一批橡皮船。团属汽车全部送往师部统一管理，我们即乘橡皮船渡江。分三个渡口，人员、马匹用橡皮船扎成筏子，筏子上铺些木板摆渡，只一天时间全团就渡河完毕。从史威古渡口到史威古城驻留 3 日后便继续东进，不远便进入重重叠叠的山地，峰峦起伏，没有正规的道路，行军中不是翻山，便是越岭。当然，这一地区比之孟康河谷毕竟要开化一些，虽然树木也很多，但不是原始森林，到处都能见到小块林中空地。耕作的方法基本上还是原始的，刀耕火种。就是冬天的时候，把空地上的小树杂草全部割掉就地晒干，到第二年春天播种前把晒干的树枝杂草烧掉，用耕牛耕翻一遍，接着就播下种子。主要作物有旱稻、玉米、高粱、黍子、谷子等，居民一般不缺粮食，据说种一年可以吃两年。蔬菜很少，当地土人仍习惯吃野兽、野禽肉食，群众喜爱喂养鸡、鸭、鹅、兔之类，也有养马、驴、骡的。居民种族很复杂，我们根本分不清楚，往往是一个寨子一种民族，讲一种语言。我团在某一寨子驻留期间，官兵们学会了几句土话，到了另一个寨子又不适用了。

我们行军的主要手段是徒步，重行李靠肩挑人抬，沿途行军补给由空中投掷，少量的副食品由通讯飞机载送。有时由于通讯联络发生故障或者通讯标号不正确，空投就会出现错误。有一次，本来是空投给美军第五三三二旅的补给品，全部投到第一四八团的空投场里，由于山地交通不便，他们无法来接运物品，我们只好代他们收到使用，并上报总指挥部后勤指挥部，按数扣除补给我们的物资。

我们刚从史威古城出发时，据说总指挥官史迪威调回美国由索尔登继任。我团联络官巴其洛尔少校对索尔登比较了解，他对我说，索尔登参军前同他一样，都是美国橄榄球队的队员，互相之间都了解。因此，我们在东进中，曾请示总指挥部：在没有遇到敌人以前，是否可以行动快一些？得告为：由于正面较大、团距主力的间隔太远，这项任务原是计划由新六军担任的。因新六军奉调回国，改由第一四八团担任。一个团担任一个军的任务，本身就是“小材大用”，不能轻易行动，必须按总指挥部指示规定行程。为此我们有时在一些地方，驻留竟达 10 天左右。

这一带少数民族种族虽多，但主要的是克钦族，故又称克钦邦。克钦族人很强悍，善骑射。总指挥部曾组织了一个克钦部队，负责担任侦察、搜索、了解地方情况等，充分发挥他们熟悉地形、通晓民族语言、了解民情风俗等作用。我们在行军中，总指挥也派了一个克钦小队配属给我团指挥，给我们帮助不少。

陆空协同，攻取南杜

南杜是波德汶矿区的一个城市。波德汶矿区是英国在远东开发的最大银矿企业，战前有矿工数万人，矿区的行政机构和福利事业部门就设在南杜城。城里有居民 10 万左右，其中华侨约占三分之一，建有华侨联合会组织。由于战争原因，矿区完全停产，矿工早已离散，因而南杜城一片萧条没落景象。城北有南杜河，河宽 50 至 100 公尺，河南岸是高地，河北岸是山地，城南数十里处便与腊戍至曼德勒铁路线相连接，是腊戍西南的重镇。为了保障腊戍的安全，日军在此派有重兵驻守，并构筑有半永久性的防御工事。1944 年冬到 1945 年春，我军主力已通过八莫，正向中缅交界的畹町地区挺进，并准备与国内出击的远征军在畹町会师；同时，第一四八团也迫近波德汶矿区和南杜城。在南杜城北山地，日军设有前哨阵地，派有小股部队据守，经过一天的战斗，敌人的前哨阵地被我军占领。

日军退踞南杜河与河南高地，构筑防御工事，进行顽抗。我军如渡河仰攻，敌可居高临下还击，对我极为不利。经过研究，我团拟成一作战方案：首先从地形上考虑，准备以一部在正面佯攻，牵制敌人；集中主力迂回到敌人后侧进出南杜城的东北高地，再前后夹击敌人。这项计划上报总指挥部以后，总指挥部表示同意，并加派步兵一营、重炮一连、空军轰炸机一小队（4 架），由团统一指挥，要求尽快攻下南杜城。我团立即进行部署，展开进攻。第一天命令空军向正面敌军阵地及其防御工事轮番轰炸和扫射，日落以后再间以重炮射击，抑制其夜间活动。在炮击的同时，我正面部队进行佯攻，掩护主力从南杜河上游隐蔽渡河。由于渡河工具已在前一天随补给粮食空投准备完成，因而到次日拂晓以前，团的主力便渡河成功，并迂回到南杜城的东北。拂晓后，我主力在丘陵地区与守敌发生战斗，同时又出动空军协战，我军便很快攻占了几个制高点。在稳定阵地以后，以一部向城的东南发展。敌军见我军已对南杜城形成三面包围态势，极力坚持抵抗到夜间。在第三天拂晓前，敌乘夜沿南杜河下游南岸仓惶溃逃，遗尸数十具，我生擒 10 余人，并缴获一批军用物资，南杜城宣告收复。

第四天我团正式由城北和城的东北进入南杜城，当地各族群众男女老幼都出城夹道欢迎，特别是华侨同胞，他们有生以来第一次见到祖国的军队，许多老年人抑制不住自己内心的激动心情，流下了喜悦的热泪。经过华侨联合会负责人的介绍，得知日军控制粮食配给，当地群众濒于饥饿，奄奄一息，最紧迫的问题就是粮食供应问题。我们将情况上报，不久即空投了大批救济粮，由南杜城各界组织专门机构负责分配，各族群众无不感恩戴德。

我团在计划进攻南杜时，美军联络官巴其洛尔少校和毛尔斯上尉负责后勤供应和向总指挥部联系，他俩工作出色，特别是渡河器材准备及时和空军配合战斗得力，使我团在进攻活动中一切都非常顺利，经团上报总指挥部请予奖励。总指挥部很快就下达了嘉奖命令：巴其洛尔少校晋级为中校，毛尔斯上尉晋级为少校。我向他俩祝贺，并赠给一部分战利品以资纪念。他们非常高兴。

南杜城收复后，城内商业和城外交通逐步恢复，广大市民为了表彰中国军队攻占南杜城的战斗业绩，倡议在市广场上建立纪念碑一座。碑是石质的，宽有 1.5 公尺左右，高 80 公分左右，连同碑座共高 2 公尺左右，做得比较精致、美观、大方。碑文由当地居民选出负责人与团的政训处共同拟成，大意是:“某年某月某日中国陆军第五十师第一四八团和第一五〇团一部，在第一四八团团长统一指挥下，打败了日本侵略军，攻克了南杜城，拯救了南杜全体市民。全体市民特建此碑以资纪念。”碑文由我用墨笔书写在石碑上面，然后由石工镌刻制成。碑文后面落款是南杜城全体市民。纪念碑建成时举行了剪彩典礼。

在攻克南杜城的同时，驻印军与国内出击的远征军在畹町举行会师大会，中国政府曾派宋子文代表前去参加大会。

第一四八团奉命归还新一军第五十师建制。

最后一仗，光复昔卜

昔卜位于腊戍以南、梅苗以北，是缅北掸邦的重要城镇之一，公路铁路交会的要冲，日军在此驻扎有重兵。第五十师奉命迅速攻占昔卜城。以第一四八团为右翼，沿铁路以西；第一四九团为左翼，沿铁路（含）以东，两个团并肩展开，向昔卜搜索前进；第一五〇团为师的预备队，师司令部在第一线部队中后。

我团从南杜城出发顺南杜河下游山地展开，不久即与敌人的小股前哨部队接触。敌且战且退，撤至距昔卜城十余公里处，凭河据守，抵抗甚力。经过两昼夜的激战，正面前进十分困难，于是第一四九团便沿河的下游向昔卜东南进攻，再转而向西，占领了昔卜城郊一部分建筑物。夜间，日军以坦克部队为前导，掩护其步兵向我第一四九团猛烈反扑，在巷战中形成胶着状态。敌发现昔卜城西北有一 355 高地，即凭借高地集中轻、重火力控制城市各交通要点，致使第一四九团前进非常困难。

师决定将我第一四八团的正面任务交由第一五〇团派一个营接替，负责牵制敌人，令我团全部乘夜在上游渡河，迂回到昔卜城以西地区，采取陆空联合作战方法，夺取昔卜城西北 355 高地。当我团部署完毕后，师命令先以空军轰炸扫射作掩护，全团分两翼展开，向敌 355 高地发起猛烈进攻。敌人制高点被我空军压制以后，经过两小时的近战，这个高地终于被我攻占。敌人丧失了制高点，我第一四九团随之活动自如，东西夹击敌人，敌弃城向南逃窜，我军乘胜追击。此役共歼敌数百名，生擒 10 人，并缴获坦克 20 余辆及其他军用物资一批。

攻克了昔卜，曼德勒之敌纷纷向泰国撤退，英美联军也相继收复了曼德勒、卑谬、勃固和缅甸首都仰光。昔卜一仗是中国驻印军在第二次缅甸战役中最后一次战斗。

密支那攻防战

戴广德*

密支那位于伊洛瓦底江西岸，密曼（曼德勒）铁路的终点。伊洛瓦底江拱卫东侧，复杂崎岖的山峦蜿蜒于西南北三面，是密支那的天然屏障。有铁路通卡萨，公路至八莫，另有小路东通腾冲，是中缅甸的前卫，也是中印公路的要冲。

1944 年 4 月下旬，中国驻印军在孟拱河谷展开攻势的同时，另又派出一支先遣队向密支那迂回进击。这是我军在缅北开辟的第二战场，完全出乎敌人的意料之外。

敌人以第十八师团的第一一四联队的第二大队分布在密支那外围的孙布拉蚌，索渣铺有一中队，傍利有一中队，彭根英根有一中队，而以第五十六师团第一四八联队的一大队据守密支那和宛帽，另一大队配备在瓦商及马未英一带。敌人企图以这个加强混合联队保全密支那，同时作为孟拱的机动部队，并担任保护密支那到孟拱的铁路和公路交通的任务。敌人满以为这海拔三四千米的野人山是一座攻不破的缅北钢铁堡垒。

史迪威料定敌人将错误地估计我军不会在雨季里作大规模的军事行动，

* 作者时任《武汉日报》随中国驻印军特派员。

更不认为我军会对密支那发动突袭战。因此，史迪威经过缜密计划，不顾一切困难，把中美联军从地面和空中迅速调运到密支那地区。

1944年仲春，野人山上没有人，也没有路，正像胡康河谷和孟拱河谷的原始森林地带一样，大部队运动困难，补给不易。然而这支强大的中美联军——新编第三十师和美军支队，发挥高度的战斗精神，排除万难，日夜兼程前进。在漫天大雨中，他们从4月下旬至5月中旬，以20多天的时间走完了这段崎岖泥泞的征途，完成了对守敌的大迂回，沿途还消灭敌军一个中队。

5月17日清晨，伊洛瓦底江的水静静地往下游流着，敌人还在梦乡，美国第十航空队飞机成群结队地飞临密支那上空，炸弹像冰雹似的倾落在密城市郊，敌人狼狈逃命，连鞋子裤子都来不及穿。一阵轰炸后，接着是冲锋枪、机关枪、迫击炮、山炮、野战炮一齐在距城2英里的敌人机场上怒吼起来，我军步兵蜂拥而上，守敌乱作一团。下午1点钟，我军占领了整个机场。敌人在机场附近堆满给养和弹药的仓库还是完好的。

18日，我军另一支奇兵——新编第三十师五团降落在飞机场上，紧接着降落的是各兵种的部队。他们开始向密支那城北的伊洛瓦底江之敌攻击前进，断敌交通，切断其退路。

19日早晨，攻城战开始。敌人施放黑色烟幕弹，掩护密支那外围守敌撤回城区。我军冒着敌人的炮火冲向西车站。敌以重炮拒我，我攻击受挫。经过三四个回合的拉锯战，敌人终因伤亡惨重，又无援兵，于20日放弃西车站。旋因我军失去联络，遭敌反攻，车站得而复失。

从此以后，敌我展开了主力战。我军使用火焰喷射器对市区进行猛烈的“火攻”。敌人躲在民房中间星罗棋布的坚固工事里顽强抵抗，坚守每一条街巷。巷战的两军距离往往只有二三十码。巷战限制了攻击部队的大规模运动，因而拉长了战斗的时间，给敌人以苟延残喘的机会。在此期间，虽然我军的阵地得到了加强，但也给敌人以增援的机会。

我驻印军切断密支那通往曼德勒铁路交通后，敌人增援的路线只剩伊洛瓦底江。由于我驻印军已占领孟拱，远征军在滇西又发动猛烈攻势，敌人顶多只能增援两个大队，连同原有的一个大队，加上从傍利等地撤退到此的一个大队，估计守敌约为一个加强联队以上兵力。

敌人为什么要不顾一切去死守密支那呢？

首先，从战略上讲，在新编第三十八师攻占西通（色登）、加迈和孟拱后，密支那已成为敌人在缅北的最后据点，密城不守，整个缅北便无立足之地，滇缅战场上的残敌就会遭到灭顶之灾。

其次，密支那俯瞰伊洛瓦底江下游，是八莫和腾冲的屏障。敌人如能守住密城，就可牵制滇西我远征军对腾冲的攻势，以便挽救滇缅战场上的败局。

最后，缅北正值雨季，我军的地面部队和空军的活动受到阻碍，在攻击中不能充分发挥我优势火力，守敌得以苟延残喘。但是我们有信心地说，不管敌人怎样顽强抵抗，不管他工事多么坚固，在我军飞机轮番轰炸下，逐步缩小包围圈，敌人要么投降，要么被歼灭，没有第三条路可走。

密支那攻防战开始于5月17日，结束于8月5日，连续激战80天之久。战役分三个阶段：5月17日至6月上旬，这是我军陆空攻击最猛烈的时期，也是推进最迅速的时期，从外线打到敌防御的核心；6月底至7月上旬，为敌我胶着时期，我军攻击到敌主阵地，敌人抵抗很顽强，因此进展缓慢而形成对峙状态；7月7日以后，我军调整部署，加强兵力，收缩包围圈，运用新战术，对敌展开总攻击；最后10天，我军攻势达到顶点，摧毁敌主阵地，长驱直入市区，把残敌全部肃清。

密支那战役的特点就是丛林战。敌人凭借伊洛瓦底江沿岸错综复杂的丛林地带为屏障，以市区为防御中心，几千个大大小小的工事构成网状堡垒群体，分布在四周。在主阵地的正面和左右两翼则密布着星罗棋布的散兵坑壕，在市区内步步为营，处处设防。由于敌人的阵地得到丛林和蒿草的掩护，使我攻击部队射界不宽不远，难以接近敌阵，虽相距咫尺，亦难发现目标。敌人躲在工事里，任凭你怎样猛烈攻击，他始终不还击，一直等你攻到十码甚至五码时，子弹才突然从工事的枪眼里打过来，阻击兵的机关枪也从树上从芦苇里打过来，使我攻击顿挫。丛林战正面狭小，兵力不易展开，双方均多采用运动战，但也不易收效。所以，要战胜敌人，必须采取新的战术。

新编第三十师参谋主任唐泊三上校认为以血肉之躯去硬拼不是办法，于是创造出一种活动的堑壕战。报载我军开凿地道，进行隧道战，其实不是；而是沿密城周围挖凿三条平行的蛇形堑壕，向敌阵前延伸。在每条深达五尺堑壕的前端三面堆放活动沙袋，一面向前堆放沙袋，一面挖出泥土，掩护前进；在堑壕里设有若干轻机关枪射击点，每点布置射击手、弹药手和预备射手各一人。这三条平行的“堑壕”火力可以互相支援，逐渐向前推进。等到接近敌阵时，将手榴弹捆在长约二丈的竹竿前端，安装导火线。使用时先点燃导火线，待手榴弹将爆炸时，就送进敌阵地的枪孔里去消灭敌人。这时活动堑壕继续向前伸延，逐战逐进，由点的攻击进而到面的占领。密支那攻防战的最后阶段，我军在强大空军和炮兵协同攻击下，地面部队的攻势更加猛烈，很快突破了敌所有主阵地和散兵线，彻底粉碎了敌人的有组织的抵抗，终于在 8 月 3 日完全占领了密支那。密支那的攻克，为完成中印公路最后一段工程创造了条件，也为肃清滇缅战场上的敌人奠定了胜利的基础。

从八莫之役到凯旋回国

史　说*

本文对中国驻印军1944年雨季以后，由密支那打通中印公路的后期作战，作回忆于下。

一、从密支那到打通中印公路

（一）驻印军的重新编组与新六军回国

驻印军于攻下缅北孟拱、密支那后，已进入1944年雨季，不便于战斗行动。全军在孟拱、密支那地区停下来休整，重新编组部队。把新编第三十八师、新编第三十师编为新编第一军；由原副军长兼新编第三十八师师长孙立人，升任军长；第一一四团团长李鸿升任新编第三十八师师长；新编第三十师师长胡素，因进攻密支那时，与指挥进攻的美总指挥部参谋长鲍德诺发生矛盾，被史迪威撤职，由新编第三十八师副师长唐守治升调师长。新编第二十二师、第十四师、第五十师，编为新编第六军，由新编第二十二师

* 作者时任中国远征军新编第一军参谋长。

师长廖耀湘升任军长，新编第二十二师副师长李涛升任师长。第十四师、第五十师，原是陈诚系部队，编入新编第六军后，仍由原任师长龙天武、潘裕昆分任师长。原新编第一军军长郑洞国，调升驻印军副总指挥，有职无权。不久，史迪威因和蒋介石有矛盾，被调回国。他的中国战区参谋长职务，由魏德迈接替，驻印军总指挥由三星将军索尔登接替。

1944 年旱季开始（9 月末），驻印军计划再向缅甸中部日军进攻。新编第一军由密支那进攻八莫，新编第六军在新编第一军之西，由孟拱直向南切断八莫、南坎一带日军后方。10 月中旬，开始行动。此时日军在中国发动攻势，打通中国到越南的战线，已陷衡阳、桂林，进逼贵阳。蒋介石匆忙把新编第六军军部及新编第二十二师、第十四师空运云南沾益，以保卫重庆（日军先头部队到贵州都匀后，退回广西。新编第六军又由沾益运至湖南芷江）。在缅甸作战的只有新编第一军的新编第三十八师、新编第三十师和第五十师。于是由新编第一军向南进攻八莫，第五十师和英军由孟拱沿铁路向曼德勒南进。

（二）围攻八莫与卡的克遭遇战

从密支那南 80 公里到大盈江（由中国腾冲发源，到八莫北侧流入伊洛瓦底江），日军都无抵抗。在八莫东北 20 余公里，通密支那公路上，大盈江南岸的苗昔特高地，日军设有前进阵地。新编第一军以新编第三十师在正面敌人火力下渡江进攻，新编第三十八师由东迂回。苗昔特东 10 余公里的大盈江上桥梁，日军未破坏，新编第三十八师争先渡江，再向西与新编第三十师夹击敌人，消灭了日军前进阵地。日军警戒阵地设在八莫以西，北自飞机场南到莫马克一线。新编第三十八师先攻占了八莫西约 10 公里公路上的莫马克，而日军在飞机场的警戒部队，却以 3 个人一组，每人 1 挺轻机枪、1 个掷弹筒、1 支步枪，据守 1 个点，成面地分布抵抗，并由八莫主阵地以炮兵支援。新编第三十八师不得不以迫击炮摧毁这些小据点。费时两三天，消灭了这个警戒阵地。由于日军死守，每个据点都要肉搏，杀死最后一个敌人，才能占领。

日军守八莫的主力为第二师团骑兵联队（名为骑兵，实际上是步兵，比一个步兵团编制小些），及步炮兵各一大队，共3000余人。西面依托伊洛瓦底江，沿北、东、南三面在市郊构筑纵深阵地固守。敌人曾用很长时间构筑工事，用铁路枕木及大钢板为主要材料构成据点掩体；以重机枪为主，辅以防战车炮，配置成近距离隐蔽的交叉侧防火网；步枪、轻机枪也都以侧侧、斜侧为主。阵地相当坚固。新编第三十八师的进攻，是攻下一个据点再攻一个据点地前进，每天自早晨开始，先以空军轰炸，炮兵射击破坏，然后步兵在坦克配合下进占。当时有总指挥部直属部队战车第一营，10.5榴弹炮和15.5榴弹炮3个营，化学兵团改编的15公分重迫击炮1个营，还有美国空军协同新编第三十八师。差不多每天夜间日军都进行逆袭，我军必须把他们击退。从渡江后约一个月，才攻入八莫市中心。

当新编第三十八师西向进攻八莫，新编第三十师渡江南下经莫马克，折东沿八莫南坎公路，在重峦叠嶂中向南坎前进。自莫马克以东至南坎公路盘山而上，狭窄弯曲，只能单向行车，待占领南坎后，才由工兵开阔，成为中印公路的一段。日军从缅甸和滇西的各师团中抽出8个步兵大队，附炮、工兵，由南坎向西北推进，企图西击新编第一军侧背，解八莫之围。在中途卡的克与新编第三十师遭遇，发生激战。新编第三十师在公路上的一个团，被日军由南插入，切成两段，一个炮兵连阵地被占，空投粮弹的飞机亦被日空军击落2架。新编第三十师以1个团，由公路北侧山地包围日军。新编第一军军部亦同时抽调新编第三十八师第一一二团，由八莫用汽车输送到卡的克附近，再由北侧山地向东迂回日军右侧背。经过战斗日军大败，溃退南坎。新三十师缴获轻重机枪、步兵炮及步枪等武器甚多，并有骡马、大象及辎重等。

八莫主阵地已被我突破，日军感到解围无望，把所有重伤兵近1000人，生沉于西面的伊洛瓦底江中，而以残部于夜间沿江滩向南突围。突围日军大部被击毙在江滩上，仅100余人散窜到八莫以南山地。八莫攻克时，房屋全部被炮火所毁，仅华侨新建的一座关帝庙独存。

（三）进攻南坎与畹町会师

新编第一军继续向南坎进攻，正面以新编第三十师扫荡日军满布在山地要隘的警戒线。新编第三十八师第一一二团在左翼，越过云南边境垒允。新编第三十八师主力，由八莫加入右翼，两翼向敌包围。先后渡过瑞丽江（自云南龙陵西南，流经畹町北侧，与云南陇川发源向西的水流至南坎东北侧会合，再西流入伊洛瓦底江，在中国境内名龙川江，在缅甸名瑞丽江。在南坎东北与支流汇流处为云南省境的突出部，即垒允。在日军入侵前，做过美国人陈纳德飞虎队的飞机场）。日军主力在南坎北侧正面江岸抵抗。当新编第三十八师主力由西渡江，将形成包围时，敌即向南坎以南山地撤退。新编第三十师当即渡江占领南坎。

由南坎东北公路到畹町，是中印公路在缅甸的末段，而中缅公路则在畹町附近分岔（分岔处名芒涯，是一山洼，没有村舍）。在中印公路畹町到南坎段的东南山地以东，南通腊戍。两条公路中间夹一个山地。在战术上，应该在占领南坎以后，立即越过东南山地，截断正由云南沿中缅公路向腊戍退却的日军退路。但美总指挥部因为英国不愿意中国军队再向缅甸中南部去，在前进的方向上，沿南坎东南山脊横向划了一条战斗地境线，不准新编第一军南进，命令折向东北，去和由云南西进的中国远征军在畹町会师。只令由后方来的一个美军步兵旅（由在密支那作战的美步兵团扩编而成，美军在缅作战的步兵，只有这个步兵旅），越过南坎东南山地到中缅公路边上去。该步兵旅不敢截断公路，只在公路西北侧占领阵地，坐令日军侵入云南的几师残部从容撤退。新编第三十八师第一一四团，曾不顾总指挥部命令，派了一个营越过山地到中缅公路上去，被日军前后夹击，阻止在公路西侧。

新编第三十八师由南坎东行，扫清残敌，在畹町与由云南西进的远征军第五十三军（东北军，军长周福成）会师。

日军撤退时，到处埋设地雷，并埋伏持有轻机枪、掷弹筒、步枪各一的 3 人小组，狙击扰乱后方。我和新编第三十八师、新编第三十师师长李鸿、唐守治，在南坎到畹町的公路边一个团指挥所，协商部队行动时，曾被这样的日军小组埋伏袭击，被机枪打死了卫兵和汽车司机三四人。

驻印军和远征军会师以后，在畹町举行了中印公路通车典礼，由宋子文主持。美总指挥索尔登和新编第一军及远征军的将领参加了典礼。当时已是1945年1月28日。

（四）攻占新维、腊戍、细胞

由孟拱向曼德勒前进的英军，对日军怕极了。我第五十师先是在铁路两侧掩护英军，待新编第一军攻占八莫以后，也由八莫渡过伊洛瓦底江。为了策应英军攻曼德勒，新编第一军和第五十师又南下向腊戍和细胞（在腊戍到曼德勒公路上）进攻。

新编第一军追击败退之敌，沿中缅公路占领了贵街，随后和战车部队协同新编第三十师攻占新维，新编第三十八师攻占腊戍。第五十师则由南坎以西，南下攻占细胞。

英军等到曼德勒日军退尽后，华侨出去迎接时，才进入曼德勒。后来日军因在菲律宾失败，收缩战线，全部退出了缅甸。

1945年春，新编第一军在腊戍附近准备回国。第五十师正式奉命编入新编第一军建制。

二、在缅甸作战的有关情况

（一）指挥

按照中英美联合对日作战的协定，中国战区包括中国大陆、香港、越南北部，由蒋介石任统帅，史迪威任中国战区参谋长；缅甸属于西南太平洋战区，由英国蒙巴顿任统帅。中国驻印军总指挥，前期是史迪威，后期是索尔登，都兼任印缅美军总指挥，受蒙巴顿的指挥。在这样的指挥系统中，发生着种种矛盾。

英国人和中国军队间隔着一层美国人，想干预中国军队的事干预不到，所以处处限制驻印军在印缅的战斗行动。但英军自己作战，实在太不争气，非要驻印军任主力开路不可，矛盾百出。1942 年，日军侵缅，我新编第三十八师退到印度英帕尔，英国不顾在缅甸撤退时新编第三十八师在仁安羌有为英军解围之恩，要想缴他们的械。新编第三十八师坚决表示，你来缴械，就和你战斗。英国人不得不作罢。1944—1945 年反攻时，英国限制中国军队的战斗地境，只沿中印公路及其以北，到南坎后不准新编第一军南进；但英军由孟拱向南，寸步难移，又不得不请求第五十师护送。

美国人想利用驻印军打通中印公路，以其废旧武器装备蒋介石军队，以援助中国抗战为名，猎取特权，使中国成为美国的殖民地。当史迪威提出以新编第三十八师、新编第二十二师从缅北反攻时，国民党政府的军事委员会军令部就不同意。他们认为，如由列多经野人山向缅甸北部进攻，日军如从缅甸中部向印度进攻，有切断后路，将中国军队饿死在原始森林中的可能。即不然，如在一个旱季不能攻到缅甸中部，一到雨季，也无法在野人山行动，进退为难。不如把这两个师在印度改为炮兵部队，接受美械装备并予训练，然后空运回国。史迪威则认为，美空军已占优势，补给可以空投，有机械化工兵，在原始森林中开辟公路也不难。蒋介石同意了史迪威的计划，并于 1944 年初空运一个由补训处改编的新编第三十师到印度兰姆伽训练，准备一同进攻。到 1944 年春，进攻初获胜利，日军以 3 个师左右兵力，由缅中向印度英姆法尔进攻，想突入印度，切断中国军队后方，英印军陷入一片恐慌。新编第三十师由兰姆伽运到列多时，蒋介石于 1944 年 4 月间也从中国空运第五十四军的第十四师、第五十师到列多附近，准备支援英印军，保卫后路。但日军在印缅边境，已是强弩之末，加之补给困难，一到雨季，就不能前进。

美国人一贯排挤中国的高级指挥官。史迪威拒绝了第五十四军军部由中国运到印度，对新编第一军也越过军长郑洞国，直接指挥到师。初期的新编第一军军部，只有一个特务连是直属部队。总指挥部并限制军部到前方去。部队里每个排都有四分一、一分一的缅甸地图（英四分一地图是一英里在图上四分之一英寸，一分一地图，一英里图上一英寸，约当二十万分之一和五万分之一地图）。攻坚固阵地时，还有空中照相图。但军部要领用地图，却很困难。美国人在驻印军中，自营以上，都派了联络官，监督作战并掌握补给大权。总指挥部有时直接通过联络官，指挥到小部队。后期对新编第一军的指挥，虽通过孙立人的军部，但协同作战的炮兵和战车，仍由美国人掌握。孙立人的联络官凡那脱说，中国军队是美国的雇佣军。这种侮辱性的话，曾激起多数翻译人员的义愤。美总指挥部参谋长波特诺（战前曾在美国驻华大使馆做情报工作，史迪威也曾做过驻华武官）特别轻视中国人，说中国部队不可待遇太好，更不可与美军同等待遇。驻印军下级军官为走路、过河、坐飞机时受美军的气，时常与美军争吵。到全军回国以后，美国联络官成了太上皇，他的面孔更难看了。新编第一军官兵和美国飞机驾驶员、汽车司机打架，美国人说新编第一军倒像是敌人了，以后不好再装备国民党部队了。急得在昆明的中国陆军总司令何应钦把新编第三十八师师长当面骂了一顿。

（二）装备和补给

驻印军的编制装备，比国民党的一般美械师好得多。每师步兵三团，骡马驮运七五山炮（12 门）兵一营。新编第三十师山炮二营，一营骡马牵引，一营吉普车牵引。新编第三十八师、新编第二十二师初期有 2.5 吨卡车牵引 10.5 榴弹炮一营 12 门，七五山炮两营。到改编成新编第一军、新编第六军时，10.5 榴弹炮营各直属于军，山炮营各拨出一营编入第十四师和第五十师，于是这四个师各有山炮 1 营，摩托化搜索兵 1 连，工兵 1 营（三连），通信兵 1 营（有线电、无线电各一连），汽车辎重、骡马辎重各 1 连，及特务连、卫生队、野战医院等。步兵团有步兵 3 营，骡马驮运八一迫击炮一连 12 门，吉普车牵引三七防战车炮一连 8 门，通信兵 1 连，骡马辎重兵 1 连，及特务排、卫生队等。步兵营有步兵 3 连，骡马驮运 7.62 重机枪 1 连 8 挺，火箭炮 1 排 4 门（小火箭炮，由一人肩负，一人在后引发，防战车及破坏工事用）。步兵连有步兵 3 排，每排步兵 3 班，六〇轻迫击炮 1 班 2 门。步兵班 12 人，轻机枪 1 挺，冲锋枪 2 支，步枪 8 支。全师约 12000 人。新编第一军、新编第六军两军分开后，两军直属部队有 10.5 榴弹炮一营 12 门，工兵 1 营，通信兵 1 营及特务营。新编第一军将回国时，还编有骡马辎重兵 1 营，汽车辎重兵 1 营，及野战医院 1 个。

总指挥部直属炮兵第四团、第五团是汽车牵引的 10.5 榴弹炮 36 门。炮兵第十二团，是汽车牵引 10.5 榴弹炮 36 门。化学兵 2 团，一团改为重迫击炮团，有 3 营，每营 4 连，每连汽车装运 15 公分重迫击炮 4 门，另一团改为独立步兵团（因为化学兵不需要）。工兵第十团和第十二团，没有机械化。汽车兵第六团有 2.5 吨载重汽车 400 余辆。其他还有骡马辎重兵团，通信兵营等。战车训练处，本拟成立战车 7 营，但只装备了 3 营，参加作战的只战车第一营。装备有 35 吨中坦克和 14.5 吨轻坦克，以及三七防战车炮等。在印度兰姆伽驻印军训练地，还设有中美训练处，蒋介石派国内大批将官，轮流去受美国的训练。

驻印军的武器弹药都根据中美租借法案，由美国供给。武器除了 10.5 榴弹炮、35 吨战车、小火箭炮，是美军在第二次世界大战中使用的武器外，其余都是美军换下来不用的武器品种。每师有骡马一千四五百匹，由澳洲运来，也是美军不用了的。每师大小汽车四五百辆，也是美军供给。驻印军的给养服装，是根据中英租借法案，由英国交给美军后勤司令部转发。因为天热，全年是夏季服装，冬天加一件毛线衣和夹呢夹克。给养有大米、面包、罐头等，比国内是丰富些，但罐头吃多了，没有新鲜蔬菜，也难忍受。

在印缅作战的补给，完全由美后勤司令部办理。第一线部队进攻时，后方公路未通，每天由飞机空投粮食、弹药及补充损失的武器。因为日本已丧失制空权，除了南坎日军想解八莫之围时，用战斗机打下 2 架美军空投飞机外，其他时间尚不受日空军扰乱。地面部队进攻，每到一地，即修飞机场，由运输机降落补给。待后方公路修通，再同时用汽车输送补给。这样在深山丛林中作战，尚无供应不足的现象。

军队行军作战，都不进入居民地宿营（在野人山没有村落，在密支那以南，有村落，也很少进入）。我们用空投补给品的降落伞搭成帐幕住宿，所以军队所到之处，山岭上都是红红绿绿的帐幕。缅边瘴气特别厉害，兵士每天吃“阿的平”两粒，预防疟疾。在阵地上，夜间头上戴头罩，手上擦防蚊油，防止蚊咬。

第一线重伤兵，都用运输机直接运回后方美军医院，当运输机不能降落前，则用可在道路上降落的小联络机输送。联络人员与指挥官前后方来往，及到敌后侦察，都用小联络机（那时印缅战场上，尚无直升机）。轻伤兵送到前方师医院治疗。

美军的作战和补给，离不了飞机与汽车，所以每到一地，修飞机场是最重要的事。美军在印缅的一个航空队，组织相当庞大，另外有机械化工兵部队和由黑人驾驶的汽车部队。为了补给 3 个师的进攻，在中印公路上的汽车昼夜不停，平均每分钟有一辆汽车经过。汽油由加尔各答铺设油管到列多，随军队前进而前进。中印公路打通后，油管直到昆明。公路随军队前进而向前开辟，用机械化工兵筑路，所需人力不多。桥梁是先做好的制式材料。中印公路在缅边一带路面宽处可以 5 辆汽车并行，但一到雨季，则大部被冲毁。

三、回　国

1945 年春，新编第一军在腊戍附近准备回国。英国人还怕中国军队在缅境南进。美总指挥部以便利补给为名，把新编第一军军部和新编第三十八师，由腊戍空运回密支那。1945 年夏，新编第一军人员马匹，都由缅甸空运到云南沾益。共计人员 4 万余，用飞机约 1500 架次；骡马 4000 余匹，用飞机约 1000 余架次（失事飞机人员 1 架，马匹 1 架）。另新编第三十师骡马及全部汽车 2000 余辆，则经中印公路回国（少数指挥官吉普车用飞机运）。其余总指挥部直属部队各团，也先后经中印公路回国。因为云南境内公路桥梁只能载重 7 吨，不能通过 35 吨与 14 吨半坦克，所有全部汽车，均移交给英国军队。

新编第六军于 1944 年秋，空运到云南沾益后，又运到湖南芷江，准备反攻湖南日军。新编第一军到 1945 年夏，空运回云南沾益，随即空运到广西南宁，准备向广州湾日军进攻。尚未接战，日本就宣告投降了。

滇西之战与中印公路开通

滇西纵谷地带的反攻战

夏　时*

1941年12月，日本偷袭珍珠港，发动太平洋战争，继而侵占香港，掠取越南、泰国、缅甸及南洋群岛，对中国西南边陲形成包围。日军从仰光登陆后，中、英缅军抵挡不住，直趋中缅边境，并于1942年5月，进占滇西各主要战略要地，盘踞将近3年之久，切断我国际运输线，严重威胁我大后方的安全。为了解除日军对我西南边疆的包围，收复滇西失土，打通国际运输线，中国政府乃重建中国远征军，于1944年5月间强渡怒江，对侵占滇缅边境之敌发动反攻。激战至1945年初，先后收复腾冲、松山、龙陵、芒市、遮放、畹町等重要城镇。1945年1月27日，中国远征军与中国驻印军会师芒友，取得了滇西缅北反攻作战的巨大胜利。

一、部队的整训和装备

云南高原之地势北高而南低，高山深谷都是南北走向，即横断山脉中的滇西纵谷地带。此地崇山峻岭有高达4000公尺以上者，水流倾泻，形成瀑

---

*　作者时任中国远征军第五十三军作战参谋，后任该军副参谋长。

布，汹涌奔腾，舟船绝迹。我军于1944年4月末，就移驻于保山双虹桥以东地区，正逢阴雨连绵，潮湿严重，瘴气弥漫。我军在这样的季节和地区出师远征，使我感受到转战在山深林密、河流湍急的征途上，强渡天险、夺关斩将的艰苦历程和悲壮气概。

第五十三军是东北军旧部，九一八事变后，曾驻在北平至保定一带，那时直辖四个步兵师（第一一六、一二〇、一二九、一三〇师）和一个骑兵师，约有6万人。西安事变后，蒋介石对东北军特别警惕，将其40多万军队，缩编为6个军（第五十一、五十三、四十九、五十七、六十七、骑兵军）；炮兵独立编制；其他工、辎、通信各兵种则采取“并、缩、消”的办法解决。至于东北军原有的海空军早已为蒋介石所兼并。他还使东北军各军处于孤立无援的地位，即使是在战时，也不让有两个东北军在同一战场上活动，并用嫡系部队分别加以监视。因此，第五十三军原先所统辖的4个师，6万兵力，缩编后就只剩下2个师，每师2个旅，每旅2个团，兵力也缩减了一半以上。第五十三军军长是万福麟，行伍出身，目不识丁，但有些军事经验，善于迎合长官心理，富有左右逢源的手法。在北平军分会时，他与何应钦私情甚笃，嗣后则与蒋介石保持直接联系。在西安事变时，他对张学良的行动，表现极为冷淡。

七七抗战开始，第五十三军由保定、石家庄附近，进到雄县、文安、大城等地区，展开于大清河右岸一带，与敌接战。那时官兵们都害有“恐日病”，抵抗不久就纷纷败退，转战于冀、豫、晋各地，一度在晋东南打过游击。后来又渡黄河，跨长江，参加保卫武汉的大会战。武汉会战失利后，万福麟调任第二十集团军副总司令，由副军长周福成升任军长，第五十三军受命守备洞庭湖三角地带，为时四载，使日军不得西逞；并时常袭击岳阳守敌，两次策应长沙会战，取得了一定的胜利。1943年春，第五十三军编入中国远征军序列，撤离洞庭湖地区，经湘西横越滇黔两省，长途行军3000公里，到达滇西弥渡、蒙化一带整训。不久，第五十三军得到了美械装备，还派来了美国“参谋联络组”，约有五六十人。其中军官、军医多数是职业军人，其他人员中有商人、律师、农民、教员、自由职业者等。这些人应征入伍后，经过短期军事训练，就派到中国战区来工作。

联络组到来之后，先筹办“干部训练团”，负责部队的训练工作。受训人员以下级干部、尉级军官和军士为主，使他们了解各种步兵火器及其各部件的名称、性能和分解结合的方法等，再进行射击训练和小部队演习，以提高部队的战斗力。这批美国人在训练期间，样样事情都要参与，好像是部队有了美械装备，就应该由美国人来训练，凡事都要听他们安排。在中国远征军系统里，从司令部到各集团军、军、师、团，有的到营，都派有美国的“参谋联络组”。他们处处表现出极端的优越感，根本看不起中国人。

在美械装备下，远征军每军配备一个榴弹炮营，每营有 10.5 公分榴弹炮 12 门。每师配备 1 个山炮营，每营有 7.5 公分山炮 12 门。每个步兵团有一个战车防御炮连，配以防御炮 4 门。每个步兵营有一个火箭排，配以“伯楚克”式火箭两枚，还有一个迫击炮排，配以“八一”迫击炮两门。步兵营的重机枪连配以重机枪 6 挺，步兵连配以轻机枪 9 挺、“汤姆森”式手提机枪 18 支、六〇迫击炮 6 门和火焰放射器一具。各军各师都配有设备完善的野战医院 1 所。自军至连都配有完整的通讯器材，包括无线和有线报话两用机等。每个工兵营配以较完善的工兵器材和运输工具。显然，经过整训和装备，第五十三军以及整个中国远征军的火力和作战能力大大加强了。

这里顺便提一下第五十三军主要的指挥人员和部队的番号。军长周福成，副军长李汉章（原是韩复榘老部下，派来我军后不久即离去），继任赵镇藩，参谋长刘德裕，副参谋长郭业儒；不久郭调任第二十集团军参谋处副处长，由我继任副参谋长。第一一六师师长赵镇藩，副师长刘润川，参谋长张绍贤；赵镇藩升任副军长后，刘润川升任师长，张绍贤升任副师长。第三四六团团长张儒彬，第三四七团团长刘焕堂，第三四八团团长毛芝荃。第一三〇师师长张玉挺，副师长王理寰，参谋长王冠英；张玉挺因在滇西江苴街战役中擅自退却，遭撤职处分，由王理寰继任师长。第三八八团团长佟道，第三八九团团长魏宏烈（魏在腾冲会战后撤职，由王京山继任团长），第三九〇团团长傅广恩。

二、战略展开和攻击准备

中国远征军的战略部署是，以第二十集团军为攻击部队，决定由栗柴坝、双虹桥沿岸强渡怒江，向腾冲进攻；以第十一集团军为防守部队，固守怒江东岸；又以各军各派一个加强团渡江进袭，策应第二十集团军之攻击。各部队均须于 5 月 10 日前完成攻击准备。

第五十三军为第二十集团军的左翼，1944 年 4 月 26 日，全军在弥渡、云南驿附近，由汽车兵团输送至保山以北老营街地区，进入攻击准备位置。第一一六师为军之右翼，展开于双虹桥以北地区，在渡河成功后，当立即向唐习山、大坪子高地守敌发动进攻。第一三〇师为军之左翼，展开于双虹桥附近地区，在渡河成功后，当即向马蹄山、大塘子一带敌人据点发动进攻。

当时，远征军的作战方案和计划已基本确定，但在战斗开始之前，大家还是议论纷纷。有的说，作战方案决定得不好，为什么让第十一集团军担任防守任务？第十一集团军兵力较强，对滇西的敌情和地形也比较熟悉，为什么反而采取消极行动？大兵团作战，尤其是这次关键性的反攻，两个集团军都应该采取积极主动的行动才对。有的说，敌人在滇西一带盘踞已久，阵地十分坚固，又有重兵驻守，且缅甸境内又有庞大敌军可随时增援，这一仗是不好打的。有的说，第五十三军战斗力不强，哪能打这次硬仗？这些议论显然是抗日初期的“恐日病”又在作祟了。

三、强渡怒江

5 月 11 日拂晓，我军开始强渡怒江，预先选定数十处渡河点，用 100 多只橡皮舟轮番抢渡。西岸敌人凭借怒江天险，在高黎贡山东侧马蹄山、大塘子、大坪子、唐习山等各高地筑有坚固工事，可以钳制怒江两岸。我军开始渡江后，即被敌人发现，密集的炮火遂向我渡江勇士袭来。我军一边抢渡，一边向对岸敌人还击，战况极其壮烈。战幕一经揭开，士气为之一振，大家同舟共济，义无反顾，终于取得了渡江作战的成功。真所谓“置之死地而后生”，“恐日病”亦为之一扫而光。后来在战地上流行一首“信天游”诗歌，描写当时强渡怒江的悲壮场面：

怒江在咆哮！
狂涛在奔腾！
飞射弹雨不分，狂炸烟雾笼罩。
高山怒水响云霄，浪头尖上人在跳。
渡江人海横断了流，
刺刀排浪涌上陡岸。
不怕暴风雨，不怕枪炮弹，
挑破铁丝网，冲垮阵地线。

15 日拂晓前，我军向唐习山、大坪子进攻的第一一六师将敌击溃，占领了敌人盘踞的高地。但第一三〇师正面的马蹄山、大塘子的敌人仍在顽强抵抗，激烈的争夺战持续了七八天，迄无进展，形成了对峙。师长乃增派第三八九团加强攻击，敌利用坚固工事掩护，还击的火力依然很猛烈，而且时有反扑的企图。激战至 5 月 24 日，在我军不断猛攻下，第三八九团终于占领马蹄山高地。这时，大塘子方面的争夺战尚在激战中。为策应第一三〇师在大塘子正面的攻击，第一一六师抽调第三四七团的战车营插入敌人的侧背，截断敌后方联络线。又经过 34 天的激烈战斗，敌渐不支。26 日夜间，大塘子高地及附近地区各据点遂被我军全部占领。此役敌死伤极重，遗尸累累。我军伤亡也很大，第三八八团团长佟道负伤。至此，我军取得了渡江作战第一个回合的胜利。

四、南斋公房及江苴街战斗

敌人江防战线被我肃清后，又采取逐次抵抗的战略，企图消耗我方兵力。他们在标高约 4000 公尺的高黎贡山主峰上占领阵地，拒止我军前进。

我军稍事整顿，于 6 月 2 日，开始从唐习山和大塘子推进。一路上都是陡坡，有的坡度竟超过 80 度，而且都是羊肠小径，崎岖难行。连绵阴雨已下了一个多月，对大部队的行动真是难上加难，最感困难的则是兵站粮秣弹药的补给。美军联络组原以为空投物资可以代替兵站补给，就在战地附近山坡较平缓处设置三四处投置站，也曾空投过一两次防雨用具。但因山地气候变化无常，在山高雨大的情况下，飞机看不见地上标志，无法空投，补给只好靠畜力驮送，时有时无，难以为继。

在这样的高山地区进行战争，战史上是空前的。当时我军分为两个纵队前进，以第一一六师第三四六团为右翼，攻击南斋公房的敌人；以第一三〇师为左翼，攻击江苴街附近的敌人。

在南斋公房方面，山高路隘，不能展开较多的兵力，敌人的抵抗又十分顽强，我方仰攻屡遭挫折，打打停停，相持六七天时间。第三四六团乃挑选精干小部队，从右方攀登山崖，迂回敌人侧背，经过两天攀登，小部队直插敌人背后，予以突然袭击。这一出敌不意的行动，使据守天险的敌人惊慌失措，不得不仓皇溃逃。6 月 11 日，南斋公房终于为我占领，创造了滇西反攻战的一个奇迹。进攻标高超过 4000 公尺的高地敌阵，而能取得成功的，在战史上也是绝无仅有的战例。

在江苴街方面，第一三〇师越过高黎贡山就直达江苴街附近。这是高黎贡山西侧一个较大的村落，敌人盘踞已久，工事极为坚固。师部三位指挥官虽已面临敌阵，却不敢立即发动进攻。因为他们一看到敌人坚固工事，就失去了作战的决心和信心，又怕背后牛粪背方面敌人前来增援，有腹背受敌的危险。于是，他们就放弃进攻，率领第一三〇师由原路退入高黎贡山。

这样一来，不仅影响整个战局的进展，而且第一三〇师的广大士兵也遭了殃。他们一退退到高黎贡山的顶巅，气温骤降，天雨不止，没有雨衣的士兵就有冻死的危险；加以空气稀薄，难以举炊，部队得不到熟食，很多人都病倒了。军长得到情报后，立即命令第一三〇师重新组织对江苴街的进攻，同时增派第一一六师（欠第三四六团）参加战斗。这时，第三四六团肖营已尾追敌人到达江苴街，经过激烈战斗，反而在左翼部队赶到之前，抢先攻占了江苴街。

五、腾冲会战

腾冲是一个群山环抱的盆地，更有龙川江卫护，形势极为险峻。腾八（腾冲至八莫）、腾龙（腾冲至龙陵）、腾保（腾冲至保山）三条公路辐辏于此，是滇西的战略重镇。腾冲城垣坚固，外有护城河，南面依托来凤山，敌人筑有坚固的核心阵地带，由日军藏重康美强大混成旅守备。腾冲会战，成了滇西反攻作战的转折点。

我军攻占南斋公房和江苴街后，经过一段休整时间，于 7 月初完成了对腾冲的攻击准备。于是，全军分别在四五个渡河点渡过龙川江，并在龙文桥旧址架起一座木桥，作为后方补给线。这次渡江没有被敌人发现。渡江成功后，即命第一一六师攻击腾冲以东各高地，第一三〇师攻击腾冲东南方各高地，两师各以一个团截断腾八、腾龙两条敌人联络线。

7 月 11 日前后，各攻击部队开始行动，进展极为顺利，两师的主力很快将腾冲以东和以南各高地的敌人击溃，并将各据点尽行占领。同时，担负右翼攻击任务的第五十四军，也将腾冲以北和以西各高地全部攻克。我第一三〇师第三八八团已到达南甸附近，将腾八公路遮断；第一一六师第三四六团到达孟连附近，遇到敌后勤部队和卫生部队正在向龙陵方向移动，当即将其击溃，俘获许多人员和物资，腾龙公路亦被我完全截断。腾冲敌军遂陷入我四面包围。

我军为扫除攻城作战的障碍，必先攻取腾冲城南来凤山之敌阵，如来凤山被我攻克，就可全力进攻腾冲守敌，而无后顾之忧。敌人为了固守腾冲，也首先要守住来凤山，以便牵制我攻城部队。因此，来凤山之得失就成了腾冲会战成败的关键。

攻击来凤山的任务，由我军较为精锐的第三四六团配以工兵一部来担任。这个团从强渡怒江以来一直是士气旺盛，连战皆捷。来凤山战斗一打响，我军即以炽盛炮火猛烈轰击，并有美空军一小队协同作战，来凤山立刻变成一片火海。但山上守敌仍然据险顽抗，且有敌机前来助战。我军虽屡次发动攻击，但都被敌击退，战况至为惨烈，敌我伤亡都很大。在一次空战中，敌机数架被击落焚毁，敌势遭受挫折。这样，经过两天的激战，在陆空的有效配合下，我第三四六团于7月27日终于将来凤山完全攻克。

于是，腾冲攻城战随即展开。在滇西反攻战中，腾冲之役是最为艰苦的。腾冲城垣高达30多公尺，厚10余公尺，敌人置有重兵，又筑有半永久性工事。尤其东南城一带有城隍庙、文庙，东郊有帮办衙门和税务司等坚固建筑物，皆被敌人用作守城据点，更是易守难攻。第二十集团军总司令霍揆彰命令我第五十三军担负东城一带的攻击任务。当时我军第一三〇师尚在腾冲外围各高地担任警备，并负有截断腾八、腾龙两条交通线的任务，对腾冲东城的攻击，只能由第一一六师一个师去担当。敌我兵力约为三比一，要向全城最坚固的据点实行强攻，任务的艰巨是可想而知的。

7月27—28日，第一一六师已逼近城垣，先以步炮兵火力掩护我工兵作业，向城垣进行挖掘坑道作业。8月2日，开始进行爆破。与此同时，我空军飞临腾冲上空进行轰炸，在南门东侧炸开一个缺口，于是我步工联合一拥而上，登城即告成功。敌人为了堵住这个缺口，竭尽全力猛扑过来，展开一场激烈的肉搏战，双方伤亡极重，我工兵营范甫红副营长就在城垣缺口处壮烈阵亡。3日拂晓，我军攻入城内，与敌展开巷战，一墙一屋，在所必争。特别是城隍庙、文庙、帮办衙门和税务司等各据点，敌人筑有地上和地下相配合的堡垒工事，防守严密，火力炽盛，我军久攻不克，伤亡极重。值此紧要关头，第一三〇师赶来增援。两师协同作战，敌势顿挫，城内各据点大部被我占领，残敌被压缩在东门一隅。但是敌机时来助战，并投下粮弹，企图挽救被围孤军。我空军亦及时奋起迎击，经激烈空战，敌机多被我击败，或中弹坠毁。这时我军不断加强攻势，残敌亦负隅顽抗，战况愈演愈烈，我预备第二师李团长不幸阵亡。在我陆空协同猛攻下，敌渐不支，守备腾冲之敌军指挥官藏重康美见大势已去，又不甘心做俘虏，遂剖腹自杀。9月14日拂晓，残敌突围逃窜，腾冲遂告克复。此次攻城战延续40多天，战斗至为惨烈。胜利结束时，将士们莫不欢欣若狂，共同高呼："抗战胜利万岁！""中华民族万岁！"

腾冲突围之敌，由我第一三〇师第三九〇团跟踪追击，追至腾冲以北坝湾附近，将其全部歼灭，其中大都是卫生部队以及少数营妓。至此，腾冲守敌全被我军歼灭，并俘敌万余人。腾冲的胜利，使美军联络组对我军作战英勇非常佩服，他们说，周福成军自从强渡怒江至攻克腾冲，战无不胜，攻无不克，打得真好！军长周福成、第一一六师师长赵镇藩、第三四六团团长张儒彬、第三四八团团长毛芝荃等四人获得了美国颁发的勋章，以表彰他们在滇西战役中所建立的功勋。10 月 29 日，我第五十三军调归黄杰第十一集团军指挥，随即参加龙陵之战。敌人屡战皆北，军心动摇。当时龙陵已被远征军重兵包围，我军奉命从右侧背威胁敌人，敌感到有被围歼的危险，即行溃退。

六、芒遮会战

芒市和遮放都是滇缅公路上的要地。芒市四周皆山，是个小型盆地，易守难攻，但地位不如遮放重要。因此，敌人在芒市略为抵抗，即退守遮放。我军于 11 月 14 日开始行动，仍担任右侧背之攻击任务。大部队深入山区，在崎岖狭隘的道路上行军，运动极为困难。但我军以高昂士气，克服重重困难，终于按计划插到敌人的背后。我军一三〇师立即向遮放守敌的北侧发动攻击，相机切断滇缅公路；第一一六师主力展开于第一三〇师的右翼，协同作战。接战后，敌即向第一三〇师正面反扑，反复冲杀，战斗十分激烈。28 日，第一三〇师指挥所一度遭到敌人袭击，可见其反抗之顽强。敌我双方空军亦时来助战。29 日，正面敌据点三台山高地遭到我空军猛烈轰炸，火光四起，烟柱冲天，予敌以致命打击。激战至 12 月 1 日，我军将来劳山、红球山、老城、蚌哈、蛮里等敌据点相继占领，并将滇缅公路完全截断。从正面进攻敌人之第七十一军，随即克复遮放。

七、攻克畹町和胜利会师

畹町是中缅边境的一个门户，城北有黑山门之险，又有瑞丽江卫护，敌军主力驻屯于此。畹町之役，我第五十三军担任包围敌之左侧背、切断敌后联络线的任务。12 月 25—26 日，各部相继进抵瑞丽江北岸，先以第一一六师主力攻击猛卯，留置一部掩护军主力渡江。1945 年 1 月 3 日，当掩护部队率先强渡瑞丽江时，敌桥头堡阵地以猛烈炮火进行阻击，我伤亡甚重，但犹奋力还击，勇往直前，终于强渡成功，攻占了敌桥头堡阵地，掩护军主力安全渡过瑞丽江。我军渡江后即向龙卡、南托攻击前进，包围敌之左翼，并切断滇缅公路。

这时，黑山门正面的友军第二军和第六军已与敌激战二十余日，美空军亦时来轰炸助战，战斗之激烈为滇西战场所罕见。敌人每天向我反扑不下十余次，但每次都被我军击退。我军虽处于背水作战的不利境地，然犹鼓足勇气，不断向守敌猛攻。1 月 20 日，在我陆空协同猛攻下，黑山门敌人阵地被彻底摧毁，黑山门遂为我占领。与此同时，我第五十三军已进击至龙卡和南托附近，敌不支向腊戍方面溃败，畹町遂告克复。至此，滇西国土完全光复。

1 月 22 日，我第一一六师第三四六团沿中印公路西进，与新一军第三十八师在木姐会师。1 月 28 日，畹町举行盛大的会师典礼和通车典礼。国内外要员宋子文、魏德迈等都赶来参加。滇西缅北之反攻作战至此胜利结束，中印公路完全打通。中国远征军和驻印军为夺取这一胜利，付出了巨大的牺牲，他们为抗日战争和世界反法西斯战争的最后胜利，作出了不可磨灭的历史贡献。

松山攻坚战

陈一匡*

滇西松山战役时，我是第八军第一〇三师第三〇七团中校副团长。1944年7月23日，反攻松山，第三〇七团对松山滚龙坡攻击中，我率领第一、三营奋勇冲入敌阵，在风雨交加、敌人浓密火网下，攻击顿挫，我被敌枪榴弹炸伤左上臂，当夜由腊猛街军野战医院裹上石膏绷带后，车送保山第三十六后方医院治疗。我对松山地区抗日战役之回忆，仅以我团（第三〇七团）对滚龙坡之攻击，较为详细；其他部分则以我所见所闻，认真回忆撰写而成。

一、滇西抗日战役概况

中国远征军第一次入缅抗日失败后，日军直逼怒江，形势危急。当时国民党中央军在云南的有两个集团军：一个是远在滇南文山、马关一带防守的关麟徵第九集团军，另一个是宋希濂的第十一集团军。在昆明附近只有两个师的兵力，一个军已入缅远征，一个军正由川康回滇途中。在保山、下关、

---

* 作者时任第八军第一〇三师第三〇七团副团长。

楚雄之云南地方部队，装备差，战斗力弱。为了阻止日军东进，我云南工兵总指挥部下令将惠通桥炸毁。惠通桥原系吊桥，桥身被炸沉江中，仅剩两根铁索未断，敌快速部队之坦克车、装甲车、汽车都被隔断在西岸。怒江水流湍急，两岸悬崖峭壁，又无渡船，步兵难以飞渡。第十一集团军赶运两师到江边，解除危殆于万一。但日军为窥视昆明，并不停止前进，即由怒江上游渡过四五百人，与第十一集团军第三十六师先头部队激战三日，敌大部被歼，小部逃回怒江西岸，方遏止了敌军继续东进的企图，形成敌我隔江对峙局面。

6 月 3 日，日军又集结于惠通桥西岸，兵力约 1000 余人，企图进犯保山。已有数百人抢渡至怒江东岸，第三十六师迅速堵击，再次将渡江之敌全部消灭。占据腾冲之敌亦曾屡次企图渡江东进，均被我怒江守军预备第二师击退，终未得逞。云南形势，稍呈安定。

自 1942 年 5 月起，我军第三十六师、预备第二师陆续潜入腾北，对敌进行游击，予敌相当打击。1943 年 5 月以后，第三十六师在怒江西岸、腾冲南北地区，乘虚进击，迭摧强寇，多有斩获，予敌以沉重打击。

1944 年夏季，为策应驻印军之缅北攻势，远征军司令卫立煌令：以第二十集团军（总司令霍揆彰）为右翼，率第五十三军、第五十四军、预备第二师及第三十六师向腾冲推进；以第十一集团军（总司令宋希濂）为左翼，率第二军、第六军、第八军、第七十一军、新编第二十八师向龙陵推进。5 月 11 日，反攻腾冲之第二十集团军，由栗柴坝孙足河口渡江，各团分别从猛古渡、水井渡、康即渡、缅戛渡、龙潭渡，在夜间利用阴雨大雾，出敌不意，一举而顺利渡过天堑——怒江。各部队驱逐西岸少数敌军后，即向高黎贡山各要隘——邦瓦寨、苦竹林、岩头、小横沟、灰坡、大寨、一把伞、唐习山、大颠山之敌阵地背水仰攻。进攻部队在气候恶劣，地形险峻，日军据险筑垒顽抗的情况下，鏖战旬余，迫敌溃逃，退守腾冲。日军利用腾冲坚固城墙，构筑堡垒，壕道纵横，凭城固守。我右翼各部队于 8 月 2 日开始围攻，得盟军飞机助战，轰炸城垣工事，又配有强大炮火，经我军 40 余日之苦战，至 9 月 14 日，将顽寇 2000 余人全部歼灭，收复全城。

1944 年 5 月 11 日，反攻龙陵之第十一集团军，为牵制当面之敌，使第二十集团军进攻腾冲取得进展，先由第七十一军派两个加强团在打黑渡、七道河渡过怒江，顺利地占领马鹿塘、青木岭、张寨、平戛、东山各据点。平戛得而复失。至 5 月 22 日，第十一集团军全部渡过怒江，向攀枝花、毕寨渡、火石地、葛石地、葛蒲厂及平戛各地区集结，以第七十一军为右翼攻龙陵，以第二军为左翼攻芒市。

自 6 月 4 日起，第七十一军之新编第二十八师攻击松山，先占领腊猛街与竹子坡，继占阴登山。卒因松山敌阵坚固难攻，死伤过大，未能奏功。至 7 月 1 日，攻取松山任务，交由第八军接替后，新编二十八师开至黄草坝归还建制。

6 日，第七十一军之第八十七、八十八两师，进抵龙陵东南郊，向敌阵地攻击。10 日，占领城郊各高地，包围龙陵城，敌退守城内各据点。嗣后敌由腾冲、芒市集结 2000 余兵力，进行反扑。而松山为敌据守，尚未攻下，攻龙陵的部队，后路截断。且连日淫雨，道路泥泞，军需补给，全赖民夫骡马驮运，补给不继。当地地瘠民贫，亦难就地征购粮食。因此到 6 月中旬，左翼各部队放弃进攻龙陵县城，与敌鏖战于象达、平戛等地。第十一集团军总部指挥所，转移到猛冒街附近之廖家寨。6 月 19 日，第八军副军长兼荣誉第一师师长李弥率领荣一团、二团（欠一营）及一个重炮营增援，击退由腾冲、芒市反扑龙陵之敌，继而发起进攻，再度进占龙陵东南各据点。我军控制了龙陵至松山及腾冲之公路，并威胁芒市，使松山、腾冲之敌，成了瓮中之鳖。但松山未克，滇缅公路未通，补给仍是十分困难，只好暂停攻击。至 9 月上旬，有第五军之第二〇〇师，及炮第七、十团之榴弹炮、野炮十余门增援。我第十一集团军又转移攻势，而松山于 9 月 8 日克复。并调收复腾冲中的一部军力，加入龙陵作战，到 16 日，完全恢复龙陵城北原有之阵地，包围龙陵。我军进攻龙陵城二次受挫，于 10 月下旬再度攻城，战至 11 月 3 日，完全克复龙陵。

攻击芒市之第二军，渡过怒江后，6 月 4 日，进攻平戛。9 日，包围象达。经两月之逐步进攻，于 8 月 10 日，进占芒市附近山区。敌死守据点顽抗。当时因龙陵未克，与敌相持月余，至10月29日，完全攻克芒市外围山寨及所有山头阵地。11月3日，龙陵之敌崩溃，窜回芒市。第二军跟踪追击，与第七十六师会合，占领芒市附近高地。至20日，敌自芒市撤退，我军追击至遮放，遂包围遮放。12月1日，敌退出遮放，我军随即进占遮放。1945年1月20日，克畹町。27日，远征军与驻印军攻缅北的部队，在畹町附近的芒友会师。至是滇西沦陷区域，全部收复。滇西反攻，经过8个月的艰苦奋战，收复了腾冲、龙陵、松山、芒市、遮放、畹町，打通滇缅公路和中印公路，使大量载重汽车载运着盟国大批物资，昼夜不息地经中印公路源源运入内地。同时，由印度沿公路线安设油管，将汽油大量输入中国。滇西反攻，是抗日战争中的一次重大胜利。

二、松山战役经过

松山战役，自1944年6月4日开始进攻，至9月8日克复松山，苦战3个月。反攻滇西龙陵、芒市之第十一集团军，于6月4日，以新编第二十八师攻占腊猛街。6月6日，克阴登山。敌退上松山既设阵地，凭险死守。我攻击龙陵之部队，曾一度攻克龙陵县城，因松山为敌据守，尚未攻下，大部队补给困难，6月中旬又放弃龙陵县城。新编第二十八师伤亡过重，无力攻取松山。至6月24日，远征军长官部命令，由第八军接替新二十八师，防守腊猛街、阴登山既得阵地后，该师转向龙陵补充整顿后，攻击龙陵。由于松山不克，滇缅公路不通，交通不便，补给困难，以致龙陵、腾冲得而复失。所以说松山战役，是滇西反攻中关键性的战役。

第八军原驻滇南文山、古木一带，归第九集团军关麟徵指挥，军长何绍周，副军长李弥兼荣誉第一师师长，参谋长梁筱斋。军辖三个师，即第一〇三师、荣誉第一师和第八十二师。

第一〇三师是何绍周的基本队伍，早在1925年于贵州安顺成立。那时为陆军第二十五军（军长王家烈）第一师（师长何知重），以后参加“八一三”淞沪抗日、武汉保卫战，取得显著战果。1939年，开到云南，驻文山、古木，师长是熊绶春，副师长郭惠苍。第一〇三师既是在贵州成立的部队，官兵大部是黔籍。经长期训练，又有同日本军队多次作战的锻炼，具有相当强的战斗力。

荣誉第一师是由在抗日战争中伤愈官兵组成。原师长是杜聿明，在广西昆仑关战役中，战功卓著，调来云南归何绍周第八军建制，李弥任师长。这个师是一支强有力的部队，士气高，但稍有骄傲情绪。

第八十二师，原系贵州地方武装，收编为第八军建制后，因第二四四团（团长余××，副团长陆宗侠）在古木叛乱，何绍周军长以严厉的手段解决第二四四团，派王伯勋为师长，王景渊为副师长。经过改组，加强了这个师的战斗力。

当时，第八军已列入美械装备军，在军部派有美军联络组，由司派特上校负责，协助军部组建的干训班的美式训练。担任军干训班教育长的是第八十二师副师长王景渊，我负责教育组长。只办了两期军官队训练，即因开赴滇西作战而告结束。4月中旬，第八军奉命开滇西，部队徒步行军，经开远、昆明，各师到达凤仪、祥云、弥渡、保山等地。6月中旬，奉命以荣誉第一师（第三团及第二团一个营）从攀枝花渡过怒江，进驻镇安街，加入龙陵方面之攻击战斗。到7月1日，奉长官部命令，第八军专负攻击松山之任务。

第八军投入攻击松山战斗的兵力为：第一〇三师三个团（第三〇七、三〇八、三〇九团），第八十二师三个团（第二四四、二四五、二四六团），荣誉第一师第三团及第二团一个营，一个山炮营，共计7个半团及军直属队，约5万余人。

（一）松山地形及气候对进攻部队的影响

松山位于怒江西岸，东距惠通桥约22公里，西到龙陵约39公里，是惠通桥至龙陵的咽喉，也是滇缅公路上一个战略要地。松山包括阴登山、大小松山、大垭口、滚龙坡、长岭岗等山，周围25公里，山峦棋布，丘陵起伏，顶峰海拔较高，位于纬线25度以南，经线99度以西。旧地方志里说：

“高山夹箐，地险路狭，马不能并行。”滇缅公路往惠通桥向西，依丘傍村，环绕松山后，经过宽不满三五十公尺之狭长起伏岗岭——滚龙坡、大垭口向西，公路自腊猛街出，经阴登山陡坡而下，延伸至松山脚，尤为险峻。敌占据松山，完全截断滇缅公路，控制了怒江惠通桥附近的腊猛大渡。松山地形险要，山高林密，大树参天，浓荫蔽日。日寇侵占松山后，大树用作工事建材，小树用作障碍物，修筑了坚固的堡垒群。

松山地处高原，气候冷热无常。我军反攻滇西，正是夏天雨季，时晴时雨，一日数变。整天满山云雾，忽而急风暴雨，步履维艰。壕内经常水满脚踝，攻击中匍匐滚爬，浑身污泥。在如此恶劣气候下，强攻敌坚固堡垒，必然造成我军的重大伤亡。

（二）日寇在松山的工事构筑与设施

敌人于1942年5月3日，以快速部队乘虚进占龙陵。5日，窜抵惠通桥西岸，企图进犯保山；未遂，被迫退守松山。敌以一个工兵连队担任构筑坚强工事，经年才竣工。并储备大量粮食弹药，准备长期据守，断我外援，阻挠我军反攻。占据松山之敌，为日军南进中精锐的第五十六师团第一一三联队，是一个加强联队，配有战车、山炮、工兵、医院，甚至随带军妓，兵力约3400人，组成一个能独立作战之劲旅。敌人以传统的武士道精神，抱着“困兽犹斗”的顽固信念，死守松山。曾发狂言：“中国军队不牺牲十万人，休想攻取松山。”

松山敌阵的坚固，可从下述几个方面看得出来：

（1）敌阵地编成：整个松山阵地，以松山顶峰为主阵地，将滚龙坡与大垭口构成独立坚固据点，互为掎角。在大寨、黄家水井、马鹿塘等处，均构成堡垒群，有体系地散布于松山南北之密林丘壑之中。山上有天然石洞7个，利用大寨、黄家水井、马鹿塘山脚村庄，构筑工事及掩蔽部为指挥中心。总的说，整个松山阵地，以4个独立作战的坚固据点组成——松山顶峰（称为子高地）、滚龙坡、大垭口、长岭岗（包括大寨、黄家水井、马鹿塘）。每个据点依地形在制高点构筑一个或两个主堡，在两侧构筑若干个子堡，在阵地前构筑侧射潜伏小堡；各堡间用交通壕（部分有盖）相连接，互相呼应，互为支援，成为一个坚不可摧的防御阵地。

（2）工事构筑：敌人防御工事构筑特点是，深入地下，隐蔽坚固，不易破坏；伪装巧妙，不易发现。大小堡垒均有掩盖之工事，盖材用中径20—40公分树干一二层，甚至三四层，积土在一米以上，中间铺盖钢板。工事表面有巧妙的伪装设施，地面及上空均难发现。因之飞机炸弹及轻重炮弹均难命中，不易破坏。主堡内分二至三层，下面做掩蔽部，以贮存弹药、粮食及其他军用品。堡垒间连接之交通壕内，设有轻机枪掩体，立射散兵坑，纵横交错，皆有暗壕相通。

（3）火网编成：主堡内有重机枪，子堡及侧射潜伏堡内有轻机枪，交通壕内有步枪、枪榴弹、掷弹筒，主堡后有轻重迫击炮。远距离用火炮，中近距离用步、机枪、掷弹筒、冲锋枪、手榴弹。使用各种直射、曲射兵器，在阵地前构成浓密火网。接近敌堡垒是非常困难的，要想破坏堡垒更非易事。

（4）障碍物及附属设施：阵地前有铁丝网1—3道，鹿砦1—2道，重要地点铺设地雷及陷阱。阵地内附设有水管，埋设地下电线，并有无线电话，在大垭口谷地有小型发电厂一所，以供照明之用。指挥所附近有医院，卫生设备亦甚完善。粮秣弹药储藏丰裕，足供支持固守。

盘踞松山之敌，利用地形，有计划地编成堡垒林立的阵地，死守阵地之敌又极其顽固，我军攻击之艰苦，牺牲之重大，可想而知。

（三）对松山各据点攻击经过

攻击龙陵之第十一集团军，自5月11日分别渡过怒江，第七十一军以新编第二十八师攻击松山。6月6日，攻占竹子坡。7日，攻占阴登山。因对敌判断错误，认为仅有敌兵数百而已，岂知松山乃敌之坚固阵地，强力进攻，遭受巨大伤亡，毫无进展，徒劳无功。因松山不下，攻龙陵得而复失。远征军长官部乃调第八军接替新二十八师防守腊猛街、阴登山既得阵地，专负攻克松山之责。

攻击松山之第八军指挥所设在阴登山。参加攻击松山之兵力是：第一〇三师、第八十二师、荣誉第三团、荣誉第二团第三营、工兵营、炮兵营、输送团、军野战医院（设在腊猛街）等。6月24日，荣一师主力由攀枝花渡过怒江，攻击龙陵。

松山之敌，自5月11日起，经我军一个来月的攻击和飞机轰炸，加之怒江东岸重炮射击，已将敌炮多门、战车2辆毁坏，仅存炮2门，在我强大炮火压制下，很少发射。同时，敌人后路已被攻击龙陵之我军截断，只有死守阵地，作困兽斗。

由于敌人防御工事构筑坚固，不是一道道的防线，而是许许多多的堡垒群组成几个能独立作战的据点，而且敌人顽强死守。因此，首先要将堡垒一个一个攻陷，将敌人全部歼灭，才能克复一个据点。所以对松山的攻取，必须排除万难，不怕牺牲才行。

（1）对滚龙坡之攻击

7月10日，第一〇三师由惠通桥渡过怒江，主攻松山之滚龙坡、大垭口。以第三〇七团（团长程鹏）为先头部队，预定13日拂晓攻击滚龙坡。当第三〇七团通过惠通桥时，因桥身已被炸毁，在仅存之铁索上铺一层薄板，人马过桥时，振荡摇动，只能缓步前进。入夜才开始登山，山高路狭，偏逢大雨滂沱，山路崎岖难辨，攀登十分困难，只得一步一步往上爬，稍不小心，人仰马翻。艰难困苦之状，非笔墨所能形容。由江边至腊猛街，只有十余公里，经整夜攀登。部队到达腊猛街时，已将拂晓。在彻夜强行军后，战士疲劳不堪。晨曦中，我怒江东岸重炮已开始对滚龙坡敌阵地轰击。我团第一营不避艰险，迅速进入攻击发起线，待我炮火延伸，即向滚龙坡发起冲锋。经一小时激战，顺利地攻占敌前哨阵地，继向滚龙坡敌之前缘阵地（公路西侧）进逼。因受到敌炮火及轻重机枪火力阻击，我部在夺取公路西侧小高地后，停止进攻，就地构筑工事，准备对滚龙坡敌主阵地之攻击。

11日白天，我军用一个连分散向滚龙坡敌据点发动攻击，使敌各堡之火力点完全暴露，并发现障碍物布置情况。12日，以第一、二两营对滚龙坡各堡进攻。因气候影响，阵雨和大雾，攻击前进困难，敌许多隐蔽之侧射潜伏堡未能发现，致第三〇七团第一阶段对滚龙坡的攻击受挫，伤亡增大。

为了明了敌阵地情形，夜间派侦察小组摸到滚龙坡后方，搜索敌阵地内部情况，发现掩蔽部、水管及照明设备。

根据侦察结果，在团指挥所（在滚龙坡东侧后方 1000 公尺左右的一个小村）设置沙盘，模拟敌阵地配备，把滚龙坡划分为甲、乙、丙、丁、戊高地。集中全团连营长干部，由我说明夜间侦察情况及滚龙坡敌阵地配备，总结上次攻击受挫的经验教训，研究对滚龙坡攻击方案。

7 月 13 日拂晓，对滚龙坡第一阶段攻击开始了。当我轻重炮火对滚龙坡乙、丙、丁高地集中火力射击 2 小时后，敌阵地有掩盖之交通壕、散兵坑大都被击露，工事亦有倒塌的。待炮火延伸射击后，第一、二营便发起攻击，我英勇官兵前仆后继，越过敌外壕，通过障碍物，向滚龙坡敌主阵地突入。接近丙、丁高地之敌阵地约 50 公尺时，敌以猛烈火力射击，对丁高地攻击之第二营，受到丙高地反斜面山下侧防机枪之斜射，及乙高地敌火之集中射击。此时偏逢大雾弥漫，急风骤雨，攻击部队无法前进，不得不停滞在敌阵地前，因此伤亡甚大。第一营一度占领丙高地棱线，激战至下午，受到敌二次之逆袭，多数官兵壮烈牺牲。当时，想对凭借坚固工事顽强死守之敌，进行强攻而一举歼灭，诚非易事。我部乃抱定寸土必争之决心，攻到哪里，占到哪里，就地挖坑，在夜间进行掘壕作业。敌我在近距离战斗中，敌用轻重机枪及枪榴弹筒射击，我用六〇迫击炮及步机枪还击。我一度冲进敌壕，与敌互投手榴弹，进行白刃战。此次攻击，我阵亡连长 2 人、排长 4 人，伤亡士兵 150 人。

此时滚龙坡敌我相距甚近，只能使用近战武器，为避免我炮火误差，免受无谓伤亡，我炮火暂停支援，重炮仅对松山子高地及大垭口轰击。我军曾用炸药炸敌堡，但敌火猛烈，难以接近敌堡，我英勇的炸药手冒着炮火前进，大都牺牲在敌堡射孔前，死在枪林弹雨中，壮烈之状，扣人心弦，真是惊天地而泣鬼神。

对滚龙坡第一阶段攻击中，虽然没有将滚龙坡全部攻占，但已取得一些成果。滚龙坡公路西南高地均为我占据，并且筑成了轻重机枪掩体，各个散兵坑用交通壕连接起来，形成简单的野战阵地。敌炮被我击毁，不能射击，敌战车两辆亦被击坏，停在公路上。敌人借以掩蔽敌垒的树木，经过炮击燃烧，已化为灰烬。唯敌堡垒坚固，无法摧毁，这是攻击松山最大的难题。

7 月 23 日，我军对滚龙坡发起第二阶段攻击。在这次攻击中，我军使用了火焰放射器，它是盟军提供的摧毁敌垒较为有效的新武器。使用它后，攻击取得较大进展，对摧毁敌堡有决定性作用。火焰放射器是用化学药物与汽油混合溶液压缩装在一个薄钢筒内，由射手背在肩上，用皮管连接喷射枪，打开喷射枪按钮，溶液通过喷射管喷出枪口后，与空气混合，自行燃烧，成为一条火龙，喷入敌堡垒后，引起堡垒内物体燃烧，弹药爆炸，人员窒息而死亡。被喷射燃烧后的堡垒内保持高温，因此增援之敌亦不能马上利用。就这样一个一个地摧毁了敌人的堡垒，一批一批地消灭了死守堡垒的敌兵。然而初次使用，由于射手操作不熟练，放射不准确，火焰射不进堡垒。有时因敌火力猛烈，使射手未能进到发射位置就牺牲了，不能发挥火焰放射器预期效果。因此我团集中火焰放射器射手，由我负责训练，把全团射手编成 8 个战斗小组，每组由火焰放射器射手正副 2 人，轻机枪组 4 人组成。在团指挥所后方一个小村中训练一周，对火焰放射器使用要领、发射操作、运动方法、火力协调等，反复演练。等动作纯熟后，配属于第二阶段攻击部队对敌堡垒之攻击。

攻击开始时，以第一、三两营为前锋，步炮密切协同，轻重机枪适时压制敌火力，火焰放射器发挥了效能，陆续攻破了敌阵周围的堡垒。在即将夺取滚龙坡敌主阵地（甲高地）时，不料大垭口方面攻击失利，敌人顽强抵抗、反扑，高地得而复失。同时，敌乘大雨浓雾之际，猛扑丙、丁高地。正当与敌鏖战时，我被敌方雨点般的枪榴弹击断左上臂，身负重伤。第一营营长刘家骥亦负轻伤。入夜后，敌复向丙、丁、戊三高地逆袭，我攻击部队均被击退。这一周攻击中，阵亡连长 2 人、排长 5 人，士兵伤亡 200 余人。

军长何绍周在观测所用望远镜看到第三〇七团正在攻击滚龙坡的情景，发现副团长手执手枪，率领官兵勇敢冲杀，冲进丙、丁高地时，对站在他身边的参谋长梁筱斋及参谋人员说："你们来看，那个身披雨衣、指挥官兵冲进敌阵地的是第三〇七团副团长陈一匡，他是军校第十期生，这样英勇善战，谁说军官学校学生怕死啊！”

25 日，我军对松山守敌发动全面总攻，这也是对滚龙坡进行第三阶段之攻击。与此同时，龙陵之敌正被我左翼集团军主力围攻中，松山敌后路断绝，仅靠空投补给。26 日下午，敌机多架临空，扫射我第一线部队，并投下供应品 20 余包。经我防空部队予以猛击，击落敌机一架，坠于冯家坡附近烧毁。此时敌孤军死守，成了瓮中之鳖。

26 日晨，第一〇三师第三〇七团肃清丙、丁高地反斜面之敌，第三〇八团加入战斗，彭剑明营攻无名高地，协同攻击甲高地。第三〇九团、荣誉第三团攻大垭口，第八十二师攻松山子高地（松山顶峰）。各部队同时发起进攻，不分昼夜，步步逼近，一个个堡垒摧毁，一股股日寇被歼灭。持续到 8 月 2 日晨，我军攻占了滚龙坡。8 月 4 日，肃清残余之敌。一部进抵大垭口侧后，破坏敌人之水源。经 5 天战斗，甲堡垒附近敌遗尸 68 具，内有军官 3 人，获大小炮及轻重机枪、步枪、掷弹筒等武器。滚龙坡之攻克，犹如斩了松山守敌之首，敌似惊弓之鸟，惶恐不已。

（2）对大垭口之攻击

第一〇三师第三〇七团、三〇八团，对滚龙坡攻击之同时，以第三〇九团、荣誉第三团及荣誉第二团第三营（营长陈贵亭）、对大垭口之敌发起攻击。大垭口处在松山腰部，左得松山子高地控制，右以滚龙坡为犄角。对大垭口攻击，受到松山子高地火力瞰制和滚龙坡侧击，仰攻大垭口敌阵地，困难重重，伤亡甚大，曾两度进攻，毫无进展。7 月 15 日，配合对滚龙坡之进攻同时，对大垭口各堡垒发起攻击。因敌反扑而失利，团长赵发毕、营长陈贵亭负伤，连排长以下官兵伤亡甚众，只好固守既得阵地，与敌对壕相峙。迨至 8 月 2 日，滚龙坡克复后，第三〇七团、第三〇八团沿岭脊进逼大垭口，第三〇九团、荣三团及荣二团第三营正面进攻，第八十二师第二四五团从右夹击。经过一周的激烈战斗，于 8 月 10 日，才攻克大垭口，敌人大部被歼灭。

进攻大垭口时，曾将军直属山炮推进到离敌最近的炮兵阵地。对敌堡垒直接瞄准射击，增大命中效果。8 月 7 日，荣二团第三营攻占大垭口高地，与敌肉搏，伤亡奇重，最后仅剩战斗官兵 18 人（其中仅排长 1 人）。

（3）对松山子高地之攻击

子高地（松山顶峰）是松山控制滇缅公路的最高点，为松山敌之主阵地。该处日军构筑极其坚固之工事，侧防火网最严密。母堡两个，子堡多个，深沟密垒，围以铁丝网三道，并有掩盖交通壕直通指挥阵地。这个据点配有轻重迫击炮、火箭筒、枪榴弹筒、轻重机枪，构成密集火网。地势险要，山高坡陡，不易攀登。第八十二师一个月来对子高地的攻击，障碍重重，伤亡颇大，始终无法接近敌堡垒。

自从攻击松山以来，虽经我飞机轰炸，重炮不断轰击，但是子高地敌堡垒从未损坏，其坚固程度，可想而知。此时，我反攻滇西二大主力部队，与敌鏖战于龙陵、腾冲之间，因松山未攻下，滇西公路不能打通，影响反攻全局。远征军司令长官卫立煌转来蒋介石紧急命令，严令第八军限期克复松山；如违限不克，军、师、团长应以贻误戎机领罪。在此紧要关头，军长何绍周召集副军长李弥、参谋长梁筱斋、荣誉第一师师长汪波、第八十二师师长王伯勋、副师长王景渊、第一〇三师师长熊绶春、副师长郭惠苍等将领，连夜商讨攻击子高地计划。经研究决定用坑道爆破，炸毁子高地。指定第八十二师副师长王景渊为指挥官，统率第八十二师第二四六团（团长曾元三）和军工兵营，进行坑道作业，在子高地直下挖坑道，开设药室，用美国 TNT 炸药爆破之。8 月 11 日起，由工兵营开始坑道作业，在松山顶日军堡垒直下 30 公尺处掘进两条地道，构成两个药室，装进两卡车（约 6 吨）TNT 炸药。于 8 月 19 日完成作业。20 日上午 9 时，军长下令起爆。轰隆一声，浓烟突起，直冲云霄，松山子高地整个山顶被炸翻，炸成 2 个约 30—40 公尺直径、深 15 公尺之漏斗坑。全部日守军，除奄奄一息的 4 名日军外，其余全部炸毙。我进攻部队从四面围攻而上，占据了松山顶峰。这种大爆破阵地之攻坚法，是罕见的。

我军攻占子高地后，顽敌二度夜袭，均被我第三〇九团击退。而该团第三营伤亡甚众，营长黄人伟，身负三伤，仍坚持督战。自 25 日起，至 9 月 2 日，第八十二师之第二四五、二四六团，第一〇三师之第三〇七团、第三〇八团、第三〇九团、荣誉第三团、荣誉第二团第三营全部投入战斗，围歼在松山子高地南侧大寨困守之敌。连日苦战，日寇死战不投降，敌我短兵相接，进行白刃战，拼命厮杀，尸横遍野，壮烈空前。尤以对子高地争夺战中，在一个未经破坏的大掩蔽部中，有我军连长1人、士兵12人据守其中。掩蔽部内敌遗尸20余具。在阵地内发现，敌我士兵相互抱打而死者60余对，填满沟内。可见在松山战役中，我军官兵英勇壮烈地为民族争光而捐躯，多么可歌可泣！

（4）松山最后据点堡垒群之攻击与扫荡

盘踞松山之敌，以松山顶峰、滚龙坡、大垭口构成三大据点外，在长岭岗周围500平方米面积之黄土坡（一、二、三高地）、黄家水井、马鹿塘等地，利用小村庄、七个山洞构成堡垒群。这里地险林密，攻击也很困难。我军克复滚龙坡、大垭口、松山顶后，不顾两月来攻击战斗之疲乏和重大牺牲，于9月1日调整部署，进行最后攻击敌群堡，扫歼残余之敌的战斗。

9月2日，先以第三〇九团攻击黄土坡三个高地，再以荣誉第三团协同攻二、三高地。经两昼夜争夺战，反复肉搏，最后占领这三个高地各堡。第三〇九团陈永思团长手执冲锋枪，亲身督战，身负重伤，撤下火线后，暂代团长王光伟亦负伤。第三〇九团仅剩数十官兵归荣誉第三团团长赵发毕指挥，确保既得阵地。5日，第二四五团（附第二四四团一个营）分攻黄土坡谷地三个大堡垒，最后以工兵爆破而占领之。

黄家水井、马鹿塘，由第一〇三师发动猛攻。第三〇七团于2日夜猛攻黄家水井。3日，占领黄家水井边缘家屋一座。因伤亡甚大，无力再攻，后增加第二四六团的一个加强连，及第一〇三师工兵连、搜索连，再度猛攻，突入黄家水井，占领两个堡垒。迄5日拂晓，黄家水井完全占领。敌遗尸150余具，获敌轻重武器无算。

5日拂晓，第一〇三师以第三〇八团与第二四五团协同向马鹿塘攻击，受阻于马鹿塘前约300公尺附近。6日，激战终日。7日，我军突入马鹿塘阵地与敌肉搏，顽敌不支，东窜西突，被我围歼，无一生还，敌军官切腹自杀。松山全部日寇仅数十名逃窜四方，分别被我民兵虏获或击毙，最后在掩蔽部内俘虏二十余名勤杂人员及军妓二十余人。大批战利品中有完好小汽车1辆，炮2门，轻重机枪、步枪、战刀、弹药等军用品，以及呢大衣、皮鞋、压缩饼干、各种罐头食品等。在最后的扫荡战中，我荣誉第三团政治副团长陈叔铭触地雷阵亡。

第八军围攻松山，费时2个月又4日，经无数次之攻击，因伤亡多，战斗员锐减，最后勤杂人员均编为步枪兵，军、师直属队亦直接参与火线战斗。第八军克复松山战役中，战死者3800余人，伤者亦相等。共歼敌3000余人。此役充分表现我抗日战争中民族正气，永垂青史。

松山攻下，腾冲收复，龙陵再克，迅速地收复芒市、遮放、畹町，最后与驻印军进攻缅北的部队，在畹町附近的芒友会师，滇西战役胜利结束。打通滇缅路，接通中印公路，盟军大量物资源源运入内地，同时由印度沿公路铺设油管，解决空军及机械化、汽车等汽油问题，加强抗日全面反攻机动能力。滇西战役胜利，对抗战事业产生的作用和影响是巨大的。打通滇缅路，也是抗日战争取得最后胜利的因素之一，而克复松山是滇西战役中一个关键性的战役。

整个滇西反攻，经过半年之久，消灭日寇，取得辉煌战果，系我全体将士喋血抗战，英勇牺牲所致。滇西反攻胜利后，云南军民在昆明市圆通公园建立“滇西战役第八军阵亡将士纪念碑”。文曰：“岛寇荼毒，痛及滇西。谁无血气，忍弃边陲。桓桓将士，不顾艰危，十荡十决，甘死如饴。瘗忠有圹，名勒丰碑。凛凛大义，昭示来兹。”

荣一师光复龙陵之战

周开成*

龙陵乃滇缅公路上的重要据点，日敌的咽喉。我军光复龙陵，逐次延伸，尽快与中国驻印军会师，可使我滇缅公路恢复畅通，接运盟国支援的物资回国，以利抗战。

一、赶赴怒江，向十一集团军报到

第八军荣誉第一师原是滇南老街至麻栗坡之线的守备部队。1944 年春，奉命将防务移交第五十二军，然后到保山集结，划归中国远征军长官部直接指挥，作为滇西作战的总预备队。

当时，我在荣誉第一师第一团任团长。我率全团刚赶到保山，就接到长官部的命令：以团为单位立即赶赴怒江西岸廖家寨，向第十一集团军总司令宋希濂报到。怒江岸边环境险恶，有民谣说："人把怒江下，先把老婆嫁。"江边瘴气笼罩，蚊子又大又多，恶性疟疾流行。江面虽然不宽，但水流湍急，渡江时，稍有不慎就会被水冲走，葬身鱼腹。我团过江后，在黄草坝集

* 作者时任中国远征军第十一集团军第八军荣誉第一师第一团团长，后升任该师副师长。

结，安营扎寨。我便到廖家寨第十一集团军总司令部宋希濂处报到，接受任务。

宋希濂接见了我，并将龙陵附近的敌情、地形和我军的位置作了交代，还令参谋处处长乘雾散领我到较高的地方，实地察看。回到总部，宋又询问我部情况，我一一作了回答。如我团编制3300人，武器装备为半美械；团内设有以蔡克发上尉为首、由美士兵组成、带有通讯器材的美军联络组。宋随后即令我第二天率部接替第七十一军第八十八师的防务。

二、接防三召，准备与敌背水一战

当夜我赶回团部。第二天召集全团班长以上负责人会议，将敌情作了分析。我说，从这里到龙陵的山地纵深都被日军占领着，我们接防的三召山仅是一点表皮，可退之处就是怒江，这就是说我们要背水一战，如失败，这块阵地就是我们的坟墓。

当天，我们团就接替了第八十八师的防务。该师副师长熊新民向我介绍了有关情况。我命令各营、连严密警戒，增强工事，封锁谷口，消灭死角。又与副团长石建中到各营、连视察阵地。回团部后接总部电话，说荣一师第二团周藩团长率两个营（留一个营在松山作战）前来助战，归我指挥。我令其驻在我团指挥所左后的一个村子里，作预备队。

此间滇西已进入雨季，道路泥泞，粮弹补给单靠人挑牛驮已接济不上，又不能空投，怎么办呢？我与副团长及军需主任谭应商量好久，也没有一个好办法。

6月24日天亮开饭时，第一营李营长用电话报告说，日军乘浓雾向我发动攻击。我告诉李营长，让他们从谷口进来，然后用火力封锁，并令第三营营长胡开俊严阵以待。等日军进入有效射程后，我第一、三营步、机枪齐发，再加上手榴弹，打得敌人丢下五十多具尸体后退去。在清扫战场时，发现这股日军是第二师团第十六联队的。战斗中第一营李营长腹部被打穿，送往后方治疗；胡开俊左臂负伤。我命令第一营营长之职由该营副营长陈其国升任。

三、出其不意，占领日军重要阵地

（一）首战香菇岭获胜

6 月 25 日上午，我们正在吃饭，忽然长时间笼罩大地的云雾消散了，太阳出来了。我急忙放下饭碗，登高一看，发现我团当面的香菇岭有敌军盘踞，这是我阵地当面最高的山头，可以鸟瞰和控制我全部阵地，是通往龙陵城的一大障碍。我当即决定，集中全团火力围歼香菇岭之敌。我刚将兵力部署完毕，浓雾又起，对面看不见人，我遂用电话查询各营准备情况，都回答说准备好了。我立即令副官发射 3 颗红色信号弹，顿时火花闪射，枪、炮声在山谷里激荡。激战 30 分钟后，我再令副官发射 3 颗绿色信号弹，射击全部停止。接着又令第三营胡开俊营长带一个步兵连搜索前进，占领香菇岭。

不一会儿，宋希濂带着第七十一军军长钟彬和副军长陈明仁等来前线察看情况，恰遇胡开俊带人抬着轻重机枪、步枪、子弹箱和牛肉罐头、饼干等战利品来到团部，并报告攻占香菇岭的情况。宋、钟、陈看着胜利品、听着汇报很高兴，对我们表示慰问，又询问了伤亡情况。我随即报告了近两天的战况。胡开俊接着又报告道，奉团长命令，现在第八连正在香菇岭严密警戒，改造工事。

我送走宋、钟、陈一行，回到团部又得知：我们占领的是敌人的一个重要据点和补给站，设有仓库，储备充足。我们一直犯愁的粮弹补给问题，从此得以解决。

（二）乘胜攻占回头岭

我见全团官兵士气正高，想乘胜攻占回头岭。于是，令石建中副团长召集各营长和山炮连长、迫击炮连长到团部开会商量。会上，石建中提出了一个作战方案，他说：回头岭是东西长形阵地，西边靠近我方，南北较短，东边凹部为敌之掩蔽部，我拟用14门八一迫击炮摧毁它，以山炮封锁敌人后路，断其增援，防止逃跑；用40门六〇小炮与轻、重机枪向心射击，形成火网。各营的火力分配还是第一营在右，第三营在左，中间是第二营。火力围歼后，由第一营陈其国营长带步兵连向回头岭搜索前进并占领之。我表示完全同意，并令各营长回去后做好准备，明日拂晓开始攻击。

凌晨4时，我用电话查询各营，知都已做好战斗准备，即令副官发射3颗红色信号弹。顿时，枪炮齐鸣，火光照亮了半边天。六〇炮既可杀敌，又可用来照明，只见敌阵地上的日军一个个应声倒下。打了20分钟后，我命副官发射3颗绿色信号弹，火力围歼停止。陈其国率部迅即向回头岭冲锋，第一、三连很快占领了阵地，陈其国带领第二连继续对回头岭进行搜索。

午饭时分，陈其国回团报告：回头岭前面两个小高地上的日军联络哨已撤除，我派了一个军士哨监视空树坡敌人的活动；发现敌尸三十余具，缴获重机枪2挺、轻机枪4挺、步枪30支、指挥刀1把；回头岭凹部有仓库，储存有牛肉罐头、饼干和手榴弹、子弹等物。

（三）巧攻再克空树坡

留在松山的第二团第一营归建，第三团仍留松山。荣一师师长汪波率直属队亦进军龙陵，行至半路落马跌伤住院去了，由副军长李弥来统一指挥。

我将作战情况向李作了汇报。他想叫第二团接替我团的位置，让我们休整一下。我说，第一、三营都占领了敌人的一个阵地，唯第二营未能立功。现在我们前面是空树坡，对着我们的一面山峰陡峭，但有很多树木，其背后则道路平坦，山顶是一块起伏较大的高地，我想给第二营一个立功的机会，让他们攻占敌人的这个据点。具体打法是：首先派一支精干的部队潜伏到敌人的鼻子底下，待机出击；主攻部队则由我右翼向敌后迂回侧击，形成夹击之势；再用猛烈炮火切断敌人的后援和归路，将敌人围而歼之。

李弥同意我的上述初步计划，嘱我再与第二营营长伍子敬精测细算。我向伍子敬说明了情况，交代了任务，伍要求团里的六〇小炮集中使用。我即令全团小炮集合，由第二营营长指挥。具体作战计划由石建中和伍子敬商定实施。

拂晓时分，枪声大作，攻击开始了。我陪同李弥站在团指挥所前面的高地上观察。忽然敌据点后面响起激烈枪声，我用电话询问伍子敬，伍报告：别处敌人见空树坡打得激烈，跑步前来增援，遭到我预先埋伏在那里的一个排的伏击，打死了不少敌人。李弥听我转告后高兴地说，伍子敬打得好，打得漂亮！说话间，伍子敬已率部向守敌侧后猛攻，同时潜伏部队也用冲锋枪和手榴弹打击敌人，几十门小炮亦一齐怒吼。不久，空树坡即被我军占领。

我陪同李弥前往视察，勉励伍子敬及全营官兵。伍子敬面报此仗缴获敌步枪、轻机枪共 100 余支（挺），手榴弹、子弹若干箱，牛肉罐头、饼干等食物一批。

（四）受命夺取东陵坡

我第一团再克空树坡后，奉命将所占阵地交第二团防守，全团集中大桥至石庙地区休整。第二、三营驻石庙附近，第一营、团直属队及团部驻大桥。第二团团长周藩率部接防空树坡等阵地后，又一鼓作气攻占日军广陵坡据点。

7 月，第七十一军新编第二十八师将攻击松山的任务交给第八军第一〇三师之后归建，调李弥到松山指挥。同时令我将第一团团长之职交军转运团团长李桢干接任，我到师部任副师长。师长汪波出院回师部后，我陪同他视察了三召山、香菇岭、回头岭、空树坡以及广陵坡等阵地。

8月上旬的一天，我应第六军江团长（与我同学）所邀赴宴，宴会未完，就接到汪波的电话，要我马上返回师部。回到师部后汪对我说："（宋希濂）总司令今天召集会议，要攻占东陵坡，与会者推你带第一团前去。"说话间第一团第一营营长陈其国走了进来。我遂问陈："你对东陵坡周围熟悉吗？可以怎么打？"他说："对东陵坡我作过多次观察和了解，可以照攻回头岭那样打。"

我听他的想法与我的腹案基本吻合，当即命令该营主攻东陵坡，并作了如下部署：以山炮控制东陵坡反斜面，各营的八一迫击炮排由团迫击炮连连长指挥，集中火力控制山顶，并完善山炮火力所不及处；六〇小炮阵地分散，火力集中使用；正面以轻、重机枪形成火力网。火力攻击后，由陈其国率攻击部队猛扑上去，攻占阵地。同时命令第二、三营待令。这次进攻定于第二天上午 8 时开始，各部在今晚做好准备，即使对友军也不要透露消息。我的指挥所设在东陵坡东边高地，命各部注意联络报告。

翌日 8 时整，我令副官发出 3 颗红色信号弹，顿时枪、炮声大作，山崩地裂。恰好盟国英军飞机飞临上空，盘旋投弹，其中两枚正好命中敌指挥所，除一敌指挥官手持指挥刀跳出来哇哇大叫外，其余指挥人员都被炸死。我令副官再射出 3 颗绿色信号弹，火力射击停止，陈其国立即率部猛扑过去，占领东陵坡，完成了任务。

四、收复龙陵，让国旗在空中飘扬

龙陵东北有一高地，名“一碗水”（山腹有凹部，似碗，常年有水，如舀干，不久便自然注满，却不外溢，故名），是日军长期固守的阵地之一，他们可在此鸟瞰各处。于是，我决定派兵攻占“一碗水”。听此消息，全体将士精神振奋，信心百倍，我令副官主任王凯、参谋主任刘启凡快去找一根长旗杆，准备“打到龙陵升国旗”。

10 月上旬，副军长李弥由松山来信说：松山守敌已被全歼，不知龙陵情况如何？盼告。我当即给李回信，报告作战情况，尤其是我军攻占“一碗水”后，龙陵日军被歼的时日就不远了。

师长汪波接受我的建议，召集各团长、师直属营长到师部开会，在会上有人提出强攻龙陵，我认为用不着强攻，可采取“挤”的办法，步步为营，紧逼敌人，他退一步，我进一步，最后占领龙陵。同时请第一团派出一支部队在左翼伏击逃往芒市的敌人；第一、二团各派一个连到龙陵搜索；工兵营派出两个排，分别配属第一、二团，扫除地雷障碍；副官主任王凯负责到龙陵坪地栽竖旗杆，准备升旗。师长和各团、营长都同意我的意见。

拂晓前，各团来报，日军哨兵开始后撤。我立即命令各部要咬住敌人不放。不久，敌人开始向西逃窜，第一团的伏击兵立即展开截击，第一、二团搜索部队亦迅速行动，缴获不少呢大衣、翻毛皮鞋和牛肉罐头等战利品。我把正在睡觉的汪波喊起来，要他同我一起到东边观察战况。汪则对我说：我到总部去报告战况。不久，他在总部打电话给我，说要到后方去办事，部队由我全盘指挥。

11 月 3 日清晨，黄杰总司令（宋希濂已他调）集合部队到龙陵广场升挂中美两国国旗。解散后，我把部队带到原驻地。这时，第七十一军第八十八、八十七师在龙陵城内到处钉牌子，圈地盘，抢功劳。黄杰视而不见，荣一师官兵对此十分气愤，议论纷纷。龙陵、松山战役后，军政部颁发了两面老虎旗，第一〇三师和荣誉第一师各一面，我得宝鼎、云麾勋章各两枚。

11 月下旬，我奉命率部到芒市待令。远征军司令长官卫立煌乘飞机到芒市看望部队并召见我，问了师里的情况，然后对我说：你们这个师可能要空运云南陆良，到后要全部更换美械装备。不久，我师开始分批空运陆良，更换装备。

十万青年十万军运动

回忆抗日知识青年远征军

王秋尘*

报名参军

1944年春，四川三台首创义举，敲响发起远征军的锣鼓，打出第一炮。川、康、滇、黔群起响应。重庆、成都、贵阳和昆明四市分别组建了中国抗日知识青年远征军第一、二、三、四团，接待入伍、进行训练，并先后送走两批出国远征。

西康的西昌，爱国不落人后，1944年4月间，《建宁》《新康》和《宁远》各报号召有志青年从军，宣传“好铁要打钉，好男要当兵”“一寸河山一滴血，十万青年十万军”。西昌中学教师王传华为此特撰写了歌词《十万青年十万军》，由郑金城谱曲并教唱。我在“天下兴亡、匹夫有责”的感召下，不顾家境清贫，怀着“忠孝不能两全”的决心，忍痛撇下无人照管的老母，投笔从戎（时执教小学），请缨杀敌。这天，我老早从裕隆（罗家场）饥肠辘辘地直趋瑶山团管区司令部报名。四五天里参加的就有400多人。

4月23日，西昌各界数千人为我们举行了隆重的欢送会。会场设在城

---

* 作者时任中国驻印军新编第一军第三十师炮兵第二营第五连无线电班长。

隍庙广场（今分区招待所址），场上彩旗猎猎、鞭炮声震耳欲聋。我代表参军青年致辞答谢，誓言决不辜负父老兄弟姊妹们的期望。送子（王权）出国远征的家长，知名人士（曾任职于国府考试院）王欲平老先生即席赋诗以壮行色，诗云：

男儿有志出乡关，不奏凯歌誓不还。
埋骨何须桑梓地，人间处处是青山。

会后，我们还戴花挂红，在与会者的簇拥下游行。霎时，全城沸腾，号角嘹亮，锣鼓喧天，鞭炮轰隆，烟雾缭绕，“打倒日本帝国主义！”“工农兵学商，一齐来救亡……”口号和歌声交织，响入云霄。当队伍行进到西街温炳谦绸缎庄店门前时，川剧院布景的画师何想云，他有一臂是折断的，自号“折臂翁”，一因已非青年，二因残废，以不能亲手杀敌引为憾事，故而跪在街心给我们磕头，意请替他代劳。人民群众高度的爱国主义精神于此可见一斑。

4 月 28 日，西昌首批抗日知识青年远征军分乘 10 多辆卡车出发了——北上成都转飞印度。我默祷老母安康，再见吧，妈妈！其实她并不在欢送行列里，我连报名也没让她知晓啊！挂着“西昌抗日远征军”红布横标的汽车前导，后面所有的车满贴标语，健儿们人面和胸前的大花相映红，一路口号一路歌，浩浩荡荡，气吞山河，此行在乐西路沿线人民群众的心田里，播下了抗日救亡的爱国主义的种子。

西昌去的 200 多人到金河街中央军校西较场入伍，编入“军政部教导第二团二营”，开始了严格的军训。

军校校舍墙壁四周写满了“立功异域，还我河山”“扬威海外，孝马扶丧”“踏平三岛，扬眉吐气”“精忠报国，马革裹尸”“枕戈待旦，卧薪尝胆”等豪言壮语。视野所及，使人精神为之一振。

训养智、练养能。经过三个月严肃紧张的正规训练，见习了陆军大学和军校第二十期各兵种配合的战斗演习。末了，校方检验了我们的战斗演习后即告结业。

出　征

1944 年 8 月，教二团从西较场驱车向新津机场进发。100 余辆卡车缀成一条巨龙迤逦奔驰，每 10 辆车之间，插进一辆军乐车，旗如海，歌如潮，在一片连天的鞭炮和欢送声中，我们依依惜别了沿途抛赠各种慰问品的多情的锦城人民，拜辞了恩德比天高、比海深的祖国母亲，抱着“有面见江东，死亦为鬼雄”的决心登上了银鹰。

深夜，我们飞越海拔 8000 多米的缺氧的喜马拉雅山。飞行 6 个小时，历 11 个小时粒水未进。29 日凌晨 4 点半在印度汀江机场降落，再由美军用车高速运送，黎明抵达汀苏卡中国招待所。随即搭火车历三昼夜到达加尔各答。途中，每停一站，都受到兵站的热情招待，什么牛奶啦，又是咖啡啦，间或还有面包。在加尔各答车站，英、美、印、加的盟军热烈欢迎我们。印度人民则翘起拇指高呼：“且里士（中国军队）OK！”

我们尚未一睹南亚名城加尔各答的芳颜，又奉命马不停蹄地疾步直奔孟加拉湾，登船逆水而行，渡印度第一大河——恒河。船上混载我远征军、中国赴美航校生和美、加军队，大家虽肤色各异，语言不通，但为了一个共同的目标，走到一起来了，所以相互亲切友好。中途换船，风雨兼程，几天后，泊西天附近属阿萨弥省兰姆咖待命。

兰姆咖最低气温在摄氏 40 度以上，地面火辣辣地直冒烟，可雨量算得上世界之最，雨点大如铜钱。

一团人驻地东西两头扯开，天各一方。调一批，开拔一批。《宁远报》刊载的宁属“八大金刚”从此分道扬镳，彼此不知去向和番号。西昌的王宇辉和我分配在孙立人将军的中国驻印新一军三十师炮二营五连，嗣后只知道王权、王泽先、徐芳泽在战车四营，会理的龚福林、德昌的尹化孔、越西的韩仕福则杳如黄鹤。

天将降大任于斯人

在天府之国生活惯了，骤然身处异邦，怎样熬？

论气候，那个热劲把我们炎黄子孙变成了黑色人种，晚间上床，得先将毛毯泡湿垫铺。何况白天！先居沙丘，后住兵营，宛若充军荒岛。讲饮食，叶绿素鲜菜和我们有如参商各一垠，顿顿都是洋芋、大葱炖瘦三牲（牛、羊、猪），白煮白吃，没有佐料，腥臊难咽。

第一〇五、一五五重炮团和战车团，有餐馆、小卖部、中山室、俱乐部、球类、溜冰场俱全。但我炮二营一无所有，每周三、六的外国电影，叽里咕噜，不知所云。

每日吃饭、睡觉、出操，周而复始，机械刻板。可堪告慰的是邮递快速，但热与累，已无遐思家去写那“抵万金”了。

我所在的是特种兵部队的山炮营，先学习饲养美洲大马、操炮（兵员半数改操野炮），后将山炮营改为八五榴弹炮机械化炮兵营。教一、二团分去的学兵都充当基干正副班长、炮长、观测、通讯、驾驶、保修和文书，送到兰姆咖美军办的各兵种军事学校短期培训各种技能。

我学习无线电。教官是通讯技术上士威廉斯莱德，先后毕业于纽约大学、西点军校。他性格古怪，对接受能力差的，如对我的行伍排长不是批评，反而敬礼，表示教学无方，没有把他教懂，弄得他时常不知如何是好。

在严格紧张大练杀敌本领的后期，进行过两次颇具规模的战斗演习，经美军检验认可，归还建制——我们是孙立人新一军最后装备训练成熟的战斗小单位，奉命立即开赴印度边境挥戈疆场，和日寇决一死战。

野人山待命

我们重经加尔各答转火车到雷多以东 20 公里的印度野人山待命出战。

野人山原始森林一望无垠，“日无鸟语，夜闻兽啸”，我们驻地周围用铁丝网做围墙，公路两旁随处挂着“毒蛇猛兽世界，不要外出！”的警告牌。有 6 名战友晚上遭野兽困在大树上，部队闻枪响寻声前往营救，他们始得生还，但已不成人形了。

能在野人山幸存下来，确实不易。蚊虫、蚂蝗吸血，蚂蚁吃肉，一旦被咬，轻则半死，重者丧生，人一倒，几个小时就会被昆虫吃光，只剩白骨。我们是领用防毒药物，戴上手套、头罩站岗的。瘟疫流行，就是平日人们所说的“山岚瘴气”，还有疟疾，为此美军特专设了防治的“抗疟团”。

在野人山，我平生破天荒第一次目睹了奇观，有条巨蟒横卧在雷多印缅公路上，阻断了辎重的运输，为使弹药源源不断送上前方，于是由空军投弹炸死这条粗与汽车胶轮等高、长约四五十米的巨蟒，炸出了蟒腹中的钢盔、枪支和骨骼，那是它生前吞噬的。恰好我连战斗演习返回，经过离驻地两公里处见此情景。

对于一个军人来说毒蛇猛兽算得了啥，有比毒蛇猛兽还毒蛇猛兽的呢。震撼我们无限伤痛的心灵的是这里远征军的累累墓冢。听说入缅时归英军指挥的我第六军三十八师被迫退到野人山，死伤狼藉。残部 100 余人困在雷多，比我们在印度兰姆咖苦上百倍，摘野果，挖苦马蒿，直至捕蛇，填充辘辘饥肠，瘦毙者的坟茔何可胜数！

原来，中国远征军是应英国请求组织的，可又处处掣肘。要不是日寇攻陷仰光，英国还不准我们入缅哩。他们的如意算盘是要我们当替死鬼，掩护他们撤退，故而我们一会儿入缅，一会儿待命，一会儿东调，捉摸不定，反反复复。

鏖　战

泣别身葬他邦的同胞墓穴，我们从雷多出发。

车驰印缅公路，路上浓雾迷茫，我们摇摇晃晃挤在车上排排坐，处于半睡眠状态，谁也不知道车子走了多久，也辨不清是白昼还是黑夜。汽车必须一直亮起前后灯，并限制车速，纵然如此，还是有不少美国军车在弯道处坠下悬崖绝壁。

沿途加油极为便捷。有路从加尔各答穿过印度半壁，经缅甸全境通到我国昆明乌家坝，蜿蜒起伏于崇山峻岭，这是专门为东南亚作战盟军军运特意架设的。凡是盟国军车加油，只须在龙头处挂的簿子上登记使用单位和油量，签个字就行，无人看管，由美军派人巡逻、检查。

车队一辆接一辆神龙见首不见尾鱼贯前行，突然照明弹和红色、绿色、白色的信号弹彗星似的曳着扫帚般的光尾，在灰蒙的天幕上，此起彼落。在5338地区，我们和日军遭遇了！

步兵飞快地跳下车，进入阵地，排除障碍。那里，敌我进行过拉锯战，原来的灌木丛林而今成了焦土，寂静的山野顿时热闹非凡：敌我火网交叉，机枪哒哒。我方火箭筒暴雨似的向敌阵倾泻，喷火器吐着长长的火舌，眼前，整个太空染红了。

我连各排也奋力构筑工事，让炮很快进入了阵地，同时设置观测所，高速架线，竖起炮对镜，边通电话。

我是无线电班长，当接奉营指挥所下达方位、距离的战斗命令，便立即传达到炮阵地。“C、T、A（炮阵地呼号），C、T、D（连指挥所代号）命令：目标……，……装药，向左……，高低……，放！”炮阵地复诵余音，当“放”字迸出口，各炮一起轰鸣！营指挥所不断及时地命令修正，调整方位、射程，炮火给敌人致命一击，日军被惩罚得哑巴了。

我方抓住战机，吹响冲锋号，勇士们端起枪、火箭筒、喷火器，排山倒海冲向前方，“杀”声震天，地动山摇。激战4个多小时，日军尸横遍野，伤亡惨重，主力开始逃跑，但仍边打边退，继续顽抗。

我步兵辗转追击到原始森林地带。这里攻不易，守亦难，双方形成对峙局面。相持数日，敌人反扑了，炮弹落在我们刚新赶筑的工事上，敌兵还冲到我前沿阵地，我们就用榴霰弹回敬。在5108地区，我营向一营靠拢，为的是尽量让敌人落空炮，以消耗其弹药。我军从南北两端向东伸展，从侧佯攻，正面攻坚，控制了当门山梁制高点，日军经我火炮轮番压制、步兵奋勇冲杀，终向缅甸边境鬼门关地区溃逃了。

这一战役，两度接触，我方略有伤亡，战果不赖，上级嘉奖了我们。

步兵继续向前进攻，炮兵在后。这时，我才觉得身上很痛、喉咙也干渴得要冒烟，肚子饿得几乎站不起来，先前那股豁命的劲不知哪里去了。看看挖坑道的手掌磨起了血泡，灌木丛的藤刺不但把衣服撕扯成了巾巾绺绺，连遍体皮肉都戳得绽出星星点点的血珠。

鬼门关天气晴朗，日光能透过雾罩和参天乔木林，能见度高，双方可以互相窥探。由于日方地势逐步开阔，如再后撤，将更不利，因而妄图作困兽斗，与我决一死战，我军士气高昂，指挥倜傥，加之武器精锐，弹药充足，后勤供应不虞匮乏，而且及时，因此，步步进逼，迫使日寇败退孟拱。

在密支那地区伊洛瓦底江一带，日军第十八师团大本营被包围了。郑洞国、廖耀湘和孙立人各部与盟军协同作战，把日军节节切断，各个击破，终于分别将其彻底歼灭于缅甸的新平洋、曼德勒、密支那、芒市、腊戍、南坎、八莫和仰光。

因保（保山）密（密支那）公路中断，我营驻扎密支那待命。

参加知识青年自愿远征军的回忆

孙仁慈*

我在1938年和1939年在小学读书时，参加了抗日募捐宣传队和募捐活动。我们先到县城各政府机关和商店，后到农村宣传和募捐，人们捐献，有钱拿钱，无钱拿物或粮都可以，为抗战买飞机大炮。从这时起到初中毕业，我们没有安宁读过一天书。日机经常进行轰炸，警报一响，全城学生、老师、居民都到城外树林里躲藏，一躲就是几个小时，甚至一整天。学校请了前线抗日曾参加过台儿庄大会战的回乡川籍伤兵给我们作抗日报告，使我们知道了日本鬼子的残酷和惨无人道的本性。我们每个听报告的人，都增加了对日本鬼子的仇恨。当时我暗想，如我能参加抗日军队，一定要狠狠地打击敌人。

1944年初夏，我在宣汉县南坝精英中学读高中时，政府就号召青年学生和青年知识分子参加青年自愿远征军。我报了名，实现了自己的愿望。报名的人中，有初、高中学生，有社会上的青年知识分子，也有青年教师。全县约有200多名，在宣汉县城集中，由兵役局的人领导和组织，从宣汉步行至万县，坐船到江北县鸳鸯桥教导第三团报到。在沿途中，我们受到沿途各

---

* 作者时任中国远征军第五十师第一四八团第二营第五连战士。

乡镇和城镇的热烈欢迎和招待。

大约是 1944 年 7 月，我们从成都新津机场乘飞机到了印度力多，身体消毒后，换上了军装。当晚来了很多大车，把我们运到离力多约 30—40 公里的林中空地，周围搭着帐篷，一路标写着“师学生大队”，另一路标写着“师野战医院”。我们就在学生大队受入伍军事训练。当时是雨季，我们学步枪射击和接近敌人阵地的各种方法，成天在地面上滚爬，弄得满身都是泥浆。如在森林里训练，手、脸被各种棘刺划得鲜血直流。特别是出公路时，主要任务是修路和推汽车。树林里的汽车路都是把树、竹、藤、杂草等除掉后修的临时车道，加上雨水又多，运物资的大汽车常被陷入泥坑里，推车时，汽车轮子飞转，溅出的泥浆把人的眼、口都敷满了，车很不易才推出泥坑，真使人难受。在推车的同时，还要砍些树条和竹子把路垫好，免得车再陷入泥坑。可是，被砍断的荆条和竹子由于互相缠绕，又加上一些藤子的缠绕，很不易拉出。由于以上那苦和难，受军训的学生不知流了多少泪。

入伍军训约两个多月就结束了，我被分到五十师通信营学习步骑无线电机，地点在孟拱。约两个多星期，我就毕业了，和另一位同学一人背电机，一人背电池箱，被分配到该师一四八团二营五连负责连与营的联系。从这时起，我们就随连队步行于缅北野人山丛林中，不知东南西北，不知走过的是什么地方，也没有正规的路走，有些地方还要人工挖掘才能通过。过一些悬崖峭壁的地方，时有骡马滚入深谷中。士兵（包括我们）每人在行军中的负担（生活用品、枪支、弹药、3—4 天的粮食和吃的罐头等）约 60—70 市斤，每天行军 100 多华里。穿的衣服被汗水湿透了，真难受。天一黑，就地宿营，把杂草、荆棘铲除，如地面是干的，将干树叶垫在地面上，上面再铺胶布，天上用雨衣作帐篷，如地面是湿的，就依靠树或用小树打桩作床架，上铺小树条和干树叶睡觉。由于森林中的蚊虫和一种褐色旱蚂蝗特别多，睡觉时凡是露出的皮肤都会招上蚊虫，头戴蚊罩，脚穿鞋、袜，打绑腿，不脱衣裤。需要食品和军用品时，只要有一林空，美国联络官向后勤部发一电报，林空地面用白布摆出规定的符号，飞机就会将所需物品投入地面，供给是很方便的。可是，在那种很少见到阳光的丛林中，瘴气严重，虫害凶恶，道路险要，雨水多泛，路面难行，每个士兵又要负重几十斤，每天行100多里路，衣服被汗水湿透从未干过，其苦和难可想而知！不知行军多少天后，我们才走出丛林。

过伊洛瓦底江后，也不知在什么地方，五十师将本师所有的学生兵集中于师部，成立教导营，让学生兵继续接受军训。我被编到教导营二连四班当轻机枪手。我们的任务除受军训外，还要作师部的保卫。一次，我们随师部行军至班海，过公路桥到南坎地区时，日军用速射炮火不断袭击，封锁该桥阻止我们大部队向南坎地区前进。尽管敌人炮火不断地打，我们还是趁炮击短暂的间隙，一个班一个班的跑步通过公路桥，进入南坎地区阵地，加强工事建筑，保护师司令部安全指挥前面部队打击敌人。在距我们阵地1000公尺左右的地方，还在激战，天上的飞机轰炸敌阵，我们阵地附近的炮兵阵地的大炮也不断地向敌阵射击，双方的轻、重机枪不停地打，流弹常从我们头顶上飞过。经过一天一夜的激烈战斗，我军全歼南坎地区敌军，我们师部进驻南坎。各团、营、连，清除南坎周围残敌后，就地驻防、休整，准备下一步行动。

我们教导营就在该地区军训了一段时间。后全师主力部队又攻下了一座城市。该地区日军早就建筑了不少的钢筋水泥地堡群，杂草和荆棘把地堡掩盖得严严的。我们的搜索兵走近地堡不见地堡，10个搜索兵9个被打死。日本鬼子大部队退了，但每个地堡内还留1—2人，一到晚上就出来到处打枪，作扰乱性射击。我们用喊话方式，叫他们出来投降，但他们始终不投降。一天夜晚，在我们驻地河对岸约250公尺的地堡内走出日本兵到河边打水喝，在月光下被我发现了。我架起轻机枪，按学的射击要领，对准打水喝的鬼子，打了三发点射，鬼子被击中了，躺倒在河边。这是我亲手打死的第一名日本兵。天亮后，我约了同班的两个士兵，从公路桥上过河去查看，只见被打死的日本兵，穿皮鞋，打黄色绑腿，戴军帽，军服草绿色，尸体旁有一腰子形饭盒和一水壶，地堡内有“三八”式步枪一支，子弹20—30发，约1公尺长粮袋一根，内装有炒面食物，别无其他。由于堡内日本兵不投降，司令部叫放火烧，这样才把残留堡内的鬼子兵肃清。我们在该地继续受军训而过春节。不多久，整个印缅的日本军被全部消灭，印缅战争宣告结束。

大约是 1945 年五六月间，印缅抗日盟军要在缅甸首都仰光举行庆祝印缅抗日战争胜利大会。中国五十师在我们教导营和炮兵团内，选了身体健康高大的人员组建一个全副武装的加强连，由一四八团副团长领队，代表中国出席了该次会议。我有幸被选中了。参加会议的有中国、美国、英国、印度、缅甸等国的军队代表。会议开得非常隆重和欢乐，各代表队随着乐队绕场一圈后，整齐地站立于主席台前。礼炮七鸣后，和平鸽飞翔在会场上空，接着接受印缅盟军总司令英国蒙巴顿上将和中国印缅盟军副总司令郑洞国将军的检阅，然后两位司令上台，分别给我们讲了话。我们在仰光前后住了三天，受到仰光华侨协会的热烈欢迎和招待。华侨给我们中国军代表胸前戴了红花。在招待宴席上，华侨协会领导一席一席地向我们敬酒，乐队奏中国国歌直到宴会结束。宴会结束时，他们又一一和我们握手告别，还把我们的领队抬起往空中抛。当我们在仰光街上观光时，华侨商店里的人看到我们，招手请我们进店优惠买东西，并把高级香烟、糕点、水果等拿出来给我们品尝。以上情况，充分体现了华侨热爱祖国的心情。在仰光三天后，我们乘机回腊戍，准备回国。

中外记者访问西北

抗战时期中外记者参观团访问西北纪实

孟　红*

1944年，第二次世界大战的局势发生了重大变化：德、意、日法西斯集团土崩瓦解，整个反法西斯战线捷报频传。可就在这样的大好形势下，国民党战场上却出现骇人听闻的豫湘桂大溃退，短短8个月内，相继丢失20万平方公里的富饶国土，6000多万同胞沦于日本侵略者的铁蹄之下，作为大后方政治中心的重庆陷入一片恐慌之中。国民党统治区民怨沸腾，民主运动蓬勃兴起。国民党政府的腐败无能和抗战不力，也引起英美等国官员和舆论的强烈不满。与此形成鲜明对比的是共产党领导的抗日根据地，广大军民革命热情高涨，众志成城，到处呈现出蓬勃向上、无往不胜的可喜景象。

在此之前，红色延安早已成为全中国乃至全世界令人神往的地方，许多人都急切想来探秘，但一次次都被国民党严拒于门外。而且由于国民党政府一直以来的封锁政策，很多人受到蒙蔽，以致中外记者团来到解放区之前，对解放区的真实情况几乎一无所知。1944年夏，迫于国内外各方面的压力，国民党当局第一次允许中外记者前往延安等地采访。

---

*　本文选自《党史纵览》2008年第8期。

一

1944年夏天，中外记者西北参观团得以组成，这是当时驻中国的外国记者共同进行长期斗争的结果，是对国民党政府将近5年来禁止中外新闻界访问解放区的第一次突破。蒋介石虽然勉强同意了参观团去访问延安，但却附带三个条件：先调查西北的非共产党区；在共产党区至少待3个月；呈送报告给国民党中央宣传部检查。并且采取了许多“防范措施”，严格检查记者们的所有电讯工具。

中外记者西北参观团共计21人，其中外国记者6人、中国记者9人、国民党官方指派的2个领队和国民党中央宣传部派来的4名“随员”。

5月17日，中外记者西北参观团一行乘坐一架由美国人驾驶的DC-3格拉斯道飞机，从重庆出发飞抵陕西省的宝鸡，改乘火车于第二天到达西安。

中外记者团到达西安，即按照国民政府事先的“三个条件”，先在西安“参观”，然后又绕道山西“后门”进入陕甘宁边区。

在西安，记者团参观了一些工厂、机关、学校。伦敦《泰晤士报》记者福尔曼在事后撰写的《北行漫记》一书中说：“我们在西安消磨了很有趣味的4天。我们虽然是委员长的客人，地方政府的官吏却不大知道怎样应付我们。作为正式的宾客，我们应受一切优待和协助。作为观察锐利的新闻记者，我们也许会看到不良的事情或得到坏的印象。因此，我们的正式关系尽管什么都是笑嘻嘻和客客气气，西安官吏却严密监视着并且记录着我们的一言一行。后来我们知道，人力车夫也是特派到迎宾馆的，他们总坚持着要求我们雇用。当我们拒绝坐车时，你走到哪里他们就跟踪你到哪里。我们婉辞抗议了，人力车夫立即不见，继之以便衣的人们，在迎宾馆的门外闲荡。如果我们在街上雇了一辆车，他们就骑了脚踏车跟随着……”第一战区代理司令长官胡宗南的参谋长、省主席祝绍周等，都公开向记者团承认了对共产党封锁的存在，还无中生有地造出许多谣言，来诬蔑共产党、八路军。

期间，记者团印象最深的是参观所谓的“劳动训练营”（即拘押、迫害进步青年的集中营）。这次参观是外国记者要求的。为了欺骗外国记者，西安的官员们手忙脚乱地进行了许多“准备”。

“他们把可能提出的问题油印在一张纸上，叫学生领袖召集学生一组一组开会，花了好些时候研究适当的答案”。这里明明是一个迫害进步青年的集中营，却硬被他们说成是国民党军事委员会“用以收容从共产党逃亡至西安之无家可归之青年，给予短期之训练”的机构。当记者团到达这里时，便演出一幕令人作呕的闹剧。

不仅如此，官方还煞有介事地为记者参观团举行了茶会，预先安排了几个“模特”来向外国记者“诉说”共产党的“罪行”。官方事先给这些人编好了一套故事，而且叫他们“预演”过。一个名叫罗清修的女人说，1935年，她跟着富有的父母在四川过着恬静和平的生活，红军长征的时候，红军杀死她的父母、叔父、兄弟，把头扔到井里，并且把她带到延安。她在1942 年逃出延安之后就进入这个训练营。还有一个名叫赵清的女人，也声称是从延安逃出来的。这一天在外国记者面前撒谎的，还有其他一些男女。

这些伪装者的演技并不怎么高明，当时就引起外国记者的怀疑。时间不长，这些骗人的把戏就被彻底揭穿了。记者团到达延安的时候，碰到了刚从这个集中营里逃出来的两个囚犯——22 岁的罗卓盈和 23 岁的王尔明。罗卓盈是离开东北军参加八路军的战士，1940 年跟随一一五师郑参谋长从新疆返回延安，路过兰州时被国民党逮捕，郑参谋长惨死狱中，他被辗转送到这个集中营来。王尔明原在西安防空学校当无线电报生，因为他在一封信里赞扬了苏联宪法，就被当做共产党嫌疑犯抓进了集中营。记者团在西安访问这个集中营时，他们两个正在那里。

7 月下旬的一天下午，罗卓盈和王尔明来到外国记者住地延安交际处，同 5 位外籍记者进行了座谈。福尔曼翻开笔记本问道：“你们认识罗清修么？”罗卓盈说：“她是说她的有钱的父母都给共产党杀掉了吧？”福尔曼看看当时的记录回答说：“她是这样说的。”罗卓盈说：“这是一篇谎话。她说她在四川生长的，她从来就没有到过四川；她说人家在长征的时候把她拖去，她从来就没有到过共产区。她不过是一个在西安和一班有问题的人勾搭的风骚女人罢了……”福尔曼又提到赵清的事，王尔明说：“像她那样的人从共产区逃出去是对的，可她是跟上人家的丈夫逃走的。他们两个人在穿过边境时给逮住了，并且被送到了训练营去。她的情夫还在那边，可是对她已经没有兴趣了。现在她看上了营里一个官员，希望能够由他帮助而得到释放。”最后，罗卓盈告诉他们说：“营里大多数人都没有到过边区，被捕以前也都不是共产党。大约70%都是爱国者，因为政治思想先进，在大学、在家里被捕的。另外15%是被误认为共产党的，像我一样。其他少数的人是在到边区的路上被捕的，或者真是自愿地离开延安的。那些离开延安的人，一般说来，多是患思乡病，希望看看家里的人，或是为了复杂的恋爱问题，或是牵连在舞弊案件里……营中大部分人在心里仍然忠实于他们的政治思想，但大多数不谈论政治。你不晓得这些人中间谁是侦探，因此大家互相不敢信任。”

二

5月21日，记者团离开西安，前往临潼和潼关参观。然后，即由潼关乘汽车沿黄河西岸北行，经过大荔、郃阳、韩城、宜川等地，从宜川境内渡过黄河到达山西吉县境内，访问阎锡山的第二战区司令长官部，在这里一直停留到5月底。

蒋介石集团要记者团到山西来，除了要他们去听阎锡山的一套反共宣传外，还有一个目的，就是想从“后门”突然进入陕北，便于他们那些挂着记者招牌、暗中充当密探的反共分子沿途搜集材料，进行反共污蔑。

阎锡山和第二战区司令长官部参谋长郭宗汾，在5月28日和29日连续同记者团谈话。阎锡山亲自向记者团编造了许多反对共产党、攻击八路军的滥言，重弹早已经不堪一击的所谓八路军“游而不击”的老调，胡说什么“共产党部队宁愿在我们身上放十枪，不愿意对敌人打一枪”；还对中国共产党领导下组建起来、在抗战中功勋卓著的山西新军决死队和山西牺牲救国同盟会大放厥词。

不过，阎锡山喷放这些谎言也是枉费心机，美国记者福尔曼等曾抓住要害，当面揭露了阎锡山勾结日本侵略者的老底。福尔曼在他的书中写道：阎锡山对我们承认他曾前后两次私自直接和敌人接触商讨和平的建议。当然这位将军说明这次的会谈是没有结果的，因为他认为日本的建议难以接受。然而事实是存在了，他一个中国国军的长官，一个做人民公仆的省政府主席曾经和敌人接触，没有得到他所承认的上级长官所授予的权力或训令。我问他：“日本人曾经打算和你讲和或者招你合作么？如果有，有几次，在什么地方？”这是一个大胆的几乎是谴责的询问。这个询问暗示了他是奸逆。如果他对这暗示发怒，你也不应责备骂他，可是他竟非常坦白地承认有过两次：一次是 1940 年 5 月中旬的临汾，同他在日本士官学校的老同学、日军司令接触；一次是 1942 年 4 月在吉县安平村，同日军华北派遣军第一军司令官岩松义雄作私人的谈话。

三

5 月 31 日，记者团离开第二战区司令长官部驻地，于 6 月 9 日中午到达延安。他们在这里受到热烈而诚挚的欢迎。

中共中央十分重视这次中外记者的访问，认为它是打破国民党舆论封锁，向外界宣传中国共产党的一个绝好机会。中央政治局决定，由周恩来主管接待工作，并成立延安交际处，由杨尚昆担任处长，金城任副处长。周恩来给交际处制定的方针就是八个字：“言传出去，争取过来。”记者团到达时，杨尚昆一看到记者团由国民党外事局副局长谢宝樵与新闻检查局副局长邓友德担任正副领队，国民党中央宣传部还派一名处长和一名助手，负责检查记者的稿件，就明白了国民党当局的用意。果然，第一天斗争就开始了。一大早，随记者团来的国民党电台人员要将电讯器材搬入交际处，打算架设电台。很明显，他们这样做的目的是为了控制发报权。

杨尚昆对此针锋相对地明确表示，边区政府保证记者能迅速、准确地拍发新闻，不必再架设电台。按照杨尚昆的指示，交际处传达室把国民党的电台人员挡了回去。

几天后，美联社记者斯坦因要求单独会见毛泽东。杨尚昆马上同意，并做了周密安排。采访那天，记者团准备出发时，邓友德发现斯坦因不在，于是责问副处长金城："我们团有纪律，不准单独行动。"

金城回答说："我们这里有新闻采访的自由，斯坦因要求采访，我们当然同意。至于你们团规定的纪律，那是你们的事，我不想说三道四；如果你认为不妥，请你和斯坦因交涉！"

后来，福尔曼也提出要会见毛泽东、朱德、周恩来等中共领导人，一些中国记者也有同样的要求，交际处一视同仁，满足了他们的要求。这样，国民党约束记者采访自由的"纪律"就被冲破了。

6月10日晚间，朱德举办游园会欢迎中外记者。叶剑英代表朱德致欢迎词，美国《纽约时报》记者爱泼斯坦代表外国记者发表热情洋溢的讲话。他说："来到延安是很不容易的事，我们很快乐。因为延安之行可以帮助神圣的反法西斯工作。在同盟国国家的阵营里，不应该有任何一个地区被关闭起来，对于职业的新闻记者，也不应该有任何一个地区不让他们去看一看，因为他们是全世界人民的眼睛。"他还说："这个地方很久以来是被关闭着的。这次我们来到这里，把一座被关闭了很久的门，打开了缝隙，使光线透进来。而这个缝隙虽然很小，但是再要强制地把这座门关闭得像从前那样紧密，恐怕已是不可能了。作为一个团体，我们对任何政治派别和信仰，都没有偏见或成见，我们准备仔细地、客观地、精确地研究八路军新四军的战斗业绩，以及这里的各种工作情形，并报道给全世界反法西斯人士。"他的讲话博得全场热烈的鼓掌。

12日，毛泽东接见了记者团全体成员，畅谈了国内外局势，阐明中国共产党实行民主，团结中国人民，团结全世界人民，团结一切反法西斯力量，抗战到底的主张。

几个西方记者的政治倾向很不一样。爱泼斯坦和斯坦因是中国人民的真诚朋友，福尔曼是一个对政治不感兴趣但很严肃的记者，英国路透社记者、多兰多《明星》周刊和巴尔的摩《太阳报》记者武道与国民党有密切的关系，美国《中国通讯》和天主教《信号》杂志记者沙纳汉神父则对共产主义抱有敌视态度。但不管他们的政治倾向如何，都受到了毛泽东一视同仁的欢迎。记者们在欢迎仪式上就提出了连珠炮般的问题，毛泽东听后迅速归结为三个主要问题，并在致辞中进行了阐述：一是国共谈判，毛泽东希望谈判有进步，并能获得结果，但具体的商谈还无可奉告。二是关于第二战场。毛泽东认为没有第二战场的开辟就不能打倒希特勒，它会直接影响欧洲，也会影响太平洋和中国。但中国的问题还要靠中国人自己来努力，单有国外情况的好转是不能解决问题的。毛泽东重点谈了第三个问题，那就是中国的民主与统一问题。他说，没有民主也就没有真正的统一。解决中国问题的根本出路在于实行民主制度，不仅政治上需要言论、出版、集会与结社的自由，而且要求在军事上、经济上、文化上的民主。这是当时的真正要求，要求共产党及其他政党的合法地位。

毛泽东最后说："先生们来到边区已有十几天，今后还将有若干时日留在边区。你们可以看到，我们共产党为着打倒日本帝国主义而做的一切工作，都贯彻着一个民主统一或民主集中的精神。其中有不足的，必须继续做。如果有缺点，必须克服这种缺点。我们认为全中国只有民主制度、民主作风，目前才能胜敌，将来才能建立一个很好的和平的国内关系与国际关系。对于德、意、日等法西斯国家，在法西斯被打倒以后，我们所希望于他们的，也是如此。持此观点来看许多问题，没有不可以说通与做通的。今天时间已晚，今后还可互相交换意见。"毛泽东侃侃而谈，令记者们倾倒，他敏锐的眼光、缜密的思维、独到的见解和开门见山的谈话方式，更让记者们着迷。

次日，当时的延安《解放日报》在头版头条醒目地发表了相关消息。

在这次会见之后，中外记者参观团开始在延安进行了内容非常丰富的访问和参观活动。延安街道干净整齐，人民安居乐业，边区政府作风民主，共产党领导人生活朴素，引起了外国记者们的极大兴趣。

毛泽东在会见爱泼斯坦时，谈论国际反法西斯战争问题，他还会见了斯坦因等外国记者。朱德曾经几次同斯坦因谈论八路军、新四军与盟军进行军事合作的可能性问题，表示我军愿意与盟军合作抗日，欢迎任何盟国代表到抗日根据地观察了解我军的抗日情况和抗日能力。6月22日，叶剑英向记者团成员作《中共抗战一般情况介绍》的长篇报告，报告了中国共产党抗战一般形势及华北、华中、华南各抗日民主根据地的概况，在国内外产生了广泛的影响。

当时正值中国共产党第七次全国代表大会召开前夕，全国各地选出的代表都前往延安参加“七大预备会议”，许多党的负责人都在延安。外国记者分别访问周恩来、刘少奇，以及贺龙、陈毅、聂荣臻、徐向前等，报道了中国共产党领导各解放区抗日斗争的巨大胜利。留在延安的外国朋友，如马海德医生、英国友人林迈可等，也都受到访问。

记者团在延安参观一个多月，交际处还组织他们参观边区的机关、学校、生产部门，参加各种集会，访问边区英雄模范人物、作家、艺术家以及各阶层知名人士。这些原来对解放区毫无了解的记者们，看到了延安与重庆截然不同的情况，留下深刻的印象。

中外记者团对这次采访反应很好。后来，他们写出许多反映解放区真实情况的书籍和文章。福尔曼的《来自红色中国的报道》、斯坦因的《红色中国的挑战》，以及爱泼斯坦等发表的评论，都受到了广泛的关注。连记者团中过去一向对共产主义思想抱有敌意的沙纳汉神父亦认为边区是好的。7月1日，《纽约时报》根据记者发回的报道发表评论：“毫无疑义，5年以来，对于外界大部分是神秘的共产党领导下的军队，在对日战争中，是我们有价值的盟友，正当地利用他们，一定会加速胜利。”

这些书籍与报道把延安和敌后根据地的新面貌如实地介绍给世界，这是继斯诺的《西行漫记》之后，媒体对中共及其领导下的人民政权规模最大的一次报道。

四

1944年8月13日，爱泼斯坦、福尔曼、武道一行抵达晋绥军区司令部，受到边区各界的热烈欢迎。他们在这里参观了边区各领导机关，参观了抗战日报社等新闻出版、文化教育机关。9 月 4 日，他们离开边区首府兴县，前往靠近太原的晋绥边区第八军分区参观访问。

当他们通过马坊封锁线的时候，适逢这个被敌人盘踞多年的据点，于 9 月 6 日晨被我军攻克。记者们在途中见到大批被俘伪军。进入马坊村中，只见被毁燃烧的敌碉堡仍火光未熄，窗口浓烟四溢，碉堡周围重重的壕沟，层层的铁丝网，各种坚固的工事仍清晰可见。外国记者们认为，这种复杂的军事设备，证明了日军对八路军的恐惧。记者团连夜进入第八军分区。抵达分区司令部后，他们连日参观，看到了大批被俘日军和伪军，参观了地雷网保护下的分区医院及兵工厂，并与一批新抓获的日军俘虏进行了谈话。在旅途中，记者团与参观我军前线救护工作的美军观察组军医卡斯堡少校相遇，他们一同于 9 月 14 日黄昏进入汾阳边山。当晚宿营于距汾阳城仅 20 里的村庄。

这个时候，正逢八分区主力部队与游击队夜袭汾阳县城，这是日军在山西的一个重要战略据点。9 月 15 日、16 日深夜，记者团和卡斯堡少校等，登上距离汾阳仅 10 余里的边山顶峰，眺望英勇的八路军奇袭敌人大营盘、电灯公司，火烧火车站、飞机场、火柴公司等战斗情景。虽然时在深夜，寒气逼人，大家却异常振奋，亲眼看见汾阳上空，浓烟滚滚，笼罩全城达两日之久；日军恐慌异常，龟缩在碉堡内，不敢出来应战。攻打汾阳胜利的消息传出来以后，边山群众提筐携篮，满盛瓜果肉类，兴高采烈地赶到军队驻地，慰劳英勇的作战部队，热情欢迎远道前来的盟邦友人，这种军民团结的热烈气氛，令记者们深受感动。9 月 17 日拂晓，协和堡敌据点被攻克，大批俘虏被押下阵地，战利品也被源源不断运进村庄，使记者们兴奋异常。武道说：“三天的战斗证明，八路军游击队比日本军队打得好，中国人民是有能力一步步将日本侵略者赶走的。”福尔曼说：“我要将所看到的八路军英勇战斗的故事，写成文章，拍成照片，告诉全世界人士，争取美国对八路军给以武器的援助，最后将日本法西斯打垮。”爱泼斯坦非常愤慨地表示：所有对八路军诬蔑的谣言已被事实所粉碎，任何封锁都已封锁不住了。他保证要将所见的事实报道出去，揭穿一切对八路军的造谣诬蔑。他说：“这次我们在陕甘宁、晋绥边区住了几个月，看到了敌后的军队与人民在怎样艰苦英勇的工作与战斗，怎样牺牲自己的生命为自己的祖国、为世界人类和平而斗争。我们的责任，就是将所知道的真相告诉全世界。”

记者团的几位记者和卡斯堡少校同参加汾阳战斗的八路军相处多日，9月21日离开火线的时候，先后向参战部队发表了热情洋溢的讲话，最后还齐声高呼口号：“八路军、游击队、民兵、老百姓万岁！”他们当天回到八分区司令部驻地，又参观了驻地群众的反扫荡演习。第二天，他们前往静乐县娄烦镇附近，参观抗日军民围困娄烦敌据点及部队以爆破炸毁敌碉堡的战斗。

记者团在晋绥前线参观时，还曾与边区党、政、军领导人会见与交谈。他们用自己的笔，对这些领导人的可敬形象做了实实在在的描绘。爱泼斯坦单独访问过中共中央晋绥分局代理书记兼晋绥军区政治委员林枫。他在事后写道：“我在晋绥边区的采访，印象最深刻的是对林枫的访问。他关于党的工作的谈话，展示了一幅在党的领导下，军事、生产、政治和群众的文化工作协调一致的清晰图景。他的谈话不但肯定了我们通过自己的观察所得到的感性认识，而且帮助我们提高到理性认识的水平，形成了有扎实基础的乐观信念。难以忘怀的，还有林枫同志本人，他那深沉的爱国心（这是长期沦陷的东北儿女特有的强烈的爱国心），他的严肃、诚恳和明晰……他穿着极简朴，按那个严峻岁月的生活标准也是突出的。他体魄魁梧、强壮，略弓的背和脸上的皱纹是夜以继日地工作的见证。他声音低沉，讲话从容不迫，不使用戏剧性的或强调的语气。虽然外表看上去显得疲惫，但他谈话的逻辑和说服力比雄辩的演说更有力量……”

10月2日，记者团同卡斯堡少校一行西渡黄河，离开晋绥解放区返回延安。他们在晋西北前线做了一个多月的实地考察，之后向全世界报道了晋绥人民对日本侵略者英勇斗争以及他们在炮火中进行经济建设、文化教育工作的实况，有力地粉碎了国民党反动派的造谣诬蔑。

为了保护记者团在敌后的安全，记者们在晋西北的活动情况一直保密。

直到 1944 年 10 月 25 日，中共中央晋绥分局机关报《抗战日报》才系统地报道了他们在晋西北前线的活动，并且发表了社论:《送别盟邦记者团诸先生》，赞扬他们在敌后不避艰险，身临火线采访的热情，向他们表示敬意。

这次中外记者西北参观团对延安和晋绥解放区的访问，冲破了国民党反动派多年来对陕甘宁边区和敌后抗日根据地的新闻封锁，是进步势力一次重大的胜利。

这次访问以后，不少外国记者从共同对日作战的需要出发，相当友好地报道了根据地艰苦抗战、实行民主的实情，有的还把这种情形和国民党战场及其反动统治的真相对比，更加使人看清了国民党错误政策对抗战的危害。由于外国记者写了数以百计的电讯和通讯，中国共产党、八路军和各抗日根据地的真相及其对于协助盟国抗战事业的重要地位，逐渐为外国人士所了解，从此国际舆论的趋向也有了相当的变化。

有的记者不但及时写了许多生动感人的报道，稍后还写了系统介绍解放区军民抗战业绩与建设成果的著作。如福尔曼于 1945 年出版的专著《北行漫记》(原名《来自红色中国的报告》)，英国记者斯坦因于同年出版的《红色中国的挑战》，以及爱泼斯坦于 1947 年出版的《中国未完成的革命》。这些报道和专著，不但在外国发行，而且大都译成了中文，广泛地传播到国民党统治区。此外，中国记者赵超构在重庆《新民报》上连续发表的客观报道，也受到国民党统治区读者的欢迎，后来结集为《延安一月》出版。

对于那些正直的中外记者来说，这次延安之行给他们留下了毕生难忘的印象。40 多年以后的 1985 年 4 月，在爱泼斯坦 70 岁诞辰前夕，有人向他提出问题：在中国半个世纪的记者生涯中，留下印象最深的事件是哪一件？爱泼斯坦不假思索地回答说：“在中国的采访令我最难忘的是 1944 年初夏的延安之行。因为这是影响我一生走上革命道路的一次重要访问。我看到了中国的未来。当时我就坚信反动派不能统治中国，新中国一定会在中国共产党的领导下诞生。”在以后与中国人民并肩战斗的过程中，爱泼斯坦加入了中国国籍，并且参加了中国共产党。参加这次访问的哈里森·福尔曼，在新中国成立后又曾重访我国，表示对中国人民的深厚友情。1960 年因患心肌梗塞病逝于伦敦的冈瑟·斯坦，对于中国革命的胜利感到由衷的喜悦，生前多次表示希望能有机会重访中国，可惜被病魔夺去了他的生命最终未能实现这一心愿。

全民上学

[美] 冈瑟 · 斯坦*

边区像个巨大的小学校，其中几乎每个人，老老小小都急切地要学习，如果可能的话，还要教别人。

中小学和大学体系，仅仅是共产党撒在他们所控制的地区中一张无所不包的教育网中的一小部分。

他们为了努力作战和推动社会进步而建立的所有这些组织，军队和民兵，党部，自治机关和群众性质的协会，工厂和合作社，医院，戏院和报纸，也都起着教育作用。新民主主义的一切政策，不管其具体主题是什么，主要都是具有教育性质的。

所有这一切实际的、具体的、受人欢迎的民众教育方法，能对更多的人起作用，传播知识比学校更有效。学校体系本身就不如巨大的政治教育体系那么先进和固定。共产党承认，他们在学校教育方面比其他任何部门犯的错误更多。

他们开始工作时面临一个非常严重的问题。在边区大约有 90%的人民是文盲，他们的一般知识水平低，甚至比中国其他大部分地方还要低。

---

* 作者时为美联社记者，1944 年中外记者延安考察团成员。

共产党决定从两方面来正确解决这个问题。一方面，作为青年和老年人的识字捷径，他们以简单的拉丁化拼音来取代中国复杂的汉字，用英文26个字母来拼写中国自有文明以来的几千个单音的难读难懂的汉字。另一方面，为了使年轻一代打下迅速进步的基础，他们对儿童实行义务教育。这两项革命性的政策都在大力得到贯彻。

但是共产党在这两方面都失败了。他们做得太急，超越时代太多。

在村庄的集会中，那些朴素的农民表示他们和他们的孩子都想识汉字。如果要他们去学习读和写，他们一定要学习官员、地主、商人们所读所写的汉字。对于强制教育的制度，农民们说："我们穷，缺乏劳动力，而且你们新提出的生产运动又布置了很多任务，所以我们需要我们的孩子在田里干活"。

共产党人认识到他们的错误，暂时放弃了两项政策，虽然他们的最终目的仍然不变。

一个新的扫盲运动以更大的气势发动起来了。这次用的是游击教育的策略，利用一切可以渗透的方法，不管进攻的方法是多么的非正统，多么原始，只要发动每个人的主动性使运动得到开展就行。

这个群众运动是用来使学习1000个左右的汉字变成一种民众的消遣活动和个人或团体之间进行的一场激烈竞赛活动。鼓励一切有潜力当教师的人都主动和人数渐渐在增加的职业教师合作——地方的党和政府官员、旧的乡村绅士，特别是那些"小老师"，即把新近学到的知识传给别的孩子和成人的小学生。识字成为边区的风尚，其首要目标是读通用1000个难懂的字编成的《大众报》，这对于渴求知识的年轻人和老年人来说，是进了期望中的乐土。

通过宣传，使许多人起而仿效有创造能力的先进分子，他们纷纷在识字问题上想出新的办法，如农民们把单词写在一块大黑板上，插在田头，耕种时慢慢地记。结果，边区80%的人民，现在至少能认识三四百个字。许多农村、工厂和其他地方的积极分子，一年前还不能读写，现在已超前达到了能看懂《大众报》这一阶段，接近或甚至达到能阅读普通报纸——《解放日报》的阶段。

各种新型的成人学校和儿童学校开办起来了，在遥远的农村地区尤其如此——在“人民管理”的学校中，当地自愿担任的教师根据学生的特殊需要，教他们读延安供给的教科书；在“合作管理”的学校中，则以合作社的职员为教师，他们不但教社员读和写，还教他们其他一些实用的课程；“流动冬学”的教师，来自那些假期中的师范学校和大学的学生，他们为儿童、成人和当地的业余教员开设短期的强化教育课程。

正规小学也改进工作，家长来校参与商量课程表的安排，使课程设置更切合实际，更适合各自地区的需要。校方大力培养新教员，提高旧教员的素质。课本内容一改再改，充分吸收模范学校和业余学校的经验。

所有这些变化和与此同时的乡村经济形势的好转，使上学人数比在义务制度教育时期多得多，发展得越来越快。我遇见过好几位小学教师，他们看到新生人数的增多，犹如商店老板看到顾客增多一样，感到高兴。“工作多些没关系”，一个教师说，“这证明我们已经走上了正轨，人民也认识到这一点”。

我访问了一所模范小学校——事前未通知，因为我要看看它平时的日常工作。这所学校很清洁，显然办得很好，人们都很愉快，有一种自觉遵守的纪律，没有一点组织严密的痕迹。儿童们通过自己选出来的学生委员会来管理自己，委员会也规定必要的纪律。

除一般的小学课程外，还要教授一些特别的课程。新的农业技术被应用于生产之中，这种生产有助于提供儿童的膳食，也维持了学校。现代卫生知识和秧歌舞是很得到强调的。孩子们要上一门特殊的写作课，学会某种类型的书信，以便他们以后在自己的村子里代不识字的农民写信。

教员和共产党控制区的干部一样，每天要用两小时时间自学他们不懂的普通和特殊的科目。我所得到的印象是，他们对于手头能拿到的每一本书刊都有兴趣。他们的小型图书馆里藏有许多延安出版的书，范围很广。他们向我提出的关于外部世界最近事态发展的问题，说明他们对此已有相当的知识。

按照西方的标准来说，延大是一所简陋的学校。但是它似乎比我所见过的国民党地区的正统大学更适合中国的需要。我在延大第一个和最深刻的印象是教师和学生都非常健康，同重庆各大学里的教师和几乎所有的学生（有钱人除外）严重缺乏营养的可怜处境，形成对照。

我在延大从没见过一个人显露出像我在国民党各大学中常常见到的两种特征：一种是教师和学生由于身体虚弱和智能僵化而产生的普遍沮丧表情，这些教师和学生的工作是和一种难以应付的困难所进行的可悲的和往往不成功的斗争；另一种是有财有势者自信有前途的自满和趾高气扬的表情。

延大的人似乎更像延安的士兵和工人：男男女女对实际工作都有纯朴的热情。以中国的老于世故的上层阶级的标准来看，许多情况十分幼稚，甚至是原始的。

延大的行政和自然科学院课程，需要读 3 年，文学院只要 2 年。所有的学生都花很多时间在基础教育上，不但因为大学一年级的基础教育水平太低，而且主要因为人们认为新民主主义社会所需要的专家，必须熟悉这个社会生活的各个方面，必须在新民主主义的政治原则上受到训练。“无论做什么，他们必须为人民大众谋幸福。”延大校长告诉我，“他们必须精通于用科学的角度解决实际问题。因此，我们一般的思想方法教育的主要题材是，根据现今世界的发展，教他们以民主和科学作为思想和工作方法，目的是为我们正在缔造中的新中国培养干部和负责工作的人员。”

延安的教育家已经从实验阶段脱颖而出，也已从他们的错误中吸取了教训。对他们来说，前面的道路看来是清楚的。但是他们迫切想要同时提高群众的教育程度和他们大学毕业生的教育程度，防止出现高高站在人民之上的上层知识分子，因为知识分子应该是为人民服务的。

这是我们的教育政策与国民党从旧中国接收过来的教育政策之间的主要差别，也是我们那种看来是简单的却又是实际的教育方法，所以更能得到成功的原因。

我怀疑目前国民党的大学毕业生，他们的纯粹学术水平究竟是否比延大毕业生高：因为他们学习的设备条件虽比较好，也有训练较好的教师等有利因素，但是这些有利的条件和因素也许为大部分师生苦于营养不足和知识分子受到压制所造成的死气沉沉的局面所抵消。

但是我可以肯定，从延大出来的男女学生具有目前中国所需要的较多实际知识。他们更好地了解人民需要什么，怎样才能与人民合作。他们有更好的机会能为战争和社会发展出力。

毛泽东先生访问记

赵超构*

毛泽东先生招宴，是在6月12日下午6时，那天早上便发来了浅红色的请柬，招待人同时说明，希望我们在下午4时就去，为的是在晚宴之前可以先和毛先生作长谈。

对于一个中共领袖的宴会，我们是没有理由敢于迟误的，大家都准备好了。上车的时候，我发现自己穿着新买的凉鞋，又是赤足，未免不郑重，而颇想去穿一双袜子，但招待人坚决的保证说，毫无关系，“到了那里，你将发现比你穿得还要随便的人。这边是不讲究这些细节的”。

渡过清浅的延河，驶行了10分钟，在山谷中露出一所长方形的洋式建筑，那便是中共办公厅和大礼堂了。再驶近一看，环绕着这建筑的山腰，排列着无数的窑洞，那就是办事人员的住宅，车子一直驶进大门。门口站着两名卫兵，是我到陕北来所见到的最整齐的红军。

我们被引导入大礼堂后面的客厅休息。

这个客厅，也是延安最漂亮的了，又长又宽，两边陈设沙发，中间是一排可以坐40个人的丁字形桌子，洁白的桌布，摆着鲜花。壁上除了四大领

---

* 作者时任重庆《新民报》主笔，1944年中外记者延安考察团成员。

袖的肖像外，还有两幅巨大的油画分挂在两边，一幅是斯大林委员长，另一幅是毛氏本人的。

客人们纷纷到来，各找着对手谈话。我发现许多延安干部穿着草鞋来会见他们的领袖，这颇使我安心。因此，我也就坦然靠在沙发上，依着我的习惯，伸着赤裸裸的一双脚，点上一支此间最名贵的曙光牌烟卷，解除了所有做客人的局促与矜持。

等候了半支烟的工夫，毛先生昂然走进来。

由周恩来先生介绍，毛先生和我们一一握手。

身体颀长，并不奇伟。一套毛呢制服，显见已是陈旧的了。领扣是照例没有扣的，一如他的照相画像那样露着衬衣。眼睛盯着介绍人，好像在极力听取对方的姓名。

谈话时，依然满口的湖南口音，不知道是否因为工作紧张的缘故，显露疲乏的样子，在谈话中简直未见笑颜。然而，态度儒雅，音节清楚，辞令的安排恰当而有条理。我们依次听下去，从头至尾是理论的说明，却不是煽动性的演说。

这就是中国共产党的领袖毛泽东先生。

听取谈话中，我有更多的余暇审视他。浓厚的长发，微胖的脸庞，并不是行动家的模样，然而广阔的额部和那个隆起而端正的鼻梁，却露出了贵族的气概，一双眼睛老是向前凝视，显得这个人的思虑是很深的。

谈话会大约继续了 3 小时之久，先由毛先生说一段话，再分别答复各报记者提出的问题。

90 分钟的话，如并作一句讲，就是“希望国民政府，国民党，及一切党派，从各方面实行民主”。他认为唯有在民主的基础上才有真正的统一，也唯有民主的政治，才能发挥最大的力量。这种议论本是我所预料的，我并不感到多大惊异。使我觉得意外的，倒是他的词句异常的审慎平易，语气虽坚决，可不像一般延安朋友那种“张脉偾兴”的样子。我当时想，假如把毛先生这一番关于民主的谈论摘出来，放在重庆任何一家报纸上做社评，也不至于引起特别感觉的。事实上，对于民主的原则，我们任何人间几乎没有什么异点可资辩论，至于民主的程度，以及这一党对于那一党派所施行的民主作怎样的估计，那就难说了。

一边想着，一边倾听，日色渐渐向晚，通红的夕阳映得满堂辉煌。我一眼看到毛先生背后的油画上，斯大林委员长左手倚着桌子，伸着右手，摊着掌心，眉飞色舞地面对我们，似乎在雄辩，又似乎在向我们说教。

这时候，一种思潮蓦然在我脑海中起伏。斯大林不是一个伟大的坦白的现实主义者么？他从来不创造什么空中楼阁的漂亮议论，他的议论一贯是为现实斗争而存在的。所以我们对于承受斯大林作风的中共领袖们的议论，与其从议论本身去理解，实在还不如从他们环境的需要去理解——只有这样，才易于接触真相吧！

晚餐以后，我们在大礼堂看戏。

这是由此间的评剧研究院演出的。演的是“古城会”“打渔杀家”“鸿鸾禧”“草船借箭”四出。

对于评剧缺少修养的我，这四出戏，算是比较能够理解一点的。在开幕前的锣鼓中，我静坐在最前一排，胡乱在思索着这四出评剧是否也有共产党的宣传意味，“打渔杀家”之为革命剧，大概是无异议地可以通过了。“鸿鸾禧”是否表现恋爱与物质环境的关系？“古城会”有没有强调关羽精神？而“草船借箭”是否有类乎此间所传说的游击战故事？

用这类的眼光来看戏，本是大煞风景的事；以这样的观点来评戏，实在也是很幼稚的，但在当时，却无论如何驱逐不了这样的思考。在不知不觉中，忽然发现坐在我右侧，和我并肩的，正是毛泽东先生。

一时，我有点感到局促，但立刻便觉得坦然了，因为此时见到的毛先生，并不是下午坐在主席位上的肃然无笑容的人，而是一位殷勤的主人了。大概吃了几杯酒吧，两颊微酡，不断地让茶让烟，朋友似的和我们谈话。

戏早已上演了，他非常有兴味地听，看，从始到终。对于“古城会”中的张飞，对于“打渔杀家”中的教师爷，对于“鸿鸾禧”中的金老头，对于“草船借箭”中的鲁肃，他不断地发笑，不是微笑而是恣意尽情地捧腹大笑。当演出张飞自夸“我老张是何等聪明之人”那一副得意的神情时，当教师爷演出种种没用的丑态时，当金老头在台上打诨时，他的笑声尤其响亮。

在这时，我理解到毛先生是保有和我们一般人所共通的幽默与趣味的。他并不是那些一读政治报告，便将趣味性灵加以贬斥的人物。他虽自谦“对于评剧没有研究”，但也承认：“很喜欢看看。”

散场时，已经是夜 11 时，毛先生以微笑送客，在归途上，缺月衔山，清光似水，朋友问我今天得到什么印象，我明快地答道：

“完全出乎意料的轻松！”

在这里，不妨顺便谈一谈我对于毛泽东先生的印象。

不管我们喜欢不喜欢，毛泽东目前在边区以内的权威是绝对的。共产党的朋友虽然不屑提倡英雄主义，他们对于毛氏却用尽了英雄主义的方式来宣传拥护。凡是三人以上的公众场所，总有“毛主席”的像，所有的工厂学校，都有毛氏的题字。今年春节，延安书店所发售的要人图像中，毛氏的图像不仅超过其他要人的图像，而且是两三倍的超过。

“毛主席怎样说”虽然不是经典，但是“响应毛主席的号召”依然是边区干部动员民众的有力口号。毛泽东说一声“组织起来”，于是通过干部，通过报纸，以至于无知识的乡农都说“组织起来”。口号标语是共产党宣传工作的有力武器，而毛先生所提出的口号，其魅力有如神符，在工农分子眼中，“毛主席”的话是绝对的，保险的。

自然，单从宣传的作用上去理解毛氏的权威，这是不公道的。在造成毛氏权威的因素中，他本身的特点也决不能抹杀。他本身的特点在哪里呢？我曾以这个问题就教于许多共产党人，同时自己也冷眼地观察，综合起来，可以这样说：“毛泽东是一个最能熟习中国历史传统的共产党行动家！”

我们知道共产党是舶来品，在过去所有的共产党领袖中，都有一个共同的特点，那就是原版翻印共产党理论，却不知道怎样活用到中国的社会来。在以农民占大多数的中国社会，这种作风的不欢迎是无可避免的。毛泽东则不然，他精通共产党理论，而同时更熟悉中国历史。据说，从中学生时代起，历史是他最喜欢的课程。在他的行动中，《资治通鉴》和列宁斯大林的全集有同等的支配力。中国的史书包括许多统治民众经验，同时也指示许多中国社会的特征，精通了这些，然后可以知道在某种程度以内尊重传统的力量，或利用旧社会的形式，以避免不必要的摩擦。此外，再加上共产党所有的组织宣传，以及列宁斯大林的经验，毛泽东成功了。

边区的许多事实可以证明上面的论断。这个我有机会时再说，我现在只提一两件小事为例。

在我们想象中，边区一定是共产党理论像洪水一样泛滥的世界。然而不然，马列主义固是边区的基本思想，但已经不再以本来的面目出现了；因为现在边区马列主义已经照毛氏所得出的口号化装过，那便是“马列主义民族化”。换一句话说，马克思和列宁，不再以西装革履的姿态出现，却已穿起了中国的长袍马褂或农民的粗布短袄来了。小如变工队、秧歌队、合作社，大如新民主义，我们都可发现，是马列理论的内容和民族形式的外衣的综合品。在边区，开口马克思，闭口列宁，是要被笑为落伍的表现的。“打倒洋教条主义”，是他们整风运动之一点，毛泽东给共产党的教训，是在尊重农民社会的旧习惯与旧形式之中播种共产党的理论与政策。

“迪克西使团”到延安

延安生活：观察组阜平见闻

［美］卡萝尔·卡特*

彼得金继任观察组指挥官前，与其他几人前往日军后方的阜平，进行了为期4个月的旅程。包瑞德教彼得金如何观察中国共产党的组织构成、武器和装备，以及他们的身体状况、食物、衣服、士气和潜能。他需要注意共产党的武器类型、型号和状况，并判断有多少武器是国民党丢弃后被捡回来的，多少是从敌人手中夺过来的，多少是从友好的军队处获得的，多少是共产党人自己制造的。彼得金还需要从根本上判断中国共产党抗日的力度，并对共产党的突出能力和缺点给出一个大体评价。彼得金需要观察中国共产党的军队与人民的关系，获取第一手资料，并要留意他们的训练设备，要对共产党军队的自给自足能力做一个判断。包瑞德希望彼得金和他的下属们能带回报纸和刊物。

延安距阜平大约有1000英里路程。观察员们坐在骡子的木鞍子上，在1200—1500人左右的共产党士兵的护送下前进。一队人马护送他们走一段路后就有另一队人马接替。沿途的村民为他们提供热水和粥。彼得金上校带

---

* 作者系美国历史学家。本文摘自作者的《延安使命：1944—1947美军观察组延安963天》一书。

着证明其身份的文件，上面称他是美国政府的特别使团的官员，请沿途的军事或民间组织尽可能地予以关照。

当日军就在附近时，观察组就夜间行进，主要是在山里。他们在行进中碰到了无人监管的伪军战俘。他们参观了医院，那里的医疗人员用红丹、大蒜和鸦片治疗有毒瘾的病人，病人需要从医院走两英里去拍 X 光。观察组考察机场、军事学院和一个培训教师的学校。中国人为他们进行军事演习和操练，并在每一站接待他们，并为他们提供食物。有一次约翰、高林还给主人演示如何使用当地人自制的地雷。观察组见到了民兵，也看到他们埋地雷。他们看到农民买粮食，从日本人那里逃出来。他们经过一些村子时，也看到日军过后的一片狼藉。美国人在所到之处，都有孩子们围观。一天他们碰到一个四处演出的戏班子，他们的行头放在箱子里，驮在骡子上，摇摇欲坠。戏班子里的女人也骑着骡子，一些骡子还驮一只或几只哈巴狗，这些狗看来也是行李的一部分。

在观察组过夜的大部分地方，人们都把门卸下来，放在木架上，上面垫上充气床垫，为旅行者搭起临时的床。有时候中国人会给他们诸如小块的本地丝织品作为礼物。他们有时在村子里的饭馆吃饭，坐在只有六英寸高的小凳子上，吃着放在一英尺高的桌子上的食物。

在这些旅途中，美国人看到中国人挖的防御性窑洞和地道。他们将一个入口藏在猪圈的泥巴下面，另一个藏在马槽的一块假石头下，再一个藏在一个很低的土炕的假门下。美国人钻进地道，那里面布满了陷阱，是为了更容易击中爬进地道的日军的头。在地道两边墙上挖有一些小洞，里面放着照明用的油灯。地道的照明朝向陷阱，但射手隐蔽在暗处。有一个陷阱是将 8 英尺的木板横放在一个 30 英尺深的洞口。如果日本人来了，木板就会被抽开。有时共产党在地道口放一口磨，或是用很重的木头堵住地道口，防止日军进入。全村的人都能在 20 分钟内消失，躲进地道。一个 200 户的村子可以通过大概 15 个入口进入弯弯曲曲的地道。地道的建造就像井一样，最初是以一些新挖的井筒为基础建起来的。当一个井筒的一端向前伸展到另一处时，比如说 150 米远的地方，地道的一部分就建起来了，它穿过井筒，连接两端。最初的洞就被填满了。因为地道是挖在泥土里的，所以尽管人们挖地道时不用柱子，但地道也很少有坍塌的。地道里没有通风设施，也没有卫生设备。当日军进入一个废弃的村子时，他们总试图找到这些地道。他们一找到地道，就向地道里扔催泪弹和手榴弹。

彼得金一直在阜平这一中共游击队在敌后的总部待到 1944 年 12 月 28 日。他和他的使团成员参观共产党的兵工厂、药厂和医护学校。他们还考察了平汉铁路。日军在这一铁路每三分之一英里设一个碉堡，每个碉堡都派哨兵把守，监视附近村庄。一次，一个碉堡中的 10 个日本人试图拦截美国人，但他们快跑逃脱了。幸好他们逃离了，因为捉拿彼得金的通告已经张贴出来，不论死活，悬赏 5000 美元。

在这些旅行中，美国人穿着中式的棉袄。羊皮大衣可以帮他们抵挡大风。陕西省的大部分农民都住在没有家具而冬暖夏凉的窑洞里。一家人睡在炕上。炕是一种泥土或砖砌成的台子，下面有弯曲的暖气管道连通，用来取暖。一个炉子上面放着半圆形铁锅并与炕相连接。家里用锅烧饭做菜。他们的食物仅限于大米和粟米、一些大白菜，有时也有其他蔬菜和一点儿肉。人们通常都吃一瓣瓣的生蒜。共产党人通常都把自己的孩子送到一个社区中心，交由它看管。有时一个月只看见孩子一次或两次。每个家庭都有织布机，每人都有 1 个碗、1 双筷子、4—5 个盛食物的罐子。家里没有橱柜或是椅子。在冬天，中国人无时无刻不将他们所有的衣服穿在身上——三四件棉衣服，一件套在另一件上。在北方，男人和女人穿着一样的衣服。大多数人都剪着短发，戴着旧的蓝色棉帽，穿着夹衣和长裤。男人和女人都几乎分辨不出来，有好几次，美国大兵们在梨树园里参加舞会，当他们打断正在跳舞的两个女子后，才发现他们自己正在与男士跳舞。北方的女人远离化妆品，但在南方，一支口红可以卖到 15 美元的价格。南方的女人则穿裙子。男人、女人和孩子穿的大部分衣服都是自织土布做的。在中国所有地方，农民都从初冬起就穿上土布内衣裤，直到春天才脱下。

“迪克西使团”在阜平度过了圣诞节。尽管主人们都因为信仰共产主义而反对所有的宗教，但他们还是待之以礼，为美国人准备了一顿盛宴，庆祝这个节日。他们送给彼得金的礼物是熏烤的鸡、土布帽子和围巾、白兰地、一件日本军官大衣和中国人概念中的美国蛋糕。

事实上，共产党人非常细心地对待圣诞节，因为他们知道美国人很重视它。圣诞前夜，中国人没有忘记送上正式的祝福。1945 年的圣诞夜，使团邀请最重要的一些共产党人出席他们的晚宴，并请他们看电影。他们还交换了礼物，尽管这是他们不得不从有限的现存的物品里挑选出来的。战区总部努力不忽视这些远离他们的人。魏德迈将军通过信使的飞机送了一棵挂着装饰品的圣诞树和特别的食物，并送给每人一夸特苏格兰威士忌。共产党人非常严肃，总是彬彬有礼，和善友好，他们也爱笑和开玩笑。但美国人认为他们非常严肃地对待自己和他们斯巴达式的生活。他们“是与普通中国人不一样的人，因为他们有一种使命”。书店老板、工人和农民都没有明显的阶级差异。他们在中国其他地方旅行时从来没有见到过上层统治者们拿着沉重的黑色手杖。

彼得金的使团离开阜平回延安时走的是一条更直的路。尽管如此，路程仍有 600 英里，他们直到 1945 年 1 月 23 日才回到延安。大部分人步行，因为骑在骡子上太冷了。旅行回来的人们带了许多礼物和手工制品。其中一件是一支 7.9 毫米的步枪，是当地仿造毛瑟枪造的，毛瑟枪在南方被称为“总司令”。它是用平汉铁路的铁轨制造的。他们把铁轨放到机床里加工，机床由四五个人在一间“松鼠笼子”里拉动，他们要操作一分钟，之后由其他人接替。这样一支枪的制造总共需要 16 个人参与进来。

他们带回来的另一种武器叫“游击队”，是一种制造得有些像 7.9 毫米步枪的一发子弹的枪。因为枪经常打不准，所以它主要是作为奖励赠给当地游击队领导的。还有“碎土豆机”，一种小的手榴弹，是专门为妇女和儿童使用设计的。

一回到延安，彼得金就写了好几份报告，详细描述他的考察结果。他提到，中国共产党通过各种途径收集情报。他们主要依靠的是民众，很多民众都在日军后方，只需要给一点儿钱就会充当情报员。让彼得金很吃惊的是，共产党可以在离日军封锁线 25 英里的地方开设兵工厂，用人力拉动的机床将铁轨制造成步枪和手枪。在这个地方的考察和以前对国民党的了解之间鲜明的对比也深深打动了他。中国共产党几乎不付钱给它的士兵，这些人可以在闲余时间做其他工作，他们的收入尽管不太多，但足够生存。共产党的制服很不错，他们士气高昂，与国民党的状况截然不同。国民党内士气低落，他们的官员通常利用政治压力来完成任务，这些官员大多素质低下。国民党政府非常腐败，在他们控制的地区，租借法案的物资大部分都在进行买卖。

人们痛恨到国民党军队里当兵，他们被用绳子绑着，赶到征兵入伍的中心。有时候他们被押在监狱里，防止逃跑。“迪克西使团”中没有一个人报道说，他们看到在中国共产党控制的地区有人拒绝服兵役。他们也没看到有军官打入伍的士兵的情况，而这在中国其他地方是很寻常的事。但有时候，包瑞德有理由怀疑，共产党没将所有的事情全置于他们的控制之下。一次他和周恩来穿过一个村子时，那个村子出乎意料地干净，让他联想起波特金习惯把凯瑟琳大帝任何时候经过的俄罗斯的村庄都弄得井然有序。

（陈发兵译）

我所知道的延安美军观察组往事

李耀宇*

1944年夏天，在陈云的安排下，我在延安中央疗养院治愈了肺结核，本来想继续到陈云身边工作，陈云说，原来打算送你去党校学习，现在来了美国人，你比较有经验，去美军观察组工作吧。从此，我结识了一些美国朋友。

美国人来到延安

抗战后期，在华盟军中缅印战区司令官约瑟夫·史迪威将军要求向延安派遣一个军事观察组，以便对中共军队的战斗力做出一个正确的估计，获取相关的政治、军事、经济和气象情报，探索与中共进行军事合作的可能性。这项建议受到蒋介石的竭力反对。蒋不愿意国际社会了解认识中国共产党，更不愿美国在延安设立使团。尽管1943年这项建议就被提出，直到1944年6月美国副总统华莱士访华，蒋介石才勉强同意。

1944年7月22日，首批美军观察组成员在组长D．包瑞德上校率领下，

* 作者时任中共中央宣传部管理员、美军观察组管理员。

乘一架 C-47 型运输机飞跃秦岭，在震耳的轰鸣声中降落在延安机场。

成员中唯一的文职官员是美国驻华大使馆二秘、中缅印战区司令部政治顾问约翰·谢伟思。谢伟思是派遣观察组这项建议的积极倡导者。

美军为观察组命名的军事代号是“迪克西使团（DIXIE MISSION）”，如此命名意味深长。“迪克西”原指美国南北战争时期南方诸州，源自一首歌颂南方的流行歌曲，在此比喻陕甘宁边区。反叛的南方人受到称赞，但终被北方人击败。这样的历史结局如能在中国重演，或许是美国所期待的。

美军观察组飞抵延安，受到中共领导人的热烈欢迎。周恩来、张闻天、博古、贺龙等人亲临机场迎接。从此揭开了中国共产党与美国官方正式交往的序幕。

包瑞德上校

美军观察组组长包瑞德上校，就是在延安劝毛泽东主席放弃武装，到国民政府里做官的那个美国人。每天早餐晚餐前，上校都要“操练”。他敞开军外衣，微微凸起的肚子上斜插一支“加拿大撸子”，挺胸甩臂，目不斜视，一会儿健步急走，一会儿缓步慢跑。上校沿公路跑到北门，出南门，绕回东关，过延河，经清凉山、王家坪，再从王家坪过延河，经“韬奋书店”回观察组。大家很好奇，天天挤在大门口，看包瑞德上校在延河滩上“无事瞎忙活”。

周恩来到观察组的次数较少，一次他跟我们聊天，讲到外国人在上海横行霸道，外滩公园门口挂一块牌子。他浓眉紧锁，一字一顿说“华人与狗不得入内”，同时用手指在空中一点一点。停了一会儿，他的情绪稍稍平静，又说：“美国人为什么这么尊重我们呢？一是我们与美国是盟友，帮助美国人做了许多工作；二是延安人团结抗日，不贪污腐化；三是延安官兵一致，有民主自由的空气。美国人佩服我们哪！”

包瑞德上校在延安美军观察组的任职时间很短，日本投降后，他再次被任命为驻华助理武官。1950 年 2 月，他黯然离开北京。1949 年 10 月 1 日的开国大典之前，北京公安局破获了国际特务阴谋使用迫击炮轰击天安门，刺杀毛泽东等中共领袖的重大案件。此案主犯于1951年8月被枪毙，包瑞德被指控为此案的幕后策划者，并被缺席判处死刑。

1971年，周恩来与应邀来华访问的谢伟思谈话，明确指出，指控包瑞德卷入炮击天安门案件是个错误，并表示欢迎包瑞德来中国访问。然而包瑞德没能来中国与他的延安朋友们相见，他终老北京的愿望也没有实现。1977年2月3日，包瑞德在旧金山病故，终年84岁。

迪克西使团

迪克西使团的成员被安置在北门外的“边区司令部”。

中共中央领导非常重视美军观察组的生活，指示要让客人们吃好，住好。我雇佣民工，筑窑烧砖，陆续在“边司”的操场和菜地上建筑了三层楼高的气象观测楼、仓库、餐厅和警卫室，大门旁搭起了汽车棚和发电机房。

观察组的庭院左侧有一片稀疏的柳林，树木粗若碗口，美军人员常常在林中打羽毛球，举办舞会。

观察组的美国官兵很佩服延安的共产党人，观察组的几个美国人，多次向我竖起大拇指：“你们共产党是这个。”然后又翘出小拇指朝向地面：“你们国民党是这个。”同样都是中国人，只是因为政治表现不同，在美国人的眼里就有天壤之别。

这些美国人一天到晚蠕动腮帮，咀嚼口香糖。我打趣说，你们又“倒嚼”啦！他们听不懂“倒嚼”是什么意思，个个都像会笑的骆驼，蓝蓝的大眼睛闪动着天真的光彩。他们见我不嚼口香糖反而觉得反常，纷纷掏出口香糖请我吃，我再三推辞，他们就硬塞进我的衣兜。结果，我也和“骆驼”一起“倒嚼”起来。

美国的战时物资供应充足，显示出强大的经济实力和科技实力。观察组的仓库堆满了气象器材、通讯器材、食品药品和被服。美军官兵每人都配备几套卡其布军服和呢料军服；另外还有工作服、夹克、大衣、鸭绒睡袋、皮靴、雨衣等。在食品方面，最具特色的是花样翻新的各式罐头。有时，观察组急需某种零件或药品，用电台联络一下，很快，从西安派出一架飞机，在观察组上空低空盘旋，从机舱里扔下一只小木箱，溅落在观察组院子的黄土坡上，激起一团黄尘。

用黄土“干打垒”夯起的围墙依地势逶迤起伏，将整个边区司令部和美军观察组围得严严实实。一道黄土围墙，串联两座大门，哨兵日夜警戒。围墙之内却是一个大院，边区司令部和美军观察组之间无挡无遮，互可通行。

1945 年 8 月日本投降后，边区司令部大院内新夯了一道黄土墙，将“边司”与“迪克西使团”隔开，似乎喻示中共与美国隔阂的开始。

我军首批“外交官”

1944 年 8 月 18 日，中共中央下发《关于外交工作的指示》：“这次外国记者、美军人员来我边区及敌后根据地便是对我新民主中国有初步认识后有实际接触的开始。因此把这看作是我们在国际间统一战线的开展，是我们外交工作的开始。”美军来之前，各单位都打了招呼，算是最早的“外事教育”吧。

观察组中方人员有 2 名英语翻译，4 名后勤管理员，另有 8 名厨师，一名女打字员，一个警卫班。从延安科学院调来两男两女年轻人，配合美军搞气象观测工作。我们这些人构成了红色军队的第一批“外交人员”。

中央办公厅从西北菜社、边区菜社调来最好的厨师，为观察组烹调一日三餐。美军官兵的早餐很简单，每人两只油煎鸡蛋、煮红萝卜、油炸土豆片。厨房只用美国的酸黄瓜罐头煮酸黄瓜汤。1940 年我在中组部胜利食堂学厨，知道一些中西菜肴的做法，通过翻译，让飞机运来一些沙拉油和一些调料，做了土豆沙拉和几种西餐小菜。

我们觉得这样的饭菜也太单调了，决定给美国人改善伙食，把一只汽油桶改造成烤炉，烤起了羊肉和整鸡。延安无鸭，我们就用烤鸭和脆皮鸡的混合工艺，烤出皮脆肉嫩、纯香四溢的“延安鸡”。大厨把猪肉剁碎，加入调料，放入烤炉，烤成外脆里嫩、味道鲜美的碎肉饼。“延安鸡”和烤肉饼餐餐都被美军官兵吃得一干二净。延安厨师烤制的面包新鲜可口，从此，飞机再也不往延安运送面包了。后来，观察组的美国人也能用筷子吃饭，喜欢吃包子、饺子。那时，中共中央无偿向美军观察组供应饮食。

观察组中方人员“近水楼台先得月”，时常吃些午餐肉罐头、黄油果酱，开了洋荤。美军也有一个管理员，大约叫什么“沃德”，经常拎一只铁皮桶，里面装着午餐肉罐头，送到中国人的大灶。他还担心我们不吃，转送别人，当场撬开罐头，看见我们每人取了一份午餐肉，才满意地离去。

1945 年 1 月 21 日，观察组惠特尔西上尉赴山西考察八路军，在太行山的榆社县堡下村被日寇杀害。朱德总司令亲临观察组慰问，亲自题写了匾额，将我们的餐厅命名为“惠特尔西纪念堂”。此时，中国共产党与美国官方，以及八路军与美军的友谊达到了顶峰。

美军教我驾驶吉普车

美国吉普车是二战中的宠物。1942 年刚刚投入批量生产的吉普车，立即以其独到之处享誉整个盟军。美军观察组抵延安不久，运输机降落在延安机场，四辆崭新的草绿色的吉普车从机腹中驶出。观察组无专职司机，有时包瑞德上校也要充当“临时司机”驾车去机场接飞机。

美军观察组的基建完工后，我基本上没什么具体工作，天天泡在发电机房，帮助美军技工擦机器，与美军技工成了好朋友。观察组没有专职司机，美军技工要管理发电机，还要搞保养汽车，忙不过来，就请求我们协助驾驶吉普车。

在观察组院子里，技工逐一讲解吉普车的操作机件和操作要领，翻译在一旁给我们解释。经过几天的“理论学习”，我们去东关机场开始实际操练。为了安全，技工拆卸了吉普车的挡风玻璃。我坐上吉普车，拧开电门，左脚踩开离合器，右脚踩动油门，吉普车呜、呜地吼叫着，车身微微颤抖起来。翻译在身后提醒我，加油门！松离合！吉普车慢慢向前行驶起来。技工高兴地竖起大拇指。我把变速杆挂到高速挡，狠狠踩住油门，吉普车像受惊的烈马，飞速狂奔。只听耳边风声呼呼作响，转眼间，掠过桥儿沟，接近飞机场跑道的尽头。我想转回去，就松开油门，向左转动方向盘。吉普车右侧两个轮子离开地面，忽的一下，来了个 90 度的侧翻，横躺在飞机跑道上。我和技工、翻译被甩出车外。

很快，我们四个人都可以单独驾车，代替美国人去机场接飞机。不久，运输机又运来两部吉普车。

1946 年 6 月，内战全面爆发，美军观察组撤离延安，遗留下的吉普车，转战陕北时用上了。

新中国气象事业的摇篮

1944 年夏末，美军的气象台开始工作，五六个美国人一天到晚忙来忙去，放探空气球，搞航站预报，为来往延安的飞机提供气象保证。

当时美军在成都、昆明和衡阳等地设有空军基地，美军的 B–29 轰炸机经常从基地起飞，轰炸日军控制的华东、华北和东北地区，因而急需华东、华北等地的气象情报。美军要求派人去各地的解放区设立气象观测站，经与中央军委谈判，就此事达成了协议。由中方举办气象测报人员训练班，美方派教员协助训练；美方提供所需的气象观测仪器及无线电通信器材；各地的气象情报资料由军委三局统一收集后交美方。

经过培训的中方气象人员陆续来到美军观察组，基本接替了美国人的气象观测工作。他们是红色军队的第一代气象兵，在以后接收国民党气象机构和组建新中国气象事业中成为骨干。

气象观测楼天天施放探空气球，充满氢气的橡胶皮囊膨胀成直径 2 米左右的大球，呼呼悠悠向天空飘浮的气球经常在空中爆裂，残破的气球胶皮落到观察组四周，被人拾走，缝成雨衣。气象员气恼地说：“重庆造的球胆就像猪尿泡，升不到预定高度就破裂了。”很快，美军运输机运来一批美国制造的球胆，气球升空后，再不爆裂，气象员操纵一米多长的单筒望远镜观测气球飞行方向和高度。

抗战结束后，美军观察组陆续撤离延安，他们遗留在仓库里的便携式电台、手摇发电机和收发报机在解放战争中发挥了很大作用。

盘尼西林、好莱坞电影和赫尔利

盘尼西林、好莱坞电影和赫尔利仿佛象征着美国的科技、文化和政治。美军观察组的军医离开延安后，马海德医生负责美军观察组的医疗工作。一次，在我们管理员办公室，他小心翼翼地把5个小玻璃瓶放入医疗箱，兴奋地说，这回可解决大问题了。我问是什么宝贝，他说，是美军给的盘尼西林。

中组部的老朋友王盛荣，知道我在美军观察组工作，托我讨要美国的西药。他得到药片后，高兴得手舞足蹈。延安时代，几乎人人营养不良，体质虚弱，普通的腹泻、痢疾可夺人性命。几粒消炎药可以挽救一条生命，弥足珍贵。

美军观察组成为延安人了解世界的一个窗口。中宣部的董纯才、柯柏年、黄华等人隔三差五来观察组搜集英文报刊杂志。观察组的餐厅亦兼电影放映厅。夜幕降临，发电机轰鸣。大家陆续来到餐厅。银幕上放映着好莱坞故事片：豪华的汽车、别墅令人耳目一新，半裸的美女，男人女人长时间的亲吻……这些光怪陆离的镜头我们看不惯，低声嘟囔着，这都是些啥玩意儿！低级趣味！纷纷离开餐厅，丢下困惑的美国人自己看。后来，美国人似乎醒悟其中缘由，改为放映战争新闻纪录片，阿留申群岛之战、关岛登陆战、北非战场、诺曼底登陆战等。成群的飞机、军舰、坦克、大炮在银幕上打得天昏地暗。我们又有了看电影的兴趣。翻译叮嘱大家，看电影时，愿看就看，不愿看就走，但是观影时不要笑，不要哭，也不要鼓掌。可是观察组附近几个学校的学员不知道这个规矩，他们看到银幕上一群群士兵，在猛烈的炮火下纷纷阵亡时，分不清敌友，只要看到死人就很高兴，兴奋地鼓掌欢笑。从这以后，就有美军军官站在观察组的大门口，使影迷们悻悻离去。

1944 年 10 月的一天，久违的日军轰炸机飞临延安，专门轰炸美军观察组。清凉山上响起尖厉的防空警报，中美双方人员都躲进窑洞。炸弹在观察组周围猛烈爆炸，声波和气浪震动窑洞的门窗。窑洞顶坡的黄土刷、刷地落下来。

日军轰炸美军观察组不久，美国总统特使赫尔利来延安访问。

赫尔利依照美国的政治标准，大包大揽地与毛泽东就中国的政治达成“协议”。在重庆，这个“协议”遭到蒋介石的激烈反对，赫尔利立刻转变态度，劝说毛泽东接受蒋介石的条件，交出军队，去蒋介石的政府里“做官”。

1945 年 8 月，赫尔利第二次飞抵延安，来迎接毛泽东赴重庆与蒋介石谈判。毛泽东登上飞机之际，赫尔利莫名其妙地嗷嗷地嚎叫，搞得众人面面相觑。不知道他葫芦里卖的什么药。

特殊的任务

临近 1944 年圣诞节，我和翻译开一辆吉普车，两位美军士兵开一辆吉普车带两支卡宾枪，去南四十里铺的山沟里砍圣诞树。进了沟口，转过一道山梁，看见满沟的墨绿色森林，美国人高兴地大声喊叫，向上奔去，脚下一滑，两人都摔了一个“前趴”。翻译顺手拿过卡宾枪，让我背上。

砍圣诞树时，这两位“老外”格外挑剔，一个说，这棵树大了，另一个又嫌树形不好看。左挑右选，又爬了两个小山包，终于砍到一棵满意的圣诞树。下山时，翻译悄悄地对我说，小李，你快开车，争取提前半小时到家，我和他们在后面慢慢走，这是一个任务。

我把卡宾枪放在座椅旁，不顾雪深路滑，飞车疾驶。回到观察组，早有一人等候在门口，没等吉普车停稳，他就奔来，从车上取下卡宾枪，转身就走。我跟在他身后进了我和杨管理员住的宿舍。宿舍里还有三人在等候。他们二话不说，拆卸卡宾枪。一人拿出一架又小又薄的照相机，把卡宾枪的零件一一拍摄下来，一人用游标卡尺测量零件的尺寸，一人趴在桌子上画草图，记尺寸。测绘完卡宾枪，他们用白布单兜起全部零件，让我赶快送到警卫班，让战士们擦枪。随后，我走到大门口，远远看见雪地中开来一辆吉普车。翻译领着那两个美国人来到警卫班，对他俩说了一通英语。意思是，小李开车也太快了，枪从车子上掉下去了，差一点没压坏。你们看，他们还在擦枪呢。卡宾枪在当时是新式武器，自从美国人到延安，我们才见到这种自动步枪。

测绘美军卡宾枪之事后，翻译再三叮嘱我：“没有旁人知道，只有你知道这件事啊！美军观察组到延安的一个主要任务，就是搜集延安党政军的情报。中方获取卡宾枪的情报，是‘来而不往，非礼也’。”

乘美军飞机兜风

从1944年11月赫尔利访问延安开始，到1945年毛泽东赴重庆谈判，美军运输机频繁往返重庆延安之间。每次运输机抵达和离开延安，我们这些“八路军司机”倾巢出动，接送客人和机组人员。

美军飞机的机组人员为了感谢我们的服务，主动邀请观察组中方人员乘飞机去兜风。

飞机像只绿色的大鸟，轻盈地向西方飞翔。我们坐在机舱里的铁椅子上，俯身弦窗前，机翼下，黄土高原沟堑纵横，黄河如带，道路如丝，腾格里沙漠如片片鱼鳞。飞机飞过宁夏、甘肃，进入青海后开始返航。

延安机场遥遥在望，美军驾驶员忽然心血来潮，搞了个恶作剧，飞机在空中猛然向下俯冲。我感到自己的舌头像条长虫拼命要钻出口腔。

飞机上有人翻江倒海般地呕吐；有人尿了裤子。飞机在延安机场停稳，众人爬下飞机，个个脸色苍白，惊魂未定：“我的妈呀！以后再也不坐飞机了！”

1945年8月，日本宣布投降。蒋介石借助美国的飞机和军舰运输军队，开始与八路军赛跑，抢先接管东北、华北和华东的城市。中国共产党只借用了一架美军飞机运送自己的将军，这也是无偿供给美国人吃喝的回报吧。

大约是毛泽东去重庆谈判的前几天，那天早晨，我按惯例开吉普车送美军运输机的飞行员去东关机场。气氛与往常不一样，在延安东门就有部队警戒。飞机旁早有一群人等候，吉普车驶进人群，美军飞行员跳上飞机做飞行准备。我坐在吉普车上看见黄华招呼刘伯承、林彪、陈毅、邓小平、滕代远等十几位军事首长，他们神情严肃，依次登上飞机。

美军飞机的螺旋桨飞速旋转，飞机轻轻地颠簸着掉转机身，机头朝向桥儿沟方向，向前奔驰，随即轻盈地飞上蓝天……

来延安参加中共第七次全国代表大会的军事首长，从空中飞越胡宗南的黄河封锁线，分赴各自的部队。美军飞行员可帮了共产党的大忙。

共庆抗战胜利

1945 年 8 月 15 日，日本天皇裕仁在日本国内无线电广播中宣布无条件投降。

那天晚上，我和一名警卫战士正在山上的窝棚里看守即将成熟的西瓜、土豆和山芋，防范野獾来糟蹋。这名战士是山西人，随 359 旅西渡黄河，又调到“边司”担任警卫。忽然，延河两岸人声鼎沸，鞭炮声阵阵，许多人擎着火把跑来跑去。美军观察组的院子里灯火通明，人们手持卡宾枪对空射击，一串串曳光弹划破夜空。我俩莫名其妙，不知发生了什么事情。我让警卫战士下山去探个究竟，他跑回来告诉我，小日本投降了！我们胜利了！我俩兴奋不已，坐在窝棚里憧憬胜利后的日子，一直议论到天明。

“将来我们的部队要不了这么多人了，我们向何处去啊？”

警卫战士说：“我要回山西岢岚的老家，向政府要几亩地，买头毛驴，娶个媳妇，美美地过日子。”1946 年，我离开延安途经山西岢岚县，满目荒山秃岭，黄土地里的麦苗瘦弱稀疏，贫瘠的景象甚于陕北。我那战友念念不忘的故乡竟然如此荒凉！

观察组中美双方人员共庆抗战胜利，举杯畅饮，彻夜狂欢。盛美国白酒的绿色酒瓶外形近乎中国古代兵器的战锤，洋酒入口，喉咙被高浓度酒精刺激得火烧火燎。我喝了小半瓶的洋白酒，睡了一天一夜。

日本宣布投降后，观察组内的美军朋友陆续离开延安。我也有了新任务，驾驶吉普车去新市场定做各种尺寸和图案的羊毛地毯，作为纪念品赠送给美军官兵。美军人员依军衔的高低，得到大小不等的地毯，一般士兵获赠一对座椅垫。延安的地毯质地厚重，动物图案鲜艳生动。在延安机场，我与美国朋友握手告别。

（李东平记录整理）

谢伟思先生的真知灼见

李向前*

51 年前，正当抗击日本法西斯的中国战场开始转入反攻，酣战太平洋的美军同日军展开逐岛激烈争夺之际，一个由一小队美国军人和政府官员组成的使团，从重庆机场悄然起飞。他们一路向西向北，飞往中国那苍莽而神秘的黄土高原。尽管，这些用美国一个俚语——“迪克西”——而命名的使团的成员们，并不是最先抵达中国“红色首都”延安的美国人，但他们却是第一批受美国军方，甚至是受美国最高决策者正式派遣而来的使者。

在使团当中，有一位身材颀长，会讲中国话的年轻人。他虽非美国职业军人，但也身着美军军服。显然，当时的他并没有意识到，在他的脚一踏上这片浑黄色的土地的时候，他以后一生的命运也就同它紧密地连接在一起了。他，就是本篇访问记的主人，当时任美国驻华大使馆二等秘书、中缅印战区司令部政治顾问的约翰·谢伟思先生。

这是半个世纪后一个阳光明媚的早晨。

作为中央电视台纪念抗日战争胜利 50 周年大型系列片《胜利》的撰稿

---

* 作者系中共中央党史研究室研究员，曾作为中央电视台纪念抗日战争胜利50周年大型系列片《胜利》的撰稿人，赴美采访了谢伟思先生。

人，我有幸同我们的电视采访小组，在美国旧金山访问了谢伟思先生。

旧金山湾温暖的海流，给美国西海岸这座大都市带来了得天独厚的气候环境。这里四季如春，终年绿草成茵，花木扶疏。在湾区起伏的半环形山脉上，错落有致地排列着各种造型不同、颜色迥异的建筑，它们宛如点缀在一片碧绿中的花朵，给整座城市增添了妩媚和幽雅。

当我们如约到达位于奥克兰区谢伟思先生居住的老年公寓时，老人已先于我们在门厅中等候了。看上去，他完全不像已届86岁高龄的耄耋老人，依然是健硕的体魄，依然是机敏光亮的眼睛，依然是幽默而充满智慧的外表。我们几乎是不用介绍，就径直走了去同他握手的。

对谢伟思先生，我是心仪已久的。还在大学和研究生院读书的时候，我就曾对抗日战争胜利前夜国、共、美三方复杂的政治关系史发生过浓厚的兴趣。因为，这在很大程度上是关系到中国命运和前途的一个历史关节点或时局转换的枢纽。自然，要研究这一时期的历史，便无法回避迪克西使团，无法回避谢伟思在其中发挥的作用。

此外，谢伟思个人的经历和遭际，也是我曾经十分关注的。应该承认，这位出生在我国四川省成都市一个美国传教士家庭，在中国度过了自己青少年时代16个春秋的美国政府官员，在他的赴华使命中，是尽心尽职为美国国家利益工作的。然而，为了打败共同的敌人——日本法西斯，意识形态观念不同，价值观存在很大差异的人们，是可以紧密地团结在一起去战斗的。那些差异并不妨碍人们成为战友和朋友。另外，不管来自哪个国度的人，在真、善、美以及其他社会道义原则问题上，应该有本质上的相通之处。一个有正义感的人，他总会客观而公正地评价、判断眼前的事物，从而得出比较正确的结论。

而谢伟思先生在华的主要使命，便是一种类似于观察员式的工作。他的任务是把自己对于中国战局的发展、中国各政治力量的状况、中国未来前途等问题的见解，向美国的国务院做出报告。由于谢伟思先生谙熟中国语言文字，能较深入地接触中国社会，发现隐藏在外部表象后面的真实，因此，他提出的报告往往直言不讳，有自己独到的见解。在他看来，中国共产党是抗击日军的主要力量。这个政党是有生气、有远见的，她并非如某些人所说的是苏联人的傀儡，而是具有勃勃活力的，真正有前途的革命力量。

他的这些结论，自然有忤于美国国内一些“大人物”的看法。1945 年 4 月，他被赫尔利调离中国。6 月，因涉嫌所谓的《亚美》杂志间谍案而被捕。但是，大陪审团终以 20：0 否决了对他的指控。然而更不幸的事发生在 50 年代初。当时由于冷战的原因，美国国内右派势力甚嚣尘上，他们把所谓“丢失中国”的“罪名”加在谢伟思等这些 40 年代在中国工作、对中国状况做出过正确反映的官员们身上。参议员麦卡锡操纵国会调查委员会，对谢伟思等人横加迫害。1951 年 9 月，国务院竟在调查结论无罪的情况下，辞退了谢伟思的公职。这使这位职业外交官的生计陷入了困境。他为此不得不到纽约一家蒸汽机制造公司谋取一份“外行”的工作。公正的美国舆论一直这样评论：谢伟思是麦卡锡当政的那个美国历史上最黑暗时代中受到最严重伤害的人。如果政府早些听了谢伟思的意见，如果美国当时对中国及其共产党采取现实的政策，那么，可能就不会发生后来的朝鲜战争，战后的中美关系也可能会大为改观。

我同谢伟思先生的交谈，自然要从他参加迪克西使团前往延安，以及在此前后他对中国政治发展的观察开始。在我们的摄像机面前，先生从容不迫，侃侃而谈。唯一遗憾的是，先生已经不能直接操汉语回答我们的问题了。

先生说，太平洋战争爆发后，美军在史迪威将军的指挥下，在中国战区积极作战。但他们越介入中国战场，就越需要了解中国的军事、政治状况。在这种背景下，美国国务院于 1943 年派出数名外交官加入史迪威将军的司令部做情报工作。先生告诉我们，他便是这些外交官中的一个。

先生接着说，当时他所负责的工作，是在史迪威的司令部和中共驻重庆办事处之间进行沟通，而主要任务是同周恩来先生进行接触。先生说，随着战争的发展，我们越来越感到华北敌后战况的重要。我们向蒋介石多次要求派代表去延安，搜集和研究那里的战况和情报，但都遭蒋拒绝。直到 1944 年 6 月，华莱士副总统访华，对蒋介石施加了压力，蒋才最终同意我们的建议。于是，我们在重庆组成了观察小组，我作为政治观察员加入小组，负责对政治事务方面做出报告。

先生说，当我们到达延安时，毛泽东和其他中共领导人热情地接待了我们。中共方面安排了很多次报告会，由各个地区的军事负责人向我们介绍情况，使我们了解了很多关于华北战场的最新发展形势，以及游击战的真实情况。我们还曾派出小组前往作战地区，如晋察冀的阜平和山西等地，以便进一步接触战场实际。

谢伟思先生不无感慨地告诉我们，当时他们得到的一个很深印象就是，华北敌后在很多方面与重庆不同。人民支援军队，也拥护他们的领导人。人民是同八路军紧密结合在一起的。延安给人的感觉，是一个充满活力的地方。这里人人平等，没有通货膨胀，很少官僚主义，人们只是在为扩大根据地、为打败日本侵略者而战斗。在延安，中共领导人普通得就像战士。毛泽东经常只带一个卫兵，在延安城里散步。他有一次在河边就这么碰见了毛泽东。毛泽东经常参加群众活动，平易近人。总之，在延安，人们充满信心。他们相信，中共早晚会成为执政党。这给美国人很深的印象，也使他们受到了很好的教育。

然而，在重庆，情况则完全不同。那里的人们完全是被动的，人们没有自己的远大想法，只是在那里等待着返回南京，返回上海。在国民党统治区，几乎没有什么可以给人以新奇印象的东西。他们就是向盟军要物资，要更多的飞机，要一切所能要到的东西。先生说与此形成鲜明对照的是，延安人总是向我说:“有办法，有办法”（谢伟思先生说这两句话时使用了中文）。他们的办法很简单，那就是从日本人那里缴获。战斗越多，获取的也就越多。他们没有抱怨，没有令人生厌的讨价还价，甚至没有什么要求，他们总是充满了乐观。

讲到这里，谢伟思先生向我透露了他当时形成的一个重要想法，那就是美国人应该真诚地同八路军、共产党合作。同时他也有责任向美国的决策者和一般人宣传延安的情况。有意思的是，谢伟思的想法事实上同我们党的见解是一致的，在毛泽东和中共其他领导人同他的谈话中，都清晰地表明了这一点。下面是谢伟思先生有关这一内容的回忆：

那时候，外国人并不了解八路军，也不了解中国共产党。因为，中共和八路军只在华北一隅，大多数外国人不能到达那些地方，因而也就不了解他们在政治上所起的作用。

我当时和其他几位观察组的成员都特别关注在日本人被打败以后中国事态的发展。我越来越相信，中共在战后的中国将是一个非常重要的因素，他们有更强大的力量，控制着更广大的地区和人民，他们比在江西的时候要强大得多。在延安我与毛泽东和其他中共领导人如周恩来、刘少奇的多次谈话之后，我得出的结论是，他们很想在抗击日本侵略者的过程中，得到美国人的支持，以及在战争结束后，在经济方面与美国人合作。特别是他们向我解释了他们在打败日本人之后将要实行的政策，希望在战后能得到外国的援助。

我认为，那种说中共只是依赖苏联，是苏联的傀儡的说法，是非常不明智的。事实上，中共很了解苏联在战争中损失巨大，拿不出更多的物资来支援中国进行建设。因此，他们欢迎美国的援助，愿意同美国合作。我把这些情况通过驻重庆的大使馆向华盛顿作了汇报。当时大使馆对这些情况是非常重视的。

我相信，国民党是无法打败共产党的。因为共产党在战争中迅速地发展和壮大。我认为，如果处理得当，那么战后中国会有好的前途，人民和各个方面都会从中获益。而所谓得当的处理和尽量好的安排，是指根据中共建议组成联合政府的方案。所以我在写给上司的报告中，呼吁美国应通过一个合作性的意向，来处理战后中国的事务，避免发生分裂和内战的灾难。这样做，既符合中国的利益，也符合美国在远东的利益。

说到这里，谢伟思先生稍作停顿，仿佛在继续整理一下思路，准备进入更深层的反思。

先生接着说，那时，我只有 35 岁，很年轻。我的上述这些报告可能会引起一些人的不悦，但我还是写了。在我 1944 年同总统助理霍普金斯先生谈到这些问题时，他就很直率地对我说，也许，你说的都是正确的。但共产党就是共产党，他们不会改变，在美国，各国共产党都是被莫斯科控制和指挥的看法已成定见。但我从跟他的交谈中却体会到，霍普金斯也有这样的感觉：中共与其他共产党有所不同。他们在历史上同莫斯科有分歧，整风运动就是中共独立于苏联影响之外的标志。霍普金斯还认为，由于毛泽东的才能和独创性，他理所当然应成为中共的领袖。但是，我也深刻地意识到，霍普金斯乃至另外一些更接近于决策层的人们，都深受赫尔利的影响，那就是说要解决中共问题，只有通过俄国人，通过与斯大林的交易。或者也就是说，由我们给斯大林一些他想得到的东西，然后向他提出条件。于是斯大林就会去迫使中共按他的要求去做，例如要中共收缩自己的力量，推迟实现他们的主张，同意美国人的条件，等等。我认为，赫尔利这一套很可能来自国民党的某些人，例如宋子文等。当时罗斯福重病在身，不久就病逝了。他远离中国，同赫尔利一样，都没有有关中国的背景知识。但美国的政策就这样制定下来了。这也就是后来雅尔塔会议的背景。由于美国军方认为在对日本本土进行最后攻击时，日本人会顽强抵抗，可能会造成上百万美军的伤亡。因此，罗斯福对雅尔塔会议感到满意，因为斯大林得到了好处，从而做出了承诺。但是，这些东西实际上是不现实的。毛泽东也并不想依赖莫斯科，当卫星国。他所希望的，是更多地展开中国自己的共产主义运动。

先生接着说，然而战争结束之快出乎人们的意料。广岛原子弹爆炸后，日本很快宣布投降。美国人当时很愚蠢，又开始极不现实地认为，他们可以圆满地安排中国的未来，也就是努力建立在蒋介石领导下的统一而民主的政府。根据麦克阿瑟将军的第一号命令，日军只向国民党投降。因此我们把国民党军队空运到受降地区，如秦皇岛、青岛、上海等地，并动用我们的海军来守卫港口，以待国民党军队的到来，从而引起了中国的内战。

讲到这里，我注意到谢伟思先生的语调中带着很浓重的感叹和遗憾的味道。作为历史的当事人，他所流露的那种情感，他所表现出的那种深深地无奈，是很容易让人捕捉到的。

先生继续对我说，当时我们的见解很难达于最高层。然而我们都是那些事实的真正见证人。中共和八路军在人民之中，在抗日的战斗中得到迅速发展，他们是充满生气的力量。我刚到延安，毛泽东就在一天夜晚的联欢会上对我说过这样的话：我非常想更多地了解你们，当然，你们也想更多地了解我们。我们的想法是一样的。后来，在枣园，毛泽东曾与我进行过长谈。他直率地向我谈起我们之间的关系，同时详尽地向我解释了中共的政策，解释了他的关于新民主主义的观点，并展望了战后形势的发展。我强烈感觉到，他为了进行中国的建设，确实希望同美国进行合作。他十分希望把这些信息传达出去。而当时我所能做的，只是向他解释，我仅仅是一个观察员，我没有授权阐述我们的政策。但我还是告诉了他，重庆那些人，对此会是无动于衷的。

听到谢伟思先生这些真实的讲述，我自己心里也升起一种对历史的莫名的遗憾。的确，如果像谢伟思先生这样一些当时只是下层官员但却握有真知灼见的人，能受到美国最高决策者的重视，那么战后中国、远东甚至在更大范围的历史时空中，将会出现多么不同的状况和结局！人们常常会提到政治上的“短视”。我想，在现代国际关系史上，美国决策者们在这里可能犯了一次最大的“短视”性错误。当然，历史总是偶然与必然的交织。在“短视”的后面，有着深刻的历史必然。这里边的道理既有意识形态的，更有不同阶级、不同立场和历史限制性的因素在发生作用，而这不是三言两语所能讲得清的。但我想，至少我们在回顾历史时应记住它们；在有余力的时候，仔细地研究它们。

在交谈的最后，谢伟思先生又应我的要求对中国的抗日战场进行了简单的评价。他说，无疑，八路军给日军造成重大困难。他们迫使日军在华北的广大地区建立封锁区。日军不得不沿铁路线部署重兵，建立据点，以保护铁路的畅通。日军不得不花费很大精力，用很多兵力去维持整个占领区。事实上，是中共吸引了日军的大部分注意力，将他们牢牢拖在了战场上。中共发动的多次战役，给日军沉重打击。

这时，时钟已经指向 12 时。在言犹未尽之中，我们不得不起身告辞了。对坚持下楼为我们送行的谢伟思先生，大家都感到却之不恭，因为我们知道，美国的老人在心理上是极其顽强的，他们最不高兴的就是被人视作“老人”。我们衷心祝愿他健康长寿。但我们更知道，老人讲述给我们的那段历史，老人在那个风云际会的时代中，以自己的正直，以自己准确的判断力而获得的真知灼见，是永远不会被岁月磨洗去的。这将作为中美两国关系史上的重要一页，鉴往知来，永远发挥应有的作用。

全民战争：地道战与地雷战

晋绥边区的爆破运动

吕正操*

在1943年以前，其他抗日根据地已经普遍使用地雷打击敌人，而晋绥边区的爆破运动却还没有见到实效。有些地方的民兵虽然也在试着搞，但还没有掌握地雷爆炸的技术，缺乏必要的埋雷经验。在1943年9月上旬晋绥分局召开的群众工作会议上，我介绍了冀中区开展爆破运动的经验。为进一步开展群众性的爆破运动，边区人民武装委员会又在1944年9月间召开了各分区武委会主任联席会议，详细讨论了爆破运动的经验，确定要进一步开展群众性的爆破运动。

爆破运动一经与群众结合，便使边区群众武装斗争热火朝天地开展起来。地雷的爆炸声，吓破敌胆，增强了广大人民对敌斗争的信心。在临南县敌占区的一些地方，因为敌人长期残酷统治，曾有一些人对抗战前途悲观失望，说什么“要打走日本，必须等到山上长起无根树，铁蛋蛋开了花！”爆破运动一开展，说这话的人眉开眼笑了：“现在长了无根树（指民兵的望哨），铁蛋蛋（指地雷）又开了花，是打走日本的时候啦！”60岁的任从厚老汉，年逾50的张拴拴的母亲，也学会了埋地雷的技术。郭家山村郭芝旺

* 作者时任八路军晋绥军区司令员。

的母亲，已经 77 岁，而且瞎了一只眼睛，也带领着全家 6 口人学会爆炸，影响全村 26 个妇女很快地都学会了埋地雷。

地雷是民兵保卫生命财产、防御敌寇的好武器，人们称它是“不睡觉的哨兵”。在接近敌占区的那些村庄，随时可能受到敌人的窜扰，经常是一日数惊。自从开展了爆破运动，地雷便封锁住敌人进犯的道路。每晚，村里村外地雷密布，群众可以安然休息，敌人却不敢接近遍布地雷的村庄。

1944 年 10 月 5 日，从同蒲路上出扰的敌人窜入朔县第四区，6 日走到下木角村时，用手去推第一家的门，有两个日本兵即被地雷炸死，1 个伪军也被炸伤。敌人只好在窗子里边进出，或者用石头和长杆推门。7 日，十几个汉奸到白殿沟去，触发民兵沈存德埋的地雷，为首的汉奸被炸烂了屁股。15 日晚上，敌人又从新安庄派一小股敌人到富家坪去骚扰，村里的群众早已转移，家家大门上都挂了地雷，又把地雷埋得满街都是。敌人进了村子，小心地用石头去打门，不料门里的地雷还没响，脚下的地雷先开了花，炸得敌人东倒西歪。

另一次，朔县有一股敌人出扰，有 7 个日本兵一齐拥到村口油坊里去抢油，不防大号地雷突然在脚底下开花，5 个敌人应声而死，两个受了重伤。一同进村的伪军以为“没事了”，走进油坊里面去发洋财，一个伸手去开箱子，当即被炸倒；另一个见有一斗小米，用手去端，又是“轰”的一声，负了重伤。在岚县，一股敌人准备在一个村庄里宿营。敌人的马夫拉着大洋马去推一座大门，脚下触发了民兵埋的地雷，洋马被炸成两截，日本兵也倒毙在门边。敌人打算做饭，到处找不见锅，后来在河滩里发现一个小锅，有个敌兵去取，又被炸死了。

1944 年秋天，交城的民兵高月明等，为防敌军出扰，在大皮山头上做了三个草人吓唬敌军。有天，古交据点里的日军来到这里，把三个草人都捣毁了。高月明和村里的民兵又扎了三个草人，并且在草人下面埋了大个儿的地雷。敌人二次来到大皮山，又去毁坏草人，结果草人一推，地雷响了，炸死炸伤 3 人，其余的拔腿就逃，一口气跑回古交据点。

地雷的大量使用，给围困据点提供了一种新经验：地雷不但可以防御，而且能够向着敌人的大小碉堡进攻，在碉堡外面形成囚禁敌伪的罗网。第八分区的民兵围困孤孤山敌人据点时，27天内在据点四周大规模埋雷10次，爆炸地雷27颗，炸死炸伤敌伪军51名，每颗地雷几乎平均毙伤2个敌人。使孤孤山和外面完全断绝了来往。围困宁化堡的民兵也曾用一个大地雷在汾河岸上杀伤敌寇7名。敌人恼羞成怒，即在同行的宁化伪区长马善功身上泄愤，当场指着伪区长的鼻子大骂："你的通匪通匪的，该死！"顺手一枪，就把伪区长打死了。从此以后，敌人便不敢再出来进犯。

民兵在据点外面打不上敌人，就进逼到据点跟前去活动。1944年11月9日，民兵英雄赵尚高曾率领着村里的民兵到宁化堡据点里埋了地雷，并且在城门口、街道上及无人走的地方挖了许多地雷坑，还把大粪和煤烟倒进敌人的饮水井里，在井口埋了地雷。临走的时候，他们又把一个地雷埋在城门洞下，把雷线拴到门扇上。第二天敌人一开城门，就炸伤了一名伪军。敌人在城墙上一看，到处都像埋过地雷的样子，吓得连门都不敢出。乘此机会，赵尚高又在12日带领民兵破坏离宁化堡据点5里的两处煤窑。经过动员，有100多个老百姓拿着铁锹赶来参战，4小时便把窑口填平。从那天起，敌人就没有煤烧，也没有水吃。13日，敌人到水井边和煤窑上侦察，又被民兵埋的地雷炸得逃了回去。敌伪军及其家属的五六十个炉灶无法生火做饭，一场大雪使得敌人的住房都变成了冰窖，他们就强拆民房当柴烧。伪组织人员不堪这种饥寒交迫的生活，加以我军对敌伪人员的政治攻势，纷纷反正。后来，敌人干脆弃碉堡逃走，退出宁化堡据点。

距离娄烦镇2里路的山石梁敌据点，同样遭到民兵的围困，那里的敌人，每隔三两天就得冒着生命危险，钻出碉堡到小河里抬水，并且照例要派出几名敌伪军进入工事鸣枪掩护。民兵英雄郝毛存研究了敌人活动的规律，就把地雷预先埋到敌人掩护部队常去的工事里，结果一次炸倒敌人3名，有1个当场毙命。敌人没有抬成水，而是在碉堡上的炮火掩护下，抬回了死尸和伤员。

1944年6月间，离（石）东县民兵把一颗地雷埋到朱化敌据点两座碉堡中间的路上。第二天早晨，5个敌人出来，炸倒2个，其余跑了回去。直到下午，从信义增援的30多个敌人来到后，才把炸死和炸伤的敌人抬走。信义来的这股敌人回去时，在据点东面他们自己修建的桥头上，发现有个地方的地皮划破了，停在那里仔细研究了好半天，不敢从桥上通过。后来在河水里另外摆了石块才渡过了小河。

朱化据点敌人的运输线被我切断后，敌人的给养发生了问题。饿得没有办法，只好在黑夜偷老百姓种的洋芋和萝卜充饥。敌人每次出来活动，都找一个伪军当替死鬼，要他在队伍前面拿一把铁锹试探着走，铁锹偶尔陷在软土里，就忙扔下铁锹逃命。春季地里没有青菜，敌人只得挖苦菜吃。朱化据点碉堡里的敌人每次挑水需要爬过5里长的一座大山，还要用机枪掩护，担来的水要先逼迫老乡喝一口，看有没有毒。后来民兵把粪水倒进井里，不久又把水源堵塞，敌人连臭水也喝不上了，整天钻在乌龟壳里，到1944年8月9日，敌人便从这里逃走了。

民兵普遍进行的地雷战，对于敌人在沦陷区的统治成了一种致命的威胁。静乐城的敌人被地雷炸得失魂落魄，又怕民兵摸进城内，每天只开城门三次，每次一小时，后又减到每天只开一次、一小时。敌人的“政令”原来就是走不出城门的，这时连静乐城关都被划成“匪区”，只有日军司令部驻的寺坡上一小块地区才算得是“治安区”。

1944年10月中旬，敌人对边区发动了一次大“扫荡”，总共调集7000余人，目的是要破坏晋绥边区的秋收。在侵入我根据地前，日军第三混成旅团长小原一明少将再三说“要小心八路的地雷”，但这并不能摆脱被炸。11月7日，兴县二十里铺民兵英雄李有年摆的一个连环地雷阵被敌人踏响，一次就炸倒23个敌伪军，其中有12个当场死去。敌人“扫荡”二十里铺杀死的13个老百姓中有李有年的父亲。这次，大家围住他说：“这回可替你父亲报仇了。”

因为各地群众进行了彻底的空室清野，敌人要用的没用的，要吃的没吃的。如果发现了用的吃的，一动准得挨炸。敌人在临县路过一个山沟时，路被挖断了，需要搭桥才能过去。敌人东找西找才找见三块搭桥的木板，派人去搬，搬头两块时没发生问题，第三块大，去了4人抬，“轰隆”一声，4

人都给炸死了。进犯兴县的敌人到了刘家村，看见全村每间房子都没门窗，空荡荡的，到了村主任的院里，见有一只水桶，一拿又炸了，一个被炸得腾了空，另一个被炸掉一只胳膊，原来桶底下拴有地雷的拉火线。敌人到兴县的碧村，到处找吃的，在民兵小队长王谋家锅台上，找到二斤粉条半斤盐，伸手去拿，又炸了。王谋后来高兴地对人说："敌人真是粉条炖肉，自炖自吃啦！"在兴县贺家圪台村，尖兵争先恐后地去抢一个小包袱。为首的跑到跟前一拿，包袱炸开了，旁边埋的地雷也从地里跳出来。被炸死的敌人尸体滚下了山坡，原来包袱里包的是民兵的"快火手榴弹"。贺家圪台民兵还在村里合作社为敌人预备了一瓶酒，酒瓶放到桌子上时巧妙地拴在地雷的火绳上。被游击队追击得疲惫不堪的敌人，进村后，拿了一根一丈多长的杆子顶开合作社的门，闻见酒味，奔向酒瓶，一伸手，酒瓶开了花，3个敌人全都躺倒了。在蔡家崖村，一个日本军官带着翻译走进一座大院子，看到院中立有一个木牌，上边写着五个大字"此地有地雷"，立即生气地叫道："八格牙路！假的假的！"说着伸手去拔木牌，木牌下面的土堆炸开了，日本军官当场丧了命。

家里不敢进，院里不敢入，街头巷尾不好走。敌人在活动时，每当遇有新土的痕迹，就画上圈圈，在民兵埋有地雷的地方，画上圈圈，在民兵埋有假雷的地方也画上圈圈，压上块石头，底下是纸条，写着红色的大字："地雷！"有时赶一头毛驴或别的牲口在前边，或迫令抓来的民夫探路。10月28日，敌人"扫荡"朔县，有18个日军走成一条线，但仍踏进尹茂仁、李步洲率领的两个民兵中队布设的雷区，一次被炸倒13个。当另外5个没有受伤的日军去收拾炸倒的尸体和伤员时，看见一条小绳子气愤地用力一拉，又炸死2个。另一队敌人由南场村往朔县城走，民兵在路上用6颗踏雷、1颗拉雷布成一个雷网。敌人一出沟口就发现了拉雷的绳子，正准备拿刀子去割断拉绳，民兵已经拉响了。敌人惊呼狂叫，乱成一堆，直等拉雷的浓烟飘散开来，才敢爬起来"开路"。敌人刚一抬腿，又中了踏雷，又是一片恐怖的哭叫声。接着，还来了第三次爆炸。敌人寸步难行，于是先用掷弹筒向前边的道路打去，然后再一步一停地小心行走。

敌人千方百计地防雷，但始终没有多大效果。深入边区腹地“扫荡”的敌军，在拂晓时沿着城北面的山梁进了城。虽然走在前头的工兵，每见一片新土都压一张写着“地雷”的纸片，但当敌人跑到县政府门前的时候，又踏中了民兵埋的地雷，7 个日本兵被炸倒。原来民兵郭初让在这里埋了一大一小的“子母雷”。他把地雷埋好后，不但细心地用旧土掩埋好，还故意按下了驴蹄印。敌人的工兵没发现。

敌人从兴县沿蔚汾河北岸退走时，一出二十里铺村口，见是一条平坦宽展的公路，怕有地雷，改走河的南岸。眼前本来有座便桥，但不敢过，伪军都由水里过去了，几个日本兵跑到河水里，试试水实在太冷，就从桥下边的踏石上过，结果踏响了地雷，被炸飞了。敌人卧倒在河水里，过了老半天才冻得颤抖着站起来。从此每逢过桥、走踏石，都彼此警告说：“小心不要坐了飞机，一坐飞机又要洗澡了。”

地雷战不但大量地杀伤了敌人，而且在心理上给敌人以沉重的打击。静乐城敌军参加“扫荡”的有 400 人，活着回去的只有 100 来人，仅剩四分之一。10 月 28 日沿忻（县）静（乐）公路开向忻县的 18 辆汽车，都装满了日军的死尸。敌人在这些汽车上捆绑 15 个化装成我军的伪军，一路吹牛皮说是“俘来的八路军”。但是当地群众和据点的伪军、伪组织人员，都认得这些人是忻县伪保安队的士兵。

边区民兵地雷战中创造了很多奇迹，“地雷进攻”就是地雷战术上的一大发展。开始地雷只是埋在村口、门口与埋藏东西的地方，叫做“看家雷”，基本上是防御性质的。后来民兵在战斗中细心研究，使地雷与各种武器相结合，造成雷群的进攻阵地或防御阵地，威力就更大了。

1944 年 9 月 28 日，东村敌军 270 余人，带着牲口到静乐县抢粮。敌人刚走 5 里路，就被民兵诱进预先安排好的地雷阵中，炸死炸伤一个敌军军官和 5 个士兵。敌人提心吊胆地好容易走到我第 3 区周家掌、大芦则，以为可以逃脱危险，不料又中了三个村庄民兵的埋伏，地雷和手榴弹、步枪一齐响，打得敌军人马乱作一团。等敌人逃到朝家沟村口时，民兵英雄尤美富埋的拉火地雷又炸了，浓烟笼罩了全村，接着预伏在朝家沟山上和对面小豆梁的民兵也用步枪向敌人射击。到处是地雷，到处是民兵，逼得敌人寸步难行，只好在朝家沟宿营。敌人又累又饥，进村还没驻定，周围三个村的民兵都一齐摸进村来，弄得敌人整夜不得安宁。次日天还没亮，便抬着伤兵悄悄地溜走。敌人害怕踏上地雷，特地在部队前面赶着一匹马探路。行经岔上村的时候，踏着一颗地雷没有响，敌人气愤地把地雷挖出来，打算抬回据点里面去。不料下山时地雷滑落在地上，把两个抬地雷的敌兵炸死，这次敌人一颗粮也没有抢到手，反而死伤了 18 名。

塞北民兵英雄尹茂仁率领的民兵战斗队，在反“扫荡”中曾经背上绳子和地雷积极追击敌人，在敌人行列空隙中间，迎头截住，轰击敌人，用踏雷和用 280 丈长的绳子的拉雷布成进攻阵地，一次炸死敌军 20 余人。

1944 年 10 月间的反“扫荡”战役期间，兴县民兵郭根基曾经使用过一种“活地雷”，在敌人逼近村庄时，翻山越岭，在村庄周围的大道上都埋上地雷，敌人接连被炸，便离开了大路。看见敌人绕道走小路，便把埋在大路上的地雷迅速刨出，埋到敌人要走的小路上。又一次，敌人突然到了郭根基民兵中队的村口，来不及埋地雷，他们便赶快把踏雷板和地雷塞在路边的马莲草丛中，系上一根较长的拉雷绳子，缚在紧靠大路的马莲草上。结果敌人走进草丛，踏响了一颗地雷，炸死两个士兵，吓得敌人赶快逃走了。

边区军民积极打击敌人，民兵曾在东村、普明、岚县地区布置了一条 40 多里长的封锁区，十几个爆炸组，在这一带积极活动，在最初 10 天内，就用地雷炸死敌人 70 多名。3 月 20 日，东村驻敌 50 余出村活动，刚出西门就被地雷炸死 4 人；走到任家庄，又被地雷炸死 4 人和 2 只骆驼。隔一天，东村驻敌出来与岚县出扰敌军在清水河村会哨时，为了避开地雷的轰击，在路上故意挑拣满是稀泥巴的地方前进，还是踏中岚县第三区民兵埋的地雷。3 月 30 日，敌军汽车 19 辆由东村开往静乐，为防我军和民兵袭击，特地派出 80 余名轻装部队在公路两侧伴同汽车前进，还派出 30 余名工兵，走在汽车前面 100 米处细心搜索，让汽车在后面以每小时 2 公里的速度跟进。结果还是被民兵埋的地雷炸翻数次，炸毁汽车多辆。老百姓都兴奋地说：“八路军真好，不但帮助穷人翻身，而且还帮助日本鬼子的汽车翻身哩。”一路上汽车走走停停，停停走走，大半天才到岚县城。老百姓讥笑说：“狗日的，还不如老子的牛车走得快！”走在敌人队伍前头的工兵，地雷炸处，总是先倒霉。1944 年冬，敌人“扫荡”时，光在临县白文、窑头几处，就杀死了自己的 7 名工兵。因为他们没有“拿”住地雷，而且自己没有挨炸，而炸了后边的队伍。

敌人虽然吃地雷的亏非常多，但是他们对付地雷的办法却很少。1944 年，有一次汾（阳）离（石）公路沿线的敌人出扰，走进民兵的地雷阵。民兵在山头上拉绳子，不巧，绳子断了，地雷没有响。敌人听见绳子拉断的声音和民兵低声骂“娘”的声音，就停下来东找西找，发现了拉断的绳头，顺着这条绳子头去找地雷，不料却踩响了踏雷，结果拉雷和整个“连环雷区”也都炸了，敌人被炸倒了十几个，民兵在山头笑着说：“这叫做自拉自炸。”

为对付敌军中工兵起雷，民兵想出很多新办法，从单个踏板雷发展到数个踏板雷区，从铁雷发展到瓷雷。民兵李树禄的地雷被刨走了一个，他气愤地说：“好，索性让你刨。”他又埋了一颗，上边下边安了两个爆发管，故意把爆发管的头露在外面。敌人看见了，命令伪军去挖，结果炸倒了 8 个。直到抗战胜利，敌人也没有找到什么对付爆破的有效方法。

福尔曼在《来自红色中国的报告》一书中，曾记述晋绥边区开展地雷战的情景：围困日本人的一个常用方法，便是在据点附近安放成百上千个地雷。有一个村庄由于这一方法运用得很成功，以致他们坚信自己摆脱了邻近据点的威胁。据点的四周是一个密布地雷的战场，民兵昼夜巡逻，防止日本人突然袭击。日本人虽然迫切需要水，但是却不能出来取水。福尔曼到达该地时，据点已经被围困 20 天了。他问村民，他们是否愿意军队留下来帮助他们攻下那个据点。他们回答：“不，我们自己可以处理它。”10 天之后，他们攻下了那个被包围的据点，疲惫的守军没有什么抵抗，一半被击毙，另一半投降了。

福尔曼说这个村庄是他曾经见到过的最有战斗力的一个。每一条大路，每一条荒野的山路，都周密地布上地雷。地雷不仅布置在荒野的山路上，甚至小心翼翼的日军可能要走的田野上也布有地雷。警戒日本人可能增援的一种办法，就是在每一颗地雷的上方插有警告的标记牌，敌人接近时，将标记牌撤走。当你骑着马小心地曲折而行，进出于插有标记牌的地雷之间的时候，你一定不寒而栗，有一种恐惧的感觉。你希望他们不会弄错了标记！

村里的街道也布了地雷。村里人毫不经心地随意走着，好像忘记了脚下的致死之物。他们每个人都带着一种武器——或者背上挂着一支来福枪，或在屁股后面挂一颗手榴弹。这种携带武器的习俗已经成为很自然的事，甚至小孩也在腰间缠着一些假手榴弹。

战前这个村庄是以制造爆竹出名的。现在，这里的居民已经把制造爆竹的技术用来制造地雷了。在一个院子里，福尔曼曾经见到一些男人、女人和孩子在制造黑色火药，铸地雷模型，并将装好弹药的地雷排列整齐。因为缺乏金属作地雷的外壳，一些村民就凿空大石头制造石头地雷，有的把火药装在瓶子、罐子甚至茶壶里。有一个人正在制造他自己发明的木炮。

福尔曼说，这些，其重要性并不在于这些原始武器的效果优良，而是在于它清楚地反映出人民的作战精神。一个人有相当大的勇气，才能面对敌人可怕的现代化武器想出这些“微不足道”的抵抗方法。

1944 年 12 月边区第四届群英会上，曾总结了开展爆炸的经验，在技术与战术方面，得出“造、埋、看、疑、拉、打、起、晒”八字诀。

“造”指的是制造地雷的方法。地雷的种类式样先后曾有相当多的变化。第一种是单口圆雷，只有一个引信，是最初使用的地雷样式。这种地雷容易被敌人起去。第二种是双口圆雷，上下各有一个火线，一拉就炸，敌人吃这种雷的亏不少，不敢乱挖。第三种是空中跳雷，能飞跳起来在空中爆炸，炸面广，威力大。第四种是子母飞雷，即在大雷中再装四个小雷，上下左右都有雷口火线，杀伤力特别大。第五种是用泥巴烧的磁雷，可造成酒瓶子、油瓶子、灯台等小家具样式，放在桌上，敌人一动就炸。这种雷最容易普遍推广。第六种是“扳不倒”，又叫“明雷”，也叫“自发雷”，内装硫酸或硝酸管，埋上或明放在地上，敌人不知道，拿起乱转，硫酸水滴在炸药内即行爆炸。离石敌人挨过多次这种地雷的炸，以后曾下命令说：“谁也不准动土八路的地雷！”第七种是易造易埋的石雷。

“埋”是如何使用地雷，也就是地雷的战术问题。主要经验有八点：第一是“到处有”，凡敌人可能到的地方都要埋雷，这需要研究敌人行动的规律和地形的特点；第二是“遍地是”，即敌人拿什么，什么会炸，物物都可炸，处处都会炸；第三是“找不着”，伪装好，这须注意三点：一要和原地相同，不露痕迹；二要假设局面，符合常情；三要改造地形，掩饰场面；第四是“起不走”，除了用双口雷外，在埋法上民兵们使用了“二郎担山”“套狐子法”“鬼不挨”等，使敌人根本不能动，一动就挨炸；第五是“不怕风雨”，采用各种方法保护它，除造雷时涂敷防湿药外，埋时还用黄蜡封口；第六是“炸面广”，其方法是雷坑子小，肚子大，下面挖空，或放软草，使炸片向横的方向爆炸；第七是“埋得快”；第八是“埋成雷阵”。根据不同的地形，曾使用过的阵势有：丁字形雷阵，适宜于大道上，单埋法；蛇形阵，适宜于窄路，连环埋；三角形，适宜于交叉路口，单埋；圆形阵，适宜于广场，单埋或连环埋；散埋，但要有组织，而且应估计敌人挨炸后可能走的地点；滚雷或拨雷战术，多用在公路或大路旁边，路旁只要有一两丈高的崖头即可使用，它的特点是组成一系列的雷，最多的曾一次用过 10 个雷，威力大，操纵灵活，但必须实行“枪雷结合”，掩护爆炸组的安全。

“疑”是斗智，要做到真是假，假是真，真真假假，使敌人摸不着底细。临县民兵刘能则有一次在大路上埋了一颗假雷，故意露出些痕迹，另埋真雷在假雷的旁边，伪装得很好，敌避假就真，炸死 8 个，敌人的军官气得杀了两个工兵。

“打”是枪雷结合。民兵埋伏在雷阵附近，等到敌人临近，一阵射击，使敌人的阵势混乱，东奔西躲，便容易踏上地雷。打法也有三：一是诱敌中伏，以枪为饵，诱敌追而炸之；二是猝然猛打，逼敌进阵；三是掩护拉雷人。

“看”是埋了雷，必须派人看守，以免炸着自己人，或遭奸细破坏。主要的经验：一要选择胆大心细的民兵去看守地雷，并且要经常检查，以加强其责任心；二要分段分路，各负各责，路线常变，如有汉奸特务偷着进村，必然被炸；三要和防奸结合，一面看雷，一面盘查行人，防止汉奸破坏。

“拉”指拉雷，是地雷战术的新发展，其特点是能准确而有效地杀伤敌人，无论要炸敌人的大队、前哨、军官或伪军，都自行操纵，不仅利于杀敌，而且利于争取伪军。拉雷容易伪装，不用踏板，不易发觉。但须有严密的组织计划，预先选择地形，并须有步枪掩护才行。

“起”是要求起得好，起得快，自埋自起。不仅会起自家的雷，而且需要学会起敌人的雷。

“晒”的意思是要注意保管，经常晒干，防止潮湿，保持它的使用效力。

在这八项里，“埋、疑、拉、打”四项结合，能发挥更大的杀敌作用。

关于爆炸的组织形式，主要有四种：除了变工爆炸外，一种是以联防区为范围，以围困据点为中心，而建立起的轮流出击活动班、基干队。再一种是以行政村为单位而组织的机动爆炸队，平时准备，战时使用。具体办法是由各自然村抽出一定数量的坚强民兵，按条件分编为侦察、射击、爆炸三个组，合称爆炸队。第三种以自然村为单位，组织一个或几个爆炸组，在指挥部的统一指挥下，活动于村内村外，埋设爆炸，保卫村庄。

为了防止敌人的破坏，一切有关地雷爆炸的情报必须严守秘密。否则非但炸不到敌人，甚至可能被敌人利用来炸了自己。因此，军工厂制造地雷的技术与产量，组织雷阵具体的办法等，都应保守秘密。

爆破运动也是只有在人民战争中才能出现。而这一运动的广泛开展，又更加丰富了人民战争的战术，使得人民战争大放异彩。

地道奇观

杨成武*

地道战，是英雄的冀中人民在粉碎日军“驻屯清剿”斗争中广泛开展起来的，他们有了许多新的创造。

“五一大扫荡”前，冀中人民群众在斗争中就挖了许多土洞和地窖，以防日军杀人抢劫、凌辱妇女。“五一大扫荡”后，随着斗争的日益残酷，我党领导人民把简单的土洞和地窖发展成各家相通、环绕全村的地道，然后又发展成村村相连的地道网。冀中全区到底有多少地道，没有仔细统计过。只晓得 1944 年下半年以后所挖的地道就有一万多里长了。在战争最残酷的岁月里。冀中人民以英勇的战斗精神和无穷智慧筑起一道“地下长城”，化无险可守的平原为抗敌要塞。但是，当时地道还存在不少问题，关键是只能隐蔽自己不能攻击敌人。另外，如何对付敌人的火攻、水攻、烟攻、毒攻、挖掘，以及我们的照明、防病和吃喝拉撒睡，都是亟待解决的问题。

为此，军区对地道进行了考察，我带周自为和阎佐三等同志先后去过任丘、蠡县、大城、饶阳、安平等县，冀中平原最好的地道和最差的地道我都钻过，了解到大量情况。

---

* 作者时任晋察冀军区第一军分区司令员兼政治委员，冀中军区司令员。

考察后，我写了一本两三万字的小册子，题名《冀中平原的地道斗争》。在这本小册子里，总结了各地的经验，强调要把隐蔽性地道和战斗性地道结合起来，成为一座既能保存自己，又能消灭敌人的地下堡垒。

这本小册子还探讨了地道战的战术问题，集中群众智慧，列举了解决在地道中生存、战斗的许多巧妙办法。阎佐三同志为这本小册子画了地道构筑图。林铁、金城、罗玉川等同志补充了许多好意见。《冀中平原的地道斗争》作为秘密文件油印下发了。

后来，在各级党组织的领导下，人民群众把发展地道与改造地形、改造村落结合起来，形成了“天地人”（房顶、地面、地下）三通，沿村、街道、院内各三层的纵横交叉火网，再以野外地道为纽带，把村庄、野外的地道组成一个连环作战阵地。既可以打村落战又可野外出击，既利于小分队活动也利于大部队集结，可防可攻，还可以依托四通八达的地道，封锁敌人的岗楼和据点。

如今，日军以重兵突袭皮里村。那里的地道能不能经受住考验呢？盟军观察员杜伦中尉不相信我们“土地道”能对付日本人的进攻。现在，这位有“冒险精神”的美国军人已经身陷其中了，他情绪如何，是安是危？

事后，我才知道详细情况：敌人突然奔袭边关村，魏洪亮和王道邦同志决定趁夜转移到边关附近的皮里村去。可是杜伦不赞成，他对 9 分区作战科科长雷溪说：

“请告诉司令，对这个决定我很有意见！既然转移就应该转移到大炮射程以外。皮里村离这里只有几里，大家的生命仍然没有保障。”

魏洪亮同志仍在发烧，两脚肿痛，不能骑马，只好坐在担架上指挥转移。他要雷溪同志向杜伦解释：日军的伎俩，我们早已摸透，突然奔袭不足为奇。皮里村的地道是双层的，安全可靠，叫他尽管放心。

“喔，上帝！那种土地道。”杜伦连连摇头，背起自己的卡宾枪和左轮手枪，嘟哝着跟他们走了。

到达皮里村已是后半夜。高存信和马振武同志陪同杜伦来到卢大娘家里。卢大娘见来了八路军和盟军朋友，高兴地捧出花生、柿饼招待客人，把热炕让给杜伦睡，杜伦的情绪才好了些。他握着大娘的手，连声说：

“谢谢！谢谢！”

拂晓时分。六七百日军忽然把皮里村团团围住了。原来，日军确实得到了盟军观察员到达9分区的情报。辛中驿据点的敌人赶到边关，挨家挨户一搜，没见美国人和八路军，河间的敌人则直扑皮里村来了！

魏洪亮和王道邦同志立即决定让杜伦下地道。高存信同志急忙把正在呼呼大睡的杜伦叫醒。杜伦一听有情况，睁开惺忪的睡眼，“嗷”的一声蹦下地，慌里慌张地就要往外跑。警卫员赶紧拉住他，告诉说村外都是敌人，要赶紧下地道。接着，他们按卢大娘指的方向，往壁画后面夹皮墙上的地道口钻。不想杜伦身子肥大，下到一半就卡住了。正在这时，村里响起了枪声，可杜伦的身子把洞口堵得死死的，上半截还露在外边，急得他“上帝、上帝”直叫唤。高存信他们一急，推的推，拽的拽，硬是把他送进了地道。

刚把杜伦送入地道，院子南房顶上就传来了哗啦啦的声音，卢大娘惊叫一声：

“鬼子上房了！”

“大娘，快下地道！”高存信同志举起手枪，向南房顶上开了几枪，敌人在上面惨叫着，随即“啪！啪！啪！……”往下连打了六枪。卢大娘把高存信他们死命地往洞里推，用变了声调的沙哑嗓子喊着：

“他们要抓你们，快！你们先下！我不要紧。”

高存信他们刚进入地道，日军就冲进院子里，把卢大娘捉住了。

在魏洪亮和王道邦同志的住处，敌人上了东屋房顶，正要对准他们住的北屋射击，警卫员张建祥——一位白洋淀打水鸭的神枪手，疾速地操起枪从窗眼向房顶打去，两个日本兵连人带枪栽了下来。魏洪亮、王道邦和雷溪同志便乘机钻进了夹墙里的地道。敌人涌进东屋，一串子弹打得他们鬼哭狼嚎，这是东屋的同志从“翻眼地道”的射孔里打的枪。这种地道挖下去又翻上来，成为凹字形，墙角或其他隐蔽处都有枪眼，既能向外射击，又不怕敌人用水灌。敌人转而扑向北屋，这时北屋的同志也从“翻眼地道”里向他们射击。就这样，东屋和北屋的交叉火力，打得敌人在院子里团团乱转，纷纷倒地。

这时，分区机关和直属队 100 多人以及全村 100 多户群众，全部下了地道。敌人在村里伤亡不少，却又找不到一个八路军，大为恼怒。他们到处放火烧房，寻找地道口。

在卢大娘家的院子里，敌人发现了一个洞口，可是谁也不敢下去，硬逼卢大娘说出八路军的下落以及地道里的情况。卢大娘一言不发，日本军官勃然大怒，用战刀剁去卢大娘四个手指头。

日本军官的嗥叫，卢大娘令人心碎的呻吟，雷溪他们都听到了。他们再也忍受不下去了。蓦地，他们从地道口猛虎般跃出来，冷不防地开枪，把日本兵撂倒了好几个。剩下的日本兵见势不妙，掉头就跑。雷溪同志趁机扑到炕边，抱起卢大娘。等大群敌人重新扑来时，雷溪他们已经带着卢大娘钻进了地道，在地道里为她老人家包扎伤口。

由于皮里村的一个奸细告密，日军一下子发现了 4 个地道口：一个是杜伦钻的那个地道口，一个是魏洪亮和王道邦同志钻的地道口，两个是分区侦察科和侦察排同志钻的地道口。于是他们便不择手段地破坏地道：烟熏、水灌、挖掘、施放毒气。

杜伦在地道里紧张极了。终于，他坐不住了，要雷溪同志领他去见司令员魏洪亮同志，说是有话要当面跟司令说。好在地道是相通的，雷溪同志答应了，并递给他一根照明用的蜡绳。这是用艾草搓成的，曾在融化的黄蜡里浸泡过，耗氧少，点着后不容易灭，只要一摇晃就能把周围照亮。当然，若是地道里用蜡烛或手电照明，效果会更好，可这些东西太贵，加上敌人的封锁，就是有钱也难买到。点油灯的话，烟太大，耗氧厉害，也不如蜡绳经济。我曾在地道战的小册子里写道：“这种蜡绳家家都可以准备，部队人人都要有一把。”想不到，现在连美国人也用上了它。

魏洪亮同志脚坏了，站不住，正在地道里爬来爬去，指挥大家与敌人来回地争夺地道口。日军逼着一个伪军下地道，被我们的战士王景芳一枪打死了，那家伙又被拖了上去。紧接着，敌人心生毒计，用绳子捆住一个村民，强逼他到地道里来侦察。可这人一下来，就被我们的同志认出是卢洛为大伯，马上给解救了，敌人拉回的只是一根轻飘飘的绳子。日军发狂了，便施放毒气。当冒着浓烟和火星的瓦斯筒扔进来时，警卫员陈学曾一声喊：

“同志们，往里去！”

他自己扑上去，抱着瓦斯筒冲到洞口，奋力扔出洞外，吓得院子里的日伪军，捂着鼻子乱跑。几乎是同时，皮里村的党支部书记从另一条地道钻过来，马上把洞里的防毒帘放下来，接着又把晕倒的陈学曾同志背到通风的地方。地道里又暂时平静下来。

杜伦见到魏洪亮同志，想尽量装得镇静一些，但是那声音仍然有些发抖：

“司令，情况怎么样？”

“不要紧。”魏洪亮同志坐了起来，亲切地安慰说：“我们司令部还在。”

“司令！”杜伦把肥胖的身子挪近魏洪亮同志，试探地说：“你不会把我交给日本人吗，那样，他们马上就撤退了，你们也就没有危险了。”

魏洪亮同志一听，正色道：“杜伦先生，你想错了！我们进行的是正义的战争，凡是同情和支持我们的，都是朋友。共产党、八路军光明正大，不会做出卖朋友的缺德事。有我们在，就有你在。我们可以保证，你不久就会回到延安的！”

杜伦听了，既感动又尴尬，赶紧改口问：

“你们伤亡怎么样？”

魏洪亮同志回答说：“这种地道战，往往是我们伤亡很小，日本人伤亡很多。”

“噢！顶好！顶好！”杜伦像吃了颗定心丸，又返回到自己原来的位置上去了。

日过正午，战斗仍在进行。来突袭的2000多名敌人，一部分正在外围与8、9分区的部队作战，一部分仍在皮里村四处挖掘，寻找新的地道口。

在另一处地道里，隐蔽着魏洪亮同志的爱人肖哲和她那8个多月的男孩。她听到头顶上“嗵”的一声，便知道房门被踢开，敌人进了屋，正在翻箱倒柜寻找地道口。沉重的皮鞋和杂乱的响动声传下来，把肖哲怀里的孩子吓着了。孩子咧嘴要哭，肖哲一看不好，赶紧用乳头堵住他的小嘴巴——只要一发出哭声，藏在这里的许多人和一部电台就会被敌人发觉。

那本地道战的小册子，曾谈到，为了防止婴儿在地道里啼哭，可给孩子灌几口酒，让他醉过去睡着，否则有奶他也不一定吃，难免还是要哭，一哭就会暴露目标。可是日军这次突袭皮里村，人们在睡梦中惊醒，仓促下地道，谁也没顾得上带酒。

可怜的孩子被憋得脸涨紫了，小手小脚乱舞乱蹬，肖哲却横下一条心，含着眼泪死死地堵住他的嘴。敌人没找到洞口，出去了。头顶上平静了下来，肖哲连忙放松孩子，轻轻拍打他。谁知孩子已经被活活憋死在怀里了。

这一切，杜伦并不知道。他只知道自己的肚子饿了，便向雷溪同志指指嘴和肚子。大家都在紧张地战斗着，谁还顾得上吃东西呢？但是雷溪同志还是向地道里的老乡要了一块玉米面饼，递给了他。杜伦接过硬邦邦的玉米饼子，连说了两声“谢谢”，便蹲在一边吃起来。吃完，他用手绢擦着嘴巴，这才听说司令的孩子被闷死的事，他吃一惊，似乎有些内疚。

“司令，听说你的孩子为我们牺牲了，我感到万分难过！”杜伦再次找到魏洪亮同志，用一种哀伤的口吻说。

魏洪亮同志虽然悲痛，但仍在镇静地指挥战斗。他派侦察员陈学忠从一个通往村外的秘密洞口突出去，给万震西率领的 42 区队送信，要他组织力量合击皮里村敌人。又派警卫员告诉同志们，一定要有信心，万一敌人破坏了上一层地道，我们就到第二层去坚持战斗。天黑后，我们的大部队就会出动，那时候，我们就来个里外夹攻，打一个漂亮仗。此刻，听到杜伦的慰问，魏洪亮同志说：“谢谢你的关心！为了把日本强盗赶出中国去，我们已经牺牲了无数战士和老百姓，日本鬼子欠下的血债。我们会向他们讨还的。现在我们正从高房工事上，从磨盘底下，从墙根后面，从庙台背后，狠狠地打击敌人，你可以看一看。”

一位同志把杜伦带到了望孔旁边，让他看看地面上的情况。他吃惊地望着日军被不知从哪个方向射来的枪弹打翻，被不时爆炸的地雷炸得缩头缩脑，兴奋地大叫：

“顶好！顶好！”

黄昏时，日军想溜，可魏洪亮、王道邦他们把敌人死死拖住。42 区队接到出击命令，战士们把棉衣脱了，从很远的地方跑步赶来。这个区队最善于拼刺刀，一冲进皮里村，就与日军刺刀见红，杀得敌人鬼哭狼嚎。几个县的游击大队和区小队在地委书记陈鹏的指挥下，也赶到皮里村外，四处打枪。边关村的民兵和扛着锄头铁叉的群众也来了，敲锣打鼓，把敌人搞得草木皆兵。敌人抵挡不住，狼狈地向河间方向逃窜。杨栋梁率领的 34 区队派了一个连，躲在半路上打伏击，又打得日军丢盔弃甲，扔下不少死尸，剩下的敌人这才逃回了据点。

皮里村地道战胜利结束了。敌人伤亡了几百人。我们只伤亡了一老一小：房东卢大娘和魏洪亮同志的男孩。杜伦钻出地道，亲眼看见村里横七竖八的敌人尸体，惊叹不已。王道邦同志让杜伦稍事休息，吃点东西，然后派人把他连夜送回军区。那个向日军告密的奸细也被魏洪亮、王道邦同志和地委书记陈鹏查明抓来枪毙了。

杜伦穿着在地道里蹭得脏乱不堪的衣服回到张岗。他见到我，头一句话就说：“将军，好险啊！”

我说：“杜伦先生！我本来不让你去那里的……”

杜伦说：“冀中的地道是万能的，冀中的老百姓顶好顶好，中国一定胜利！我回延安一定好好向我们的将军报告。就凭这个，他们也得给我晋级。”

杜伦离开冀中军区时，把他带来的轻型卡宾枪送给我作纪念了。我也送给了他一些纪念品。

杜伦走了。听说，他一路上总是念念不忘地道。每到一村，首先要问这个村有没有地道，他住的房子有没有地道口，直到听说有地道，他才放心住下。

战地日记

柳　杞*

在八年的抗日战争中，我大多时间在狼牙山地区工作。1944年春天，为了解平原游击战争，我以战地记者的身份，来到分散活动在徐水平原的徐定（徐水、定兴）支队各队。在将近一个月的日子里，我参加了几次伏击战。其中的地道战给我留下了难忘的印象。半个世纪过去了，每次翻阅日记，昔日平原作战和地道战的往事就涌现在眼前。

1944年4月7日

听说徐水平原的局面打开了，想到那里采访去。特别是年初在易县刘家台举行的群英会上，我访问了被杨成武将军授予平原战斗英雄称号的李子清，他的事迹打动了我，这是格外吸引我想到平原去的原因。

午后4时到达易县境内的东步乐村。这里算是巩固区，徐定支队的总部就设在这里。出示了介绍信，说明来意，他们便派出宋金子给我引路。便衣装扮的宋金子，圆圆的俊秀面孔，精干的身条，扛一支步枪，是经常出没在

---

* 作者时任八路军晋察冀军区宣传部战地记者。

徐水平原游击区的战士，他人熟路熟，这一路就由他引领我去找活动在徐水平原上的部队。

1944 年 4 月 10 日

昨天由宋金子在前面引路。春风拂面，斑鸠鸟在远处声声啼啼。榆树上的榆钱成串生长，可以食用了。

黄昏时候，宿在城西村的程儿家里，宋金子介绍说：这是武装工作队开辟这一带工作时的第一个存身点。

早饭后，宋金子说到遂城集市上看看，也许能够找到自己的部队。遂城是新从日军手中解放出来的乡镇，他身穿便衣，扛着步枪，我穿着军衣一同前往。不久，他在人丛里找到四队队长梁树臣，他黑瘦高大，没戴帽子，穿一身便衣。一旁两个武装战士相随，也都是便衣。

午后来到元头村，宿在四队队部。院子很大，左邻右舍的墙上都打了个大洞。据说这里的村村家家都是这样，这叫破墙连院，便于平原游击战争。这是山地游击战争所没有的景象。一切都是新鲜的。

睡觉时，梁队长说：我们守在一旁有地道口的炕上睡，敌人突然来袭时，便于进入地道。

1944 年 4 月 11 日

昨晚住在元头村抗日联合会主任钱洛海的家。一觉醒来，他家的 5 箱蜜蜂正在嗡嗡飞舞采花。院中的杏花、菜花正在盛开。

这时候，妇女小孩正从地道里爬出来，哨兵也从房顶上走下来。

早饭后，梁队长邀我出去走走看看。我们在新解放的遂城小镇上走进走出，串了好多农民家的门，在炕上坐定喝茶。看来老梁在这一带颇有威望，乡亲们把一些家务小事也向他请教，求他指点解决。这一天老梁遇到的主要问题是：青年人热望参加我军，但年老的母亲怕打仗危险，努力阻止参军。

一位老大娘一面招待我们喝茶一面说："我就是那么一个小儿子，要是他偷偷摸摸跑到表叔你那里参了军，我磕头跪驴子，也得要他回来。他不能去！要是他去，也就把我发丧了……"快到谢坊村，又一位妇女追上来说："表弟呀，我那兔崽子准是偷偷摸摸参加你们队伍了吧？你查查看，实说给我，我就这一个命根子，他到哪去了啊？"老梁幽默地回答说："你到我家里找找看看吧，看看我的媳妇像不像，也许是他男扮女装嫁给我啦。"

1944 年 4 月 16 日

离开周官营，夜行军来到西柳营。一夜蛙声阵阵，睡得很香。来此之前的 4 月 11 日，宋金子来了，他引来一位年轻英俊名叫王大兵的通讯员来。王说支队的总支书记姬常馥专门请我到他所在第 3 队去。于是别了 4 队长梁树臣和元头村的熟人们，来到 3 队的驻地清官村，和姬常馥以及 3 队队长赵文佐见面。随后于 4 月 13 日，姬在庞村以西设下伏兵，意图伏击漕河据点出来的抢掠之敌。但两次设伏均因事先被敌察觉，未获成功。时隔 5 天之后，宋金子又来了。这次他带了一个生疏的干部来。这人脸盘宽大，身体粗壮，满脸善意，自我介绍说，他叫赵登山。是徐定支队第 5 队的政治指导员。他到军区受训才回来。聊了些共同相识的熟人情况后，他又邀我到铁路东边他们的部队去。老姬和赵队长派出了冯景春等 4 位战士护送我们过平汉铁路，又过了一丈多深的封锁沟之后，赵队长打发 4 位战士分别找部队去了。随后我随赵沿村边潜行，走一阵跑一阵，不久来到村边一户人家。赵轻轻敲门，开门的竟是赵的父亲。我们来到灯下，赵把全家人一一介绍给我。

1944 年 4 月 18 日

醒来，天已大亮，走出门来看村外风光。登上了一条高高的河堤，堤上垂柳依依。堤下的一条河水，叫小瀑河。河水比地面高出许多，这个村子叫崔庄，西距徐水城日军大据点仅 6 公里。举目远望，前后左右许多村庄襟带相连。赵的老父是一位勤劳的忠厚农民，他介绍说：这里地少人多，人们种庄稼如种菜园，平均 10 亩地一架水车，每日可以听见当当响的水车声。每年施肥 3 次。每年有 4 个秋（收获季节），即是麦秋、大秋、蓝碇秋和葫芦秋。他特别指出："只要功夫到，庄稼楞不哧得长。这里不怕旱不怕涝，只要不下冰石头（冰雹），就有好收成。"

崔庄驻着区小队。这是当地区政府的武装，是离家不离乡更加地方的武装。在一家大院里，见到了区小队长王永，他面目清秀，身体细弱，看去竟像个中学生。可是他能征善战，领导区小队以地道为依托，消灭了不少敌人。他介绍说：去年七、九两个区小队就缴获了 35 条枪，还在崔庄开过祝捷大会哩。释放了俘虏，体现了对敌政策。

王永和赵登山家争相招待我，一天竟然吃了 4 顿饭。王永还特别要张明柱给我做了荃饼和烧饼。

1944 年 4 月 24 日

从 4 月 19 日起，赵登山带领我来到他们 5 队的驻地——东史端。地道直通到敌人的岗楼近前。在这里我看到了日本旗和五色旗。队长徐光荣是个能谈善讲泼泼辣辣的人物。4 月 20 日，他指挥部队去田村铺村边伏击敌军的过往汽车。要求我给他照打仗的像。因过早暴露了目标，倒被敌人打了反伏击。一场恶仗之后，我的钢笔也跑丢了。后据侦察员报告：敌人伤亡了 4 人。我方幸好仅仅被击坏了一支步枪。4 月 22 日由教育干事郗广智带领我，在白塔村找到了我采访过的副支队长、平原战斗英雄李子清，还有徐水县委书记王庆云。第二天侦察员报告：昨夜徐水城里出来的日军侵占了崔庄，企图大肆抢掠。听说崔庄，我心头一沉：崔庄不就是我 17 日那夜住过的地方吗？不就是赵登山老父亲住的村庄吗？不就是那个眉清目秀区小队长王永所在的驻地吗？当晚根据李子清的意见，我和县委书记王庆云暂到刘庄去。郝广智去崔庄查明情况。李则自己去组织部队。

今天上午给李子清写去一信，要求他派人带我到崔庄前线去。中午李子清派席苇子来了。他宽脸浓眉，身体粗壮，是 5 队的侦察员，我们早在田村铺伏击战中就认识了。苇子说日军仍占领着崔庄，他已经从地道进入崔庄和敌人周旋过两次了，还向敌人投掷了两颗手榴弹。

席苇子被大家称之为孤胆英雄。王庆云介绍说："苇子三天不打仗，两眼就长起了眵目糊。"现在，我侧眼看去，他的两眼果然是红的，这回是熬红的。

苇子领着我走近战地，枪声急如爆豆。我们绕着屋墙、树林接近了前线。走过一座小桥，只见游击队和敌人正在对峙射击。

前面不远处是崔庄村边的小瀑河。河堤很高，河水高出地面很多。敌人正在挖掘河提，企图水灌崔庄地道。游击队正在射击正面对着挖掘河堤的敌人。只听有人喊："打！又冒出来一个！喂，那边又来一个！"

枪声震耳。一架敌机低空飞行掠过树梢。这场反挖堤的战斗，一直持续到天黑才停止。

1944 年 4 月 27 日

昨晚我们夜宿北许城村，这里东距崔庄约二三里，西距徐水城日军大据点约七八里，是两面受敌的地方。据李子清和王庆云分析，北许城是徐水城通往崔庄的必由大道。在这里卡住道路，一来可以打击徐水城增援崔庄之敌，二来可以截击崔庄之敌的抢掠运输。

昨晚，我们在一间有地道口的屋中住下。睡前，将这家庭院大门、住房小门先紧紧闩闭，窗子用土坯堵严，屋顶再放上哨兵。李子清告诉我：不脱鞋袜，头朝炕里。这样，一旦发生敌情时，便于一跃而起，迅速进入地道。

5 队队员报告：他们在崔庄打死了两个日本兵。据说这两个日本兵正沿崔庄街道行走，恰好遇见我方游击队员在地道口探望。出敌不意，短兵突袭，打死后就地掩埋，消除了痕迹。实物证实，这两名日军一为班长森岛光男，一为士兵铃木良策。

日军发现这两人失踪，就喊话要人。声言如不放出这两人，就在崔庄大烧大杀。

上午，发现敌情，钻入地道。地道潮湿而黑暗，低矮，只能躬身前进。地面的枪声，只能隐约听见。接近中午，我跟随游击队在一家房内钻出地道。外面的世界晴日朗朗，迎面墙上一幅“南洋兄弟烟草公司”的招贴画上一位少女正在笑吟吟地吹着笛子。

根据李子清的意图，部队在临水的村庄拉开，修筑工事，打关门战。战士们在小瀑河北岸一户人家搬土坯修工事。这家的女主人怕战争殃及她的房屋，就瞪眼说：“堵窗户会瞎眼，我非到区里告你们不可。”

战士们嘻嘻哈哈不加理睬，把这家庭院的北上房建成了三道战线。这是：大门战，挑帘战，屋顶屋内战。

1944年4月28日

早饭前后，侦察员连续报告：徐水城内之敌约数十人，想通过北许城接应增援崔庄之敌。北许城早就准备好了，单等敌人通过村庄。近午时候，敌人果然来了。于是地雷爆炸，部队冲锋，敌人遭到了突袭之后，逃到了村西一里地左右的坟堆里对峙顽抗。

在这阵冲击中，敌我打了交手仗，在村西的一块麦田里，双方均有数人负伤。两方阵势对峙，互相射击，双方都想救回自己的伤员，但都无法靠近。汗水湿透了李子清的衣衫和鞋袜，他命通讯员小张冒着敌人的射击到河堤侧翼告诉那边的部队作掩护，抢救伤员。小张躬身快步冒着敌人的零星射击，飞步越过了河堤。

为掩护抢回伤员的行动，李子清又调来一架掷弹筒，但这架掷弹筒，只有两发小炮弹。弹手自称他只看过而没学过发射，原来的职务是司号员。大家希望这两发炮弹能在敌方坟堆阵地上炸开，冲锋部队就可以迅速抢回伤员。但这两颗小炮弹先后射出去了，却都在敌阵地高空炸响，飘起一片蓝烟。冲锋号响起，部队开始冲锋。左右两翼的部队也进行配合发起了冲击。但顷刻之间，对面的村庄冲出来更多的敌兵，敌人的大队援兵到了，敌强我弱，敌人的反冲锋得逞，他们抢走了自己的伤员，也抢走我方阵亡战士的枪支。

北许城的卡守战进行了三四个小时。傍晚战斗结束后，我随同李子清、王庆云几个人，来到左翼配合冲锋的战场，只见有一架水车的近旁，躺着 6 区小队的四个烈士的尸体，他们每个人手里都狠狠地抓住一撮麦苗。这些勇敢的战士，在自己的家乡门口流尽了最后一滴血！我们脱下帽子，默默志哀。

三五个农民也赶到战场。一个年轻妇女说要看看敌人的尸体，解解仇恨。老远，她用手遮住夕晖望着。但听说是自己同志的时候，她扭转身来想走，可是走不动了，她坐下来掩面哭。当地一个人说：“别哭啦，这里没有你家的人！”

她大声哭着说：“谁家的人也是一样呵！他们都是为了大家的呀！”

天空一抹晚霞，似乎在窥视这人间场面。她的话震撼着大地，也震撼着每个人的心。她的话说出了中华民族儿女的血缘关系，催下了人们的眼泪！

1944 年 4 月 29 日

这几天天天吃烙饼、猪肉，但没有一片菜叶，行动又少，大家都吃不下去。

东边，崔庄的地道战仍在继续。为了不让敌人挖掘瀑河堤坝，水淹崔庄地道。由王庆云代表徐水政府发出通知：要求小瀑河的上游村庄努力撤浅小瀑河水。于是上游村庄的铲镳把、吊杆都动起来了。好一派全民动员全民战争的景象！

上午，侦察员报告说：徐水城内之敌，中午 12 时可能通过北许城。经李子清、王庆云研究，由我代笔写了三封迷惑敌人的信。

中午，敌人来了，全体军民进入地道，村中除了鸡啼鸟鸣之外，陷入了少有的寂静。后来，我们爬出了地道。村中的各个地面角落，都印满了鸡和鸟的爪印。这景象使人更深刻地认识什么是战争。

夜，我们躺在屋顶上略事休息，伸展伸展腰肢，享受了少有的安宁。

1944年4月30日

北许城作为卡住敌人向崔庄增援或运输的阵地，一直屹立不动。

侦察员一再报告徐水城内之敌的活动。李子清和王庆云诸人商量：这次放敌进村，实行在村内打击敌人的计划。

昨天，我约了李炜绕北许城一圈观察地形。李炜是军分区司令部派来的工兵参谋，这一带的地道大都是他设计的。由他指点着各处的墙角、地坎的战斗作用。在村东南路口拐弯处，有一座孤立的土地庙。他神秘地悄声指点说："这座小庙是一座地堡，由这里可以观察敌人。如果敌人的一颗炮弹把它炸塌了，那更好，庙内的地堡就更牢固。"我打量这座小庙，所有的门窗都堵得严严实实。

在分工观察时，我选择了这座小庙的地下堡垒。我希望能在这里亲自观察敌人，打击敌人。

天色蒙蒙亮，敌人果然来了。按照预订的作战计划，队员赵廷琛和本村的民兵王振国端一盏小油灯在前引路，我们曲曲折折钻向村东南方向的小土地庙的地堡中。

我虽然几次进入地道了，但却没有走得这么长。地道阴暗潮湿，有些地段空气太少，令人窒闷。为了防水淹防毒气，有些地段设有卡口和翻口，地道狭小而曲折，通过它身体有时须俯仰曲折，差不多像是蛇行。

不久，我们来到了小土地庙下的地堡中。王振国随手揭开一块石头，一丝光亮透入。他告诉我这是展望孔。展望所及，还不曾看见外面有敌人的踪影。

这座小庙是孤立的。在这小庙的地堡中，可以四面瞭望。东边、南边是麦地，麦苗已开始抽穗。蝴蝶在上面翩翩飞舞。北边、西边是村边大道。路上悄无人迹，雪花般的柳絮正在飘飘飞落。村中时而枪声断续，时而沉寂异常，枪声停息一阵时，鸡儿鸟儿又开始鸣啼。在地道战中是各自为战，人自为战，我们难以知道全村各处的战况。

大概这座地堡太偏南偏东之故吧？展望孔所见，一直未有敌情敌踪。

地堡中寂寞沉闷，我就和民兵王振国低声闲话。王振国 17 岁了，家中有母亲和一个弟弟，只种着一亩半地。他上过几天学，认得一些大路边上的字。他背着一只单打一步枪，只有一发子弹。地道阴冷，他只穿两件衣服。一打盹醒来，就冷得要吸烟。灰尘布满了他俊秀的面孔。他两眼发亮，时常放出微笑。望着这张亲切的面孔，我觉得自己像是面对着一位亲密的兄弟战友。

黄昏时，我们爬出了地道，登上房顶去观察动静。东方崔庄方向冒出了火苗，远处有哗哗作响的水声。人们紧张地传话说："敌人放火了！敌人掘开河堤水淹地道了……"

小队长刘瑞年赶忙带着游击组去河堤上堵决口。那里是白天的战场。我和王振国潜行来到河堤上。分手一天，在麦田里见到同志们，大家心情格外喜悦和激动。

1944 年 5 月 1 日

侵占崔庄之敌在昨天晚上已全部撤走了。据说是偷偷摸摸绕道走的，抢了一些物资。徐水城内之敌自 4 月 22 日侵占崔庄，共计 8 天 8 夜。在崔庄和北许城两个村庄的地道战中，我们打击了敌人的气焰，粉碎了敌人抢掠的阴谋，同时也付出了血的代价。

同志们聚会在一起，一边兴致勃勃地笑谈，一边合计着战后要做的许多工作。不过共同认为大家眼前第一件最易办的事，就是快给县委王庆云书记熬一锅绿豆汤，王书记此时已满嘴是泡，得好好地压一压心头上的焦火了……

南下支队的铁血南征

南征岁月

王首道*

一、挥师南下

1944年9月1日，党中央正式决定：为发展湘鄂赣等地的工作，派遣王震、王首道、谭余保诸同志率步兵10个连及干部4个连到6个连，组建“南下支队”，挺进华南，建立抗日根据地。那时候，我虽然只有30多岁，但却患有慢性盲肠炎和痔疮。为了准备长期艰苦的斗争，胜利打到被敌人占领的南方去，防止盲肠炎和痔疮在途中发作，便到医院进行了割治手术。有的同志对我开玩笑说：

“首道啊，你真准备‘破釜沉舟’啦！”

我笑着说：“不，我这是‘轻装前进’啊！”

11月10日，南下支队从延安出发了。一个多月的时间，部队翻吕梁、越同蒲、南渡黄河到达陇海铁路。

12月29日，我军从袁山村一带出发，分两个纵队齐头并进，准备通过陇海铁路。下午2时许，右路纵队前卫第2大队在千秋镇东北地区，左路纵

* 作者时任八路军独立第一游击支队（南下支队）政委。

队第 1 大队在千秋镇北关附近，同时都遭到国民党顽固分子张荫梧所部的阻击。我先头部队坚持党的抗日统一战线的政策，耐心向他们进行解释。说明“我们是八路军，是到敌后去抗日的”，希望他们以国家、民族利益为重，“中国人不打中国人”，让路给我们通过。但是，这些坚决反共反人民的国民党顽军，非但蛮横无理地不听我军规劝，而且继续开枪向我军射击，当即打死打伤我第 2 大队先头连 10 余人。我军在忍无可忍的情况下，奋起自卫反击。第2大队很快将顽军打垮，俘敌70余人，缴重机枪2挺，轻机枪1挺，步枪 70 余支。当地群众对我军惩罚这些“遭殃军”都拍手称快。他们冒着枪弹危险，为我军指引冲锋路线。战斗结束后，又纷纷涌到街头，夹道欢迎我军进城宿营。

第二天，我们在千秋镇附近的石河、峪口一带通过了陇海铁路。下午，部队行进的前方出现一条银白色的带子，在西斜的阳光下闪闪发亮，这就是自古留下许多美丽神话传说的洛河。这时候，洛河靠近两岸处还结着薄冰，河中间的急流处漂着大大小小的冰块。附近只有一只小船，每次仅载 20 余人。支队司令部遂派第一大队充当前卫先行徒涉，一面架桥，一面掩护主力渡河。由于缺少器材，人员也不够，费了很长时间架桥没有成功，最后我们只得决定，除少数体弱和患冻疮、关节炎的同志坐船以外，其余人员一律徒涉过河。隆冬季节，当指战员们脱掉棉裤鞋袜后，顿时全身冻得直打寒战，再低头一看河里的冰水，牙齿就禁不住咯咯作响。第 2 大队队长陈宗尧同志看见几个战士行动迟疑，当即喊道：“同志们，快跟我来呀！”话音未落便扑通一声跳进了河里。战士们看见陈大队长带头下水，随后也都跟了上去。

部队过河后天已经黑了。指战员们在河岸上重新穿好棉裤鞋袜，又迈开冻麻木的两腿继续前进。在行进的队伍中，我看见一个连长拉着一个战士，带着责备的语气说：“小马呀小马！我看你穿着这冻得硬邦邦的裤子怎么走路！”原来，在徒涉洛河时，被叫做“小马”的战士怕冷，穿着棉裤就下到水中。上岸之后，棉裤很快冻成了硬块，每迈一步都很困难。连长说着，让两个战士帮助小马脱掉棉裤，自己拿条棉被给他围在身上。大家见小马像个穿裙子的女人，都忍不住笑出声来。

连长回头问大家:“小伙子们，你们刚才在水里冷不冷呀?”

一个战士抢着回答:“说不冷那是假话！刚一下水，就像好多针一下扎进了肉里，眨眼之间透进骨心，又疼又麻，两条腿简直不像是自己的。可再难受，不过是几分钟的事，洛河横竖就是那么几十米宽，一咬牙也就挺过去了。”

连长又问那战士:“现在你还冷吗?”

“不冷啦！上岸一穿上棉裤，不一会就火辣辣地发热了!”

连长笑着像是对小马，又像是对大家说:“这是一条经验，往后徒涉过河，天再冷，也不能穿着棉裤下水。你说对不对呀，小马?”

二、第一次大战斗

1945 年 1 月 6 日，部队经煤窑嘴、李窑、朱庄到达黄沟，进入鲁山县境。据多方获悉:早在我军越过同蒲铁路，进入太岳军区、抵近黄河北岸后，日军即得知我军将南下，于是加紧在公路沿线构筑工事，重兵防守，企图阻止我军南进。我军南渡黄河进入河南以后，更引起了日军的注意和防备。

为了顺利通过鲁山地区，王震同志随后将全支队分成两个行军纵队:第 2、3 大队和支队直属机关为右路纵队，第 2 大队为前卫，第 3 大队为后卫；第 1、4 大队为左路纵队，分别担任前、后卫。两路纵队同时出发，分别沿鲁山县城东、西两侧向南运动，并随时准备投入战斗。

午夜，部队冒着刺骨的北风出发了。这时，天空黑得像锅底，伸手不见五指。地上的积雪在指战员们脚下被踩成雪水和烂泥，溜滑难行。走了一阵，大家身上都热汗涔涔。当右路纵队前卫部队横跨公路时，突然，第 2 大队长陈宗尧同志低声喊了一句:“同志们注意!”指战员们一个个都瞪大眼睛，紧盯住鲁山县城方向。倏地，我们发现在前面不远的公路上，开来了一辆敌人的汽车，和我稍一接触，发现我部队正向前运动，掉头便向鲁山方向开跑。

约摸几分钟后，部队行进的左侧传来了炒豆似的机枪声。显然，这是从鲁山赶来的敌人向我们开火了。

“同志们，快跟上！”陈宗尧同志一边发出命令，一边以神速的动作，带领部队占领了有利地形。顷刻间，夜空中又响起了他那洪亮的呼喊，喊声盖过了敌人的机枪声：

“打！狠狠地打呀！”

很久就压在指战员心头的仇恨、怒火，这时都一下爆发出来了。一道道红色的弹光，划破夜空飞向敌群。无数手榴弹在敌人的阵地上开花，升起了一团团浓黑的烟雾。枪炮声、喊杀声夹杂在一起，如同山呼海啸，震动得大地颤抖……

敌人还在拼死向前蠕动。复仇的子弹，首先飞向那些蠢动的亡命之徒。前面的敌人倒下了一排，后面的敌人再不敢向前挪动一步。

“同志们，冲呀！”

战士们像突然爆发的山洪一样，向着公路猛冲下去。司号员站在山坡上，高昂着头，鼓足全身力气吹响了冲锋的号声。顿时，公路上刀光闪闪，烟雾弥漫。吓呆的敌人丢盔弃甲，哇哇乱叫。受惊的骡马挣脱缰绳，腾空跳起。敌人一下混乱了，再也支持不住，仓皇向鲁山方向逃窜。

部队乘敌溃逃之机，迅速向公路南侧运动。转瞬间，右路纵队的前卫第2大队和支队直属机关全部通过公路，渡过沙河，进入安全地带。接着，当后卫第3大队通过时，突然发现远处有一串灯光迅速朝这边移动。大队长张仲瀚同志机警地判断说：“这像是汽车灯！看来敌人又出动了。”他一边派通讯员向支队司令部报告，一边火速下达了后卫警戒的命令。

果然，鲁山的日军重新组织了兵力，并调动七八辆坦克和装甲车，以更猛烈的炮火向我反扑过来了。

张大队长当即命令1营2连组织一个加强排的兵力，占领有利地形坚决抵抗，掩护其他部队通过公路。随后，他亲自到这个排的阵地上去指挥战斗。

“同志们！你们都准备好了吗？”张大队长问大家。

“准备好了！”排长严正祥同志回答说。“大队长，你走吧，前面更需要你，这里我们顶得住！”

敌人越来越近了。等到敌人进入有效射程之内，严排长立刻一声令下：“同志们，打！”话音刚落，几十条火舌便一起伸向敌人。我英雄排同敌人展开了艰苦的激战。日本侵略军企图以坦克开路，用装甲车作掩护，怪叫着冲向我阵地前沿。战士杨正春盯着隆隆开来的敌坦克，轻蔑地说：“哼，好你个小鬼子！你仗着有几个铁乌龟，以为老子拿你没办法？……”说着，他从腰里一下拔出了好几颗手榴弹，全部打开保险盖，然后以猛虎下山之势，飞快地奔向敌人的坦克群。他在全班战友们的炮火掩护和全力配合下，先后用手榴弹炸毁了敌人的两辆坦克。当他准备去炸第三辆坦克时，凶恶的敌人向他开火了。他机警地朝地上一滚，躲过了敌人的射击。但是，敌坦克这时全速向他开了过来，再想躲避已经来不及了。杨正春脸上毫无惧色。他圆睁双目，怒视着那朝他身上轧来的坦克，从容地拉响了最后几颗手榴弹的导火索，只听轰隆一声巨响，人民的英雄和敌人的坦克同归于尽了。

严正祥同志打得两眼冒火，大声喊道：“同志们，替战友报仇，替人民雪恨，狠狠地打呀！”战士们用步枪、机枪和手榴弹英勇地阻击敌人，打退了敌人一次又一次冲锋。日军的坦克和装甲车没有吓倒他们。敌人无论如何想象不到，紧紧钳制着七八辆坦克和装甲车，掩护大部队胜利前进的，不过是三十多名手握步枪、手榴弹的战士。

经过大半夜的激烈战斗，我左、右两路纵队都安全通过鲁山至叶县的公路，渡过了沙河。敌人企图堵截并歼灭我军的阴谋彻底破产了。在战斗中，我击毁敌坦克、装甲车四辆。在南征途中与日本侵略军的第一次大战斗，取得了重大胜利。

三、驰骋豫中

过了鲁山，南下支队就驰骋在辽阔的黄淮大平原上了。

自从进入日伪顽区，部队的军粮就成了一个突出的问题。当地群众由于长期遭受日伪军和国民党军队的骚扰劫掠，只要听说是穿“老虎皮”（指黄军衣）的队伍开过来，一声呼哨就全跑光了。开始，当地群众把我们也当成是“遭殃军”，看见部队进村撒腿就跑。在村里找不到人，可把我们的司务长和炊事员急坏了，“巧妇难为无米之炊”，他们向谁去购买粮食呢？有的战士发现屋里存有粮食，立即跑来报告。但是，主人不在，怎样才能运用这些粮食呢？部队政治部反复研究后做出一项规定：部队可在驻地群众家酌情取用一部分粮食，但要留下一部分给主人维持生活；取用部分过秤，按市价留下现金，并附上政治部统一印发的一封信：

诸位父老兄弟姐妹们：

本军作战敌后，瞬达八年。军威所至，日伪丧胆。战无不胜，所向披靡。战绩卓著，中外共闻。军纪严明，买卖公平。借物必还，损坏必偿。军中信誉，遐迩皆闻。迩者奉命南征，途经贵地，军粮缺乏，不得不就地购粮，以供军食。刻临贵府，适值外出，无法洽购。为保证军食无虞，不得不设法向贵府取去红薯若干斤，豆面若干斤，每斤以市价若干元计算，共计法币若干元，谨如数留置于柜中，尚望查收并乞见宥。

即颂

公安！

八路军独立第一游击支队政治部

部队开走以后，老乡们回来，看到自己家里一切都完好无缺，粮食少了一些，却按价留下现金并附信一封。他们看信以后，才知道我们是八路军。“世界上真有这样爱民的军队！”这消息一传十，十传百，很快传遍了远近村镇。这以后，群众只要一听说我们是八路军，不仅不再害怕，而且还热情地欢迎我们进庄，甚至恳切要求我们长期住下，保护他们。

1945 年 1 月 16 日早晨，部队到了一个叫鸭口的地方。附近有个不大的山村，叫做瓦岗寨。第 2 大队刚走出鸭口，只见前面瓦岗寨浓烟滚滚，火光冲天，从寨子里传出一片粗暴的呵斥声和凄厉的哭喊声。很快，侦察员气喘吁吁地跑来向大队长陈冬晓报告：一队日本侵略兵昨天从确山押运武器辎重到竹沟，今天在返回途中正在这里烧杀掳掠。陈大队长一听日本侵略者糟蹋亲人，顿时火冒三丈，高声对大家说："同志们，鬼子既然撞到了咱们枪口上，咱们就没理由不打它！要打，就打个漂亮仗，给新四军战友做个见面礼！"战士们巴不得听到他这一句，转眼间携起步枪，扛上机枪，飞快地冲出山口去了。接着，各种爆炸声响成一片。公路上立刻腾起浓黑的烟雾，呛人的火药味，弥漫在清冷的雪野上空。

陈大队长带领 3 营占领了一处山地的有利地形，朝山下的敌人猛烈开火，打得日军人仰马翻，死伤过半。剩下的敌人利用公路以南凹凸不平的地形顽抗，9 连的战士们扔出一排手榴弹，先把敌人的机枪打成了哑巴，紧接着又炸翻了前面一排敌人。后面的敌人一看站不住脚，就往寨里跑，有几个敌人逃进村边一个空无一人的房里，被手榴弹炸得血肉横飞，有几个钻进茅草丛，我指战员从四面放火，把他们烧死在里面。

这一仗打得干脆利落。战斗从一开始到结束不到一个小时，歼灭日军数十人，缴机枪 1 挺，步枪 30 余支，还有几大车无线电器材和军用物资。战斗结束后，我们对损失茅草和炸坏房屋的老乡们，分别进行了补偿，又把敌人抢去的牲畜、大车全部归还物主。当地群众对我军无比钦佩，团团围住我指战员们说："你们真是解救老百姓的天兵神将啊！"

四、鄂南恶战

2 月 25 日，部队到达鄂南地区。走到程风寺，2 大队后卫发现，3 辆满载着日军的汽车开到白沙铺附近，下车后即窜入我军驻地。我第 2 大队派出一部分部队阻击敌人，其余仍按原计划翻过大同山，进抵大田畈、团陵湾一线。

在大田畈，第 2 大队、第 1 大队与日军进行了南下以来的一场恶战。

第 1 大队选择的主阵地，是大田畈地区的制高点。骄横的日军，依仗他们有大炮和其他先进武器装备，有恃无恐地直向大田畈猛扑过去。他们既迷信自己信奉的武士道精神，又迷信自己手里的武器装备，根本不问前面到底有多少敌人，只顾胡乱打枪放炮。一时间，步枪，轻、重机枪和大炮一齐开火，各种爆炸声响成一片。不久，第 1 大队与敌人就展开了战斗。

天黑了，敌人的炮火继续猛烈地轰击着。一串串耀眼的弹光，交织着从夜空划过。阵前的山岩，被枪弹打成了蜂窝；山上的房屋，被炮火炸成了焦土。到处都弥漫着浓黑的硝烟。我指战员们英勇地坚守着阵地，顽强地同敌人对峙着。敌人眼看夺不下我主阵地，马上又调一大队伪军来增援。日伪军潮水般地不断向我主阵地发起冲锋。我 1 大队这时全部投入战斗，同敌人展开了一场激烈的阵地争夺战。

午夜时分，王震一面派第 2 大队 1、3 连驰援第 1 大队，一面给第 1 大队写信，命令他们坚决消灭敌人。第 1 大队 2 连连长朱新阳接到命令之后，立即大声宣布:“同志们，准备向敌人冲锋！”命令刚出，朱连长首先一跃而起，冒着密集的枪弹，带领战士们向前猛冲。日伪军原本想重新组织力量向我发起攻击，不料突然受到我军猛烈冲击，顿时乱了阵脚，转瞬就被我军追过了几个山头。最后，有一部分敌人被压缩在一条小山坳里。一时杀声震天，刀光闪耀，一把把仇恨的刺刀，刺进敌人胸膛。朱连长一连砍倒 8 个敌人，身上也被敌人刺伤 7 处。最后一颗子弹从后面穿腹而过，肠子从肚里流出，他咬了咬牙，左手按住伤口，右手高举战刀，继续指挥战斗。

从驻地赶来增援的第 2 大队 1、3 连和第 1 大队的指战员们，也向敌人发起猛烈冲锋，打得敌人伤亡惨重，仓皇溃逃。一部分日伪军退到东山上，龟缩在 4 座碉堡里负隅顽抗。我军一鼓作气，开始进攻敌人的碉堡。

在南下时，我们随身携带的都是轻武器，不仅没有大炮，连迫击炮也未带一门。敌人凭着坚固的碉堡和密集的火力，使战士们扔出的手榴弹难以发挥效力。怎么办？陈大队长和各营、连长心里都异常焦急。他们马上召集了一个紧急战地会议，号召大家出谋献策。指战员们你一言、我一语，很快想出了很多巧妙的攻坚办法。在打第一座碉堡时，大家搜集了许多当地特产的干辣椒，同干稻草捆在一起，用火点燃丢在碉堡附近上风处。转瞬间，一股股浓烟顺着风势涌进碉堡，呛得里面的日伪军又流眼泪又打喷嚏，纷纷从碉堡里跑出来。我指战员趁势一拥而上，一排手榴弹扔过去，迅速占领了第一座碉堡。攻打第二座碉堡时，战士们先用机枪把碉堡的所有枪眼都封锁起来，同时将许多炸药装在一个煤油桶里，由几名爆破手抱着煤油桶，匍匐前进到碉堡旁边埋好，点着导火索后迅速退回我方阵地。刹那间，听到惊天动地的一声巨响，半边碉堡一下被掀到半空，躲在里面的40多个敌人全部丧命。攻打第三座碉堡时，我指战员们又换了火攻法。大家就地找来大量干柴枯草，成捆成捆地抛到碉堡四周，随后放一把火，顿时风助火势，使整个碉堡陷入一片火海之中，烧得里面的敌人呜哇乱叫，有的逃出碉堡，又被我军扔出一排手榴弹炸得东歪西倒。最后一个碉堡共分里外3层，建筑特别坚固，又配备了很强的火力。我军接连采用了以上几种办法都不能奏效。大家经过反复研究，又想出了一个办法：一部分战士在火力掩护下，迅速挖成一条几丈长的地沟，一直通向敌碉堡的基础部位，在里面埋上大量炸药，点火以后，轰隆一声，碉堡从中间开花，几十名日军全被炸得血肉横飞。

当东方出现鱼肚白色，这一场恶战终于结束了。这一仗，我军共歼日军300多名，伪军200多名，缴获大炮7门，轻、重机枪20余挺，手枪、步枪、手榴弹、望远镜等武器和军用物资无数。

大田畈战斗，是我军渡江后打的第一场大仗。这一仗，打出了我军的军威，有力地打击了日本侵略者在鄂南的力量，极大地鼓舞了鄂南人民抗战胜利的信心。在战斗过程中，当地人民群众积极要求参战。他们主动在枪林弹雨中为我军送弹药，抬伤员，还做烧饼、稀饭送到指战员手中。他们纷纷高兴地说："打日寇，也应该有我们的份，这是我们出气的时候了！"

3月10日，我军在大源召开了一次群众大会。会上，我们向大家说明了我军的宗旨和挺进华南的目的、意义，宣传了我党抗日民族统一战线的方针政策。广大群众亲眼看到我们进军鄂南后痛歼日伪，为民除害，屡战告捷；然后对照我们的宣传，深感我们的每一句话都讲得实实在在，入情入理，真挚感人。他们高度赞扬我军的英勇、顽强，把部队当做自己的亲人。

南下远征开辟根据地

黎　原*

1944 年，世界反法西斯战争形势发生了根本变化。在欧洲战场，苏联红军从战略防御转入反攻；盟军开辟了第二战场。在亚洲，美军加强了太平洋战场的攻势。德、意、日法西斯的末日已经来临。

为了打击侵略者，拯救沦陷区的老百姓，收复失地，中共中央决定派遣八路军 359 旅离开南泥湾，远征三湘，发展和建立抗日根据地。10 月，359 旅根据中共中央的决定，组成八路军南下独立游击支队（简称南下支队），分第 1、第 2 梯队南下。第 1 梯队为独立第 1 支队，4000 余人，辖 4 个大队。另有中央派往鄂豫皖边区工作的干部有 900 多人，编为两个干部大队一同南下。王震为司令员，王首道为政委。11 月 9 日，南下第 1 支队从延安出发，经绥德东渡黄河，过同蒲铁路，再南渡黄河，入河南，越过平汉铁路封锁线，于 1945 年 1 月底进抵湖北大悟山与新四军第 5 师会合，胜利完成开进和护送干部的任务。随后，南下支队横渡长江，转战鄂南、湘北，在通城、崇阳地区开辟了抗日根据地。

1945 年 6 月，中共中央发出命令，由 359 旅留守陕甘宁边区的两个团

---

* 作者时任八路军南下第 2 支队教导营营长。

和 358 旅一个教导营组成南下第 2 支队约 4000 余人，由延安出发，兼程南下，与王震领导的南下 1 支队会合，开辟新的游击区，扩大抗日根据地，为迎接大反攻创造条件。南下第 2 支队（相当于一个旅）下辖两个大队，另有中央第 5、第 9 干部队同行。原 359 旅参谋长刘转连任司令员，晏福生任政委。南下第 2 支队出发前，毛泽东主席、朱德总司令、叶剑英、林伯渠、任弼时、贺龙等中央领导人，在延安中央大礼堂接见了营以上干部。我当时担任第2支队教导营营长，张有法任营政委。教导营辖两个队，每队100多人。全营有轻机枪2挺，步枪130多支，三分之一的人没有枪，仅发几颗手榴弹，武器装备较差。教导营的任务是负责保卫两个干部队的安全。干部队由团、师、军级干部组成，还带有部分家属。

6 月 20 日，中共中央机关和延安各界人士在延安东关机场，为南下第 2 支队召开欢送大会。会上，毛主席和周副主席、朱总司令、贺龙司令员都讲了话。欢送会后，南下第 2 支队就踏上了新的征程。我们东渡黄河，经山西，再过黄河，向南挺进。

7 月 10 日凌晨三四点钟，我们到达山西平遥城北，准备利用夜暗和青纱帐，从同蒲铁路平遥东北的东游驾、白家庄地区通过铁路。敌人在这一段铁路的防备力量较弱，我们的群众基础好，有利于部队通过。支队安排 1 大队 1 营，利用夜暗，拂晓前秘密通过铁路，占领铁路对面高地，掩护支队通过封锁线。2、3 营、教导营断后。

当夜，1 营顺利越过了同蒲铁路，到达铁路东面指定地点，掩护大部队通过铁路。天亮以后，其余部队陆续穿越铁路。下午 1 时许，2 大队刚刚脱离铁路不久，日军得到消息，乘铁甲车分别由平遥和太谷两地，沿铁路线飞驰而来。另有日军骑兵、步兵三四千人随后跟进。敌人的轻重机枪和小钢炮一起开火，封锁道路，将 4 大队的 2、3 营、教导营和干部队几十名尚未通过封锁线的部分领导截留在铁路西侧。

我们就地与日军进行了激烈的战斗，支队司令员刘转连指挥部队，利用青纱帐作掩护，与敌人周旋了几个小时，到下午 3 点左右，由于敌人增兵不断，火力太猛，部队无法通过，司令员刘转连果断地命令部队向西撤退，摆脱敌人，等天黑后再过铁路。因当时各部队正与敌人激战，同支队部（旅部）失掉联络，我们教导营和干部队的一部分（约30多名领导同志）未能接到撤出战斗的命令。这时日军发现我们这部分战斗力不强，行动缓慢，就组织骑兵、步兵数百人，向我们追来，企图吃掉我们，情况十分危急。干部队有的同志已经开始烧毁文件资料，准备与敌人同归于尽。这时，作为教导营营长，我是这几百人的最高指挥员，感到肩上的担子特别重。特别是这批尚未脱险的干部队成员大都是党政军高中级干部，是党的宝贵财富，必须保障他们的绝对安全。根据当时的情况，我同政委张有法同志商量，决定由他带1个排保护干部队成员先向西撤，我带5个排以排为单位，互相配合，交互撤退，掩护干部队撤退。政委带领干部队撤走后，我就命令各排迅速进入阵地，我留在最后撤退的一排阵地上，同他们一起抗击敌人。此时敌人骑兵已经追了上来，离我们只有100多米。我嘱咐大家一定不要慌，沉着应战。我首先用步枪瞄准敌人先头骑兵射击，弹无虚发，把追到前面的几个骑兵打落马下。敌人见状大惊，不知我们有多少兵力，赶紧占领阵地，不敢贸然前进。我乘机把兵力分成几个小组，转移阵地迷惑敌人，并派出反击小组，收缴阵地前死伤日军的枪支和战马。就这样，经过各排战士轮番交替掩护，与敌人激战两个多小时，到下午5点多，我们向西撤到一处地形非常有利于我们防守的小山包上，准备继续抗击敌人。此时，天也快黑了，敌人摸不清我们的情况，未敢向前追击。

我赶紧利用这一有利时机整顿队伍，打扫战场，派出警戒，安排部队就地待命。随后，我带了几名战士骑着缴获的日军大洋马去找大部队。我们向西走了大约两公里，遇见了支队司令员（旅长）刘转连。他们见我们骑着洋马，最初以为是日军的追兵，都已经架好了机枪，准备开火。幸亏当时天还不太黑，刘转连又和我非常熟，很远就认出了我，他急忙喊道："这不是黎原吗？"一句话，避免了一场误会，否则真不知道会是什么结果。我经过半天多的激战，见到大部队和首长，真是十分高兴，赶紧下马，向首长汇报情况和我们的位置。随后按照上级的统一部署，当天晚上，我们顺利通过了同蒲路。这次战斗，教导营临危不乱，沉着应战，指挥得当。在敌强我弱，与上级失去联系的情况下，靠学员队顶住了敌人骑兵、步兵数百人的进攻，打死打伤敌人数十名，缴获步枪十余支，军马十几匹，我方仅伤亡十几人。更重要的是，在战斗中教导营成功掩护了干部队尚未脱险的成员安全转移。这些干部中有很多人后来都担任了军地各级重要领导，成为建立和建设新中国的中坚力量。如解放后曾任国务院内务部部长、青海省省长等职的袁任远同志就在干部队中。另外，这次能够击退日军进攻，初战获胜，极大鼓舞了我们教导营的士气，更坚定了我们战胜日寇的信心。

当天夜里，我们经过大半夜的急行军，顺利脱离了敌占区，到达平遥县东宋家岭、花堡、山坡头地区。这里是半山区，也是游击区，群众基础好，因为部队半个多月的连续行军，十分疲惫，支队决定在这里休整几天，再继续南下。当时，有一件事给我留下了深刻的印象，就是地方党组织的基层群众工作做得实在是出色，特别难能可贵的是在铁路沿线，原本是日本军队控制的地区，但地方党组织都做了大量深入细致的工作。我们通过同蒲路前后两个夜晚，都有地下党负责联络。刚一进村，每班、每排都有人接待，安排在老百姓家住宿，一进屋就安排好饭菜。离开时，也有老百姓当向导带路。白天我们和日军激战时，走失了近百头骡子，驮着大量物资。事后，老百姓纷纷主动将走失的骡子拉回来，送还给部队。

教导营安排驻在宋家岭休整。宋家岭有 100 多户人家，400 多口人。村里建有两面政权，村长叫王殿臣，是党员，表面上给敌人干事，与他们周旋，暗地里与游击队保持联系，为部队收集情报，保护群众。敌人在村外大约两里的地方建有一个炮楼，高两三丈，站在炮楼顶上，可以俯视附近村寨八路军、游击队的活动情况。我们过同蒲铁路后，支队司令员刘转连将支队机关携带的两门步兵炮交教导营保管使用。这两门炮是 1939 年 359 旅在山西灵丘战斗中缴获的。宋家岭的百姓没有见过炮，更没见过八路军也有炮，男女老少都来看热闹。村长王殿臣见我们有炮，认为我们的战斗力一定很强，就想请我们帮忙，把村外鬼子的炮楼给端了。

我和营政委张有法商量了一下，觉得可以打。第一，宋家岭村外炮楼是孤立之敌。第二，有群众支持和内线配合。第三，八路军发动的夏季攻势作战，使得日伪各地驻军自顾不暇，不可能抽兵支援被围部队。而且我们教导营又新添了两门炮，战斗力强，打下炮楼还是有把握的。于是，我们就向上级请示。但上级认为不能打。第一，我们打完就走了，敌人报复群众怎么办？第二，中央给支队的任务是南下，不宜恋战，怕暴露企图，招引敌人，影响开进。所以就没有打成。几天后，我们休整结束，离开宋家岭，继续向南开进。

7月初，我们到达沁源地区，这时的沁源经过抗日军民一年多时间的围困战，已经胜利结束，沁源城内的日伪军全部撤走，八路军太岳军区搬进城里。南下支队途经沁源，就驻在县城附近。太岳军区司令员王新亭、政委王鹤峰等军区首长，接见了南下支队营以上干部。王新亭还向我们介绍了太岳军区目前的形势以及同日伪军作战的经验。军区参谋长邓仕俊为我们作了国际形势变化的报告。7月中旬，我们从太岳军区驻地出发，渡过黄河，进入河南。南下支队不及歇脚，又马不停蹄地绕过日伪军占领的渑池县城，越过陇海铁路，接着从柳泉、三乡镇，进至豫西熊耳山脚下。自抗战以来，这里一直为国民党军队占领，群众基础较差。为了开辟豫西根据地，筹粮筹物，继续南进，中央命令南下支队在熊耳山地区北麓作短期停留，宣传抗日，发动群众。8月11日，我们南下2支队正在陈吴、张午、东赵堡一带开展工作，接到中央的命令，停止南下，恢复359旅番号，立即北上，归晋冀鲁豫军区刘伯承、邓小平指挥。我们就渡过黄河，移师黄河北岸孟县待命。8月15日，日本天皇宣布无条件投降。听到这个激动人心的消息后，驻地军民以无比喜悦的心情欢庆抗战胜利。

就在日本宣布无条件投降的前4天，8月11日，蒋介石一连发出三道命令：一、十八集团军“原地驻防待命，不得擅自行动”。二、国民党军“加紧进军”“勿稍松懈”。三、沦陷区伪军“维持治安”“趁机赎罪”。日军投降后，驻扎在孟县城内、一贯与我八路军搞摩擦的国民党顽军张伯华部，继续与我军为敌。在我们359旅奉命渡过黄河向北开进时，他们派兵阻挡我们的去路，不让通行。旅领导迫不得已，决定8月28日晚攻打孟县，消灭张伯华部。孟县县城相当坚固，城内驻有伪军1000多人，个个都是亡命之徒。359 旅打了整整一夜，没打下来。天亮后领导怕增大伤亡，只好撤了下来。9 月 2 日，太岳军区第 4 分区派了两个团配合 359 旅再打，才将县城攻克。旅里原本命令我们教导营待命。我主动要求参战，但旅领导不同意。我不甘心看热闹，就带了两个排，随太岳部队冲进城里，抓了 80 多个俘虏，缴获一些白面。由于没有损失，刘转连旅长知道后，也没批评我们，默认了我们的行动。

几天后，我们奉命离开盂县，移师河南林县，林县是八路军太行山后方总部所在地，在那里我们受命准备进军东北。

一次突发的遭遇战

匡阳胜*

1944 年初冬，我们 718 团随 359 旅主力 4000 余人组成南下支队，遵照党中央关于南下湘粤边境与东江纵队打通联系，依托五岭山脉创建根据地的指示，在王震、王首道、王恩茂等首长率领下，于 11 月从延安出发，跨过黄河、淮河水系几十条河，越过吕梁、中条、伏中山脉数百座山，横过京汉路，于 1945 年初抵达大别山。随后，在新四军 5 师一部配合下，横渡长江，转战鄂南、湘北，在湘、鄂、赣边境的崇阳、通城开辟了抗日根据地。1945 年 7 月，冲破日伪、顽军拦阻，沿湘、赣边界继续南进。

8 月初，我们到达湘赣边境罗霄山脉北端张家坪，稍事休整。一天早饭后，部队正在忙着做群众工作，筹粮筹款，整理擦拭武器装备。忽然，通讯员跑来通知我，连以上干部到团部集合开会。会上，陈宗尧团长下达指示说："我军的这一举动，已引起敌人的惊恐，上级获悉，顽军约一个师的兵力正向我逼近，企图堵截我们南下，隔断我与东江纵队打通联系。我团必须立即起程，在天黑前赶到疙瘩山区，在那里设伏，迎击来犯之敌。"

这一天，我们顶着 8 月的骄阳，身负十几公斤重的武器弹药和干粮，分

* 作者时任八路军南下支队第 2 连连长。

成几路在乡村石子路上急行军。战士们渴了，边走边喝水，饿了，边走边吃干粮，个个争先，唯恐掉队。晚上 8 点多钟，全团先后到达设伏待机地域。天阴沉沉的，没有一点星光，阵地上黑得伸手不见五指，天气沉闷得似乎要压下来。村庄里除了一犬狂吠、百犬相随的狗叫声，察觉不到任何异常情况。9 时许，突然枪声四起，飞弹呼啸，打破了山村黑夜的寂静。我们这才发现，原来这里的各个村落都早被敌人占领了。敌人先我到达这里。形势急转直下，我们处境十分不利。陈团长当即果断地命令部队就地展开，原来的后卫 3 营变为前锋，向反方向收缩突围。1 营、2 营跟进，实施多路连续突击，冲出包围圈，向附近的山林转移。

突围战斗打响后，敌人依托村落，占了制高点，用火力把我们压制在谷地中。我们几次发起攻击，与敌人争夺制高点，均未能奏效。伤亡人数不断增加，副参谋长不幸中弹身亡，通讯班长、王震司令员的秘书等都负了重伤，大部分人员仍被围困在不利的地形上。这时，陈团长命令我带 2 连实施阻击，掩护全部人员务必在天亮以前杀出重围。他亲自组织轻重机枪压制对我危害最大的敌人火力点。激战持续到下半夜，大部分人员摆脱了敌人围困，迅速转移到山林。此时，我带的 2 连，只剩下一个排的兵力。我的肚子和胳膊几处受伤。陈团长腹部中弹，肠子被打断，他有气无力地躺在血泊里还指挥我们边抗击边向后撤，作最后的抵抗。当我们走进密林时，朝霞送来了黎明。敌人已不再追击了。同志们掩埋了牺牲的烈士，搀扶着受伤的战友，背着或用门板抬着重伤员，沿着林间小道，艰难地向前行进。直到傍晚时分，多数人员才逐渐收拢到原定集中地域。

全团清点人数，减员将近一半。有的重伤员，因缺医少药，抢救不及时，加之一路颠簸，失血过多，相继牺牲。老团长陈宗尧在晚上也牺牲了。这位身经百战的老红军战士，在红 6 军团时担任师的领导干部，转战湘、鄂、川、黔，发动群众，建立政权，组织游击队，曾立下不朽功勋。抗日战争爆发后，红军改编为八路军，他是 359 旅王震部下一位赫赫有名的战将，深受干部战士爱戴。他的牺牲使我们在精神上受到了一次沉痛的打击，给全团笼罩了一层阴影。

在这种极端严峻的时刻，我们这支英雄的部队，没有被困难征服，团党委确定：迅速掩埋好同志的尸体，妥善安置好伤员，继续向南推进。当日晚，陈团长的遗体，就和特务连6名干部、战士就地掩埋了。为了保守秘密，不让敌人过早知道陈团长战死的消息，也为了稳定军心，不使战友们都沉浸在悲痛之中，对死去的战友，没有举行悼念仪式，也没有堆砌一座坟墓或竖一块墓碑。与我们朝夕相处共同奋战的老首长、老战友就这样静静地安葬在一片繁茂的树林里了。后来，听警卫员说，当时为了不让敌人知道战死的老团长埋葬的地方，在掩埋遗体的泥土上面，用林间腐质落叶蒙上一层厚厚的伪装，除了特务连和团部少数几个干部、战士知道这个地方外，谁也不知道具体位置。我当时因伤势过重无力行动，不但没有在掩埋老首长遗体的地方留下一个记号，也没有从他那被鲜血染红的战衣上，扯下一条碎布以志永久的纪念。追忆这段艰苦悲壮的征程，我的心头总不能平静，陈宗尧团长的音容笑貌永远留在我的记忆里。

这次战斗以后，我们一路冲破顽军层层围、追、堵、截，历尽千辛万苦，于8月下旬到达广西南雄西北地区。后来，遭到顽军重兵围攻，不得不北返根据地。我们359旅南下支队在开辟南方抗日根据地时创造的业绩，在中国人民解放军的军、战史上，留下了可歌可泣的一页。

回忆大田畈战斗

伍齐雨　伍齐松　伍淑春[*]

1945年2月22日，八路军南下支队和新四军第5师第41、42团渡过长江，在湖北省南部阳新县三溪口击溃日军阻击，继续向南挺进。26日下午，与尾追的日军第六师团五六百人和伪军第二师共约1000余人，在大田畈激战至午夜。此役歼灭日军300余人、伪军200余人。

"这一仗打得真漂亮"，大田村伍齐雨、伍齐松、伍淑春三位年逾八旬的老人，是大田畈战斗的目击者，讲起当年南下支队的战斗经过，仍记忆犹新。

这三位老人住在离大田畈伍家祠不远的大田村，离祠堂不过500米。当年，南下支队的士兵在伍齐雨家里住过一天，老人对这件事至今都倍感骄傲。

"那会儿正是小日本儿猖狂的时候，我们的部队愣是把鬼子给打怕了，不仅烧了他们的汽车，缴获一大批武器，还全歼了300多名日本鬼子。"伍齐雨老人对那次战役的描述，简短而又独到。

1945年2月，由司令员王震、政委王首道率领的国民革命军第18集团

---

* 作者均为湖北通山县大田畈大田村村民。

军独立第1支队（简称南下支队）渡江后，在阳新赵家湾进行短暂宿营。2月25日，部队经石盆头汪五颈迅速向白沙铺与浮屠街之间的阳大公路靠拢。下午，当部队越过公路时，突然100余名日军分乘3辆汽车由白沙铺疾驶而来。此时司令员王震令第1、3大队一部设伏阻击敌人，其主力继续前进。当日军汽车进入伏击圈，王震一声令下，我军突然向日军发起攻击。日军惊慌失措，乱成一团，还没来得及还击，有的倒在车厢内，有的毙命车轮下，有的横卧公路上。100余名日军大部分被歼，汽车被烧毁，少数日军逃跑。

2月26日，南下支队东路渡江部队集结大田畈、伍家祠、团林湾一线，支队司令部暂设伍家祠。同时电令其他先遣队迅速向伍家祠靠拢。

日军在阳大公路遭到南下支队打击后恼羞成怒，迅速纠集大冶城、刘仁八、三溪口、阳新城等据点的日军600余人、伪军800余人由三溪口向大田畈扑来，王震同王首道、张体学火速商定作战计划，令第1大队2营投入战斗，其他待命驰援，2营长接令后，迅速赶到5连阵地做好抵抗日军的战斗部署，争取时间巩固主阵地，急令5连2排推进至主阵地前的无名高地阻击日军。

双方随后展开激烈的阵地争夺战。午夜，支队令第2大队加入战斗，协同第1大队猛烈攻击日军。

对于大田畈战斗，伍齐松记忆尤为深刻：那天夜晚，村民伍修长主动为担任主攻敌无名高地的连队带路。鬼子一梭子弹打过来，2连连长朱新阳把伍修长按倒在地，躲过了敌人的枪子儿。朱新阳带领官兵冲入日军阵地与日军展开肉搏战。朱新阳挥舞战刀左劈右砍，不料腹部受伤，肠子流了出来。他一手将肠子塞进肚子，捂着伤口，继续指挥战斗。

战斗结束后，村民争先恐后护送伤员，向南走了十几里路。而朱新阳连长由于伤势过重，壮烈牺牲，村民们含着眼泪把朱连长葬在当地蔡贤村的一个山坡上。

此次战斗，南下支队击毙日军300余人，伪军200余人，缴获炮7门、轻重机枪25挺、步枪300余支，是南下支队进入江南以来第一次大的战斗，沉重地打击了鄂南日军的嚣张气焰，为部队胜利南进开辟了道路。

投诚起义向光明

刘公岛上的风暴

毕昆山*

在威海卫以东约10华里的海面上，有一个小岛——刘公岛，面积约3.5平方公里，居民近1000人。岛上有三座高地，覆盖着茂密的松林，四季常青，像一个绿笔架屹立在蔚蓝的大海上。

1944年11月5日，一批具有爱国热忱的士兵，在刘公岛上举行了武装暴动，歼灭了岛上的敌人，投奔了胶东抗日民主根据地，参加了八路军。

酝酿暴动

1944年春夏，威海大旱。伪海军华北要港司令部中将司令鲍一民忽然提出为民求雨，并从威海卫请来戏班在龙王庙前演戏，还请了伪专员宋振寰、伪治安军司令徐瑞卿等进岛看戏。

7月3日，求雨祈祷仪式结束后，伪官和太太小姐们坐在龙王庙的南大厅里凉快惬意地欣赏京戏，士兵们端坐在露天处，炎热的天空像张大火伞，

---

* 作者时任伪华北要港司令部海军练兵营教练班长。

士兵们一个个被晒得汗流浃背，身上蒸发出汗味。鲍一民的老婆大骂：“臭当兵的！这股酸臭味哟……”士兵们听了都很生气。

事有巧合，正演戏时，来了一片乌云，接着雷声轰鸣下起雨来。鲍一民面露骄色，仿佛是他求来了甘霖。士兵们被淋得像落汤鸡，会场不免有些骚动。鲍的老婆见状又骂：“臭当兵的，沾光看戏还不老老实实看！”鲍二小姐也跟着骂。

士兵们听了气炸了肺，于是随着台上唱一句，台下就一齐喊声“好”，开始集体起哄。伪基地队司令部的王景和（二虎）想维持秩序也维持不住。

此后，这事一时成为士兵们议论的主要话题。这件事也激起一位练兵班长连城的不满，他向郑道济提出了把队伍拉出去的想法。他们分析了刘公岛、威海卫的敌伪力量和部署情况，认为想集体离开刘公岛只有发动武装暴动这一条路，并决定分头去联络人。

7 月 5 日下午，连城找我闲聊，提出想拉队伍干掉日本鬼子和汉奸，反出刘公岛。我表示坚决参加。这时。连城才提到他和郑道济有武装暴动的考虑，并说，这是一件很机密很危险的事，要暂时保密。

第二天傍晚，连城领着我与郑道济见面。郑道济提议取古人义气相交之意，组成一个“三义团”，作为领导武装暴动的核心组织。连城和我都同意，并推选郑道济为暴动领导人。

1944 年 8 月间，“三义团”多次开会研究武装暴动的具体事宜，确定了一些重要事项，如：

确定以练兵营正在营训练的第 9 期练兵为暴动的主体；

确定分批发展一批骨干力量；

确定在第 9 期练兵中组织业余武术班，由郑道济亲授武术，并利用这个合法组织进行抗日教育，从中物色勇敢而有爱国心者作为暴动骨干；

确定到日本辅导部侦察情况，利用借唱片和带领练兵去打扫卫生的机会，摸清敌人武器弹药存放的位置和敌人戒备的情况；

确定每个人到基地队和各派遣队联络练兵，了解情况，增进感情，以达团结一致抗日之目的。

到了 9 月间，暴动的骨干力量逐渐扩大。参加暴动组织的已有：练兵营卫兵队少尉队长郑道济，练兵营教练班长上士连城，练兵营教练班长上士毕昆山、李仁德、刘国璋，东海交通艇副艇长中士王文翰，练兵营卫兵队三等兵崔大伟，“同春”运输舰信号兵于书，练兵营军人小卖部卖货员于云青等。上述这些人又分别联络一些人，大都是知己的朋友或结义弟兄，另外还有业余武术班十余人。

关于武装暴动总的作战意图是：以练兵营的第 9 期练兵为暴动的主力举行全岛性的武装暴动，解决刘公岛上的伪华北海军要港司令部、日本海军辅导部及伪威海卫基地队司令部等一切军事单位；缴获包括“海祥”军舰、“同春”运输舰等在内的一切军用舰船和刘公岛所有武器、辎重；消灭练兵营日军，除掉鲍一民、孟铁樵、王景和、罗世厚等民愤极大的伪官。

关于暴动部队的去向问题，由于与外界隔绝，消息闭塞，很多人不了解山东半岛的抗战形势，提不出具体意见。郑道济的意见是：暴动成功后，把部队拉到牟平县的山区（具体地点尚未研究过），在那里等待中央军的反攻、收编。大家都认为郑的打算是可行的。

狂飙突起

11 月 5 日，天气晴朗，风平浪静。因为是假日，日伪军官都可去威海卫玩。上午 7 时半，连城和我先到了码头，装着看热闹的样子，查看出岛的敌伪人数。日军官照例先登艇，尉官出去 3 人，士官出去十余人。接着是伪官及其家属上船，有伪基地队司令李玉垠上校、基地副队长王景和少校、要港司令部军需课课长周尔康中校等十余人。下午开船前，连和我又到码头查看情况，只出去了伪尉官数人，没有日军出岛。日军军官斋藤大佐和鲍一民、孟铁樵等都未出岛。

情况查看清楚，决定按原计划行动。练兵营的练兵们照例于下午 1 时列队放假外出，一切都按往常一样进行着。不过，连、李、刘和我等人都关照了本班的弟兄和有关人员，外出以后马上返回，今天有事。第 9 期练兵有甲、乙两批共200人，被通知回营的近百人。这时刘国璋率领几名武术班的人到伪军官办公室取下了所有战刀，被值日军官郭奋起看到，刘国璋对他说弟兄们想拿着刀照相。不待郭同意，就拿刀走了。这引起了郭的怀疑。

13时30分，武装暴动的骨干及练兵们都集合在练兵营第二兵舍内听郑道济讲话，他站在床板上，神情严肃沉着，讲话简短干脆，他说："弟兄们！中央军已经快打到威海了（实际是八路军在威海戚家庄打了一次伏击战），我们中国人决不当亡国奴，决不听敌人摆布，我们再也不受鬼子汉奸的欺压了。我们要拿起武器，消灭日本鬼子和汉奸，为我们的父老兄弟报仇，我们要杀出刘公岛，岛外有队伍接应我们，出去配合中央军打鬼子。弟兄们都是爱国的热血青年，愿意打鬼子的弟兄们勇敢地站出来！"

各班培养的骨干及武术班的人等都纷纷表示愿意杀鬼子，站了出来。这时郭奋起走进来了，一看有这么多的人在此集合，问："你们想干什么？"李仁德、刘国璋马上把他架了出去，下了手枪，关押在乒乓室内（此室门窗有铁栏杆）。参加暴动的人不分原先是哪个班的，按计划，有选择地编成了几个突击队：

郑道济为总指挥，指挥所设在练兵营，命李仁德看守指挥所。

第一路由我和刘国璋二人率领石银福（石涌）、桑世伟、刘秉义、许传礼（许心）、张玉亭、冯醒堆、张树和7名勇士攻击日本辅导部。

第二路由连城、崔大伟率领几名勇士解决伪基地队司令部，由王文翰（工心甫）带领40余名练兵为第二梯队，随后跟进，到基地队搬运武器。

第三路由郑道济率柯柏华等十余名勇士攻击西炮台派遣队。

随后，暴动的勇士们打开武器库，用教练枪武装起来冲向了各个攻击点。

攻击辅导部

我和刘国璋率领石涌等7名勇士手持步枪、大刀出练兵营北门迅速冲向辅导部。在辅导部门口站岗的郭小嘎也加入了我们的行列。我们冲进辅导部大门，奔向值班室，发现值班日本兵不在。这时石涌冲上楼去，朝一值班的日本兵开了一枪，未中。日本兵慌张地从楼侧的小楼梯窜到楼下值班室，想打电话向威海报警，正碰到刘国璋，他持刀堵住了日本兵，手起刀落，从左肩到肋下，日本兵一头栽倒在走廊里。勇士们搜查了所有的房间，缴获了十几支日本手枪和 2 挺轻机枪。再未发现鬼子。我命刘秉义、许心速将机枪扛回练兵营指挥所。这时，攻击辅导部的勇士们都用缴获的长短枪武装起来了。

我站在二楼上，看到远处的栈桥上有三个日本兵正在钓鱼，听到枪声后，扔下鱼竿就往辅导部跑。我与石涌、张玉亭等人迅速跑到练兵营的洗衣棚，把步枪平放在洗衣池上，瞄准了小夹道。果然，这三个日本兵跑步进入了小夹道，我喊了声：“打！”一枪一个，连中两个，第三个日本兵扭头就往回跑，未被击中。

日本辅导部被占领了。刘国璋命钟桂臣到麻井子砍断海底电缆，破坏了辅导部的总机，断绝了与岛外的联系。刘国璋还去电报局破坏了收发报机。与此同时，郑道济也派于云青、赵任能二人去破坏了海底电缆。

智取基地队

另一路，连城、崔大伟率领几名勇士沿着海边大路迅速向伪基地队司令部奔去。该部拥有一个中队的兵力，是岛上兵力最多的军事单位。他俩腰中暗藏着手枪、一先一后，佯作无事的样子，来到了伪基地队司令部。门岗夏振德认识连城，先主动打招呼：“连班长来啦！”还给连城敬了礼，连城大摇大摆地进了大门以后，直奔后院禁闭室，救出被关押士兵。他们冲向各个兵舍去抢枪。王天福缴到了 1 挺捷克式轻机枪。

随后，连城率王福勇等人又迅速冲向大门口的值班室，用手枪指住了值日军官伪少尉丁尔为，缴了他的手枪。正在这时，崔大伟缴了大门门岗的枪也冲了进来。丁尔为乘机企图逃跑，被崔大伟一枪击中。此时，王文翰带着第二梯队也来到了基地队司令部，将缴获的枪支弹药统统搬回练兵营。

日本辅导部和基地队司令部两处响枪之后，在岛上放假的伪基地队司令部的士兵们纷纷跑了回来，大门口站满了人，打听出了什么事。这时，连城站在大门口的高阶上，对基地队司令部的众士兵喊道："弟兄们听着，我们暴动是要杀鬼子，除汉奸，我们要把队伍拉出去抗日，不愿当奴隶的弟兄们，不要有什么顾虑，跟我们一起走吧……有志抗日救国的弟兄们，快到练兵营集合……"这些受压迫的士兵，早就想逃出"水牢"，现在听了连城的话，纷纷跟着到练兵营来了。

轻取西炮台

第三路郑道济率柯柏华众勇士由练兵营出发，出西大门奔向西炮台派遣队。这个派遣队有两个班的兵力，拥有两门50毫米小舰炮，宿舍是在炮阵地下面一个拱形的窑洞里，无人站岗，土炕上有人在睡觉，郑道济等人进去无人发觉，他叫人把枪架上的枪统统取走，基本就解决了。在山上的炮阵地上，有一哨兵放哨，经动员很痛快地跟着郑道济等人来到了练兵营，至此，西炮台派遣队也解决了。这个派遣队虽有两门小炮，但无炮弹，炮弹都锁在辅导部里。所以只缴到几支步枪和两个炮栓（炮是傍晚卸下来的）。郑道济由西炮台返回练兵营时，遇见罗世厚，一枪将罗击毙。

各路突击队完成第一步任务后，接着执行第二步任务：

连城回到练兵营指挥所辅佐郑道济全面指挥。我负责缴获、控制"同春"运输舰。"同春"是除"海祥"军舰之外最大的一艘船，舰尾装有一门50毫米小舰炮，在当时威海卫和刘公岛是火力最强的舰。我曾在此舰当过操舵兵，与"同春"的船员处得较好，对此船的性能也较熟悉。我迅速跑到栈桥，王秉昌驾驶着"东海"交通艇已在此等候，我乘艇登上了"同春"运输舰，于书在船上接应。我向船员们宣布了士兵们武装暴动的消息，希望船员们镇定，和暴动的弟兄们一起抗日，船员们热烈响应。船长唐如川17点把"同春"舰靠在了栈桥的南端。

席卷派遣队

崔大伟的第二个任务是解决东疃派遣队和东泓派遣队。他从伪基地队挑选了周天林等十余人组成突击队，直奔东疃派遣队。经崔大伟简短动员，东疃派遣队的弟兄们纷纷响应，未用一枪一弹就顺利解决了。突击队与东疃派遣队的人组成一个更大的突击队，又向东泓派遣队奔去。

东泓派遣队在刘公岛的最东端，是距离最远的一个派遣队。队长姓孙（伪中尉），是鲍一民的亲戚，他已听到西疃的枪声，可不知发生了什么事情，正带着派遣队的人持枪成散兵队形，边侦察边向西走来。崔大伟独自一人从容不迫地走了过去，孙向其询问，崔答无事。伪队长看到崔大伟神态自若，便下令士兵返回派遣队。当孙和士兵们回到室内刚把枪放好，崔大伟迅速从腰里拔出手枪对准孙喝道："不准动！举起手来！"孙被这突如其来的情况吓傻了，呆若木鸡，崔大伟又用前次的口号对大家进行了简短的动员，弟兄们纷纷响应，都愿意拿起枪来打鬼子。崔大伟把突击队叫过来，把能携带的武器弹药统统带回练兵营，至此，东泓派遣队也顺利解决了。

旗顶山是刘公岛的最高点，这里的派遣队只有两个班的兵力，看守着两门 50 毫米的小舰炮。队长是薛英远（伪准尉），是第 1 期兵，与练兵营的教练班长都很熟悉，看到李仁德带着人上来，问出了什么事。李告诉他，郑队长领导弟兄们武装暴动了，辅导部、基地队都已解决了，愿意打鬼子的，就跟我们走。薛英远和众士兵都表示愿意出岛打鬼子。于是大家一齐动手把炮卸了下来，但因没有车拉，天已黑下来了，山陡人少，扛不动，两门炮未能扛下来，只把两个炮门卸下来了（带到根据地的三门炮是西炮台的两门炮加"同春"舰上的一门炮，另外还有旗顶山的两个炮闩）。

西疃派遣队有一个加强排的兵力，队长是苏文斌（伪中尉）。苏在岛上无家眷，今天到威海玩去了。攻击日本辅导部响了枪，西疃派遣队听得很清楚，但不知发生了什么事。不久，听到士兵跑回来说，练兵营造反了，把日本兵干掉了好几个。西疃派遣队一是无队长，二是未弄清情况，未敢轻举妄动，静观事态的发展。李仁德到此，向士兵们说明了情况，也是一呼百应地参加了暴动行列。

栈桥歼敌

刘公岛各部解决战斗后，郑道济与连城又部署了对返岛的鬼子和汉奸的歼灭战。

傍晚时分，交通艇“日生利”号向刘公岛的栈桥驶来。

站在“同春”舰上的我看到“日生利”准时驶出威海港，知道敌伪未生疑，迅速报告了指挥所。歼灭战在紧张地准备着，暴动的勇士们将已经扯下来的伪海军旗又升了上去，把海边沙滩上的日军尸体拖到隐蔽处藏好，把为交通艇带缆的人员布置好，练兵营门口恢复了信号兵和门卫，一切都恢复常态，秩序井然。连城命刘春生将拉水的汽车开到栈桥附近，他带着李恩芝及40多名勇士埋伏在水车之后，两挺轻机枪交叉瞄准了栈桥。

17点30分刚过，交通艇“日生利”徐徐地靠上了栈桥东侧的一个梯口，因为是低潮，“日生利”显得比栈桥还低，装着给“日生利”带缆的崔大伟、刘秉义等十几人，个个腰里藏着手枪，站在栈桥上注视着鬼子的行动。回岛的日本官兵有七八个，都是上中士，他们和伪官们丝毫未发觉岛上有什么异样情况。上到栈桥的每个日本兵身后都紧跟着一个暴动的勇士。伪基地队司令李玉棍、伪副队长王景和、伪军需课长周尔康的身旁也有暴动的勇士跟着。眼看消灭的对象都已上来了，走在前面的日本兵快到栈桥末端了，说时迟，那时快，连城举枪向日本兵打了一枪（这是信号），接着跟在日本官兵身旁的勇士们纷纷举枪射击，日本官兵一个个应声倒地。有的日本兵一边跑一面掏枪意欲顽抗，隐蔽在水车后的勇士们冲了出来，在栈桥上展开了白刃战。一刹那，栈桥上倒了一大片。王景和、周尔康被击毙。伪基地队司令李玉琨因平时民愤不大，故将他押往练兵营士兵食堂。伪官们的家属连哭带号退回到“日生利”，只听轰隆一声，机舱的主机又启动了，此时，崔大伟从栈桥纵身一跳，跳到“日生利”上，用手枪指住机舱里的人，大吼道：“谁敢开船。我就打死谁！我们是要杀鬼子，其他人没有事，不用怕！”主机

“哧哧”几声熄灭了，“日生利”乖乖地停靠在栈桥旁，也成了战利品。

在栈桥全歼返岛的鬼子之前，邵剑鸣驾驶的 23 号内火艇正在刘公岛的西端黄岛附近担任巡逻警戒，只听得麻井子港灯桩处有人喊叫，邵剑鸣驾驶小艇靠近一看，原来是一个日本兵隐蔽在灯桩根部的礁石旁。日本兵看到小艇渐渐驶过来，慢慢地站起身来，以为会来救他，邵剑鸣喊了一声“打！”几支步枪一齐射击，日本兵应声倒在礁石上。被关押在练兵营士兵食堂的伪基地队司令李玉琨等人因企图反暴动最后也被击毙。

暴动这天，由于刮着二至四级的西北风，刘公岛虽然枪声不断，位于刘公岛西南方向的威海市的鬼子却一点未听到。

全歼返岛的鬼子后，刘公岛武装暴动的主要战斗结束了。弟兄们个个脸上带着胜利的喜悦打扫战场，搜索残敌，搜寻枪支弹药，搬运辎重，指挥所人来人往一片热气腾腾的景象。

解放海员

刘国璋在去海员养成所的路上遇见了鲍一民的警卫员李大个子。他缴了李 20 响的大肚匣子，将李押送练兵营之后，迅速向海员养成所奔去。

伪中华海员养成所是训练船员到商船上工作的地方。所长姓李，是国民党海军退伍人员，副所长和教员是日本人，他们掌握大权，所长等于傀儡。这里训练很严，生活比练兵还苦。青年大部分是从平津地区招来的，每期五六十人。当时有两期在所训练，不过上百人。刘国璋对海员们讲述了练兵营武装暴动的情况，动员大家参加。很多海员立即响应。所内日本教官木曾企图阻挠海员响应暴动，被暴动勇士们击毙。遗憾的是，事先未对海员做思想工作，枪响之后，不少海员不明真相，都躲进了森林不敢出来。参加抗日的有五十余人，其中有崔树人、费庆令、沈继庚、赵孟学、田静、杨海川等。他们到了练兵营以后，对于拆卸山上的炮、搬运辎重及军需物资都起了作用。

刘国璋在回练兵营的路上，遇见伪要港司令部的孙翻译官（伪少校）躲在西疃的小树林里，刘将其击毙。

暴动成功

傍晚，战斗结束。这次武装暴动打死日军17名，伪军官上校1人，中校2人，少校2人，伪尉官和个别反动老兵有十余人，斋藤、鲍一民和孟铁樵藏匿未获。暴动的弟兄无一伤亡。

11月5日晚，暴动的勇士们将旗顶山的两门炮的炮闩、西炮台的两门炮拆卸下来，连同其他军用物资装上了“同春”舰。所有暴动部队连同海员近600人分乘“同春”、“日生利”、“东海”及23号内火艇（“东海”与23号内火艇各拖着两条军用舢板），于5日夜12时胜利地驶离了刘公岛，向威海港的北口驶去。

郑道济原先计划要去占领牟平一个地区。可是暴动部队离开刘公岛太晚了，又因各船航速不一，11月6日天亮时舰艇编队才到威海西双岛附近的海面。为防止日寇飞机追击轰炸，决定赶快拢岸登陆。暴动部队于晨2时许在昆箭县双岛港西海岸登陆。

郑道济和其他领导成员在刘公岛内孤陋寡闻，根本不知道当时胶东半岛的抗战形势。1944年，除投降派赵保原占据莱阳、即墨等局部农村地区外，整个胶东半岛已连成一片，成为抗日民主根据地（烟台、威海、青岛等城市当时被日寇占据），郑道济在双岛登陆以后，才知道这里已是根据地的边缘区了，农村有革命政权，有党的组织，公路被群众挖成一道道深沟，敌伪已不能随便到这里来了。

投奔八路

暴动部队7日拂晓到达了一个傍海的渔村——双林前村。

上午10时许，双林前村的小学教员连续送来了两封信，说是山上八路军叫送来的。信中大意是：听说你们是刘公岛伪海军杀掉鬼子出来抗日的，欢迎你们参加八路军共同抗日，希望你们派人上山来谈谈。

听说山上有信送来，连城与我一起到郑道济住处商量。议了三条意见：一是愿意参加八路军，服从命令听指挥，但不是缴枪投降；二是队伍不拆散，不改编，干部不受训；三是家属给予妥善安置。

郑道济派连城上山谈判。连城来到山上见到于教导员，并与东海军分区政治部敌工股股长辛冠吾见了面。辛首先对刘公岛官兵们杀敌抗日的行动表示敬佩，并代表胶东军区首长和东海军分区首长欢迎他们参加八路军。连城谈了与郑道济研究过的三条意见。辛冠吾听了很高兴，说：你们参加八路军是光荣反正，当然不是缴枪投降，队伍肯定不拆散，不改编，你们放心好了。至于干部受训问题，你们可能听了敌人的反动宣传，思想有顾虑，八路军对干部主张培养提高，恐怕到时候你们会要求受训。关于家属安置问题，不仅能妥善安置，而且要比你们想象的好。辛又接着说，双林前这个地方靠海太近，仍然是边缘区，为了你们的安全，应当迅速转移。你们回去准备一下，今天傍晚 7 点整行动，向根据地开进。

傍晚，队伍就向根据地开进，踏上了革命的征途。刘公岛暴动部队进入根据地后，沿途受到群众的热烈欢迎。11 月 11 日下午，东海军分区首长刘涌司令员、仲曦东政委宴请了暴动的领导成员和骨干分子。晚上，军分区召开了欢迎大会，并演出京剧助兴。

数日后，部队西移，在大宋家村至北长岚村一带换了装。当同志们穿上新的灰色棉军服时，顿时感到一股暖流涌遍全身。东海军分区党委派来了聂鸣九、辛冠吾、陈伯坚等临时负责政治工作，部队开始接受党的教育，学的第一支歌就是《我们需要共产党》：

阴湿的地方需要太阳，苦难的中国需要共产党，太阳照耀着万物生长，共产党壮大民族才能解放。

11 月中旬，山东军区授予刘公岛暴动部队的番号为“山东胶东军区海防支队”，并于 11 月 22 日晚在文西县铺集召开了命名大会。郑道济被任命为支队长，代表支队全体指战员在大会上庄严地宣读了誓言。

誓　词

际此杀敌邀义重回祖国之时，我们痛悔过去之误入歧途，须在中国人民面前及共产党旗帜下反躬自省，并宣誓：

我们决心在共产党八路军首长领导下，为打倒日本帝国主义，建立独立自由幸福的新中国及解放全人类的事业奋斗不息，我们坚决服从领导，执行命令，忠于国家，忠于民族，矢忘不渝，此誓！

陆军第十八集团军

山东胶东军区海防支队全体官兵谨誓

十一月二十二日

忆争取日军川井小队起义

方茂初*

1944年，抗日战争进入战略反攻阶段，国际反法西斯战争取得了节节胜利。在中国战场，由于抗日军民的英勇反击，日军士气低落，军心动荡，厌战反战情绪与日俱增。

面对这个新形势，上级党委要求在加强对日伪军进行军事打击的同时，还要大力开展瓦解敌军工作，加强对日伪军的政治攻势，努力从政治上瓦解敌人。当时，我在巢湖2区任区委书记、副区长，但经常以私塾先生和地方士绅的身份与日伪顽周旋，进行抗日活动，相机争取日伪军起义投诚。

这年夏天，驻守烔炀河以西六铺山头据点的日军，是川井一太郎小队，共20多人。由于这个据点地处新四军2师、7师的交通线上，对新四军妨碍极大，上级曾要我们设法拔除。但因这里地处淮南铁路边上，离烔炀河和桥头集两处的日伪军主要据点很近，敌人互相支援十分方便，因此，不宜武力强攻。这时，我们从上级发来的宣传材料中得悉，这个日军小队长厌战情绪严重，思想动摇，于是就把他定为争取对象。我们一面通过一些和日军混熟的伪军借慰劳"太君"之机，有意将抗日传单、画片等包在食品外、垫在

* 作者时任中共安徽巢湖2区区委书记、副区长。

篮子底，让日军士兵传阅；一面我又以私塾先生的合法身份，通过伪乡保长从正面慢慢接近川井。

5月里的一天上午，我略备了些礼物，以探亲为名，来到早已联系好的伪乡长许庭珍家，并通过许的外围关系，设法与川井结识。第二天，许庭珍以给儿子讲媳妇为名，宴请宾客，特邀川井赴宴。

虽然许庭珍对我以表弟相称，但酒席桌上，川井仍对我不冷不热，交谈不多。后来他听伪乡长介绍我是“先生的干活”，又见我言谈举止有些书生气，便同我交谈起来，渐渐越谈越投机。

此后，我经常寻找机会接近川井，并约他到许庭珍家吃饭、闲聊。开始时，每次交谈，只叙友谊，不谈国事。通过几次接触，我发现川井不仅健谈，而且文化程度较高，对中国古典文学有一定了解，中国话说得也还可以。因此我便有意识地和他谈文论诗，吟诵李白、杜甫的一些名句，有时川井还能接上一两句。这样，话题也就多了。终于，他向我发出了邀请，要我有空时常去他的住处（六铺山据点）玩玩，我真是喜出望外！这说明川井对我已不怀戒心，我可以进一步接近川井开展工作了。我连忙说：“一定拜望！一定拜望！”

仲夏时节的一天晚上，我与川井又一次痛饮。乘着酒兴，我有意探问川井家中情况，谁知道一撩拨，立刻引起川井满腹乡愁。他望着窗外朦胧的月光，脸上布满了忧郁的阴云，慢慢地从怀中取出全家合影的照片给我看。我端详着照片，称赞川井妻贤子慧，全家美满幸福，并随口问道：“您太太和孩子们都好吧？”

川井半晌不语，最后低声说：“已经几个月没有信了……”

“唉，烽火连三月，家书抵万金啊！川井队长，您得赶快去信问问呀！”我顺水推舟地感慨一番，“战争、动乱，亲人离散，确实令人担心哪！”接着，我又说了一些关于抛妻别子的痛苦和家庭团聚的幸福等家常话，进一步打动川井的心。川井久久地凝望着照片，神色黯然：“我本来也是先生，有安定的生活，温暖的家庭。可是，战争爆发了……”听他说也曾当过教师，又见他流露出厌战思想情绪，我立刻抓住这个有利契机，一面为他曾是同行而高兴，一面陪着他长吁短叹一番。

我虽已初步掌握了川井的思想情绪，但毕竟了解不深，只能适可而止：“川井队长，我们不谈这些，还是喝酒吧。”川井酒已七成，他醉意蒙眬地望着窗外。窗外月光惨白，山野松涛飒飒。他慢慢地举起酒杯一饮而尽，脸上一副颓唐木然的神情。

随着天气渐渐炎热，我常以老朋友的身份带着瓜果与伪乡长等一道上山看望川井。一次，我们一面吃瓜，一面漫谈，不知怎么谈到中日两国书法的历史渊源。川井兴致勃勃，他从案头抽出一张旧的日军小报，要我用毛笔写字给他看。写什么呢？我一面琢磨，一面浏览着报纸。忽然，看见报上印着“旭日东升”几个汉字，觉得既可憎、又可笑。于是，我决定利用报上的字句反刺川井一下，便用毛笔端端正正地写下了“旭日东升”。川井只略略扫了一眼，不以为然地摇摇头：“什么旭日东升？已经夕阳西下了！写这个干什么？不写这个，不写这个。”

通过这次试探，基本摸清了川井的思想动态，我立即向新四军 7 师参谋长和联络部作了汇报。孙仲德参谋长和敌工部的一位首长分析了情况以后，指示我继续加紧做争取工作。

不久，新四军 7 师敌工部又送来一份向日军宣传的中日文对照宣传品，要我让伪乡长秘密交给川井。川井看了传单后，要伪乡长约我去面谈。

当天，在川井办公室里，我与川井见面了，川井兴奋异常，他招呼我就座后，又支开他人，然后打开桌锁，从抽屉里取出传单给我看。我一见传单，故意显出一脸惊异。谁知川井却微笑着，把声音压得很低：“方先生，不必瞒我了。我猜出你是新四军……”我一听这话，不禁暗暗一惊，但立刻提醒自己，保持镇定。可是川井似乎并不注意我的表情，仍然很平静地说：“方先生，此事关系重大，我，要考虑考虑”。我望着川井为难的表情，便坦然地说：“川井先生，既然你已看出我是新四军，我也不多说了。此事非同小可，当然不可草率。不过，川井先生，既然你已看到日本侵华实属不义之战，而且已知形势夕阳西下，还有什么可犹豫的呢？皖中抗日形势发展很快，剩下的时间和可供选择的余地已经不多了，传单上讲的都是事实。川井先生，实不相瞒，根据我军的情报，日军中有许多有识之士早已率先行动，起义到我方来了。无为、铜陵等地都有这样的例子。”

川井虽然十分认真地听着，但默默不语，神情很严肃。我见此情景，心想，操之过急反会弄巧成拙，让他想想也无妨；再者，自己面对的毕竟是一个日本军国主义的军官，对他反动性的一面应有所警惕，为防不测，不如暂时回避一下，于是我借口要给学生上课，婉言告辞了。

离开川井据点以后，我及时汇报了上述情况。上级认为：为了加速工作进度，必须对其施加一点军事压力，促使川井下决心。没过几天，中共巢 2 区和巢 3 区游击队便派兵袭击了离六铺山头不远的两个日伪小据点，打死打伤日伪军 10 余人。果然不出所料，这次袭击行动使川井十分震惊，非常恐惧。他担心自己也会受到同样的攻击，因此急不可待地想见到我。

初秋的一天晚上，川井再次通过伪乡长许庭珍秘密约见了我。略作寒暄之后，川井一把握住我的手，急切地说：“方先生，你的良心的，好，我，感谢，感谢！光明的路，我走定了！”川井久久地握着我的手，嘴唇动了动，似乎还想说什么，但终于没开口。屋子里的空气无比凝重，川井的胸膛一起一伏，看得出他是在竭力控制自己的情绪。沉默片刻之后，我敏感地意识到川井似有难言之隐。为了彻底消除他心中的疑虑，我向他进一步说明了新四军的有关政策。我告诉他：我军政策规定，只要日军放下武器，我们保证不杀、不打、不骂，不搜个人财物，愿留者留，不愿留者发给路费回家。川井听着我的解释，紧锁的眉头松开了。

他兴奋地说：“方先生，我完全相信你们的政策，我相信你！”“川井先生，机不可失，失不再来，你看何时行动为好？”

川井当即与我商定了起义的时间、方法、行军路线。我又告诉他有关的注意事项。事后，我立即向新四军 7 师敌工部作了详细汇报，并做好了接应川井起义的一切准备。

9 月的一天早上，川井按预定计划，以“扫荡”为名，率领全小队 20 余人，携带所有武器弹药，从六铺山头出发了。我在巢湖北岸的东管村码头早已备好船只，等候川井一行。

上午 8 点多钟，川井小队到达巢湖岸边，川井命令部队随我上船。大约 10 点多钟光景，我们顺利渡过巢湖，到达交林码头。在驻地召开的欢迎川井小队起义的大会上，新四军 7 师联络部负责人赞扬了川井小队的正义行动和可贵精神，并号召他们参加日军反战同盟，与新四军一道进行反对日本军国主义的斗争。

此后，这支日军小队全部参加了我们的抗日队伍，为反对日本对中国的侵略而英勇战斗。

其　他

鲁南抗日独立支队的战斗回忆

董鸣春*

一

1944年2月，我结束了山东分局党校的学习之后，返回鲁南军区。鲁南区党委书记兼鲁南军区政委王麓水找我谈话。王政委是老红军战士，有副魁梧的身材，英俊的脸庞，对人和蔼可亲。他是一位十分果敢而又有丰富战斗经验的指挥员。王政委见我，高兴地拍着我的肩膀，说："好啊！你现在回来正是时候，有一项重要任务，等待着你去完成。"我一听说有任务给我，连忙问道："什么重要任务？"王政委笑笑，拿过地图铺开，向我交代任务。为了有效地牵制和打击敌人，我们在津浦路西一带，建立一个独立支队，将原来单独活动的微山湖大队、铁道游击队、峄县大队、滕县大队，改编为独立支队的1、2、3、4大队。王政委说："那里缺少军事干部，经军区党委研究决定，派你去担任副支队长。那里的工作是困难和复杂的，4个大队除滕县大队外，其他3个大队都在敌占区活动；敌伪据点，星罗棋布，还有许多国民党顽固分子捣乱。你们要在津浦路西、临枣铁路、微山湖一直到济宁一

* 作者时任鲁南抗日独立支队副支队长、凫山县独立营营长。

带站住脚。要和鬼子、伪军、国民党顽固派进行斗争。”我当时觉得任务来得突然，长期在主力部队工作，现在猛地一下脱下军装，换上便衣到敌占区去工作，有些担心。但政委炯炯有神的眼睛向我投来信任的目光，我向政委作了保证。

我回到住处，后勤部部长李辉高带人来给我量衣服，不几天，便衣送来了。一件毛哔叽的夹衣，府绸褂子，黑礼帽，皮底鞋。为了便于在敌占区活动，我穿上了这套“时髦”服装，告辞了王政委和同志们，带着警卫员下山去了。

二

洋庄，坐落于滕县以东50多里，是一个百十户人家的村庄。由于这里的群众基础好，我们的4大队，就经常在这一带活动。我到洋庄，找到了滕县县政府。叫4大队派人与2大队联系，要他们派人来接我进湖。第二天晚上，2大队大队长刘金山带着两个短枪队队员来接我。我向他们仔细地询问了沿途敌情之后，就离开了洋庄，前往2大队的驻地——茶棚。

漆黑的夜晚，伸手不见五指，远处不时传来一阵阵狗吠声。2大队的同志们十分熟悉地形，领着我巧妙地绕过了敌人的一座座炮楼，顺利地到达了临城东南的茶棚。

我在茶棚住了两天，了解到2大队的大体情况后，又前往支队部驻地——微山湖。2大队大队长刘金山和大队副王志胜，带着几名战士送我过铁路。王志胜走在前面领路，当走到要过铁路的道口时，王志胜走到碉堡下面，喊道：“碉堡里有人吗？”一个伪军小队长边答应边走出来迎接。王志胜向伪军小队长交代了任务，要他派人警戒铁路两侧。这个伪军小队长迅速地按照嘱咐作了部署，并带领伪军列队迎送，见到我时，鞠躬点头，还解释说：“长官！我们干这个，是处于不得已，都是为了混饭吃，没办法才干伪军的……”我看到这种情景，感到2大队的同志们争取和瓦解伪军的工作做得不错，这给我们的活动，带来了很大的方便。

三

进了微山湖，在一片芦苇丛中找到了支队部驻地。支队部设在一条船上。支队部当时人员很少。有一个通讯排，一名供给主任，一名保卫股长，连个参谋也没有。支队的张鸿仪政委、地委于化琪书记、张庆林副书记向我介绍了情况。

正在这个时候，东边突然传来枪声，好像打得很激烈。一会儿，有人跑来报告：1 大队和耿聋子的部队打起来了。原来是顽匪耿聋子的部队向我们进攻。我一听情况紧急，一面派人调 2 大队前来，一面带几个人去前面观察情况。等我到作战地点，敌人已被打退了。我们 1 大队伤亡了十几个同志，都在夏镇南边打谷场上躺着。我看了心里很难过，同时非常气愤。

我从夏镇回来，召集了支队和 1、2 大队的干部研究对策。这一带敌人的势力很强。夏镇（即现在微山县城）北边的申宪武部有几千人，夏镇西北有周同（国民党滕县专员）、陈世俊（外号陈大头）的顽军 3000 多人。湖西有耿聋子、冯子固、张开越等三股敌人，也有五六千人，经常来湖上骚扰。我独立支队总共只有 800 多人，而现在只有 2 个大队，才 400 人左右。在敌强我弱的情况下，怎样才能以少胜多，狠狠打击一下敌人的嚣张气焰？同志们七嘴八舌提出不少的作战方案。最后，我们决定按照地形和敌人进攻方向，以 1 大队在微山湖大堤上正面堵住敌人；等正面战斗一打响，我率领 2 大队和从官桥以西调来的武工队从葫芦头侧面包抄过去，切断敌人的退路。关起门来打狗。

第二天拂晓，狡猾的敌人利用黎明前黑暗的时刻，向我们进行突然袭击。当 1 大队与敌人战斗开始后，我马上率领 2 大队和武工队插向葫芦头，准备断敌后路。谁知情况发生了变化，原来湖上的冰凌，开始融化，大量的冰块，涌入下游，水浅易行的葫芦头，因水深不能通过。我马上改变原来的作战计划，回头增援 1 大队，集中兵力从正面消灭敌人。当我们赶回微山湖大堤时，战斗很激烈，1 大队的阻击战打得十分英勇顽强。这时我命令 2 大队迅速投入战斗，2 大队用 9 挺机枪，外加 1 个中队的快慢机，猛烈地向敌人射击，将来犯之敌，打得东倒西歪，狼狈逃窜。抓住这个有利战机，我命令司号员吹响了冲锋号，战士们英勇冲杀，把敌人打退，缴获了几十支步枪，使我部队的士气大振。

四

过了两个月，一天军区来了命令，说顽固派周同派了一个团，在团长胡铁范的带领下，窜到铁路东的峄县一带，准备配合台儿庄的顽军孙叶红进攻我运河支队。军区命令我们派一部分部队去增援运河支队。

第二天，当我们在峄县集合齐队伍，行至古朝以南时，发现周营的200多伪军和一小队日军、胡铁范的那个团和孙叶红的一部分人、还有古朝的一小队日军和一部分伪军正从四面向我们进攻。当时我们地处一片平原，于是就利用坟墓和一条小河沟作掩护，进行阻击。3大队与1大队的3中队，堵住胡铁范的团和孙叶红部的进攻，不准敌人过河，2大队用最猛的火力把周营打退，我带领保卫股长、6个通讯员、1个警卫员，共9个人，堵击古朝方面的敌人。战斗从早晨5点钟开始，一直打到中午，我们打退了敌人的多次冲锋，西边几个村的老百姓，冒着密集的炮火，给我们送来了饭和水，大大鼓舞了我军的士气。

刚过晌午，敌人集中全部兵力投入战斗，一场恶战开始了。不多一会儿，3大队的通讯员跑来报告，说他们快和敌人短兵相接了。我当即命令3大队，要坚决守住，一步不准后撤，现在抽不出人增援他们。3大队的通讯员刚走，古朝的日军、伪军离我们已不到100公尺远。这时2大队已打退了周营的敌人，赶来支援我们，2大队的大队长刘金山跑到我跟前时，累得吐了好几口鲜血，但当时无法让他休息。古朝的敌人看到周营的同伙溃退了，南边的敌人打不过来，便撤回古朝去了。周营、古朝的敌人一撤，南边的胡铁范团和孙叶红部也不敢再战，1大队和3大队的3中队乘机追击，消灭了一部分敌人，缴获几十支步枪。

在打扫完战场后不久，支队通讯员送信说，冯子固、耿聋子今天又打到南庄，把老百姓的牛抢走了，草垛也烧了。明天还要大举进犯。我带着部队连夜 60 多里路的急行军赶回了支队部驻地。

五

回到支队部，我们得知，周同、陈大头带领 2000 多人，已经到夏镇西北 30 多里某地，冯子固、耿聋子的部队都集中在湖西沿，准备明天拂晓，分两路向我进攻。根据这一情况，我们决定集中优势兵力，先把冯子固和耿聋子的部队打垮，迫使周同的部队不战自退。会后，按照作战计划，我们把部队带到离夏镇 3 里多路的一个小村附近埋伏起来。

天刚拂晓，敌人就从四面围上来，气势汹汹，企图一口把我们吃掉。我隔着芦苇向敌阵观察，发现敌人在用联络旗联络，敌人的联络旗是上红、下红、中间白；我们的联络旗是上红、中红、下面白。双方的联络旗差不多。敌人的旗语是把旗帜左、右摇摆，向上一举，表示停止行动。我看到敌人旗语，马上命令通讯员跑步把 2 大队长刘金山叫来，要他带着 15 挺机枪，快慢机、短枪五六十支，冒充周同的人，用敌人的旗语迷惑他们，并跑步抢占十里河口有利地形。

刘金山光着脊梁，腰里插着快慢机，手里端着机枪，带领 2 大队冲了上去。刚接近敌人，战斗就打响了。突如其来的猛烈枪声把敌人打得晕头转向，仓皇逃窜。随后，我带领 1 大队会同 2 大队，一口气把冯子固、耿聋子的部队赶回了湖西。周同的人看此情形，以为老八路打来了，吓得逃跑了。这一仗，消灭敌人 200 多。缴获的枪支分给了湖西区中队和武工队。原来，敌人是用调虎离山计，把我们诱到运河方向去，乘机进攻路西根据地。结果却搬起石头砸了自己的脚。

在这次战斗之后不久，鲁南区党委成立了中心县委，下属三个县：滕县、峄县、沛县。张鸿仪任中心县委书记，张庆林任副书记兼沛县县委书记，委员有杨广立，峄县县委书记孙振华，加上我，共 5 人。

六

中心县委成立后，我回到山里，把独立支队情况以及当前的敌情向军区王政委作了详细的汇报。山里根据地的情况一片大好，主力部队已经扩大，局面已经打开。王政委指示我们调查周同的驻地情况，王政委说，情况弄清后，他要亲自带领3团的1营和军区特务连到路西去，帮助我们打开局面。

支队决定由武工队负责调查周同匪部的兵力装备以及驻地情况。武工队同志摸情况的工作迅速准确，不到一个星期，就把敌情调查清楚，用电报报告了军区。王政委率第3团1营（4个连，每连140人左右）和特务连来铁路西，在青山头一座大古庙里隐蔽起来，我们计划先消灭周同和陈大头，然后再打申宪武。但因作战计划走漏了消息，我们奔袭扑了空，敌人的大部队已经跑了。

根据这一情况，军区王政委决定到湖西去攻打程子庙，消灭周同这股顽匪。

第二天拂晓4点，我们按预定计划，接近了敌人。2连和2大队与敌人遭遇打响后，我带领1连很快接近西门。敌人已经关上围门，从围墙上投掷弹筒，用机枪向西门外扫射，我们在西门外60公尺远的地方一排房子里，这时，2大队和2连，很快就把程子庙西边村上的敌人消灭了。我们在这排房子里挖好枪眼，修好工事，王政委调给我们两挺重机枪，我们准备好炸药包，组织了突击队。这时天色已经亮了，我们组织全部火力掩护，爆破手炸开了敌人的铁丝网。第一次未攻进去，接着又组织了第二次进攻，由于敌人火力封锁很严，两次都未攻进去，这时，敌人的大部分兵力，都被吸引到西门来了。我正在准备组织第三次进攻，王政委派通讯员送来命令，要1连在西门作佯攻动作，命我立即回指挥部去。

作战指挥部设在程子庙南一个高岭上，那里原是群众的打谷场，在这里可以观察到整个程子庙里面的情况。在场院的小屋里，王政委说，我们决定以南门为主攻方向，梯子已经扎好了，由3连和特务连为主攻部队。主攻南门的有利条件：一是敌人已把主要兵力集中西门，南门的敌人防守不严；二是特务连和 3 连做好了攻坚准备；三是冀、鲁、豫军区已经承担了阻击张开越部的任务，我们的 4 连和 1 大队都可以调回参加战斗。作战方案就这样定了。

兵力调配和战斗任务部署后，3 连从南门西侧，特务连从南门东侧一起发起进攻，从岭子到围墙，有 200 米的开阔地，我们把所有的重机枪都调过来，以猛烈的火力作掩护。突击队的第一排迅速地冲了上去，用枪榴弹、手榴弹一齐往围里投去，第二排抬着梯子冒着硝烟冲了上去，第三排突击队，动作非常迅猛飞速前进，当敌人发现我们的攻势，准备从西门调动兵力时，我们的同志已冲上围墙，接着我们两个连也攻了进去，后续部队紧接着又冲了进去，一下子把敌人压缩到一个角落，很快就把周同、陈大头的 2000 多人，全部消灭在程子庙内，周同被击毙，陈大头被活捉。

战斗结束时，已是下午 5 点多钟了，我们又协同冀鲁豫军区部队到张官屯去打张开越部，当我们赶到时，敌人早就吓跑了，扔下大批粮食、被服。

七

部队在张官屯休息了一个上午。下午 5 点，就向高庄进发。根据侦察员的报告，申宪武顽匪驻在邹西高庄，距张官屯 70 华里。听到要打申宪武匪部，战士们非常高兴。

第二天上午 4 点，我们赶到高庄，发起了进攻。2 连、9 连的动作很迅速，一下子就攻进去了。抓住俘虏一问，这里住的不是申宪武的部队，是新来的国民党顽匪马光汉部。庄里共有顽匪五六百人。战斗进行到上午 10 点，把敌人全部压缩到村子的西北角。我发现敌人要突围逃跑时，从土围子里打出的一发六〇炮弹，落在我的附近，两块弹片飞到我的脸腮，鲜血直流。警卫员立即把我架到坡后面一条小沟里，我叫来 2 大队的干部，告诉他们，敌人马上要突围逃跑，要密切注意，不准放掉一个。刚说完，敌人又打来一发炮弹，落在我们开会的地方，我又负了两处伤，2 大队的大队副王志胜胳膊被炸断了，同时伤了几个通讯员。这时我气极了，命令部队狠狠消灭企图突围逃跑的敌人。王政委知道我负伤了，派 3 团同志前来增援。到下午 1 点，我们全部消灭了高庄的敌人。

战斗结束后，我由于流血过多，嘴也肿得不能说话，王政委来看我，说这个地区的局面已经打开，主力准备回到山里去了。

八

在湖上养伤两个月后，组织上派我去新成立的凫山县担任一支 500 多人的地方部队独立营的营长。这支部队是县委书记冯起组织起来的。

王政委派人给我送来一匹马，因为我脚上的伤还未痊愈，过了几天，我就带着凫山独立营的一个连队到邹西去了，这时已经到了 1944 年的 9 月底了。

凫山县委住在芦桥一带的湖边上。芦桥周围的情况很复杂，向东 18 里的郭里集是敌伪据点，随桥（太平桥）离芦桥 20 多里，也是个老据点，济宁南有两个据点，东南有顽固分子申宪武，正东是邹县，东北是兖州。济宁在正北，滕县在东南。凫山县有 4 个区，都是敌占区。芦桥、马坡一带是我们的根据地。

我们驻地的北边有个郑庄，是大地主兼资本家靳云鹏、靳云鹗的家，有土地 100 多顷，这里的老百姓深受他们的压迫与剥削。我们穿着军装在这一带活动，老百姓都说老八路来了。我在邹东 1 军分区当过司令，敌人都知道我，听说我到这里，就从济宁和兖州抽调了 200 多名的伪军，在郑庄安了个据点。我们了解情况后，决定乘敌人刚到，立足未稳之时拔掉它。我们扎了梯子，黄昏时，1 连 1 排迅速爬梯子攻了进去，接着又一部分部队也攻了进去，面对突如其来的打击，敌人一下子就乱了，被我们消灭了一大半，其余的拼命逃跑了。我们用这次的缴获武装了两个新连队。这一带群众非常高兴，许多青年纷纷前来报名参军，很快就扩大了一个连。独立营有 4 个连队了。

一天，济宁方面传来情报，济宁的日寇驯马场有 100 多匹蒙古马在受驯，驯马场离济宁六七里路，在铁路北有一部分伪军，没有大的部队，担任驯马的有几个日本兵。弄清情况后，天黑时，我率领部队袭击了驯马场，侦察班摸掉了敌人的岗哨，围住了有 10 多个伪军的住房，命令伪军不要放枪，不准声张。两个排战士去牵马，但是，这些马光叫唤牵不走，战士急得没有办法。我找到喂马的一个老头请教，喂马的老人说，你们把马鞍子备上，先牵头马，头马走了，其他马就跟着走了。我们按照老人的吩咐，顺当地把马牵了出来。这一次我们缴获了 44 匹战马，全部交给了军分区。

过了些日子，军分区决定成立骑兵连，要我们再设法搞一部分马。我们又派侦察员去驯马场侦察情况。敌人自从失掉那 44 匹马以后，提高了警觉，把马场自顺和门外移到西关花园，还驻有鬼子一个班，伪军 30 多人。根据这个情况，我先派人去和喂马的老人联系好，约定日子，叫他把马缰绳都解开，将头马放在最边上。在约定日期的晚上，我又带了一个连，在铁路南埋伏好，派一个班先去找上喂马的老人。这个爱国的喂马老人，早就做好了准备，把头马的缰绳交到我们的战士手里，这次一枪未发，从敌人的军马场牵出军马 52 匹。这两次共搞出敌人 96 匹马，2 军分区成立了一个骑兵连，我们独立营也成立了一个骑兵班。

我们两次搞了 90 多匹马，敌人很恼火，在郑庄再安据点，驻有伪军两三百人，靠近郑庄的祝庄也安了个小据点，有伪军 100 多人。我们与军分区研究，决心打掉它。

黄昏以后，天下大雪，部队把棉衣、棉裤、棉帽都反穿反戴，迅速接近郑庄，敌人几个哨兵，被我们的尖兵很快就收拾了。1 连 1 排担任主攻，打进去以后，机枪声、小手炮声响成一片，1 排突进去的口子，被敌人封锁了。原来这里驻有日军，我们事先不知道。1 排的同志在里面打得十分艰苦。我一看情况有变化，马上命令 3 连积极佯攻，调开敌人的火力，同时动员老百姓把石头墙推倒，1 连接着冲了进去，2 连也跟着冲了进去。不到 10 分钟，敌人抵挡不了我们的攻势，开始向北撤退。这一仗，我们打死日军十多名，俘虏一大批伪军，缴获一些大盖子枪。去打祝庄的那个排也来报告，他们一枪未发，全部俘虏伪军 170 多名，缴获枪支 200 多条。

战斗结束后，我们把地主家的粮食、大车和耕牛等都分给了群众。三打郑庄之后，根据地军民抗日积极性很高，部队又扩大了两个连，我们独立营，这时已有 6 个连队了。

九

郭里集离我们驻地 20 多里，是个老据点。军分区指示要拔掉这个据点，军分区准备以 1 营、2 营和我们的独立营，共三个营的兵力，参加这次战斗。

郭里集工事很强，围墙外挖的壕沟宽两丈多，深也有两丈多，只在北门设有吊桥，吊桥附近有碉堡，大围子里面还有个小围子，伪军头头驻在那里，四周修了非常坚固的围墙，四角修有碉堡。打起仗来，火力交叉，四面支援，确实比较难攻。

经过详细的侦察，决定把主攻任务交给我们 1 连，军分区的 2 营配合。我们研究让 1 连的 3 排为突击排，由我率领,1 连连长带突击班，指导员带 1、2 排，教导员带 2、3 连为预备队。我把战斗部署向军分区汇报。

第二天晚上，按照既定的战斗部署，我们很快地接近了敌人，爬到壕沟旁边。敌人在围墙上乱喊："看见你们了，起来吧，再不起来我就要开枪了。"我们知道这是敌人在瞎喊，是给他们自己壮胆。我们不受干扰，把梯子迅速送到壕沟下，然后再爬上对面的壕沟顶。突击班把梯子竖上围墙，很快爬了上去，占领了一个炮楼，向围子南北两个方向发展。接着突击排全部上去了，把敌人的第一道围子占领了。这时 1 连的 1、2 排，军分区的 2 营都冲进来了；大围子的敌人被消灭了一部分，大部都跑进小围子里去了。在进攻时，我爬梯子时，一手未抓住，跌进沟底，把脚脖子扭了，当时未注意。

我们包围了小围子，在靠近小围子房屋的墙壁上挖了枪眼，重新配备火力。这时，天已大亮了。我们决定等天黑以后，发起攻击。

晚上 9 点钟，战斗开始。突击排从西南、西北两个方向突进，结果，由于爆破不力，敌人拼命阻击，没有攻上去，组织第二次进攻，也没有攻进去，部队出现不少伤亡。这时我很焦急。今夜打不开，明天敌人的增援部队就可能赶到，那时就更不好办了，要下决心在今夜解决战斗。于是我找些当地群众，了解小围子的情况。正巧我们有一个排长的叔叔住在这个庄上，他提供了很好的线索。他说在西北角的那段围子墙不高，从旁边爬上去后就能下去。我听后，立即召集连长、指导员开会研究，又特地到西北角看了地形。敌人在此地机枪封锁很严。我们用声东击西的打法，以两挺重机枪压住东边炮楼的敌人火力，再用一个连猛攻西南角的炮楼，以迷惑敌人，然后 1 连 2 排从西北角猛插进去。1 连的 1、3 排，马上跟了进去，这样一打，敌人乱了，我们乘机占领了西南角炮楼，命令南面炮楼里的敌人投降，南面炮楼里的敌人抵抗不住，向我们投降了。东北角炮楼驻着伪军头头，在我军强大的政治攻势和强力炮火威胁下，也宣布投降了。这次战斗，消灭伪军 300 多人，缴获甚多。盘踞在郭里集 5 年之久的老据点，被拔除了。

战斗结束了，我往地下一坐，就站不起来了，原来扭着的那只脚，已经肿得很粗了。由于战斗紧张没有感觉到，战斗一结束，就不能动了。同志们用担架把我抬了回去。不久，我们的营扩大成 7 个连，我们抽了 3 个连补充到军分区的 1、2 营，我们的独立营也改编为军分区的第 3 营。

一四五师衢州保卫战

罗心量*

1944年夏（约6月上旬），敌约一个多师团兵力（据缴获文件查明，有第二十一师团番号）沿浙赣线西进，妄图再次进攻衢州，以彻底摧毁我战略部署上一个重要的航空基地。在连续突破我几支精锐的中央部队的阻击后，即将进至衢州，形势十分紧急。

我一四五师奉命由衢州以西的开化驰援，限令在敌军到达前先期赶到，布好防务，确保衢州。我师奉命后，立即出发，以四三五团团长刘一为城区防守部队，负责保卫县城及飞机场的绝对安全。四三四团（团长即作者罗心量）则坚守城南及子午山高地，与四三五团构成掎角之势，密切联系，互相援应。四三二团（团长文学槐）为师预备队，保持高度机动性，适时支援两团的作战。我们原以为像衢州这样重要的军事基地，必然是布防计划周密，工事坚固，步步为营，处处设防，有“金城汤池”之固。殊不知到达该地后，发觉情况竟然不是这样。除四三五团所守的城区及机场尚有一些现设阵地（虽工事简陋，增其强固，尚堪利用）外，四三四团所守城南一线小丘陵地带，根本就无工事可言，须重新加紧构筑。故各团按时赶到指定位置，占

* 作者时任第一四五师第四三四团团长。

领阵地后，即积极着手构筑工事和战斗准备的应急措施。幸赖我军官兵及民众的一致努力，尽全日及一个半夜的工夫，就构筑好工事，基本上达到勉强可以使用的程度。

次日凌晨，敌先遣部队约一个多联队，搜索前进，目标直指四三四团。在相距不到两公里的地方，敌军即行展开，用大炮猛烈轰击，以掩护其步、骑兵攻击前进，重点指向子午山高地。初，我军不发一弹，待其近至阵地前沿，完全处于我火力控制下时，乃全线出击，迎头予以痛击。敌之攻势顿挫，几至不振。不甘心败衄之敌，继续增兵，不断猛烈进攻，我军亦不断奋勇还击。始以火力接战，继以白刃交锋，自晨及午，战斗激烈，敌几次败退，我阵地亦失而复得。战至入暮，双方困极犹斗，呈胶着状态。

10时左右，敌又另集中兵力，以飞机大炮配合作战，猛攻县城及飞机场。由于城区多处被轰垮，无险可据，我军乃退守街道，继续抵抗，继之由街道战，转为逐屋争夺，寸土不让。战到午后，我方伤亡极大。副团长沈清源虽负伤数处，犹坚持战斗，后因流血过多，为国献身。官兵因失去指挥，也就各自为战，而四三三团又被敌阻，增援不上，终以众寡悬殊，衢城陷落敌手。

固守飞机场的约一个营的兵力在团长刘一亲自指挥下，先后共击退敌人五次进攻，杀伤甚众。敌最后一次进攻，增加了兵力，遂攻进机场。我官兵因伤亡大半，仅存不到一个连的力量，弹药也将用尽，乃一齐装上刺刀，以白刃迎敌，敌也改用短兵器砍杀。战斗持续到团长刘一阵亡、其余官兵伤亡殆尽之时，敌始占领整个机场。

当衢城陷落、机场失守之际，师部将四三三团及四三五团之一部后退配备在第二线上，占领有利地势；并派出一个营的兵力附重机枪一个连、迫击炮两个排、工兵一个排前进到城区附近，进行搜索并阻击敌人，使师部得有充裕时间作下一步的筹划部署。

战区长官部、集团军总部非常重视战局的发展，派了多起参谋人员前来联络和督战，有的还亲到第一线观察。这对激发士气、鼓舞斗志起了很好的作用。当晚师长孟浩然邀请了军、总两部所派来的几位高级参谋与本部参谋长李志熙、团长罗心量一道，共商对敌计策，提出了三种意见：

第一，主张暂时坚守现有阵地，等待援军然后反攻。

第二，主张采取转进作战办法，避免与敌人主力交锋，尽量利用有利地形、地物，以抵制和消耗敌人的优势力量，使之逐渐挫伤锐气，减其凶焰，久战无功，主动撤退。然后我集中力量，乘其势衰，击其惰归，必可破敌。

第三，主张采取"攻势防御"，以达到攻防兼顾，使部队不致陷于完全被动作战之境地，同时有回旋余地，再寻求战机，扭转形势，从不利转为有利。

我则认为，由于敌方一开始就采取了主动进攻，迫使我们走向被动作战，所以敌胜我败，如果我们吸取教训，也敢于采取主动向敌人反攻，未尝不可以击败敌人，夺取胜利。于是我建议师长：不失时机，立即采取反攻。

师长不待听完我的话，便奋身起立，环顾在座各位官佐，再一次征询意见。大家都表示：以师长的决心为决心。这时，师长的态度更加严肃，他转身正立，怒对敌方，紧握拳头，振臂而呼："我们要坚决反攻！"当即由参谋长执笔，诸高参出谋，共同拟具作战计划。决定第二天全线加强警戒，官兵休息一天，第三天拂晓前反攻。

师长孟浩然，系行伍出身，以军功累迁至师长职位，他对于军事，课堂的讲习很少，战场的经验甚丰，判断问题敏捷、果断，为上级所重视。平时寡言慎行，唯一爱好是喜欢听人讲历史上的战例及古今英雄的嘉言懿行，他一生最敬重抗金爱国名将岳飞和韩世忠。

第三天拂晓，全师出动。

首先四三四团以雷霆万钧之势迅猛出击，顿时打得敌人四散逃窜，其主要部分则奔向衢城。该团不失战机，穷追敌人，直取衢城。同时，四三三、四三五团均奋勇出击，向城郊方面压迫。城内之敌，以为我军增援部队赶到，张皇失措，惊恐万状，不作抵抗，迅速夺路逃跑。凡前所掠夺我方各种军需物资及民间财物，无一运走；甚至所有伤、病员亦皆弃置不顾，任其阵亡官兵暴尸原野。其窘急之情、狼狈之状，乃敌人历次败仗中所少见。

一场轰轰烈烈、振奋人心的二次衢州保卫战，仅只用上不过三天的时间就胜利结束。尤其可喜的是在最后阶段，竟至兵不血刃就光复了衢城，完成我们击退强敌、确保衢州的光荣任务。这在我师来说，应是八年抗战中所取得的最光辉、最壮烈，也是最值得纪念的一次战斗！

是役，全师总计伤亡官兵约 1900 多人（包括轻伤不下阵地和重伤后坚持再战者在内）。其中，首推四三五团在坚守衢城及飞机场两点时的伤亡为最大，团长刘一及副团长沈清源的牺牲尤为壮烈！当敌人第二次进攻机场时，刘团长就身中两弹，部属见其伤势非轻，都劝他到师部医院治疗，但他仍旧坚持战斗，继续指挥，决心死守阵地，与机场共存亡。到最后短兵相接时，他又同士兵一起与敌人拼死搏斗，奋勇厮杀。敌人认出他是指挥官，便将他包围起来。在刀劈剑刺的围攻中，他毫无惧色，视敌人如狼犬，奋力格斗。在连续刺伤几个敌兵后，他也负重伤，遍体洞穿，血流遍体，气竭力尽倒入血泊中，最后大呼“杀敌”数声而气绝。

四三四团在此次作战的伤亡人数，仅次于四三五团。其第一营营长姚席丰及副营长朱松乔在反攻一开始，就身先士卒，奋勇杀敌，均身负重伤，幸赖三连连长汪尊贤迅速率领士兵十多名从弹雨中把他们抢救出来，方免于难。此外，第二营营长张伯飞，作战时伤及要害处，胸背洞穿，血流不止，也幸得团卫生队有一个排配属该营，得到该队队长杨益敏的及时抢救。他由昏迷中复苏过来后，仍然要求再次上阵。其英勇豪迈，实可钦佩！四三三团因任预备队，故其伤亡较两团为小。但在多次增援衢城及机场的激烈战斗中，亦伤亡 300 人以上。

奇袭新塘火车站

郑卫灵*

1944 年 10 月中旬，东江纵队北上先遣队负责人邬强奉命调回东江纵队司令部任参谋处长，北上先遣队由我（当时任副大队长）带领，配属增城肖光星、练铁带领的东纵独立第 2 大队，留在增城地区活动。

11 月初，独立第 2 大队决定要消灭离新塘 4 公里的火车站的一个连伪军和广州日军警备队设在火车站的物资供应站，迫使永和圩日伪军从据点撤退，巩固扩大游击区。当即派我去侦察新塘火车站的敌情、地形。

在情报参谋许沸腾的带领下，我和突击队长吴晃、战士王闰一行 4 人伪装成永和圩伪警署人员，从永和圩出发，沿公路到达新塘火车站后，在检查哨前的摊贩处入座。我们叫来酒菜、炒粉等食物，边吃边凝神地观察车站周围的地形。是时，恰好对座有一艳装女人闲坐。许沸腾便细声告知我们，此女人是日军物资供应站站长阿南中佐的女佣。想到我们要进火车站侦察和见阿南中佐，都需通过此女人转达，我便示意许与该女人攀谈。许即请她同进餐，向她介绍身穿黑香云纱、胸佩伪警署圆形证章的我是新由广州派到永和圩警署的专员，吴晃是永和圩伪警署的帮办，手拎提包的王闰是随员。许

* 作者时任东江纵队挺进北上先遣队副大队长。

接着说："现因有一批木炭准备卖给供应站，想进火车站面见阿南中佐洽谈，请代为转达。"这个女人动了下眼皮，只管抽烟、饮茶、吃炒粉，不甚理睬我们。许沸腾这位熟悉新塘地区敌情的情报参谋，灵机一动，随即掏出一叠储备券塞到她手里，说声："请多帮忙！"这个见钱眼开的女人，立即起身要我们稍候一下。

不一会儿，她从火车站内走出来，对岗哨说了几句之后，就领着我们进入火车站。我们在通过岗哨到阿南办公室的途中，走得很慢，大家都很沉着地以非常敏锐而迅速的眼光，巡视站内的地形、伪军的简易营房、物资仓库、供应站办公室等。按事前约定的暗号，以我丢掉手中烟头的方向为车站铁路南面突破地段的位置。我向吴晃、王闰细声布置从突破口剪断铁丝网后分别向伪军营房和火车站突击的行进路线。这一切侦察行动，都在短短六七十米行程内悄悄地完成。唯有离火车站后百余米外山坡上伪军军士哨未能观察到。

我们进入阿南办公室内，翻译盘问了几句后，就将 30 岁左右、身体健壮、戴眼镜、个子不高、身着军装、神气十足的阿南中佐请出来见面。许沸腾通过翻译，向阿南介绍了我们的身份，随即谈木炭生意。其他同志则细心观察室内的设置情况。分手时，相约过几天就送木炭样品让阿南定价。由于我们沉着镇定，谈吐大方，阿南毫无疑心，信以为真。从阿南办公室走出火车站的途中，我们再次反复巡视站内及附近的地形、敌情，随后沿着往新塘圩的公路走去。在途中，我们巧遇去新塘买菜的驻火车站的一个采买上士和一个挑箩伙夫，我们以敬烟之机同这两个伪军边走边交谈，了解到该连伪军实际兵力只有五六十人。连长常常夜宿新塘圩，只有副连长常住营房。这两个伪军自信游击队不会来打新塘，因为北面 9 公里有永和圩日伪军防守，东面 10 余公里的仙村还有日军据点防守，并说他们是"当兵食粮不卖命"的。为了"报答"这两个伪军提供情报，走到新塘圩时，我们请他们上茶楼饮茶。从茶楼出来，我们又在新塘圩内侦察了日伪军的驻地及其他岗哨布置等情况，从而选择了阻击新塘圩日伪军增援火车站的设伏地点。为了摸清夜袭的路线，当天深夜，我们摸到预定剪铁丝网的突破口，侦察了火车站内敌人活动情况，最后确定了设伏新塘援敌的位置。

侦察任务完成之后，独 2 大队的几位领导研究决定了夜间长途奔袭，出敌不意，速战速决的作战方案：以郑卫灵、杨步尧大队配属独 2 大队周应芬手枪队为主力，消灭新塘火车站之敌，组成两支突击队，一支由吴晃带领负责消灭伪军，另一支由周应芬带领负责活捉阿南中佐；独 2 大队陆仲亨中队配属爆破参谋陈清，带领爆破班，在新塘至火车站之间地段，埋地雷设伏阻击新塘圩增援之敌；卓觉民率领自卫中队担任后勤工作；大队部指挥所设在乌鸦浪村附近右侧的小山坡上，由我和杨步尧负责统一指挥。

部队从距新塘 20 余公里的油麻山石径村出发，利用黑夜掩护，悄悄前进到乌鸦浪附近右侧的山坡。深夜，当各路部队都已进入预定的地点并接近敌人时，敌人还完全没有发觉我们的行动。我下令剪铁丝网，拉开突破口后，突击队的战士们在吴晃、周应芬的带领下，勇猛迅速地通过铁路，分别向日伪军的驻地冲去。这时，伪军岗哨堡里的哨兵发觉了，便向我们连打几枪。突击队两位战士神速地冲进堡内，生俘了伪军哨兵。周应芬带领手枪队员曹敏、黄永福、颜财等八九人，冲进日军阿南中佐办公室。当时阿南身着军装，正要拔出指挥刀抵抗，周应芬用驳壳枪指住，命令其投降。曹敏箭步上前，夺下他的指挥刀。我们一枪未发，就将阿南中佐俘虏了。手枪队员押着阿南中佐、翻译、女佣等走出火车站办公室。那边吴晃、叶振良、黄彪、冯浩等人带领的突击队，冲入伪军营房，伪军还在梦中，又是一枪未发，副连长以下 30 余名伪军，个个身穿底衫裤，束手被俘，我们缴获长短枪 30 余支和弹药一批。此时，山坡上的军士哨凭借工事的优势用轻机枪向突击队猛烈射击，我突击队的机枪立即还击，毙伤伪军 10 余名。为了避免新塘圩及永和圩日伪军南北增援夹攻，大队领导果断地下令撤出战斗。突击队撤离时，焚烧了敌人仓库的物资和伪军的简易营房。顿时，火光冲天，烟雾弥漫。突击队的政工人员，向被俘伪军作简短教育后，全部就地释放，只将阿南中佐、翻译、女佣带走。战斗全过程只用了半个多小时，我无伤亡，大获全胜。

狡猾的阿南中佐，初则不肯走，后则慢走，并暗中沿途捏碎香烟撒在路上，为天亮后新塘日伪军出动追击作引路标志。押解俘虏的同志无经验，疏于注意阿南此举动。果然，在次日上午，新塘日伪军七八百人，沿着指路烟丝，向我们发动进攻。我们的主力撤到油麻山石径村后，派出小分队阻击敌人，并迅速向油麻山东侧禾浪均和圩地区转移。战斗到中午，日伪军毫无所获而撤退。

奇袭新塘火车站的胜利，威震广州和整个增城地区。数天之后，永和圩据点日军被迫撤回新塘，我们收复了永和圩，扩大巩固了增城游击区。群众欢天喜地热情慰问部队，数百名群众愤怒地围观阿南中佐。这个平时趾高气扬的侵略者，此时却颓丧地耷拉着脑袋，惊恐万状，宛如丧家之犬。群众初次见到活捉的侵华日军军官，真是兴高采烈，大快人心。不久，女佣经教育后释放回广州，翻译和阿南中佐送东纵政治部敌工科进行教育。后来阿南有悔悟之意，参加了日本人民反战大联盟。日本投降后，被遣送回国。阿南中佐是东纵俘获的日军中级军官之一。

1944 年 12 月，增城县第一个抗日民主区政府在永和圩成立了，方觉魂为区长，罗伯章为自卫大队长，卓觉民为副大队长。千余群众热烈参加成立大会。与此同时，东纵第 4 支队也在增城宣告成立，蔡国梁任支队长兼政委。增城地区抗战进入了新的阶段。

首部《毛泽东选集》出版艰难经历

黄禹康[*]

丹桂飘香的金秋时节，我乘赴京开会的间隙，来到北京西山脚下的中央档案馆，查看到了我国第一部《毛泽东选集》。由此引发了我对第一部《毛泽东选集》是如何诞生的，在哪里出版的这一史事的追踪和探索。

时间回溯到1944年7月9日，在中共中央晋察冀分局领导下，由邓拓负责编纂，署名晋察冀日报社编印的《毛泽东选集》在河北省阜平县城西南马兰村属的仅有十来户人家的坡山村出版了。坡山村很小，知名度也不高，坡山村小到连《河北省分县地图册》和《阜平县地名资料汇编》都查不到村名。但是，它却诞生了世界上第一部把毛泽东著作系统出版的版本，这是一部在中华人民共和国成立之前，流传最早、最广的版本。这部《毛泽东选集》曾多次翻印，影响很大。

为了贯彻毛泽东思想于边区全党，进一步加强对延安整风运动的思想领导，1944年初，中共中央晋察冀分局决定出版《毛泽东选集》。中共中央晋察冀分局书记聂荣臻和副书记程子华、刘澜涛决定，委托《晋察冀日报》总编邓拓负责编选《毛泽东选集》，并由晋察冀日报社出版。选编计划上报到

---

* 本文系作者根据资料整理而成。

中共中央宣传委员会（以毛泽东为书记，王稼祥为副书记）以及中共中央宣传教育部，得到王稼祥的批准。中共中央宣传教育部对这部《毛泽东选集》拟收的著作，提过具体意见。

《晋察冀日报》是中共中央晋察冀分局的机关报，报社领导机关驻在河北省阜平县城北的雷堡村。当时，邓拓任晋察冀日报社社长兼总编辑。邓拓自 1942 年 7 月 1 日在《晋察冀日报》上发表《纪念“七一”全党学习掌握毛泽东主义》的社论之后，就立下宏愿，为毛泽东编一本比较完整的选集，开始悉心收集毛泽东散见于各报刊的著作。邓拓向 1942 年在晋察冀日报社资料室工作的周明打过招呼，凡是延安和各根据地出版的毛泽东著作及有关研究的文章和书报，都要送他一份。正是因为这样，当他受命编选中国第一部《毛泽东选集》的任务以后，同报社的编辑人员一起，以极大的政治热情投入《毛泽东选集》的编辑工作，仅用三四个月的时间就完成了编辑任务。

当时全书共收入著作 29 篇，主要是从抗日战争开始到 1944 年 6 月期间的著作 25 篇，也收录了“七七事变”以前的著作 4 篇。全书按分类原则以内容共分为五卷。

第一卷，主要是有关新民主主义革命思想的著作5篇:《新民主主义论》、《中国革命与中国共产党》、《新民主主义宪政》、《在陕甘宁边区参议会的演说》，附录:《湖南农民运动考察报告（节选)》。

第二卷，主要是侧重抗日战争方针政策的著作 11 篇:《中国抗日民族统一战线在目前阶段的任务》、《为争取千百万群众进入抗日民族统一战线而斗争》、《论反对日本帝国主义进攻的方针方法和前途》、《国共两党统一战线成立后中国革命的迫切任务》、《与英国记者贝特兰的谈话》、《与合众社记者的谈话》、《当前时局的最大危机》、《用国法制裁反动分子》、《相持阶段中的形势与任务》、《在延安庆祝十月革命节干部晚会上的讲话》、《与中外记者团谈话》。

第三卷，主要是军事方面的著作 3 篇:《论持久战》、《抗日游击战争的战略问题》，附录:《红四军党第九次代表大会决议案》。

第四卷，主要是有关经济思想的著作 3 篇:《财政问题与经济问题》、《论合作社》、《组织起来》。

第五卷，主要关于党的思想作风建设方面的著作 7 篇：《中国共产党在民族战争中的地位》、《反对自由主义》、《农村调查序言》、《改造我们的学习》、《整顿党风学风文风》、《反对党八股》、《在延安文艺座谈会上的讲话》。

《毛泽东选集》一至五卷，是两种版本印制的。一种是用凸版纸印刷，分五卷锁线平装本，另一种是五卷合订本布面烫金精装本。

每卷封面用头号红色字体从右向左题名“毛泽东选集”，下署卷次。封二后是扉页、照片、书名页、版权页、编者的话、总目。每个分卷各又有详细的目录，正文中每篇著作的题目单独占一页。

在扉页后，书名页前，以整页的篇幅用铜版精印毛泽东在延安的照片。下印一行字：“中国人民领袖毛泽东同志”。

书名页上方署“毛泽东选集”，下方署“晋察冀日报社编”。

背面版权页上印有：晋察冀日报社编印，晋察冀新华书店发行，民国三十三年五月出版。开本为小 32 开。平装本按卷分五册装订，精装本合订一册。老五号字，竖排，每页16行，每行38字，全书800多页，约50万字。

邓拓为《毛泽东选集》卷首写了《编者的话》，他指出：中国共产党“在长期曲折复杂的斗争中，终于找到了天才的领袖毛泽东同志。”“他真正掌握了科学的马列主义的原理原则，使之与中国革命实践密切结合，使马列主义中国化。过去革命斗争的经验教训了我们，要保证中国革命的胜利，全党同志必须彻底地团结在毛泽东思想指导之下。”“一切干部、一切党员虚心和细心地学习毛泽东同志的学说，用毛泽东同志的思想来武装自己……这是异常迫切的任务。这是使全党在思想上、政治上、组织上和行动上完全统一起来，使党成为完全巩固的广大群众性的和进一步布尔什维克化的一个异常重大的关键。”邓拓在《编者的话》中还强调说：“为了贯彻毛泽东思想于边区全党，特出版毛泽东选集，以介绍毛泽东同志的各种名著，来帮助全党同志加强整风学习。”

开卷篇《新民主主义论》，是毛泽东 1940 年 1 月 9 日在陕甘宁边区文化协作会第一次代表大会上的讲演，定稿于同年 1 月 15 日，原题为《新民主主义的政治与新民主主义的文化》。最早刊登在 1940 年 2 月 15 日延安出版的《中国文化》创刊号。晋察冀日报社排印本是根据毛泽东修改过的复写稿，定名为《新民主主义论》，封面有毛泽东亲批的一句话：“送晋西北转送五台山彭真同志”，后边是毛泽东的签名。彭真看后，立即交邓拓，嘱在晋察冀日报社印刷出版。邓拓拿到稿子后，认真读起来，读后非常激动地拍案叫绝地说：“这本书太好了，是划时代的，是新民主主义的纲领，中国革命的根本问题解决了。”他随后怀着钦佩之情写了一首诗：“万水千山只等闲，长城绕指到眉端。阵图开处无强敌，翰墨拈来尽巨观。风雨梯航方板荡，运筹帷幄忘屯艰。苍龙可缚缨在手，且上群峰绝顶看。”

1944 年 5 月，《毛泽东选集》开排不久，晋察冀分局在六七月要召开高级干部会议，要求《毛泽东选集》在会前赶印出来，使参加会议的同志人手一部。按当时的条件，一部四五十万字的书，要在两三个月内排印出版，是不可能的。经过请示，分局领导同意先印四、五两卷：印书厂的同志们加班加点，赶排赶印，终于在高干会议期间，把四、五两卷送到会上。从 1944 年初上级决定出书，经 5 月定稿付印，7 月出了样书，到 9 月出齐五卷，只用了半年的时间，出书速度是相当快的。《毛泽东选集》版权页上的出版时间是 5 月，实际上是定稿付印时间。

在排印过程中，《毛泽东选集》的书稿曾作过一些调整。主要是根据中宣部的意见，对原先编入的《论新阶段》一文只保留了其中第七章《中国共产党在民族战争中的地位》，其他章节都抽出来了，并且补充了 1944 年 6 月 13 日首次刊登在《解放日报》上的《与中外记者团谈话》（6 月 12 日的谈话）。但当时忘了对这部书的出版时间作相应的改动，因而发生了 1944 年 5 月版的书却收入了 6 月发表的文章这一问题。这部《毛泽东选集》，原来是想以中共中央晋察冀分局的名义出版，后来中央考虑这部《毛泽东选集》是初创，要分局用晋察冀日报社的名义出版。

对《毛泽东选集》的编纂出版，邓拓当时倾注全力，废寝忘食，付出了巨大的劳动和心血。1944 年初夏的一天，邓拓到中共中央晋察冀分局开会，带着两大本《毛泽东选集》校样，他抓紧一切空隙来校对。吃过晚饭，别的同志都到村外去散步，他一个人伏在案头校书。掌灯之后，刘澜涛找邓拓和另外两个同志研究了半夜工作，研究完已是夜深人静了，邓拓仍在小油灯下继续校对工作。第二天开完会，他又匆匆赶回报社抓紧《毛泽东选集》的编辑工作。

1944 年 4 月的一天，住在雷堡村的邓拓把晋察冀日报社第二印刷厂厂长周明从坡山村叫来。邓拓把晋察冀日报社决定出版《毛泽东选集》的喜讯告诉他，将已经编好的书稿交给他，并对排版、印刷等作了详细交代。邓拓说："现在书稿已经编辑出来了，选的这些文章，都是经分局领导审定后，报请中共中央宣传部批准的。第五卷第一篇，原来选的是《论新阶段》全文，现在只选《中国共产党在民族战争中的地位》这一节，是中央宣传部的意思。"临分手时他再三嘱咐道："这是一项重大的政治任务，咱们务必把书印好，争取时间，不出错误……"周明从雷堡村回到坡山村，向全厂同志传达了邓拓社长布置的任务，全厂职工热烈响应邓拓的号召，愉快地接受了印刷《毛泽东选集》的任务。全厂各个工序都围绕这一任务制订了完成任务的具体方案。伙房的同志响亮提出："要把饭菜做得更好一些，保证大家精力旺盛地工作。"

1944 年抗日战争接近反攻阶段，晋察冀日报社第二印刷厂驻坡山村。它主要是承担图书、期刊、报纸的出版任务，第二印刷厂很快印刷了第一部《毛泽东选集》一至五卷的平装本和《毛泽东选集》五卷合订的精装本。在当时物质条件极端困难的情况下，在敌后抗日根据地山沟里的坡山村第一次印刷精装书，无论材料、工具，还是技术（当时只有一位老工人崔振南搞过精装），都有很大困难。但是，印刷厂的同志们热情很高，他们把出版印刷《毛泽东选集》当作一项十分光荣的重要政治任务，千方百计克服各种物质和技术上的困难，力求尽善尽美，保证出书质量。在当时战火纷飞的年代，晋察冀边区的纸张十分缺乏，为了印刷《毛泽东选集》，通过地下党组织派人深入到敌占区，越过层层关卡购进了一部分较好的凸版纸。装订中第一次采用锁线技术，所用的红绿线，以及红蓝绸子，也都是从敌占区买来的。手工锁线技术是靠一位老工人崔振南现场示范教的，精装本特采用干布面烫金字的技术也是现学的。糊壳用的纸板，是自己造的草板纸裱起来的。烫金字没有金片，就用铜沫代替。

当年参加第一部《毛泽东选集》印刷出版工作的贾呈祥老人回忆说："当时正值日寇'大扫荡'之后，出版《毛泽东选集》的所有物质十分奇缺。在敌人的经济、军事封锁下，报社很难到敌占区买到白纸。在邓拓领导主持下，报社办起了手工造纸厂，用稻草、麻绳造纸。虽然这种纸很粗糙、发黄，但可以用来印报，省出来的白纸印《毛泽东选集》。简陋陈旧的设备，印平装本的《毛泽东选集》就够吃力了，要印封面有毛泽东像的、烫金的精装本，那就更困难了！为了出版精装本，邓拓和晋察冀画报社沙飞商议，由画报社制作毛泽东像的铜版。这个问题解决了，可是烫金怎么办呢？小厂没有烫金机。装订组长崔振南提出用手搬机代替烫金机，在手搬机下生出炭火，把转盘烤热，这样烫出了金光闪闪的'毛泽东选集'五个大字的精装合订本。当时负责排印的周明厂长对排、校、印、装备工序抓得很紧，要求排版格式务必合乎标准，校对不准错一个字、一个标点"。"用两部铅印八页机印内文，方箱机印封面和照片。当时没有电力，完全靠两个人轮换'摇大轮'，正值三伏天，印刷厂的同志赤背短裤，汗流如雨。夜班印刷时，点着麻油'大碗灯'通宵赶印，第二天大家一看，人人脸都熏黑了。"大家风趣地说："咱们像'黑人牙膏'，吐痰也是黑的"。内文页码完成之后，全厂集中力量加紧装订，不分干部和工人都参加折页、锁线，书店经理智良俊当时也赶到印刷厂参加高强度的劳动。

《毛泽东选集》的出版发行，是晋察冀边区党政军民政治生活中的一件大事。1944 年 7 月 1 日，《毛泽东选集》第四卷和第五卷出版发行。为此，同日《晋察冀日报》头版发表《贯彻毛泽东思想，本社出版毛泽东选集》的文章。该文讲了四个问题：（1）谁是中国人民的领袖？"二十三年来中国无产阶级与中国人民终于找到自己的天才领袖——毛泽东同志。"（2）何谓毛泽东思想？"二十三年来中国革命运动，凡是在毛泽东同志的思想指导下进行的，其结果总是胜利的，前进的。毛泽东同志的思想就是马列主义的原理原则与中国革命实践相结合的、中国的布尔什维克思想。"（3）出书的目的。

“为了贯彻毛泽东思想于边区全党，本社特出版毛泽东选集”。（4）书的内容与简况。“全书共分五卷，约五十万言，内容系抗战以来毛泽东同志各种著名讲演及其他重要言论，并附抗战前几篇重要文献。刻正附印中。”1944年9月，出版发行第一、二、三卷，至此《毛泽东选集》一至五卷全部出版发行。9月26日，晋察冀日报发表《边区出版史上一件大事——毛泽东选集出版》。当地召开了庆祝《毛泽东选集》胜利完成印制任务大会。由于第二印刷厂完成出书任务好，得到中共中央晋察冀分局写信表扬和奖励。

1944年版《毛泽东选集》第一批4000册印出之后，很快售完，并多次重印。当时，广大党员干部都以能买到一部《毛泽东选集》为最大的幸事。当第一部《毛泽东选集》送到中共中央晋察冀分局机关时，院里马上围过来一大群人。刘澜涛把书捧在手上一个劲地夸赞，真是爱不释手。可惜，因为当时条件限制，就是平装本边区机关干部也不够一人一本。于是，不少干部就千方百计“磨”着邓拓要书。一时间《毛泽东选集》成了全边区人人欲得的珍本要书，成了轰动边区和其他根据地的特大喜事。

张思德牺牲和毛泽东的《为人民服务》

宫韫书*

1944 年 9 月 5 日，是张思德同志牺牲的日子。同年的 9 月 8 日，毛泽东主席就发表了《为人民服务》。作为当年与张思德朝夕相处的战友，总会情不自禁地想起与张思德一起生产劳动、生活、学习的日日夜夜。

枣园组建生产队

1944 年的春天来得早，1 月 25 日就过春节。此前一个多月，毛主席在边区劳动英雄大会上发表了《组织起来》的讲话，号召边区党政军民组织起来，在生产运动上“必须造成广大的运动”。于是，一场“自己动手，丰衣足食”“自力更生，发展生产”“人人参加生产，解决吃饭、穿衣，共同克服困难”的生产运动在边区开展起来。

2 月 5 日立春，枣园机关生产委员会主任陈刚（时任社会部二室主任，后曾任社会部和情报部副部长等职）宣布，枣园机关决定组织人员上山创办农场，要我作好上山开荒的准备。毛主席带头从他身边抽调 6 名警卫战士、

* 作者时任枣园机关生产队队长、张思德战友。

2 名工作人员，中央社会部、西北公学抽调 12 名同志，共 20 人参加开荒。为加强组织领导，机关生产委员会将参加生产的干部战士按军事编队，由来自社会部的我任队长，来自内卫班的张思德任副队长，队员有：李文魁、白仓、罗四维、朱老四、李富荣、李寅、李福义、高良厚、刘子厚、卜清富、赵全山、马富良、马生富、王怀智、屈志新、老于、刘福全、刘树林等。这支队伍政治素质高，共产党员、老红军战士占一半以上。

初见张思德，他给我的印象是，中等偏上的个头，长方形脸，一对浓眉，厚嘴唇，憨厚不太爱说话，但性格随和。

披荆斩棘战安塞

2 月 8 日在枣园过了元宵节，我和张思德就率领全体队员，赶着牛驮着粮种，背着工具向安塞县出发了。

在安塞县石峡峪荒山里建农场，没有任何现成条件可利用，走的路，需要我们开；吃水的井，需要我们挖；住的窑洞，需要我们一镐一锹地掏。生活和劳动，一切都是从零开始，真可谓“筚路蓝缕以启山林”。当年的陕北，即使是沃土熟地也不会高产的，何况这里天旱地瘠，荆棘丛生，是向阳背阴间隔而成的高寒坡地，若选址开垦不好，就会造成不是“一风吹”就是“一水冲”的结局。我们是 2 月底上山，4 月初即要下种。时间紧、任务重、条件艰苦，我和张思德仔细查看后做出规划、制定进度。农时不可违，老天爷不等人，要想完成生产任务，必须在一个月内开垦近千亩荒地。

石峡峪可开垦面积大，但山坡长满了灌木丛，开荒首先要刨掉这些障碍。开垦难度最大的是三大块：柠条子湾、狼牙刺坡、冬青草梁子，每块都有上百亩，腐殖质厚，是比较理想的良田，非攻不可。面对长满荆棘的山坡，队员们不免露出畏难情绪。召开的战前动员会上，张思德带头发言：“当兵的，打仗都不怕死，挖这些丛木，还有什么可怕的呢？只要有不怕苦的精神，没有什么能吓倒我们的！”在张思德的鼓舞下，我们经过三天的苦战提前拿下了柠条子湾。

初战告捷，我们乘胜而上，再攻狼牙刺坡和冬青草梁子。在攻克后两个坡地时，我们规定每人每天半亩的定额任务，而张思德总是要求把最难挖的地段分给他，专拣狼牙刺、冬青草长得最稠密的地段干活，而且每天都要超额一倍地完成任务。经过一番披荆斩棘、烧荒开垦、翻土耙地、摇耧播种，千亩荒山第一次长出了绿油油的禾苗，站在山头纵目望去，我们真为自己的劳动成果感到自豪：20 个战友在短短两个月里改变了山川面貌，荒山披上了新装！

在这场特殊的战斗中，张思德始终是我们这支队伍中的一面旗帜。在他的影响下，全队战士团结奋战，克服重重困难，终于取得了枣园机关几年来生产劳动的空前收获，秋收小米 10 万斤，超额 10%完成了生产任务。

烧木炭他主动请缨

1944 年 8 月底，我们在石峡峪农场的生产活动基本结束。按照上级要求，我们可以只留少数战士照看农场，大部分战士要下山回枣园机关工作，但这时有战士提出，利用满山的树木原料烧木炭，供机关冬季烤火用，可以节约大笔的烤火费。这是个好主意！张思德首先就赞成。经上级批准，给我们下达了烧木炭 10 万斤的任务。于是，全体队员又开始了一场新的战斗。

当时已经立秋，要在两个月内、大雪封山前实现烧 10 万斤木炭的计划，时间紧、任务重。我们首先勘察树木的分布和山坡的土质情况，因为不是什么树木都可用来烧木炭的，也不是什么地方都可以打窑的。

在砍伐、运输木材的同时，烧 10 万斤木炭至少要掏 7 个烧炭窑。张思德主动挑起这个重担。为了让大家明白炭窑的结构，张思德不仅在地上画图，而且还垒模型。他说：一窑炭木，一般要烧 9 至 10 天。炭烧得成不成、质量好不好，全在于掌握好火候及灭火的时间。这要一看冒烟情况，二听窑内动静，三闻木炭糊味，才可以断定该不该启窑了。

9 月 5 日（阴历七月十八），就在张思德和队员们掏最后一个炭窑时，灾难发生了。临近晌午，下了一上午的雨停了，忽然远方传来“救命啊，窑塌了！”的喊声。我和战友们跑过去一看，刘树林正在那儿用双手刨土救人；白仓的多半个身子被黄土压着，只露着头和胳膊。把白仓救出来后，我们不知道张思德被埋在什么位置，也不敢用镢头，只好用双手刨土。经过大约半个小时，许多战友的手都刨破了，终于扒见了张思德。

张思德像是盘腿坐着的姿势，一把镢头柄死死顶着他的胸口，从窑顶塌下来的硬土把他埋得严严实实。扒出来的时候，只见他双眼紧闭，脸色乌紫，嘴角渗出了血，大概是骤然解除了外部的压力，他的口里鼻里一下子喷出血来。张思德已经停止呼吸。顿时，大家扑上前去一齐大哭起来。

七十里路回延安

当时，同张思德一组挖炭窑的共有三个同志，即张思德、白仓和刘树林。炭窑挖好后，刘树林出了窑口。张思德发现炭窑挖在堆积层上了，意识到情况危险，就推白仓快撤，就在白仓刚爬出窑口的瞬间，滑坡造成窑顶坍塌，白仓被砸成重伤，而张思德被埋在了窑内。在生与死的关键时刻，张思德把生的希望留给了战友，把死亡留给了自己。

我和战友们流着泪，擦净张思德身上的泥土，揩干了他身上的血迹，将他平放在窑洞前面的青石板上。上级指示：将张思德的遗体运回延安，枣园机关要为张思德举行追悼会。

从石峡峪回延安的路很难走，车辆无法行走，我们在第二天就用担架将张思德抬回延安。我和战友们轮换着抬担架，70 多里的泥泞山路我们走了整整一天，没有停歇一下。

这 70 多里路，我心里最清楚，只有张思德一人只走过一回，那就是带领全队一起上山开农场的时候。从那一天上了山，在半年多的时间里，张思德就再也没有走过这条回家的路。他在石峡峪山上近 7 个月的日日夜夜，没有休息过一天，没有下过一次山，直到光荣牺牲。

这段时间里，我与张思德朝夕相处，同住一间窑、同吃一锅饭、同点一灯油，劳动生活学习在一起，我们互相关心、互相爱护、互相帮助，亲如兄弟。他是那样地热爱党、热爱毛主席，我知道他是响应毛主席的号召带头报名要求上山开荒的人，直到上山前一夜，他还为主席站了一班岗。他大公无私、勇挑重担，时时刻刻都体现出全心全意为人民服务的崇高品质，给我和战友们都留下了深刻的记忆。

回到延安枣园，中央社会部已为张思德买好了一副棺材，我们为张思德穿上了一身新军装，将他安葬在延安城东北面的桃花峁。

毛主席的《为人民服务》

1944 年 9 月 8 日，张思德牺牲后的第四天，枣园机关、中央警备团为他举行了隆重的追悼会。

追悼会场选在西山广场，就是枣园后院外的西山脚下的一块干河滩。一大早，社会部和中央警备团便在河滩上临时搭好了一个 20 多平方米大小、一尺左右高的土台子。土台子两边竖了两根松木柱子，台子上面搭起了棚布，台前正上方悬挂着“追悼张思德同志”的黑布横幅，中间悬挂着毛主席亲笔书写的“向为人民利益而牺牲的张思德同志致敬”的挽联，主席台的四周摆放着各位送的大大小小的花圈。所有花圈都是战士们用从山上采来的野花扎成的。

这一天是阴历七月二十一，是二十四节气中的白露：一向秋高气爽的延安，那天天气阴沉。下午两点，社会部和警备团等单位、枣园附近的群众有 1000 多人列队集合在西山广场，中央机关的许多领导同志都来了。

这时，毛主席在中央机要科科长叶子龙和警卫队队长古远兴的陪同下，从枣园后院走出来，神情沉重地一步一步走下坡，来到会场前。

追悼会在陕北当地的唢呐吹奏哀乐声中开始了。首先由中央警备团团长吴烈宣布向张思德同志默哀三分钟。接着，警备团政治处主任张廷祯致悼词，详细介绍了张思德同志的生平。

毛主席缓缓走上了土台子。人群中停止了啜泣声，大家肃穆得像屏住了呼吸，仰望着。毛主席没有拿稿子，即席演讲。他高声讲道：“我们的共产党和共产党所领导的八路军、新四军，是革命的队伍。我们这个队伍完全是为着解放人民的，是彻底地为人民的利益工作的。张思德同志就是我们这个队伍中的一个同志……”

毛主席演讲时，边讲边打着手势，当讲到“为人民利益而死就比泰山还重”时，他就把两手用力一压，表示稳重有力；当讲到“替法西斯卖力，替剥削人民和压迫人民的人去死，就比鸿毛还轻”时，他就把手掌握成一个喇叭状，放在嘴边一嘘，表示不屑一顾。

当毛主席讲到“要奋斗就会有牺牲，死人的事是经常发生的”，“不过，我们应当尽量地减少那些不必要的牺牲，我们的干部要关心每一个战士，一切革命团体的人都要互相关心，互相爱护，互相帮助”时，许多同志都泪流满面。因为当时听说，毛主席知道张思德牺牲后曾批评一些人：“前方打仗要死人，后方搞生产也要死人啊？”

《为人民服务》的演讲进行了半个多小时。

毛主席出席张思德同志的追悼会并发表演讲，无论是在当时的枣园机关，还是在延安的部队、学校、干部、群众中，都引起了强烈反响。因为这是继 1942 年春中央委员张浩（林育英）逝世后，毛主席参加的第一个追悼会，也是第一次亲临现场为逝者进行追悼演讲。

毛主席《为人民服务》的讲话一下子传遍了延安，传遍了边区，传遍了各个解放区。

参加完西山广场的追悼会，石峡峪农场的全体同志继承张思德的遗志，再次进山，终于在大雪封山前完成了 10 万斤木炭的烧制任务。

65 个年头过去了，现在我已年愈九旬离职休息，但毛主席“为人民服务”的教导永远是我受用终生的思想武器。我还要告诉儿孙，要世世代代学习张思德，为人民服务的宗旨一天也不能丢。

彭雪枫将军殉国记

张学忠　张　威[*]

一

1944年9月10日。夏邑县彭沟涯小学一间教室里，传出阵阵爽朗的笑声。新四军四师师长彭雪枫、参谋长张震和政治部主任吴芝圃正在听取九旅25团攻打八里庄李光明部作战计划的汇报。25团团长徐体山、政委刘坤奎、参谋长李挽伦、政治处主任周吉一及参谋李启栋等个个精神振奋，他们都为这次能担任主攻而流露出按捺不住的激动。

李光明原是日伪区长，后投靠叛军刘子仁，所部编为挺进二十八纵队八十二支队，李任支队长。李土匪出身，打家劫舍，奸淫妇女，无恶不作，民愤极大。在刘子仁被我军追歼西逃后，李光明仍据守在八里庄一带负隅顽抗，成了新四军西进的一大障碍。新四军四师决定消灭这股敌人，并把主攻任务交给25团。

25团参谋长李挽伦走到作战地图前，对战斗准备、兵力部署作了说明："李光明部总兵力千余人，分别固守在夏邑县东的八里庄大圩寨、小圩寨及

---

* 本文摘自《党史博览》2007年第9期。

小张庄和李小楼四个据点。大圩寨四周筑有围墙和 8 尺宽、6 尺深的壕沟。小圩寨在大圩寨西边 200 米处，筑有一座高炮楼，为敌火力制高点，其火力可达大圩寨南门附近。李光明自恃地形熟、武器好，又有夏邑日军随时支援，所以他的反动气焰十分嚣张。但总的来看，敌兵力分散，战斗力不强，我们准备对其大、小圩寨同时进行强攻”……

“这样分散兵力不行，必须集中兵力确有把握地先吃掉一个，再打第二个。”彭雪枫插话道，“敌人的战斗力虽不强，但他们据有圩寨、碉堡、壕沟工事等有利条件，好打又不好打。你们虽有攻坚的战斗经验，但也不要轻视这股敌人，要作不好打的准备。”

根据彭雪枫的指示，25 团对主攻方案重新作了调整。决定集中兵力首先强袭八里庄的大圩寨之敌，得手后再打小圩寨之敌。其具体部署是：1 营担任主攻，从村东北方突破，歼灭村东部敌人；2 营从村西北助攻，歼灭村西部之敌；3 营 8 连在村西南构筑设伏阵地，以防敌突围向南逃跑；3 营 7 连、9 连和警卫连作为团的预备队，随时准备投入战斗。

彭雪枫对调整后的部署表示赞同，同时指出：“解决小圩寨的关键在敌炮楼。为此，师配给你们一门山炮，在以夜袭为主要作战手段的同时，还要准备白昼强攻，用炮火摧毁敌人的坚固工事，以减少部队接敌时伤亡。”

为了使大家了解此次的作战意图，彭雪枫还指出：“八里庄的敌人，是日伪顽大杂烩，战斗打响后，夏邑的日军可能前来增援。为了保证你们主攻任务的完成，师决定由 32 团担任打援任务。他们首先包围小张庄和李小楼那两个营的敌人，对他们采取围而不打的策略，并准备打击可能由夏邑增援之敌，这样你们就可放心大胆地消灭八里庄的敌人。你们要尽快结束战斗，以减轻打援部队的压力；骑兵团作预备队，部署在姬庄一带，他们一面警戒夏邑方向，一面准备在八里庄敌人突围时，在庄南开阔地带追歼残敌。”

下午，彭雪枫又参加了 25 团的战斗动员大会。他利用战前的最后时机，用富有鼓动性的言词大声说：“你们 25 团有着光荣的革命斗争传统，挺进路西后，八里庄是你们打的第一个硬仗，一定要打出威风来，叫敌人一听到你们的名字就胆寒。你们要同参战的几个单位，团与团，连与连来一个革命的竞赛，看谁的战果大，俘虏多！”会场上响起了热烈的掌声。

接着，彭雪枫宣布作战令：“今晚 10 时开始行动，明晨 4 时发起攻击，拂晓前歼其主力，天亮后肃清残敌，打扫战场，结束战斗。”

二

当夜，部队从彭沟涯出发，沿途避开村庄抄小路急行军 20 公里，迅速向八里庄逼近。25 团 1 营向八里庄大圩寨东北，2 营向大圩寨西北，3 营向大圩寨西南疾速运动，很快完成了对八里庄大圩寨敌人的包围。1 营营长梁邦哲指挥突击连（1 连）秘密接敌。这时，师指挥所与 25 团指挥所也迅速靠上来。靠前指挥是彭雪枫的一贯作风，凡重要战斗，他都亲临前线，并强调“指挥所要向前靠，战斗中，不管敌人反击有多凶，战士是不会退到干部身后边去的”。

9 月 11 日凌晨 4 时，1 营教导员史世屏随突击连前进，突击连在连长薛克狄率领下，向大圩寨东北角运动。顽军果然戒备很严，围墙上灯火闪烁，巡逻的顽军还不时大声咋呼着。

突击连在连长薛克狄和营教导员史世屏指挥下，已运动到敌鹿寨工事前，但被敌人发现。敌人在慌乱中边吆喝，边打枪。突击连迅速排除鹿寨跳进壕沟，壕沟虽深但没有水。投弹组疾速地把手榴弹投向敌地堡等工事。在弥漫的硝烟中，突击队员分数路攀上外壕，经过十分钟激战，突破口被打开，1 连战士首先攻入大圩寨寨内，2 连、3 连随即也跟了进来。顿时，在大圩寨内外响起激烈的枪声、手榴弹的爆炸声和喊杀声。1 营的勇士们与凶猛反扑的敌人展开了白刃搏斗。这时，担任助攻的 2 营，已从西北方攻入大圩寨寨内，形成对敌人两面夹击的态势，经过一小时激战，于凌晨 5 时，全歼守敌两个营，大圩寨已为新四军全部占领。

天亮后，彭雪枫率师指挥所进入大圩寨，并将师指挥所设在紧靠南门的天主教堂内。彭雪枫的警卫员刘树方和秘书王步云，弄来了茅草，铺上油布让彭雪枫暂且休息一下，并找来开水，把出发时带的月饼分开来吃。彭雪枫不顾连夜行军和指挥作战的疲劳，立即作了分工：让政治部主任吴芝圃负责安置伤病员，料理牺牲同志的后事，处理抓获的俘虏；让参谋长张震到25团指挥消灭小圩寨内的敌人。

小圩寨炮楼上敌人的机枪，控制着八里庄南门外的开阔地带，不时向南门内外射击着。小圩寨四周一丈多宽的外壕已注满了水，通向寨内的唯一吊桥早已被扯起，敌人依托工事顽抗，以待援军解围。25团团长徐体山根据彭雪枫的指示，对小圩寨之敌采取三面包围，网开一面的战术，令1营、2营佯攻，迫使李光明离开小圩寨，以便我军在运动战中歼敌。同时，25团政治处主任周吉一还组织人员向寨内敌人开展了政治宣传攻势。

此时，夏邑太平集的伪军一个连，为救援李光明，数次向32团打援部队阵地发起冲锋，32团指战员在团长张永远指挥下，英勇反击，歼敌一部，将敌击退。与此同时，驻李小楼的李光明第3营，经我方争取，营长黄遵德率300余官兵举行了战场起义；驻小张庄的1营敌人，在我方攻下大圩寨强大威力的震慑下，放下武器缴械投降。至此，小圩寨内李光明部已成孤军残敌。

三

天主教堂师指挥所。彭雪枫听完25团作战参谋李启栋的战况汇报后，指着敌炮楼说：“李参谋，你跑步去炮兵连，指挥把炮楼打掉，要节约弹药，限9时以前完成任务。”

李挽伦走后不一会儿，就听到“轰隆”一声巨响，炮弹在敌炮楼中部偏下炸开了一个10厘米宽的窟窿。接着又是两声，炮楼被摧毁了，李光明率残部向南逃窜。

彭雪枫听到连连的炮声，拎起手枪走出教堂，登上南寨墙瞭望，并挥手向正在出击的警卫营战士们高喊：“同志们冲呀！不要跑掉一个敌人！”大家看到彭雪枫亲临前线，个个精神抖擞，勇气倍增。

早已等候多时的3营8连，迎面向南逃之敌猛烈开火。骑兵团的勇士们纵马劈杀，给逃窜之敌迎头痛击。这时，1 营、2 营已由主攻改为正面追击，残敌大乱。如鸟兽散的残敌，在我骑兵、步兵追杀下，四散奔逃，战场上响着零星的枪声。为胜利的喜悦所鼓舞着的彭雪枫不停地喊着：“你们看，我们的战士多么勇敢，多么顽强”……

跟随彭雪枫左右的警卫员刘树方、秘书王步云见他身体太暴露，多次劝他下到散兵坑，他都不肯。一名通信员骑马飞奔而至：“报告彭师长，敌支队长李光明已被我骑兵活捉！”

“好，把他押过来，我要亲自”……话未说完，彭雪枫身子一晃，一只手拉着刘树方，一只手抓住王步云，身体向后倒了下去。

“彭师长！你怎么啦？彭师长！你怎么啦？”两人大声地喊着。

只见彭雪枫脸色苍白，大口大口地喘气，面部肌肉抽搐，想说话却说不出来。刘树方、王步云急忙把彭雪枫抬下寨墙，又从群众家借来一张小绳床让他躺下。刘树方解开彭雪枫的上衣扣子，发现在心房处有清晰的弹穿洞痕，但既未流血又未渗血。这时，参谋长张震、政治部主任吴芝圃和军医先后赶到，经仔细检查，方知心脏中弹，血积胸腔，包扎抢救已无济于事。这颗罪恶的流弹，是在飞行将到尽头之际，击中彭雪枫的。因为它已无穿透心脏和胸腔后壁的力量，而滞留于胸腔。只见彭雪枫的瞳孔开始扩散，呼吸越来越弱，心脏渐渐停止了跳动。

1944 年 9 月 11 日上午 11 时，将星陨落在河南省夏邑县八里庄，年仅 37 岁。张震、吴芝圃，站在彭雪枫遗体前，心如刀绞，泪如泉涌。他们怀着难言的悲痛，向彭雪枫遗体默默告别。

彭雪枫遗体移到天主教堂后，由警卫营站岗，不准任何人进入。骑兵团大队长程朝先飞马而至，却遭警卫战士阻拦：“首长有令，不准任何人进入教堂！”“我是奉命来向彭师长报告战况的，为什么不准进去？”程朝先大声与警卫战士争辩着。

“彭师长，他……”一个满面泪痕的战士，话到嘴边又咽了回去。

程朝先从战士的说话、表情及周围的气氛中，已感觉到彭雪枫出了什么事。他不顾一切，冲进教堂，一下子扑到彭雪枫身上，号啕大哭。这位久经沙场的汉子，这位红军老战士悲恸欲绝的哭喊声，使在场的张震和吴芝圃喉头哽咽，泪痕满面。

“程朝先同志！现在不是你哭的时候，而是杀敌为彭师长复仇的时候！”张震严肃而温和的话语，既是对战友的安慰，又是严肃的命令。

程朝先是彭雪枫一手培养起来的红小鬼，早在长征途中就给彭雪枫当警卫员。后来，他跟随彭雪枫南征北战，纵横驰骋于太原、临汾、徐州、开封、武汉、竹沟；战斗在涡河两岸，淮河之滨，芒砀山麓，江淮大地。长期同甘共苦的战斗生涯，使他们结下了深厚的革命情谊。他怎么能不为失去可敬的首长、良师、同志和亲密战友而悲恸欲绝呢？

张震那严肃而亲切的话语，使程朝先从极度的悲痛中镇静下来。他站起身，庄重地向彭雪枫敬了个军礼，出门翻身上马，疯狂地向战场飞奔。他一边狂奔，一边高声呼喊：“同志们，为彭师长复仇，冲啊！”骑士们纵马扬鞭，跟随程朝先杀向四处奔逃的残敌！

八里庄战斗，共计俘敌支队长李光明、副支队长李良玉、程青山等以下官兵527人，毙85人，伤20人。缴获掷弹筒3个，机枪10余挺，步枪近千支，子弹2万余发。

八里庄战斗，是彭雪枫生前指挥的最后一次战斗。从投入的3个团兵力的全局部署，到担任主攻任务的25团3个营兵力的部署，直到主攻营1营各连的兵力部署，都是无懈可击的。它充分说明彭雪枫的军事指挥艺术的高超。

为了不影响部队的情绪，不引起敌人的猜测，淮北区党委和四师党委报请中央批准，暂不把彭雪枫牺牲的消息透露出去，在相当长一个时期，依然使用彭雪枫的名义对外发布文告。11旅旅长滕海清，获悉萧县一个大地主，为其母亲准备好了一口已油漆好了的“喜棺”，经说服，用500元钢洋购得此棺，将彭雪枫遗体入殓。

抗日民族英雄马本斋的最后日子

赵瑞华*

马本斋，是我国著名的抗日民族英雄。但他究竟在何地牺牲，迄今说法不一。有的说是河南濮阳范县小屯，有的说是山东莘县张青营，还有的说是山东聊城……

2013年初春，为了给濮阳范县正在筹建的纪念馆搜集资料，我们来到了白衣阁乡仝庄，拍摄冀鲁豫军区指挥部旧址、杨得志司令员在范县仝庄的住地旧址。

那是一片三米多高的宅基地，面积比两个篮球场还要大。在我们拍摄指挥部驻地的旧址后，杨得志当年的房东仝兴河，指着前面约20米处的一座三间旧房子说：回民支队的马本斋马司令员还在俺村住过哩，就住在前面那座房子里，住了没几天就去世了。

他的话让我们感到十分意外："真的？"

"那还有假，俺村的人都知道，马本斋就住在前面俺叔仝保松家，要不我把他儿子仝兴民叫来给您说说？"仝兴河肯定地说。

于是，我们立即采访了仝保松的儿子仝兴民，采访了马本斋去世时在现

---

* 本文系作者根据资料整理而成。

场的见证者之一、80 多岁的老人仝兴昌等。

抗战时期，范县是冀鲁豫边区中心区，是冀鲁豫边区政治、军事、经济、文化中心。冀鲁豫边区党委、行署、军区首脑机关及银行、军区后方医院、学校、兵工厂等曾长期驻在这里。邓小平、刘伯承、黄敬、宋任穷、段君毅、杨得志、杨勇、苏振华、万里、曾思玉等老一辈无产阶级革命家曾长期在这里战斗和生活。这里当时被誉为“红色首府”“边区小延安”。

1943 年秋，冀鲁豫第 3 军分区划归冀南军区领导，原在第 3 军分区的回民支队调到昆吾县、尚和县一带，新组建第 6 军分区，冀鲁豫第 3 军分区司令员马本斋兼任第 6 军分区司令员。这样，马本斋和他的回民支队来到了昆吾县、尚和县一带，开始了他们新的战斗生活。

1943 年秋末，冀鲁豫军区召开了由各军分区主要领导参加的军事会议，司令员杨得志、政委黄敬，采纳了马本斋提出的“牛刀子钻心”战术，决定攻打对冀鲁豫根据地中心区威胁最大的伪二方面军孙良诚部设在濮阳城东南八公桥镇的总部。马本斋来到位于八公桥镇以东一个叫史家寨村的党的地下情报站史远臣家，侦察八公桥镇的情况。地下党员史远臣发现马本斋的脖子有些不对劲，马本斋说脖子后面长了一个小疙瘩。懂点医术的史远臣便说：我给你配点药抹抹吧，抹上能止疼。据史远臣的孙子史曰选介绍，听他爷爷和父亲说，老将军一共去了他家五六次，并拿了三四次药，还把那把随其南征北战的大刀留在史家暂存，但并未在他家住过。

昆吾县、尚和县一带还是敌占区。由于缺医少药，无法接受正规治疗，延误了最佳治疗期，马本斋高烧不退，病情恶化。

这时，回民支队把马本斋的病情向冀鲁豫军区作了汇报。杨得志得知后，马上派军区卫生部长专程前去救治。后决定把他接到军区后方医院治疗。这样，马本斋就来到了军区后方医院驻地范县小屯。据史曰选介绍，大约快过年的时候，马本斋最后一次去他家拿药时曾告诉他爷爷，组织上叫自己去军区后方医院治病。年底时，史远臣曾带着儿子去了一趟小屯，专程看望马本斋。

马本斋在小屯住院期间，冀鲁豫区党委书记兼军区政委黄敬、冀鲁豫军区司令员杨得志等领导，曾多次前去看望。

1944 年 1 月，杨得志奉命率部分部队和回民支队去延安。在即将赴陕北前，马本斋抱病赶到了回民支队驻地杨集，和他的回民支队道别。杨得志赴延安前，特地赶到马本斋的临时住处去道别。那时，马本斋因连续高烧，神志已不太清醒。当知道杨得志来看他时，嘴唇嚅动着却发不出声来。当告诉他回民支队与杨得志同去陕北保卫延安时，马本斋点点头吃力地说："我是应该和部队一块走的。"杨得志安慰他："不着急，病好了，你赶上来嘛！"马本斋摇摇头，吃力地说："我总想和你一块去延安……"

1944 年 1 月 31 日，杨得志率冀鲁豫军区部队和回民支队，从范县杨集出发，踏上了去延安的征程。

临行前，杨得志特地安排将马本斋转到范县仝庄去治疗。

范县仝庄是八路军冀鲁豫军区指挥部的驻地，杨得志司令员当时就常住在仝庄仝兴河家中。冀鲁豫军区后方医院地下制药厂（材料科）就设在仝兴河家房屋下的地道里。杨得志的夫人申戈军和她的姐姐就长期住在仝庄，村里人都亲切地叫她们"二申""大申"。"二申"申戈军很喜欢仝家小姑娘仝瑞华，杨得志夫妇疼爱地把她认作干女儿。20 世纪 60 年代杨得志任济南军区司令员时，仝瑞华应邀前去看望，杨得志曾嘱咐其子女："你们谁也不许叫干姐姐，她就是我的大女儿、你们的大姐。你们五个加上大姐，我有六个女儿，六六大顺嘛！"

1944 年 2 月 2 日，马本斋从小屯来到仝庄，住在冀鲁豫军区指挥部驻地仝兴河家前约 20 米处的仝保松家。

1944 年 2 月 7 日凌晨，由于病情恶化，马本斋病逝于范县仝庄仝保松家中。

据马本斋的房东仝保松的儿子仝兴民回忆，他父亲说，马本斋司令员在他家住了没几天就去世了。

据村里 81 岁的老人仝兴昌（仝保松的侄子）讲述：马司令员去世那天早晨，我就在场。部队的人不让靠近，我就站在堂屋门口的左侧向里看。但在里屋看不见，只知道部队的人在里屋按回族的风俗给马司令员洗浴、净身后，要按一岁一尺把白布裹上。老人听屋里人说找那么多白布很困难，但再难也得找！最后找来了，是农村织的老土布。老人说：给马司令员裹上白布后，从里间屋里抬到外间屋的小床上时被我看见了，浑身上下连头都裹得白生生的（也可能是用白布单盖着）。还有一个穿白大褂的，也不知道是医生还是回民理事的人。走的时候是固定在小床上抬走的，抬到离咱这里百十里地的张鲁集。村里去了 8 个抬的人，俺爹也跟着去了。人被抬走的时候，后面还跟着一个抱小孩的妇女。

据马本斋之子马国超在有关文章中叙述，父亲最后的日子，是 5 岁的他和母亲陪父亲一起度过的。

据《莘县人民革命史》中的记载和当时范县党史调访人员王玉荣的回忆，当天，马本斋的遗体被抬至冀鲁豫区党委、军区临时驻地范县张青营（现属山东莘县），后举行了隆重的送灵追悼大会，向马本斋的遗体告别。依照马本斋的遗嘱，人们将他安葬在鲁西北的回族聚居区莘县张鲁集。据王玉荣回忆，当时，莘县还是敌占区，送马本斋时还要通过敌人的封锁沟、封锁线，是军区派部队武装护送的。那时马本斋逝世的消息还处于保密状态。

2013 年 5 月，马国超亲自委托河北献县马本斋纪念馆的赵文岭三次专程前往范县仝庄、小屯调查落实马本斋逝世地一事。马本斋在冀鲁豫军区后方医院驻地范县小屯住院治疗，病逝于范县仝庄，已得到马国超的认可。

重庆战时生产局和美国经济援华政策

翁文灏*

1944年，蒋介石政权在重庆设立战时生产局，以接受美国的所谓“经济援助”。为了说明战时生产局的性质，应当回忆一下美国援华政策的意义。

在第二次世界大战初期，美国罗斯福总统只想同英国一起，抵抗希特勒德国，并没有帮助我国和打击日本的意思。事实上，美国政府默许日本大量收购美国石油和钢铁来攻打中国。

等到日本东条内阁决定暂不攻打苏联，先向海洋扩展，猛攻夏威夷，占领菲律宾，美国才大吃一惊。罗斯福那时才决定要击溃日本，迫令无条件投降；同时主张，经由美国援助，把地广人多的中国，建设成为远东地区内的“强国”。

这个政策的真实意义是什么呢？美国向来有单独侵占中国的野心，只因欧美和日本帝国主义各国，在对中国的侵略方法上各为自身利益，彼此矛盾，互相争夺，以致美国还没有能完全达到自己的企图。到了对日打仗的时候，罗斯福看到，大战结束以后，德意日的法西斯势力定当被一扫而光，英法和苏联各强国都将因猛战而陷于贫穷疲惫，只有美国将因战争而更富更

---

* 作者时任国民政府战时生产局局长、经济部部长。

强。他认为这是极好机会，借帮助中国为名，把中国变为美国的依赖国，跟美国走，使美国可以独霸世界。用驯服的中国来接替强硬的日本，这自然对美国有利。用友好论调来粉饰他的野心策略，这就是那时罗斯福的手段。

同时须知，美国对共产主义政权的发源地苏联，向来憎恨。美国从前以为日本足以阻挡苏联，对日本侵占大陆暗表同情；现在既决计要打败日本，所以需要控制中国，把中国作为美国在亚洲大陆的基地。这个决策，对苏联当然丝毫不怀好意。

在这个策略下，罗斯福派赫尔利（Hurley）和美国战时生产局局长纳尔逊（Nelson）于 1944 年 9 月 6 日飞到重庆，同蒋介石面谈，于 22 日启程返美。他们这一次面谈的内容，极为秘密，我没有与闻。稍后传出的消息是，蒋将设立中国战时生产局，以曾养甫为局长。我是蒋政权的经济部长，所以有人对我报告了这个消息。我当时的想法是，我从未到过美国，也不想与美国人勾结，可以听其自然。

出乎我意料的是，那年 11 月初，蒋介石突对我说，赫尔利与纳尔逊先往苏联，不久要到重庆，叫我做中国战时生产局局长，赶速拟出主要人选，送他核定，工作可候纳尔逊等到后再为商定。很快，这班美国人就飞到重庆。他们第一次见蒋谈话，外交部部长宋子文任翻译，我曾在场听到。

蒋问他们："你们奉命来帮中国，何以先往莫斯科，是否商请苏联出兵攻日？"赫尔利回答："我们没有跟苏联谈攻日军事，我们是专去谈经济援华。从前，罗斯福曾向斯大林提起，有必要帮助中国成为亚洲大国。苏联由莫洛托夫外长出面与我们商谈，所得谅解是，苏联运用头等力量打败希特勒德国之后，必须先图自身恢复，等到恢复成功时，苏联对这交界极长的邻国决不看轻，定当尽力援助。"赫尔利接着说，目前美国政府认为中国已到经济崩溃的危境，美国必须急为帮助，以度过危局。罗斯福命他们二人到苏联说明，征求同意；莫洛托夫接受了这个战时援助的政策。赫尔利以兴奋口气对蒋说："这是对你很可恭喜的消息。莫斯科商谈中，明白提到以你为首的中国政府，苏联从此同意美国帮助你的政权，加强你的力量了。"赫尔利的讲话，蒋听了当然满面笑容。赫尔利的反动活动，在我国久已彰明较著，人人皆知，这里不用多说。此间应该说明一下与重庆战时生产局最有关系的纳尔逊。

纳尔逊原是美国私人企业 Lears & Robeck 百货公司的总经理，在战时由商人加入政府：他第一次来华时是美国战时生产局局长，带了两个特别助理卡尔（Garr）和洛克（Locke）。第二次来华时，依照上次与蒋介石面商经济援助的成约，他的任务已不是美国的战时生产，而改为帮助中国。他带了两个私人秘书，洛克和杰克逊（Jacobson）。

纳尔逊在中国的地位是美国总统的特别代表（Special representative），中国国民政府的高等经济顾问。他叫洛克和杰克逊与我的秘书吴兆洪商拟中国战时生产局组织法，实际上其主要内容是美国人所规定的。美国人说，中国各机关职权划分不清，不能协调，此后工业生产职掌，应集中于战时生产局一个机构，凡是生产局局长所决定的，不管各部意见如何，一概不能更改；美国援助都经由生产局，不用另给各部。照此意义，实于行政院之外，另设了一个接受美援的最高机构。纳尔逊向蒋介石推荐两个美国人为中国战时生产局的顾问。生产局的公务都由有这两个顾问参加的局务会议议定，然后送请局长核定。由此可见，我这个局长，既受美国顾问的挟持，更受纳尔逊的监督，名为中国长官，实为美国人监督下的工头。纳尔逊先后派来了美国工业技术专家 20 余人，名为生产局服务，实受美国顾问的指挥。

纳尔逊曾对我说，他在美国总统府内有办公室，置秘书 2 人，专司经济援华工作；因此，他不能留华太久，遇有需要才再来华。事实上，他居渝不久，在生产局开始工作后，便飞回去了。对于战后工作，他从没有对我谈过。

战时生产局组织法拟订后，蒋介石亲笔批示立即实行，并由行政院速送立法院。立法院由院长孙科主持，迅速通过。这个美国制造的战时生产局便在 1944 年 11 月 6 日正式开张了。

战时生产局的主要职员如下：

局长翁文灏，仍任经济部部长；

副局长彭学沛，原是汪精卫改组派的要人，那时已投入宋子文系统；

秘书处处长先为吴兆洪，后为吴景超；

优先处处长由副局长彭学沛兼任；副处长陈长桐，宋子文部下，中国银行职员，原即担任向美接洽物资援助的工作，名义上调局，实际上仍照旧办事；

材料处处长张兹闿；

制造处处长先为包可永，后为刘史攒；

兵工处处长由兵工署制造司司长杨继曾兼任；

运输处处长王炳南（南方籍）；

采购处处长严家淦，由福建省财政厅厅长调任；

财务处处长张悦联、副处长张训坚。

顾问孔莱（Coonley）和杰克逊（Jacabson），孔莱是美国有相当资望的机械制造专家，杰克逊曾任纳尔逊的秘书；此外另有一批所谓专家，时来时往。

这里应当讲一下蒋政权内各派系的实际影响。曾养甫曾在美国学工程，属于陈家弟兄的CC派。宋子文在美接洽有功，将要当权，不喜欢陈家派人来做局长，所以把这个地位交给了我。宋与我关系又太浅，所以叫他的部下彭学沛做副局长和优先处处长。当时认为优先处是全局关键所在，而彭学沛对美国向无渊源，所以叫原任向美接洽的陈长桐来实际任事。

美国专家各就所专，由生产局技术人员陪往各厂矿考察，尤注重重庆附近的煤矿（天府、南桐等）、钢铁厂（大渡口、中兴、渝鑫等）、小型机器厂、酒精厂、发电厂等。考察所得的建议用书面向局长提出。顾问孔莱对我说，这些美国人员平时都在私人企业服务，各有待遇；在对外作战时，美国政府有权动员他们来中国工作，中国不用另给薪金；这纯是战时办法，在战事结束后不能适用，那时必须另行商订合作方法。

生产局又设有好几个企业委员会，约集重要企业的主持人参加，商洽辅助推动生产的具体方法。生产局订货贷款等方案，多由委员会讨论，然后送局长核定。

生产局最需要用钱推动的业务，依照纳尔逊提议，是由局拨款向各厂矿订货生产。他认为，在那通货膨胀、物价飞升、营业困难的时期，这是政府鼓励生产极重要的方法。可是孔祥熙所主持的财政部反对支付这种款子。他们说，如此用钱，实是存心加速通货膨胀，决不可行。为敷衍美国顾问起见，他们主张将中、中、交、农四行的生产贷款权暂时交给生产局代为行使。纳尔逊在会议中对这个办法力表反对。他说，国库付款，定价制造，才是鼓励生产；银行贷款，还本之外，还要加收利息，那才真是加速通货膨胀。他认为中国财政官本末倒置，怪不得经济越来越坏。但财政部意见坚持不变。所以财政部对战时生产局只担任职工薪金旅费和招待美国人的钱，至于为数较大而直接帮助生产的钱，就是生产局的业务费，完全是靠银行贷款来运用的。生产局由银行贷款，向各厂订定契约，付款订货，定期验收。所订的货本是各企业经常售出的产品，如焦炭、翻砂铁、钢、若干具体机械、一部分酒精等。那时生产单位，入不敷出，陷于停顿，所以对生产局这些帮助是欢迎的。关于军器方面，曾向私营工厂定造了一些铲、镐、刺刀等物，数量很小，由杨继曾代表兵工署验收，他认为不合规格，只好勉强接收，并非全可应用。那时机器厂规模狭小，用银行贷款来造军械，实际上是很困难的。同时应当指明，后方好些重要企业，如新设的甘肃石油矿以及对外易货偿债的钨、锑、锡矿及桐油厂等，生产局都没有过问，也没有帮助。

关于蒋政权向美国商洽和购用美制武器各事，都由美国派任蒋介石的远东参谋长魏德迈经手处理，战时生产局与这个工作毫无关系。

战时生产局除鼓励后方一部分生产外，还有人往印度将急待内运的外来物资，经由驼峰空运云南或四川。采购处处长严家淦在相当长时期内曾亲驻印度，担任此事。运输次序是由生产局与交通机关人员开会商订的。

那时含有中美合作意义的新设机关，除战时生产局（英文名称为 War Production Board，简称 WPB）外，还有一个是战时运输局（英文名称为 War Transportation Board，简称 WTB）。运输局用了华正美副的制度，交通部部长俞飞鹏做局长，美国某将军为副局长。

战时生产局组织法原已规定，抗日战事完毕即当结束。1945 年 8 月日本无条件投降后，我即面告蒋介石，停止生产工作，专办结束。那就是说，停止付款订货，专心催收订货，结清本息，交还银行。生产局从 1944 年 11 月开张到 1945 年 8 月停止援助生产，历时不满 10 个月。那时日本虽已投降，但美、蒋勾结反共，大规模调遣军队，压迫民众，弄得经济凋敝，各厂矿的具体困难是很大的。在这种情况下，各厂矿企业仍遵约交货还钱，到年底时，银行贷款如数清还。生产局对银行的任务总算圆满成功。

我想附带说明，在整个对日抗战的八年期间，我是蒋政权的经济部部长。部辖促进工矿生产的机关有两个：一个是资源委员会，名义是主管国营企业，实际上是一个官僚资本主义机关。又一个是工矿调整处，名义是帮助私营企业，实际上是为官僚资产阶级联络了一些民族资本家。生产局内，吴兆洪、张兹闿、张训坚就是从这些机关调用的。

日本投降后，我不但结束了战时生产局，而且向蒋介石坚决请辞经济部的职位。

1944 年的民主政团同盟

尚　丁*

1943 年，国民党又掀起第三次反共高潮，狂叫“解散共产党”“取消陕甘宁边区”，并调集四五十万大军，包围陕甘宁边区，发动挑衅进攻。在大后方，也大搞白色恐怖。当时，由上层民主人士组成的中国民主政团同盟，主要做一些上层调和国共合作的活动，面对疯狂的反共高潮，他们束手无策。1943 年 9 月 12 日晚上，董必武在民盟领导人的集会上说：“民盟领导人认识到不适应当前的斗争形势，切望有所作为，是个进步。其实，早在一个月前（8 月 1 日），毛主席和周恩来已给我来电报，要我告诉大家，应动员大后方民主进步力量，以多种形式，开展反对中国法西斯化的民主运动。”大家一致赞同董老的意见。作为民盟总部的组织部长章伯钧，当即提出首先必须扩大民盟的骨干力量，建议各党派提名一批年轻的干部参加民盟。

几天后的一个晚上，黄炎培把我叫去，问我对民盟的看法，并告诉我已提名黄竞武、季寒绮和我参加中国民主政团同盟。当时，黄炎培的次子黄竞武 41 岁，职教社文书主任季寒绮 32 岁，我 22 岁。黄竞武在中央银行任稽核员，入盟后被任命为民盟中央组织委员和国外关系委员会委员，上海解放

---

* 作者时任《国讯》周刊、《宪政》月刊编辑。

前夕被国民党特务逮捕，活埋在上海南市。季寒绮在当年冬病逝。黄炎培命我先去看望章伯钧，他当时兼任《中华论坛》杂志主编，为杂志事我们多有往来。章伯钧见到我说："你加入民盟了，黄任老是你的入盟介绍人"。随即，他就给我布置任务，叫我筹组民盟的青年区分部。我对搞政党的组织工作，茫然无知，所以，颇为迟疑。章看出我有畏难情绪，说："不用担心，你的工作直接和我联系，你先去找中共南方局青委书记刘光谈谈，我已经为你约好，他会帮助你的。"刘光是从延安来重庆接替蒋南翔担任南方局青委书记的。

我在《新华日报》营业部三楼见到了刘光。他 30 多岁，人很清瘦，患有很重的胃病。他很热情地接待了我，并开门见山地表示支持我搞民盟的青年组织，给了我不少提示，临行，送了我一本陈伯达的《评〈中国之命运〉》的小册子。我们的青年区分部，在刘光的直接指导下，很顺利的组织起来，立刻投入了轰轰烈烈的民主运动，与党的青年组织相配合，成为一支在一系列斗争中冲锋陷阵的突击队。

由于国民党政府实行消极抗战、积极反共的政策，在世界反法西斯战争形势大好的时候，国民党军队却在豫、湘、桂战场大溃败，广大人民痛感抗战胜利无望，大后方的民主进步人士，立刻响应毛主席的电报所揭示的"以多种形式，开展反对中国法西斯化的民主运动。"

1944 年初，黄炎培、沈钧儒等首先分别发起组织民主宪政座谈会。其中黄炎培主持的"宪政座谈会"每月举行一次，持续举行 17 次，提出了实行约法、尊重人身自由、全民动员、武装人民等十项主张，得到全国各界人士的响应。中共立即决定参加并积极支持宪政运动，要求"共产党员在宪政运动中团结一切民主分子，达到战胜日本侵略者，建立民主国家的目的"。随后，中共第七次全国代表大会，提出"废止国民党一党专政，建立民主的联合政府"的号召。

1944 年 9、10 月间，重庆各界爱国民主人士张澜、沈钧儒、冯玉祥等 500 多人举行大会，一致谴责国民党践踏民主，迫害爱国人士的罪行，提出向法西斯统治展开斗争；宋庆龄、郭沫若、张澜、黄炎培等 72 人发起，有数千人参加的追悼邹韬奋大会，一致要求改组国民党政府，成立民主联合政府。民盟也在 10 月 10 日发表《对抗战最后阶段的政治主张》，要求立即结束一党专政，建立联合政权，实行民主政治。国民党统治区的爱国民主运动，积极响应了中共提出建立联合政府的号召，并全力朝着这个明确的政治目标发展。

1945 年 8 月，日本宣布无条件投降，中国的抗日战争胜利结束。国民党统治集团想坐收渔利，他们邀请毛泽东去重庆“共同商讨目前各种重要问题”，却在毛泽东与国民党进行历时 43 天的艰苦谈判而达成“双十协定”的时刻，印发了《剿匪手册》，并发布进攻解放区的密令。从日本投降至 10 月 17 日两个月间，有 30 座解放区城市被国民党军队侵占，并将大批军队调往内战前线，至 1945 年 12 月初，用来进攻解放区的军队达 190 万以上，这不能不激起要和平民主的人民群众的巨大愤怒。11 月 19 日，郭沫若、沈钧儒、黄炎培等在重庆发起反内战大会，成立“陪都各界反内战联合会”。随即，成都、昆明等城市各界人士纷起响应。

日本“东亚大路”专列被颠覆事件

卢学道*

1944 年，我在北平马家堡火车站当扳道工。7 月上旬的一天，日本“东亚大路”专列通过马家堡火车站，因为我没有接到放行信号，没扳放行道叉，致使这辆专列在此颠覆。乘客都是侵华日军中高级文武官员，死伤 800 多人。这对日本华北驻屯军是一次很大打击，对华北各抗日战场也是一个很大的鼓舞。

这趟“东亚大路”专列，车厢为鲜艳的黄绿色，车次为 101，车牌上写着“北平—东京”，但实际上是来往于中国北平与朝鲜釜山之间，每周对开两次，并只在天津、山海关、奉天（沈阳）、平壤、汉城、釜山等大城市停车，釜山到日本东京用轮船往返联运。一路上中国列车遇到专列，都要避让。那天该次列车通过马家堡时间是早晨 7 点 21 分。7 点 15 分了，站长还没有给我放行信号，我顺手拿起电话询问站长，摇了几次不通。我实在是纳闷，是站长不在屋，还是由于八路军炸火车头，扒铁路，火车误点迟发？电话还没有放下，“东亚大路”列车呼啸着进站了。因为我没有放行，火车头直奔避让土道岔，车头当即翻倒在道沟里。一阵轰响，一片烟尘，车厢互

* 作者时任京汉铁路马家堡火车站扳道工。

相碰撞，有的头扎了地，有的打了横，有的摞起，有的像驴子打滚车轮朝了天。这个场面把我吓傻了眼，愣是没想到逃跑。眨眼间，跑来两个日本人，凶神恶煞地抓住我，拳打脚踢嘴里骂。我分辩说："不干我的事，找站长去！"他们扯了我去找站长。我想，这娄子太大了，不走没好结果。就在他们堵着站长室的门，又叫又骂的时候，我乘机跑下了路基，钻进了方圆几十里的大苇塘。当时我家住在柳村苇塘边上，到家告诉家里人，自己出了大事故，全家快逃命吧！没有细说，我又钻进了苇塘。

天黑以后，我摸到看丹村东边有信号的地方，当时也常有待发的列车，找司机探听一下消息。他们都知道马家堡火车站闯了大祸。我感到此地已不能存身，就爬上了南去的列车，到了杨村火车站。乘车头上煤灌水的机会，我下车进了庄稼地，想办法找活路。可巧杨村有个朋友，在铁路上干过活，后来在家种地。第二天我跑到他家，说"被铁路除了名，想找点活干，找碗饭吃"。于是就在各村帮农活打短工混日子。转年1945年8月日本投降后，我才回到丰台，看看家里的亲人还有没有，幸好家里人全在。经他们一说，我才知道这次事件给我们全家带来的悲惨遭遇。

原来，我逃跑以后，日本宪兵队和丰台警务段把我全家，即我母亲、老伴和我15岁的儿子抓起来，严刑拷打，打得皮开肉绽，死去活来，追问我的下落。对我儿子说："老八路的跑了，小八路死啦死啦地！"后又把他们娘三个转押到前门站警务段。奇怪的是在押一个多月中，有一个伪警官，常借上厕所的机会，到牢门口和我儿子说几句话，表示一点安慰。有一天，他到牢门口，用手示意，让我儿子走近一点，小声告诉他说："我想办法把你们放出去。"第二天就有日本宪兵把娘三个押到审讯室。日本人讲话，那个警官当翻译，问了很多话，最后说："事故查清了，这事不牵涉他爹，让他回来，把事情经过和太君说一说，还可以上班挣钱过日子。"后来他们把娘三个放出来，这显然是"放长线，钓大鱼"。更奇怪的是：他们娘三个释放那天，这位警官远远地跟在后面，出了站口，凑到他们仨人跟前小声说："见了卢学道，可别让他回来呀！"他还给买了三张回丰台的火车票。

听我儿子说：这位警官姓霍，日本投降后，我到前门站打听几次，始终没有找到这个霍先生。

列车颠覆前 20 多天里，常有两个不认识的人，在我上夜班时到闸楼乘凉聊天。天南地北都说，其中也问到我：这里一天过多少列车？那颗红绿灯是管什么的？谁指挥你扳道？电话通哪里？……那时，八路军经常在黄土坡道和廊坊之间，炸火车头、扒铁道。再说，出事的前几分钟，火车站的信号灯、电铃、电话为什么同时出现故障？放行信号灯不亮了，电铃不响了，电话也不通了。这一连串的现象说明，这次颠覆日本列车，决不是偶然的事故，而是有计划、有准备的对日本侵略者的一次斗争。

当时，火车站的地下党、八路军相当活跃，有的人为了解脱责任，就说我是八路军，这次颠覆日本列车是我一手制造的，还说炸火车头、扒铁路，都和我有关系。其实，我并不是八路军，也不是地下党员。解放后我才知道，当时马家堡火车站的副站长许言武是地下党员，申小田（解放后曾任廊坊火车站的站长）是丰台火车站的地下党员。后来，他们曾捎信向我慰问。1959 年冬天，有一位老干部找到我儿子卢永祥，他说："在日本统治时期，你们一家人受苦了，给咱们抗日战争立了大功。"

（邢锦堂整理）

冈村宁次的侄子山东被俘记及战俘交换事件

罗先哲*

我在利津县史志办公室工作时，曾就冈村宁次的侄子被俘记及战俘交换事件采访过许多老同志。这是利津县抗战史上的一个重要事件。

1944 年 1 月 7 日，日军第一师团一〇八联队中尉飞行员山田井马驾驶一架“972”型战斗机，由济南飞往青岛。飞机起飞后不久，由于机械故障，约上午 8 时许，飞机经过一番空中挣扎后，便一头扎到昌邑县东利渔村附近属于我抗日根据地的一条小河里。当地一位渔民发现后，立即跑回村里向干部作了汇报，村长王永松急忙派人找来民兵连长徐广进，立即组织人员前往坠机地点活捉日军飞行员。

当徐广进等人来到飞机跟前时，日机驾驶员已从飞机里爬了出来。只见他摔得鼻青脸肿，脸上还划出了多处血痕，飞行服也多处撕烂。开始，日军飞行员见来的都是土头土脸的农民，态度非常傲慢。嘴里还“叽里呱啦”说着半生的中国话，声称他是“大日本皇军”飞行员，让徐广进将他送到日军据点里去，“大日本皇军会有大大奖赏”。徐广进见他如此狂妄，便用树枝在地上写下了“中国八路军”几个大字。日本飞行员见到后，立即惊恐地撒

* 本文系作者经采访后整理而成。

腿就跑。徐广进等人便紧紧追了上去。就在这时，村党支部书记孙法章带领部分民兵也赶来支援。徐广进让他们兵分两路包围追捕日军飞行员，自己则立刻赶往八路军渤海军区第 5 军分区司令部报告情况。

在众人追捕下，日军飞行员再无力奔逃，最后瘫倒在地上，被民兵活捉。他很快被押送到渤海军区第 5 军分区司令部。

渤海军区敌工部门经过审讯查明，这个飞行员叫山田井马，是日军第一师团一〇八联队的一个中尉飞行员，是日本关东军一个高级将领的儿子，还是侵华日军华北派遣军总司令冈村宁次的侄子。1 月 7 日，他已获准回日本东京探亲，在行前乘机专程到青岛看望朋友，没想到被解放区的民兵活捉了。

由于这个飞行员有特殊身份，侵华日军山东当局对他的失踪异常关注，万分焦急。事发当天，即派飞机到坠机地区及潍县、昌邑北部沿海一带巡查。1 月 10 日，日伪军 800 多人从潍县等地出动，在 4 架飞机的配合下，由当地汉奸便衣队带领，赶赴昌邑北部地区进行大规模搜查，寻找失事坠落的飞机和飞行员，但一无所获。此后，日军又派出飞机在我广饶北部和利津东部地区上空投撒传单，声言“只要放回飞行员，愿以大批武器交换，也可另提条件，均予照办。”

山田井马被俘后，渤海军区敌工部的同志对他进行了耐心细致的教育，并在生活上给他很多优待。但开始山田井马思想很抵触，曾两次逃跑，都被民兵们抓回来。他自以为必死无疑，极度恐慌。但八路军并没有给他处罚，反而依旧优待他，使他很受感动。渤海军区敌工干部，反复向他讲述日本军国主义发动的侵华战争不得人心，注定要失败。日本国内人民反战情绪很大，都不愿再为日本军国主义卖命。同时，渤海区在华日人反战同盟支部的成员也对山田井马进行了现身说法和教育帮助。他思想转变很快，并与八路军官兵的关系日益密切，还积极要求加入在华日人反战同盟。

对于日军山东当局的多次要求，经过我渤海区党委、渤海军区领导研究并报上级批准，决定用山田井马换回仍在敌人狱中坚持斗争的原清河行署公安局长李震和临淄抗日民主政府县长李铁锋等 10 余人。如果日方同意，还可增加换回人数。经我部敌工关系人员从中斡旋，山东济南日军指挥部对我方所提条件全部应允。他们答复将我方被俘人员分两批释放，先释放李震、李铁锋等第一批 10 余人，待我方放回山田井马以后，再将第二批 30 余人放回。不久，敌人将李震、李铁锋等人由张店解送到利津县城。他们要李震、李铁锋联名给渤海军区首长写一封信，以此让我方相信他们的诚意。并捎信说，日方准备随时交换。李震和李铁锋同志当即给渤海军区领导写了一封简短的信。信的大意是：不知何故，敌人突然将我们押送到利津，请组织和首长相信，我们随时准备以身殉国。尽管信文很短，但李震、李铁锋同志对党组织的一片赤胆忠心却跃然纸上。

1944 年 2 月 24 日的一天上午，天气晴朗，寒风习习。在山东省利津县二区黄河东岸的东张村外（今属垦利县），由八路军渤海军区和日军方面各派出代表进行监督，按照双方已经达成的协议，交换了被俘人员。

据后来山田井马的叔父青山君说，山田井马被释放后，不久就被送回日本国。他先去长野县家乡看望了一下，然后被集中在军营“洗脑筋”，不久又被派往马来西亚前线，在战斗中阵亡了。

李震和李铁锋同志被营救释放后不久，山东省战时工作行政委员会（即省政府）对他们两人进行了通令嘉奖。嘉奖令中高度赞扬了李震、李铁锋同志英勇对敌斗争、保持革命气节的高尚品质和情操。嘉奖令全文当时曾在 1944 年 9 月 5 日的中共渤海区党委机关报《渤海日报》上刊载过。后来李震同志先后担任渤海区党委社会部长、渤海区公安局长，济南铁路局党委书记、铁道部副部长等职，于 2010 年 5 月 3 日病逝。李铁锋同志 1949 年春渡江南下后，任中共温州地委副书记，浙江省人大常委会副秘书长等职，于 1984 年病逝。